U0804693

DEVELOPMENT AND PRACTICE
OF NEW BEHAVIOR CURRICULUM

新行为课程的发展和实践

主编　沈　清　徐晓青

南京师范大学出版社
NANJING NORMAL UNIVERSITY PRESS

图书在版编目(CIP)数据

新行为课程的发展和实践 / 沈清，徐晓青主编. —
南京：南京师范大学出版社，2018. 11
ISBN 978-7-5651-3897-3

Ⅰ. ①新…　Ⅱ. ①沈…　②徐…　Ⅲ. ①学前教育—教
学研究　Ⅳ. ①G612

中国版本图书馆 CIP 数据核字(2018)第 247480 号

书　　名	新行为课程的发展和实践
主　　编	沈　清　徐晓青
策划编辑	万　斌
责任编辑	於　迪
出版发行	南京师范大学出版社
地　　址	江苏省南京市玄武区后宰门西村 9 号(邮编：210016)
电　　话	(025)83598919(总编办)　83598412(营销部)　83598297(邮购部)
网　　址	http://www.njnup.com
电子信箱	nspzbb@163.com
照　　排	南京凯建图文制作有限公司
印　　刷	江阴金马印刷有限公司
开　　本	787 毫米×1092 毫米　1/16
印　　张	30.5
字　　数	495 千
版　　次	2018 年 11 月第 1 版　2018 年 11 月第 1 次印刷
书　　号	ISBN 978-7-5651-3897-3
定　　价	88.00 元
出 版 人	彭志斌

南京师大版图书若有印装问题请与销售商调换

版权所有　侵犯必究

《新行为课程的发展和实践》

主　编

沈　清　徐晓青

编写人员

王婉菁　吴晓瑛　乌建波　潘亚华
俞　秧　林晓花　胡　佶　张　琼
姜姝男　姚成瑾　陈彦旭　张　佳
戴　婕　庄晗之　郭　薇

目 录

上篇　理论篇

下篇　主题活动篇

上篇

理 论 篇

第一章 传承与发展:新行为课程“新”在哪里

一、张雪门行为课程回顾

张雪门(1891—1973),浙江鄞县人,在我国幼儿教育史上有着重要影响力的著名教育家,自 1917 年投身幼儿教育工作以来,一直到 1973 年病逝,终生为幼儿教育做贡献。20 世纪 30 年代,张雪门与陈鹤琴被我国幼教界并称为“南陈北张”,受到教育界的广泛尊重与认可。北平幼稚师范学校的学生亲切地称他为“爸爸妈”。因为他待学生犹如父亲一般严厉,也如母亲一般慈和,严格管教学生又爱学生如子女。这或许也是张雪门的学生能站牢幼稚教育的岗位、肯埋头苦干的重要原因。从事幼教工作的人则称张雪门是“精神堡垒”,都将他当作永存的灯塔。

张雪门一生奉行“知行合一”的理念,在努力钻研中外幼儿教育理论的同时,还组织研究会,创办各类幼儿教育师范学校,亲自授课、讲学,为我国培养了大量优秀的幼儿教育师资,并在研究和实际工作中及时总结经验,著书立说,写下的文章和专著多达两百余万字。他的著作在时间上跨越了半个世纪,在地域上穿越了海峡两岸,在内容上包括幼儿教育理论、实践指导、机构设施、幼教师资、幼儿园课程教材教法等。在他留下的这些宝贵资料中,尤以行为课程理论最为珍贵。

行为课程是我国第一代本土化的课程模式,为中国新幼儿教育奠定了基础,它集中体现了张雪门对于幼儿教育的基本观点。除此之外,行为课程理论不只运用于幼儿园,其强调做学教合一、行动中心的理念,同样也适用于幼儿师范教育。

(一) 行为课程产生的社会文化背景

首先,课程的产生顺应了世界教育发展的趋势。

张雪门创立行为课程理论是在西方资本主义发展成熟、工业生产大发展之后。卢梭在《爱弥儿》中提出了反封建的自然主义教育理论,指出“大自然希望儿童在成人以前就要像儿童的样子”,并反复强调“要按照你的学生的年龄去对待他”。之后,爱尔维修、狄德罗、裴斯泰洛齐、赫尔巴特、福禄贝尔等人的教育思想,不断地影响着世界。直到19世纪末20世纪初,欧洲各国兴起了教育改革运动,即“新教育运动”,向传统的古典教育思想挑战,成立了国际新教育协会,制定了“新教育原则”,主张废除古典的传统课程体系,并创办各种类型的“新学校”。在此期间,又出现了一批新的教育家,如美国实用主义进步教育运动的代表人物杜威,在欧洲以提倡新教育而闻名的蒙台梭利、怀海特、罗素等。张雪门的行为课程正是顺应了这样一个思潮涌动的国际教育改革大发展的形势。

其次,社会现实呼唤着新幼儿教育的产生。

19世纪90年代是中国面临危机的时代,“一种前所未有的危机氛围形成了,全国弥漫着被瓜分的恐惧”,同时那是一个思想激荡、潜藏转机的时代,西方观念和价值标准在中国得到了广泛的传播。由于清末民初特殊的社会背景,越来越多的妇女走出家庭,走向工厂。在这种情况下,家庭教育已经不能满足学前教育的需求,这为学前教育机构的产生奠定了社会基础。学前教育相关理论也逐步发展,特别是五四运动有力地打击了封建主义思想,在批判封建教育的深度上超过了以往各种批判。以杜威为代表的实用主义教育思潮传入中国,对中国的教育理论和教育实践产生了广泛的影响,与此同时,也刺激了幼儿教育本土化的需求。

“我常从幼稚园和小学校的游戏中,搜求现时一切的教材,除少许自己的创造以外,大半都是由于外国翻译出来的。这些翻译的原料,不论感觉的、节奏的、矫正的、计数的,以及一切的表情的游戏,可说几乎全出于各国本地方民间的流传……为什么外国民间所流传的游戏可以充幼稚园和小学校的材料,中国的倒不可以采用呢?”

——张雪门《我国手指游戏在教育上的价值》

最后,浙江宁波的地理人文环境为行为课程的产生创造了条件。

宁波是一个传统教育基础十分深厚的地区。浙江的历史文化形成了颇具特色的民风民习,构成了一种独有的社会群体意识,这对张雪门的成长产生了重要影响。他从宁波文化中汲取了丰富的营养,在他的思想中贯穿着好学、崇实、务实、求实的精神。

浙江地处东南沿海,是接受外来文化较早的省份之一。经济的转型带来了观念的更新。

（二）行为课程的思想来源

1. 中国传统教育思想

“我七岁时就开始读《大学》《中庸》……这和我们孩子的经验距离不知有多远，可是在严师督策之下，硬记死记，天天都得背出……可是背来背去，孩子们的经验永远不会和古圣人的经验结合起来，好像字纸篓中的烂纸一样，不但不能适合环境需要，解决实际问题，甚至连意义都弄不明白。”

——张雪门

张雪门在批判传统教育的同时也十分注意从中摄取有益的营养。他注意运用传统私塾教育中的一些经验来解决现代问题，例如借助环境的力量，孔子曾说：“性相近也，习相远也。”墨子借染丝做比喻，“染于苍则苍，染于黄则黄”。行为课程则提到：“运用自然和社会的环境，以唤起生活的需要，扩充其生活的经验，培养其生活的力量。”

又如王阳明《传习录》：“今人却就将知行分作两件去做，以为必先知了，然后能行，我如今且去讲习讨论做知的功夫，待知得真了，方去做行的功夫，故遂终身不行，并遂终身不知，此不是小病痛，其来已非一日矣。某今说个知行合一，正是对病的药，又不是某凿空杜撰，知行本体原是如此。”行为课程理论中提到：“唯有从行动中所得到的认识，才是真实的知识；从行动中发生的困难，才是真实的问题；从行动中所获得的胜利，才是真正治愈环境的能力。”

2. 西方实用主义教育思想

行为课程理论与19世纪末20世纪初美国兴起的实用主义教育思潮有着很深的渊源。实用主义主张的师生平等、民主、合作与解放儿童的思想观点在教育史上确实起到了重要的作用。可以说，它对中国几千年来形成的过度的师道尊严造成了前所未有的冲击，对中国摆脱传统教育中专制的、不合理的师生关系，解放学生，建立民主、平等的新型师生关系，让中国师生关系从传统走向现代发挥了巨大的作用。

3. 福禄贝尔和蒙台梭利的幼儿教育思想

福禄贝尔指出：“教育是忍耐，不是干涉，只有在自然形态之下，可以发展其和谐与完美。”在科学尚未发达的时代，福禄贝尔能探得儿童天然的倾向，尊重儿童自发的活动，提倡创造的原则，实在是难能可贵。福禄贝尔认为，人类自然生长的里程根据于自然的活动，儿童自发的活动，只为其结果，当然能使儿童的心中生出一种自己满足的畅快。那才是真正的教育的动作。而蒙台梭利教育思想强调“自动”和“自由”，这也是她教育方法中的基本原则。不但她的学说如是，就是她在实行上也都能够做到。他们从处理教育的错误，一直等到完成，并不是出于教师的指导，而且也不愿有教师的指点，全凭自己的经验。但是，只限于一部分的教具，并未曾用于实际生活方面，仍不免陷于心能学派形式训练的错误。

（三）行为课程的发展阶段

总结行为课程中几个核心概念的发展，不难发现，张雪门所处的时代背景与当时发生的历史事件对其影响最为深刻。纵观张雪门一生，1931 年的“九一八”事变、1946 年张雪门赴台湾、1967 年台湾推行中华文化复兴运动，这三件事成为行为课程发展的重要转折点。鉴于此，行为课程的发展可以大致分为以下四个阶段。

1. “儿童本位”阶段（1916—1931）

“儿童本位”阶段是张雪门行为课程理论产生的初始阶段。“儿童本位”的思想起源于西欧的古典教育学和浪漫主义的教育思想，其代表人物是美国教育家杜威。在该阶段，张雪门强调的主要有以下几点内容：尊重儿童的独特性、强调儿童与环境的交互作用、强调自然方面重于社会方面。

2. “民族本位”阶段（1931—1946）

1931 年“九一八”事变后，日军加强了对华侵略。行为课程理念之所以转变为“民族本位”导向，直接原因是张雪门在一次参观艺文幼稚园的过程中，发现竟有小朋友自称“日本浪人”，欺负其他小朋友。他深感中国下一代竟不愿意再做中国人，国家和民族已陷入危机。因此在该阶段的行为课程理论中，他主要强调以下几点内容：将社会需要建立在儿童生活之上、民族意识必须从儿童开始培养、选择有价值的经验。

3. 肃清奴化思想，爱国主义教育阶段（1946—1966）

1945 年日本战败，1946 年张雪门回到北平，却面临政府变迁。在教育必须是公办的，私人不得办教育的政策下，张雪门前往台湾。与早期课程实例不同，在这个阶段，张雪门特别强调要学习做一个模范的人，体现出爱国主义教育的特点；系统提出行为课程理论、广泛运用导生制推广幼稚教育。

4. 强调伦理民主与科学教育阶段（1966—1970）

张雪门进一步研究观摩教学和文化复兴口号配合的情况，反思中国的民主教育与美国的民主教育的差别，进一步认识到其中有很大的差距。该阶段行为课程理论发展主要有两个特点：教育与文化相互促进、强调伦理民主与科学。

（四）历史对行为课程的评价

行为课程以“个人与社会”的发展为目标，以“生活”为课程基点，以“行为”为中心，通过“做学教合一”的手段，使儿童获得基本经验，从而为个人的进一步发展奠定坚实的基础。行为课程重视儿童的主体地位，立足时代国情与本地特色，平衡儿童与社会的需求，其课程理念非常符合儿童身心发展特点。

然而在20世纪，行为课程在台湾并没有得到广泛的推行。究其原因，一方面是由于当时幼儿教育不受政府及相关部门的重视；另一方面则主要是受幼儿园场地与师资水平的限制。20世纪五六十年代，台湾的幼儿教育主要通过幼儿团的形式展开，幼儿团常常通过借农人的场地开展活动，地点常变，难以进行持久的活动。另外，当时的师资大多仅仅通过导生班与训练班结业，受专业训练时间在六个月至一年之间，有的甚至更短。幼儿教师即使知道行为课程，但往往仅知道皮毛而不能灵活有效地运用。受场地限制与师资限制，行为课程未能得到有效的推广。当今社会，幼儿教育广受国家与人民的重视，对幼儿园课程的研究也如火如荼。深究行为课程所强调的核心观念，实际上与《3—6岁儿童学习与发展指南》（以下简称《指南》）、《幼儿园教育指导纲要（试行）》（以下简称《纲要》）中“儿童主体”“关注个体差异”“丰富幼儿生活”等内容精神一致。正如卢乐山先生所说，张雪门的著述既丰富又通俗易懂，对于理论的阐述深入浅出，虽然由于时代与个人经历的限制，行为课程理论不能完全适合当今的幼儿园，但是他的许多关于幼教问题的阐述、对于师资的培训、认为幼儿教育应该符合国情和时代的观点仍具有重要的现实意义。

二、新行为课程对张雪门行为课程的发展

在当前中国特色社会主义的国情下，没有战乱、人民生活相对稳定安逸，科学技术日新月异，儿童接触的社会生活早已与20世纪截然不同。新行为课程需结合科学的心理学、教育学理论，充分利用现代科技带来的便利，真正实现行为课程的新发展。

（一）发展依据

1. 理论依据

（1）杜威理论。

杜威理论中对于一种与生产实践相结合的感性的、生动的学习方式，一种与人们生活相关的、与操作物品和使用工具联系在一起的学习方式，一种蕴含交往、互助和合作的学习方式的追寻成为新行为课程理论所关注的焦点。杜威指出，为灌输知识而组织的实物教学，不管提供多少实物，绝不能代替学生获得关于农场和田园的动植物的直接知识，这种直接知识是在实际生活中通过照料动植物而获得的。只要让儿童主动去做，就能很好地激发儿童的本能，吸引儿童去实验和发现。让儿童在不同的工作中忙碌，其实是教师的一种责任和追求。杜威的所谓“主动作业”，就是一种积极的探究、操作和交往的过程和状态。在这个过程中，过去的经验与当前的经验产生联系，他人的经验与自己的经验产生联系。杜威说，我们应注意关于学校采用各种不同形式的主动作业这一重大的事情，通过这些主动作业，学校的整个精神得到新生。它使学校有可能与生活联系，成为儿童成长的地方，在那里儿童通过生活直接学习①。

杜威理论倡导的是自然主义教育，新行为课程的内容更多地来自幼儿生活环境，现代生活环境下的幼儿生活经验已经不同于原先生活时代的知识经验，更加需要运用“主动作业”的方式与现代社会的生活经验进行互动、探索，从而形成幼儿自

① ［美］杜威. 经验与自然［M］. 南京：江苏教育出版社，2005.

己的新经验。新行为课程的内容来源有了新变化，幼儿运用主动探究的发现式学习方法，依旧能够更有效地与新经验互动。

（2）多元智能理论。

多元智能理论是由美国哈佛大学心理发展学家加德纳在哈佛“零点项目”的基础上，反思西方传统智力观后于1983年在《心智的结构》一书中首次提出的，是一种现代新型智能观。多元智能理论认为，人类智能是多元的，主要是由语言、逻辑、空间、运动、音乐、人际、内省、自然探索和生存（后两种为后来所加）九种智能组成。人类智能具有多元性、整体性、平等性、差异性、发展性、语境性、文化性等特点。该理论于20世纪90年代传入中国，20多年来，国内学者对该理论在教育教学改革中的应用进行了很多的研究和探索，有国内学者认为多元智能能够建立平等积极的学生观，多元化、个性化、情景化、环境化的课程观，教学观和评价观。由此更加凸显教学对象的个性和智能的多元化发展①。

多元智能理论也提出了有关课程开发的新概念，认为个体间的差异以及没有一个人能完全精通某一单独学科知识的事实都要求我们开设个体化的课程；学校应该成为“学生课程的代言人”。该理论使我们认识到，在对课程进行设计时，应注重五大领域目标之间的融合，有意识地指向幼儿多种智能的各个方面，如果让幼儿在不同的智能环境中接触相似的主题、素材和技能，幼儿可以更好地掌握它们，同时，也可以有效地防止幼儿的片面发展，确保其全面、和谐地发展。

（3）皮亚杰理论。

皮亚杰观察了逻辑思维是如何产生的。如同艾里克森那样，皮亚杰也把发展分成几个阶段。他揭示了很小的幼儿和稍大的幼儿在思维上的不同，而稍大幼儿的思维又和成人的思维不同。幼儿通过操作具体的事物来发展逻辑思维能力，建构他们对世界的理解。在操作各种不同尺寸、形状、颜色的物体的过程中，幼儿学会了分类、比较，也了解了顺序；在做实验、开拓新发现，以及修正先前的思考方式以适应新见解时，幼儿的知识增加了。皮亚杰称这个过程为“顺应”（accommodation）和“同化”（assimilation）②。

---

① ［美］霍华德·加德纳. 智能的结构［M］. 杭州：浙江人民出版社，2013.

② ［瑞士］皮亚杰. 发生认识论［M］. 北京：商务印书馆，1990.

新知识通过“顺应”与“同化”的方式在幼儿原有经验基础上进行提升和重组，新行为课程不仅关注到幼儿的行为，更关注到幼儿行为过程中的思考，皮亚杰的知识建构理论给了我们理论支持，帮助新行为课程更有针对性地考量幼儿行为背后知识的建构，这使我们对张雪门“劳力又劳心”的行为课程理论有了更深入的理解。

（4）最近发展区理论。

维果茨基用了“最近发展区”(Zone of Proximal Development，简称 ZPD)这个名词来描述幼儿在特定状况下的学习范围。“最近发展区”的下限，就是幼儿在自己独立做一件事时所能学到的东西；而它的上限，则是幼儿在观看同伴和教师以及和他人讨论的过程中所学到的东西。在他人的协助之下，幼儿会对新资讯加以组织，并与既有的知识互相联结。如此一来，幼儿便获得比自己所能摸索出来的还要高一个层次的技巧。这个建立知识和理解的过程，就是“搭脚手架”(scaffolding)。“脚手架”就是指幼儿从某个“最近发展区”往前进入下一个“最近发展区”的认知架构[①]。

最近发展区理论的“脚手架”观念是新行为课程实施过程中推进课程不可少的实施途径。新行为课程的内容发生了变化，幼儿的原有能力和可能达到的新高度之间的“最近发展区”的范围也随之变化。课程实施的过程中，利用“脚手架”的搭建，教师能更进一步了解幼儿的原有水平，同时根据幼儿的兴趣和能力调整“最近发展区”可能的范围，也因此生成新内容并更贴近幼儿的关键经验。

2. 社会依据

我们已进入一个信息爆炸的时代，知识更新的速度极快。一方面未来社会发展可能会呈现诸如以碎片文化作为主要文化获取渠道，多形态的家庭组织结构(核心家庭、联合家庭、单亲家庭、合成家庭)，人际关系及心理的需求量不断提高等特征。要让今天的儿童面对明日的社会，应规划“前瞻性”的幼儿教育，让他们顺利地迎接未来。另一方面，随着时代的发展，人们的价值观也发生了翻天覆地的变化。幼儿园利益相关者(园长、教师、家长)的价值观会直接影响幼儿园的课程价值观，也会引导相应的教学行动。我园通过对全园小班、中班、大班三个年级共计 87 名家长进行

---

① ［俄］列夫·维果茨基. 思维与语言［M］. 北京：北京大学出版社，2010.

问卷调查发现,有73%的家长将教育理念和教育教学质量作为选择幼儿园最重要的标准,更有89%的家长将培养幼儿良好习惯、能力发展以及适应集体生活当作重要的幼儿发展标准。

毋庸置疑,张雪门的行为课程是拥有顽强生命力的,我们若能充分挖掘它的现代价值,必将使它在今天仍然焕发勃勃生机。在建构新行为课程时,我们凸显了“社会”这一要素,具体表现如下。

(1) 建立适宜当前幼教发展的新行为课程体系。

新行为课程充分认识到行为课程的教育价值,通过对行为课程的目标、内容、组织、评价等方面的研究,形成一套新的课程体系。

(2) 培养一群爱生活、会游戏、能学习的幼儿。

在建立新行为课程体系的过程中,培养出一群敢于探索、勇于挑战、善于合作、乐于学习的幼儿,以适应未来社会生活的需要。

(3) 形成一支高素质的师资队伍。

新行为课程注重提高教师对课程的把握能力,提升教师的教育理念、教学素质和教科研能力,形成一支既有先进教育观,又有实际操作能力的,能适应当代幼儿教育需要的教师队伍。

3. 儿童依据

随着科技的发展与进步,当代儿童也几乎生活在一个“塑料”时代和电子时代。著名作家三毛女士在《稻草人手记》里写道,她与家人到花莲旅游,同行的有五个孩子。她呼唤着他们:“小朋友,出来看海。”结果只有一个小男生的脸敷衍地从窗帘里露了出来。这群在自然中无所适从的孩子,面对室外游戏、夏夜星空、月光下的山峦,显得毫无兴趣,对四格漫画、电视剧、游戏机却念念不忘。她管这些畏惧泥土的孩子为“塑料儿童”。他们玩泥巴怕脏,爬树怕摔倒,怕草地里有蛇、花园里有蜜蜂,整天“宅”在家里看动画片、玩电脑游戏、看漫画书,或者做功课、上兴趣班。“塑料”时代、电子时代正让孩子们逐渐脱离大自然,变成一群“自然缺失症儿童”。“自然缺失症”出自《林间最后的小孩》,该书探讨了儿童与自然之间令人惊异的断裂关系,并将这一现象和一些最令人担忧的儿童发展趋势联系在一起,包括肥胖率的增加、注意力紊乱和抑郁现象等。当代儿童也不可避免地存在诸如孤独、人际关系处理能力弱、依赖、骄纵、早熟以及体弱等问题。

新行为课程将儿童放在首位，显现出以下几个特点。

（1）强调个性发挥。

新行为课程突出了对幼儿个性的关注。表现在：目标设定上将幼儿的长远发展和即时需要紧密结合；大量的小组和个人活动不但内容丰富，而且有一系列规范的活动指导方式，既符合幼儿身心发展需要，也便于教师对幼儿的关注、记录和分析；评价策略上多角度、多形式，拓展了评价来源，增加了评价主体，评价的目的在指向幼儿发展的同时，还指向课程的适宜性。

（2）贴近实际生活。

新行为课程的内容来源更丰富、更立体、更全面，也更贴近幼儿的生活，关注现代科技，更有利于拓展幼儿的视野。

（3）注重幼儿兴趣。

新行为课程的组织形式有其非常突出的亮点：从幼儿学习心理出发考虑课程的组织。大量的实地调查、亲身操作、自由表达等均体现了这一点（如蜗牛考察队、小农人生态园、儿童工作室等）。这保证了新行为课程关注幼儿主动学习的特色。

（二）发展内容

“生活就是教育，五六岁孩子们在幼稚园生活的实践，就是行为课程。”行为课程的根本原则是：课程要符合儿童身心发展的规律，亦即课程必须和儿童当下的生活融为一体，行为课程应完全根据生活，从生活而来，从生活而开展，也从生活而结束。

1. 新目标——适宜现代儿童发展

课程目标是课程的总纲，有了目标的引领，课程内容、课程组织、课程评价都变得有的放矢，变得更有意义。张雪门先生接受的不仅仅是传统的私塾教育，还有当时国外的新兴教育思潮。刚开始出现的课程目标体现了不同阶段的国情和文化背景，例如原行为课程所强调的“走平衡木以锻炼在陆地行军的平衡能力”“投掷小球以锻炼攻打敌人的瞄准能力”等目标早已不适合当今的儿童，因此新行为课程目标的制定首先要适宜现代儿童的发展需求，重点思考课程理念指引下我们要培养怎样的儿童。基于新行为课程强调的行动中学习的重要原则,结合当代儿童发展要求,因此,我们将爱生活、会游戏、能学习作为新行为课程的总目标。

同时,新行为课程的目标制定层次更为清晰,课程目标从一开始的单元目标,逐渐形成了大体的课程层次:总目标—中级目标—具体目标。目标的范围越来越小,也越来越接近实际的操作活动的目标。那么总目标和活动目标究竟还有哪些目标呢?目标的层级很多,如分解目标、领域目标、层级目标、单元目标等。繁多的目标之间往往出现重叠,目标的模糊不清影响着教师实际的教学目标,最终则影响活动开展的效果。因此,最终课程目标环环紧扣:总目标—层级目标—学年目标和学期目标—领域目标等。

2. 新内容——贴近当下儿童生活

张雪门先生认为,行为课程的来源是幼儿的生活经验,即来自实际生活的自然经验。人为经验是在自然经验的基础之上进行的。因此选择适合孩子们兴趣的课程内容,是新行为课程一直追求的方向。总结起来,新行为课程内容的特点为一要继续保留原来传统,二要进行筛选和调整,三要继续深入扩充,以贴近当下儿童生活、促进儿童思考。

(1)保留课程来源。

张雪门认为教材有三个来源:一是个体本身发展所得,二是和自然环境相接触而得,三是从社会环境交际而得。根据这一认识,张雪门把行为课程的内容划分为儿童自发的诸般活动、儿童周围生活中一切有关自然界的事物与知识、儿童的社会环境。

三部分的活动内容虽然不同于五大领域的划分,但是课程的三大来源是张雪门行为课程一直贯穿的内容,自然界和人事界是必不可少的。如今的孩子们接触的多是高科技产品,居住在钢筋水泥筑成的“森林”里,离真正的大自然渐行渐远。而国外的孩子们生活在充满绿色气息的幼儿园里,奔跑在广阔的茂密树林中。因此少不了自然界这一课程来源。

人事界与儿童息息相关,“狼人”的故事已经证明了只有不断地参与到社会环境中,才能慢慢熟悉人们的社会规则、传统的人文习俗,在与社会环境的互动中学会各种礼仪。人事界与自然界一样不能缺少。

因此新行为课程保留了原课程内容的三大来源。

(2) 筛选适宜内容。

课程内容的来源保留了自然界和人事界及儿童自身的活动。但是具体的内容选择却需要斟酌。课程内容的选择很关键,选择得当,儿童自然感兴趣,反之则觉得索然无味。二十四节气是张雪门课程内容中很重要的一个组成部分,尽管教师通过多种方式帮助儿童了解和认识,然而现在的儿童却对此了解甚少。二十四节气对于农耕社会的儿童了解起来比较容易,因为那是与他们的生活息息相关的经验。而如今的儿童离农村相对较远,对农作物陌生,对节气名称陌生,理解节气自然困难重重。如果课程内容依旧停留在农耕时代,那么对处于数字化时代的儿童必定不适宜。因此,我们需要随着时代转变选择适宜的课程内容。二十四节气在不同地方也有着不同的习俗,基于先前经验,我们根据幼儿兴趣以及结合宁波的地方特色,最终选择了春分、立夏、立秋和冬至四个节气作为节气活动的主要内容,让幼儿了解和喜欢这些传统文化。

"立夏"是二十四节气之一。在宁波民谣中有句话叫"立夏吃只蛋,力气大一万",立夏时,孩子们在"斗蛋""吃蚕豆饭""称重"等一系列有趣的活动中,了解了立夏,也为传统节气注入新活力。

(3) 深入扩充知识。

张雪门的儿童观认为,儿童既不是容器,也不是植物,他们有着自己的思考力。蒙台梭利也认为儿童有自己的精神胚胎。因此我们既反对填鸭式灌输知识,又反对凡事都让儿童自己来。儿童的思考和经验远不如成人,而且他们的经验更多的是自然经验、零碎的经验,需要成人帮助进行梳理和提升,因此深入扩充知识尤为重要。

皮亚杰认为儿童经验的处理方式有同化和顺应两种。知识的增添需要社会外界的刺激,同时也需要结合原有经验,从而让新旧知识更好地结合。而且最重要的是,儿童正渴望这些知识的补给。新行为课程框架的演变中,教师的观察和记录出现的篇幅不少,无论是个案还是反思记录都需要教师的观察能力和不断思考。因此教师敏锐地抓住儿童即时的提问,生成相关主题的活动,给予儿童想要的知识,这就是行为课程的推进和延续。

以往的蝌蚪观察,是用眼睛观察,观察蝌蚪的生长变化,如此而已。但是有了课程内容的意识之后,教师会不自觉地观察儿童的表情,倾听儿童的每一个问题,挖掘问题背后的活动价值和可行性,一旦条件允许就形成儿童感兴趣的新活动,儿童越学越有兴趣,从而进入良性循环。这才是行为课程的魅力所在。

3. 新实施——还原儿童生活场景

张雪门先生的课程组织方法是教学设计法。教学设计法最早来自克伯屈的设计教学法。所谓设计教学法就是设想、创设一种问题的情景,让学生自己去设计,去执行,进而解决问题。张雪门先生把这种教学法结合当时的国情,最终形成了本土化的“设计教学法”。

“幼稚生对于自然界和人事界没有分明的界限,他看宇宙间一切的一切,都是整个儿的。”

——张雪门

新行为课程中,设计教学法的课程组织方式更加灵活,对儿童而言更具有挑战,同时也是贴合儿童的经验而开展的。

另外,新行为课程的总目标是培养“爱生活、会游戏、能学习”的幼儿,因此在课程实施中更强调还原儿童真实的生活场景,包括生活、劳作、工作等场景。例如在儿童工作室中的“红帮小巧手”课程活动,还原宁波红帮裁缝的生产工作流程,幼儿在其中生活、体验感受传统文化;再如我们开辟的“小农人试验田”,在专业的农业工作人员的协助下指导幼儿进行各类种植活动,还原劳作生活场景;在“我是小当家”活动中,真实还原教师工作场景,体验晨间接待、送报员、教师、帮厨、旗手等各类工作;还有“蜗牛考察队”,让幼儿在考察银行、消防队、面包房等活动中接触各种行业,还原成人工作场景等。

4. 新评价——凸显儿童动态发展

课程评价是课程结构中不可或缺的一部分。评价往往不那么被人们重视,看似可有可无,实际上却隐含很多深意。张雪门先生在课程评价部分粗略地谈及了课程实施后的评价内容,即最早的评价内容。在此基础上,课程评价逐渐扩充。

(1) 回溯各阶段评价内容。

1952 年的课程评价从行为检讨、行为关注、个案记录、经验估计等方面来评价。

这时期的评价注重教师的观察及经验，包括教师的经验、儿童的行为、个案的记录和行为的检讨。检讨，程度上看起来可轻可重，检讨是否深刻（即行为反思的效果如何）是有待考量的。2009 年的评价根据时间跨度分为以下几种：即时评价（当下）；阶段评价（一段时间）；追踪评价（几段并且延续的时间）。2013 年的课程评价则是对即时评价、阶段评价、追踪评价进行删选和细化，这个阶段出现了心理层面的评价，这是有效评价的较高水平，例如幼儿发展评估表。这几个阶段的课程评价无不体现着时代背景下的教育理念。在以上评价的基础上，目前的课程框架逐渐形成。

（2）创新现阶段评价体系。

2016 版本的课程评价分成“活动评价”和“发展评价”。如果说活动评价侧重以教师为对象的话，发展评价则侧重以幼儿为对象进行评价。

第一，“课程故事”。

活动评价从不同的活动形式入手：主题活动、区域活动、生活活动。这些活动形式是现阶段普遍认可的、受欢迎的、被大家熟知的。如果说仅仅停留在这三种主要的活动形式评价上的话，和之前从教师教学管理的维度、评价时间长短的维度差异不大——只是评价的维度有所改变。然而新行为课程活动评价对此进行了创新，即“课程故事”。“课程故事”在不同的活动中都可以使用。它不仅融合了教师的观察，还包括个案观察、追踪评价、反思记录等。无论是有明确主题的活动，还是不同区域中发生的活动，抑或是随机多变的生活活动都可以渗透“课程故事”，观察儿童的行为，反思教师的教学。它既能考证活动是否可行，也为行为提供有效依据。

第二，“行为检核”。

如果说“课程故事”贯穿教师的评价中的话，那么幼儿的评价中“行为检核”则是尤为重要的。幼儿的行为是教师可以直接观察到的，心理学的发展不仅使教师的观察更加细化，而且让教师在观察行为动作之外，还观察表情、语言等。“行为检核”不是行为检讨，更不是行为评估，它是幼儿某个行为形成之前的一个阶段。发展评估不是静态的对错判断，达标与否的结论，而是引发后续的帮助和支持。这也正好与《指南》相吻合。《指南》不是一把尺，更不是随意量取的工具。张雪门先生认为，儿童的行为最终是回归到生活，所以“行为检核”，只是帮助儿童更好地服务自己，帮助儿童更好地生活。除了“行为检核”法之外，轶事记录也是流动式的观察和记录，可以是个案，也可以是典型事件的记录等。

以上是课程评价的转变，从中可见幼教工作者观察水平逐渐提高，不再是表面的用眼睛看，更是用脑反思、用心思考的评价体系。

第二章　新行为课程基本理念及课程特征

新行为课程延续了行为课程所强调的以儿童为主体、从行动中学习的重要原则，将行为课程的历史与学术价值充分发挥。同时，结合中国特色社会主义的国情，结合科学的心理学、教育学理论，充分利用现代科技生活带来的便利，完善课程理念。新行为课程紧紧围绕现代儿童发展这个核心问题，从课程目标、内容、实施方式以及评价等各方面，努力汲取新元素，实现新发展。

一、新行为课程基本理念

宁波市第一幼儿园自 1998 年确立行为课程为幼儿园园本课程以来，一直致力于学习课程理念、剖析课程内涵、领会课程精神，并努力将行为课程同当下儿童特点、时代发展等多种因素相结合，与时俱进、不断创新。虽然张雪门行为课程相对完善，但毕竟时过境迁，有些课程内容、个别教学目标及方法已不适应当下的儿童和教师，需要做某些改善。当然，张雪门行为课程的核心理念：强调儿童本位和“做中学”则不可抛弃，因为它是行为课程的灵魂，仍具有重要的指导意义。因此“3～6 岁儿童在幼儿园生活的实践”就是新行为课程的核心理念。

（一）行为——兼顾需要创设空间

张雪门老先生认为行为有四种，妄作盲动是行为，胡思乱想是行为，劳力劳心是行为，然而只有在劳力上劳心是有价值的行为。正确的行为——“有目的，有计划，能实践，能有结果；结果虽有成败，但都足以改进经验”。张雪门先生认为凡扫地、抹桌、熬粥、撰米花以及养鸡、养蚕、种玉蜀黍和各种小花等，只要能够让幼儿实际行动的，都应该让他们去行动。

新行为课程兼顾幼儿的发展和需要，我们认为在构建新行为课程时应着眼于满足幼儿身心发展的需要，发现、引导、提升幼儿的外显行为和内隐行为。“行为”是新行为课程理念的浓缩体现，它体现了科学的儿童发展观，即：教学要关注幼儿的实践，关注幼儿的实际能力与真实行动，并为幼儿的探索创设理想的空间和环境。强调幼儿真实经验的获得，强调每一位幼儿在原有水平上的发展。其内涵主要有两个层面：一是作为幼儿自身的行为，是将“行为”解读为其本义上的、原始的、自发的、无明确目的的，强调课程以儿童实际能力与实际行为为中心，为幼儿提供可操作的、可自由表现的空间，满足幼儿自身探索与成长的需要；二是作为教师支持和引发的行为，将行为解读为一种学习方式，其含义是教育者必须关注、解读幼儿行为，引导幼儿的行为向更有意义的方向发展，让幼儿在现实场景、生活情境中学习，以自己的方式去感知、发现，成为学习的主人，成为知识的主动建构者。前者的行为是真实的、自然的。后者的行为是研究的、探索的、提升的，体现了行为课程的精髓——以教育者的眼光关注每位幼儿的行为价值，让教育真正符合每位幼儿成长的需要。

（二）经验——关注儿童给予发展

“经验是什么？从孩子出生后八周眼睛感到外物骤然的移动，立地紧闭，一直到了他长成时在社会上处置多方面复杂的问题全是经验。”“经验的真价值，不但从旧经验去产生新经验，且从有了新经验去改革旧的经验。”“因之，幼稚园课程的目的，在于联络孩子们的旧观念，以引起其新观念，更谋其旧经验的打破，新经验的建设。”“经验的性质有三：一、认识；二、知识；三、技能……儿童多半先有了认识，而后才有知识和技能。”①

杜威教育思想中的经验观：一个儿童伸手去碰火光，烫到痛了。从此以后，他知道某一接触活动和某一视觉活动联系起来（反过来，某一视觉活动和某一接触活动联系起来），就意味着烫和痛；或者知道光就是热的来源……一个孩子，仅仅把手指伸进火焰，这不是经验；当这个行动和他所遭受的疼痛联系起来的时候，才是经验；从此以后，他知道手指伸进火焰意味着灼伤。

张雪门《幼稚园教育概论》的经验观：小孩子用手去摸火炉，让火烫痛了，因而对于火的认识、感情等总多少有所改变；以后看见火，不但认得是熊熊的物体，且加增了烧灼的知识。倾向方面，从玩弄变作了畏惧，摸的行为改作了缩避。

---

① 戴自俺，钱玲娟. 张雪门幼儿教育文集中卷[M]. 北京：北京少年儿童出版社，2009.

新行为课程理论的经验观，更加关注给儿童提供适宜的、多样的经验，给予儿童发展的可能性：不同年龄段的幼儿用手去摸火炉，让火烫着了，会产生不同的行为结果。小年龄幼儿初步认识了火的状态和性质，从此以后知道手指伸进火焰意味着灼伤。大年龄幼儿不但知道火的燃烧属性，也增加了烧灼的知识，更可能会对火的产生等其他知识发生兴趣。

（三）生活——基于生活超越生活

行为课程完全来源于生活，它从生活而来，从生活而展开，也从生活而结束，不像一般的完全限于教材的活动。这里的生活是儿童的生活，它与成人生活不同的地方在于儿童的生活是整个的。“他看环境上的事事物物，都是他生命上的一部分；只要他看了一种东西，就会将这种东西，看作了是他自己的。而且其思想和动作的变换，非凡的迅速，决不会有过度的裂痕。”

新行为课程认为课程基于生活，又超越生活，即课程中的生活不是儿童日常的、自发的生活，而应该是自觉的、有计划的生活。正如《教育——财富蕴藏其中》对教育与生活关系所做的清晰说明：“一方面，只有在教师将孩子们随身带自学校的知识作为其教学的起点，这既指教学语言也指科学、数学或历史，孩子们才能学有所得。另一方面，为使学生能够在独立自主能力、创造性和好奇心等方面摄取所必不可少的补充，教师应在学校和周围环境间绝对保持某种距离……”

（四）社会——顺应时代建构特色

中国旧式的教育，只知注意到社会的需要。而儿童本位的教育，仅着重于儿童的身心，其结果往往前者引不起儿童行为的反应，后者易造成离群独立的个人，驯致厌恶社会，而仍难免于社会的抑压。教师能把社会的生活和个体的生活两相联络起来，儿童的生活才得以充实，教材的目的也得以贯彻了。若教师只注意社会的生活而不以个体的生活做根据，未必能引起现实儿童生活的反应；若只注意个体的生活而不以社会的生活做前提，仅足以构成理想中的爱弥儿。幼教的对象是儿童，可是幼教的目的却是适应社会。

新行为课程之所以符合幼儿需求，正是由于它自身不断地变化：课程应符合幼儿需要，符合社会需求，在发展的过程中就经历了从完全关注幼儿兴趣到兼顾社会需求的转变。宁波市第一幼儿园根据现代中国社会的特点、国家对幼儿教育的要求，建构出了具有时代特色的行为课程体系，在保持行为课程适宜理念的同时，对教师如何开展行为课程进行了补充和发展，在今天教育发展的基础上重新建构了行为课程，使之更符合幼儿教育发展的需要。

二、新行为课程三大特征

（一）特征一：强调给现代儿童创设生活中实践的机会

重视生活在儿童课程中的教育价值是新行为课程着重强调的，概览张雪门先生的行为课程理论，可以发现生活在其中的重要地位，正如其所言“这份课程，完全根据于生活；它从生活而来，从生活而开展，也从生活而结束”。在一定程度上把教育与生活联系起来，这对教育中普遍存在的教育与儿童实际生活相割裂的现象是有力的批判。新行为课程强调给现代儿童创设生活中实践的机会，这里的生活包含几个层次：一是现代儿童基本的生活，包括儿童日常的生活、游戏与学习。二是补充现代儿童普遍缺失的生活。当高档玩具和电子产品逐渐替代自然类材料成为现代儿童的主要玩具时，也导致了现代儿童较为普遍的“生活”缺失现象，包括自然生活缺失以及劳作生活缺失等。三是成人的社会生活。成人的社会生活对儿童来说具有神奇的吸引力，其中也可能渗透了传统文化的融合，包括成人的工作、劳动等，一切能让幼儿实践的都要让他们亲自尝试。

从行动中所得的认识，才是真实的知识；从行动中所发生的困难，才是真实的问题；从行动中所获得的胜利，才是真实制驭环境的能力。

——张雪门

（二）特征二：倡导吻合当下社会发展的核心文化价值

当前教育已经步入了高位发展的时代，从“知识核心时代”逐渐走向“核心素养时代”。教育者本人的价值观、教育观以及课程观将直接影响到教育对象的发展。新行为课程围绕“十八大”提出的“立德树人”之根本任务，突出强调个人修养、社会关爱、国家情怀，更加注重自主发展、合作参与、创新等。幼儿园应该成为“幼儿课程的代言人”。幼儿智能的评估过程是让幼儿处于能够激发其自身拥有多种智能的环境中，然后观察其是否被吸引及钻研的程度，以此发现幼儿的强项和弱项，并根据这种评估的结果选择适合其学习的课程。

（三）特征三：充分利用宁波特有的文化以及物质资源

书藏古今、港通天下。宁波是一个开放的港口城市，经济的开发为这里的人们带来了更多的物质资源；宁波也是一个具有文化底蕴的城市，深厚的文化内涵为教育者提供了多元的教育元素。新行为课程的建设者不仅仅有我们幼儿教育工作者，还有社会、社区以及广大家长，这为开展新行为课程奠定了良好的基础。我们在课程中采取了多种方式，有效地让家长、社区、社会融入课程，使得新行为课程的开展有了质的提升。

第三章　新行为课程体系

一、新行为课程基本框架

张雪门的行为课程从创立开始到今天，不仅具有悠久历史的积淀，更是经历了多种思潮影响和借鉴之后形成的。不同时期的课程框架代表着那个时代背景下的课程体系，虽然时代的背景有所不同，但是行为课程的核心却贯穿其中。从 1952 年的第一份框架到 2016 年的最新框架，一次次修正使得框架更加合理，形成新行为课程框架，详见图 3－1。

二、新行为课程的目标

（一）新行为课程总目标

新行为课程目标是指导整个课程编制过程最为关键的准则，特别强调经验的价值。“幼稚园的课程是什么？就是给三足岁到六足岁的孩子所能够做而且喜欢做的经验的预备。”因此我们在传承张雪门先生原行为课程的基础上，力谋幼儿应有的快乐与幸福，创新幼儿在新行为课程内容组织（主题式、领域化、区域相结合），特色活动组织（蛤蟆剧团、心情角、蜗牛考察队、小农人试验田、我是小当家），以及课程赋权评价（活动评价以及发展评价）中获得有益于身心发展的经验，促进每个幼儿富有个性的发展；培养幼儿良好的行为习惯与初步的适应生活和创造生活的能力，因为我们相信通过新行为课程的教育每个幼儿独特的才能都能被激发。

现在，我们新行为课程是一个完整的课程体系，总结以上的阐述，结合新行为课程理论依据、杜威的“做中学”、社会依据和儿童依据等，确定的总目标是：

（1）养成良好生活习惯并发现生活的美好。

在养成良好的生活习惯的同时，逐步形成健康的生活方式，保持对生活积极乐观的态度，从中发现生活的美好进而更加热爱生活。

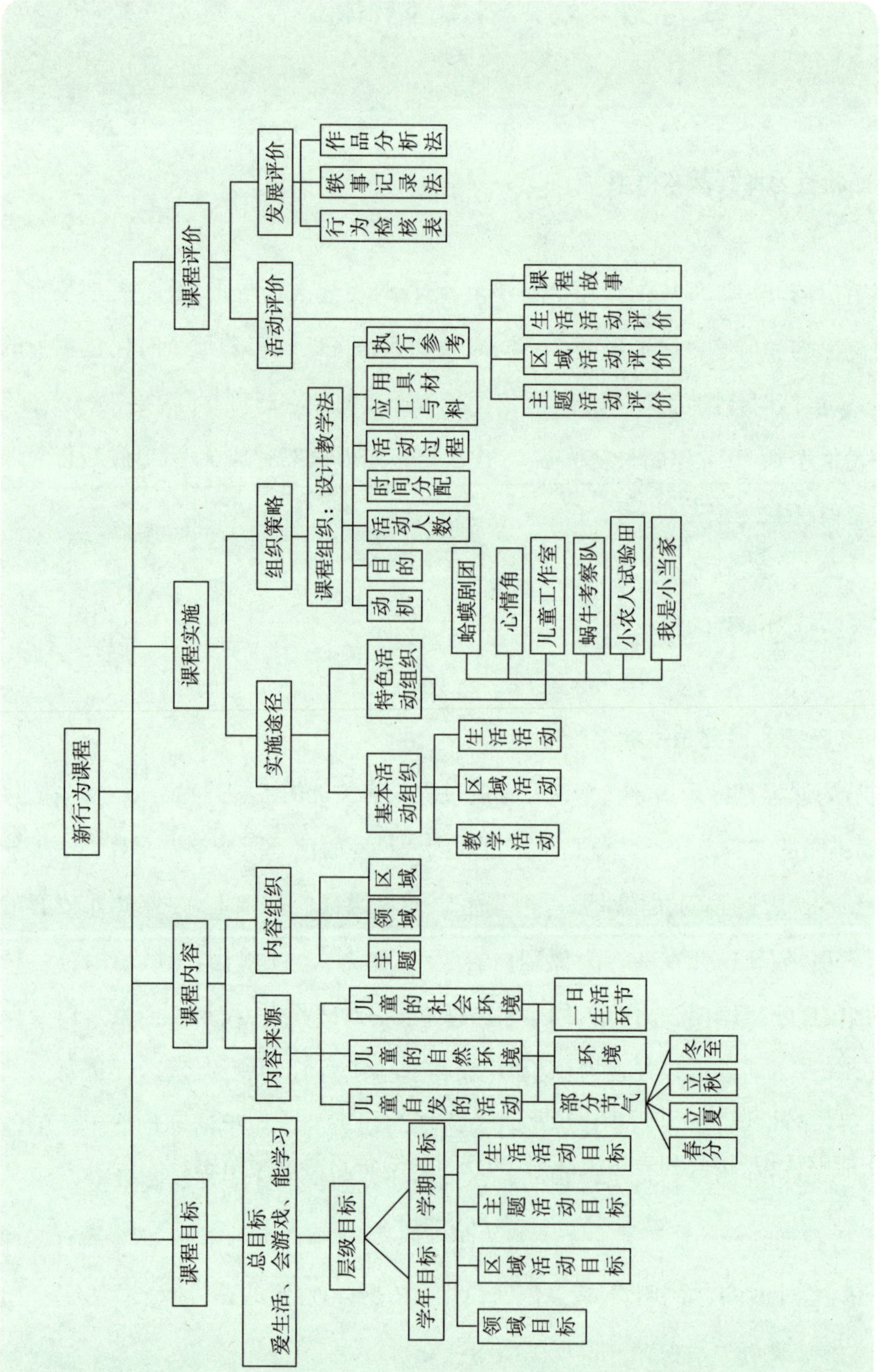
新行为课程
课程目标
课程内容
课程实施
课程评价
总目标
爱生活、会游戏、能学习
层级目标
学年目标
学期目标
领域目标
区域活动目标
主题活动目标
生活活动目标
内容来源
儿童自发的活动
儿童的自然环境
儿童的社会环境
部分节气
春分
立夏
立秋
冬至
环境
一日生活环节
内容组织
主题
领域
区域
实施途径
基本活动组织
特色活动组织
教学活动
区域活动
生活活动
蛤蟆剧团
心情角
儿童工作室
蜗牛考察队
小农人试验田
我是小当家
组织策略
课程组织：设计教学法
动机
目的
活动人数
时间分配
活动过程
应用工具与材料
执行参考
活动评价
主题活动评价
区域活动评价
生活活动评价
课程故事
发展评价
行为检核表
轶事记录法
作品分析法

图 3－1 新行为课程框架

（2）培养在游戏中学习生活的原则和规则。

游戏是儿童活动的主要形式，新行为课程主张着重培养儿童在游戏中学习生活的原则和规则，通过扮演、模仿等感受生活、礼仪、规则及所需的技能与技巧。

（3）养成主动学习的意识和良好的学习品质。

新行为课程注重培养幼儿主动学习的意识和能力，充分尊重和保护幼儿的好奇心和学习兴趣，逐步养成积极主动、认真专注、不怕困难、敢于探究和尝试、乐于想象和创造等良好学习品质。

（二）新行为课程层级目标

层级目标又可以分成学年目标和学期目标，结合新行为课程主要的内容和组织形式，从领域、区域以及生活三大活动分别制定目标。

1. 领域目标

按照课程总目标分成五大领域，这些目标没有明确的年龄层次之分，教师以此根据本班幼儿的具体能力进行调整。

（1）健康领域。

① 知道身体各部分名称，并了解其功能。

② 能表达出所体验的味觉、触觉、嗅觉、听觉、视觉等方面的经验。

③ 理解人的身体是不断变化发展的，并了解几个重要时期（幼儿、少年、青年、中年、老年）的主要特征。

④ 理解人的身体是有限度的，能控制自己的运动量。

⑤ 能够认识、接受和表达出高兴、悲伤、愤怒、惊讶等情绪情感。

⑥ 能够用适当的方式调节自己的不良情绪。

⑦ 理解健康的含义，在集体生活中养成活泼开朗的个性。

⑧ 有良好的生活、卫生习惯，有基本的自理、自立能力。

⑨ 喜欢参加体育活动，在活动中显示出灵活性、敏捷性。

⑩ 乐于运用多种感官，喜欢触摸、控制和摆弄所学的对象，能创造新的技能，创作新的舞蹈或其他身体活动。

(2) 语言领域。

① 注意倾听对方讲话，理解口语中的声音、节奏变化所蕴含的不同含义。

② 能够记住、理解并分析别人所说的内容。

③ 乐意与人交谈，讲话礼貌且简洁。

④ 对文学作品、辩论、书写及绘画等有兴趣。

⑤ 喜欢阅读，能够理解、概括、分析所阅读的大致内容。

⑥ 在社交、游戏、工作中能较好地运用语言沟通。

⑦ 运用听、说、读、写进行记忆、解释、沟通、讨论。

(3) 社会领域。

① 与父母、同伴、教师关系亲密，掌握基本的礼貌用语。

② 乐于与他人交往，能了解并掌握几种基本的交往方式。

③ 能察觉别人的情绪、思想、动机、行为与生活方式，并能根据不同的环境或别人的建议调整自己的行为。

④ 能以书面或非书面的方式进行有效的理解与沟通，能够关注社会中的重大时事。

⑤ 喜欢与他人合作，在群体活动中能够承担各种适当角色。

⑥ 对我国的人文历史有所了解，并产生兴趣。

(4) 科学领域。

① 对数学具有敏感性。

② 能够运用已有的数学经验解决生活中的简单问题。

③ 学习归纳、总结等科学/数学方法，并能在实际生活中运用。

④ 熟悉数量、时间和因果的概念。

⑤ 乐意进行简单的运算，并理解数的实际意义。

⑥ 学习使用抽象符号来代表集体事物和概念。

⑦ 乐于探索人类和自然环境。

⑧ 善于寻找机会观察、识别、接触和关注事物。

⑨ 能用恰当的方式表达、交流探索的过程和结果。

(5) 艺术领域。

① 对艺术、摄影、建构、设计等活动感兴趣，喜欢制作立体物品，如折纸、模拟建筑。

② 能仔细观察和学习，善于辨识物体的细微特征，如面貌、形状、颜色等；敢于根据自己的体验、感受进行艺术创作。

③ 对各种声音感兴趣，包括自然界的各种声音和音乐；喜欢并寻求机会倾听音乐，乐于从中学习。

④ 能用自己喜欢的方式进行音乐表现活动，如指挥、表演、创作或跳舞。

⑤ 喜欢欣赏音乐，能体会音乐的情调和节拍，有兴趣探讨音乐的不同风格和内涵。

⑥ 喜欢收集各种形式的音乐信息，进行简单的模仿；能够创编歌曲、节奏和舞蹈。

2. 区域活动目标

(1) 混龄儿童工作室。

幼儿通过自身的实践活动(指与物质环境的相互作用，包括体育活动、智力操作活动、生活活动、社会活动等)积累有关活动情况的经验和感受(如成功、失败)，从而产生对自己能力的认识和评价。发展想象力、创造力、表现力、动手操作能力和解决问题的能力，促进活泼、开朗、自主、自信等良好个性的发展。

学习性区域活动目标：形成对未知事物积极探索的态度，在学习和探索中认识周围生活环境和客观事物，发展想象力、创造力、表现力和解决问题的能力；形成良好的情感体验，积累社会经验，发展社会性能力，促进活泼、开朗、自主、自信等良好个性的发展。运动性区域活动目标：激发幼儿对体育活动的兴趣，促进身体发育，增强身体素质，使身心全面、和谐地发展。

小班总目标

① 能自选个人喜欢的活动，积极游戏。

② 玩什么取什么，不玩时把材料放回原处。

③ 学习使用玩具材料的基本技能，认真操作。

④ 爱护玩具，不丢扔毁坏，不敲打玩具，不拿着玩具到处走动，玩具掉落随时拾起。

⑤ 能与伙伴友好地玩，学习表达个人愿望，能使用礼貌语言与人交往。

⑥ 不干扰别人，不大声喊叫，不在室内跑动、打闹。

⑦ 注意卫生安全，如知道用眼卫生，坐姿正确，能安全使用剪刀等。

⑧ 能听信号结束游戏。

⑨ 游戏结束，能将玩具材料收放整齐。

中班总目标

① 自选游戏活动，自选玩具和伙伴。

② 掌握玩具材料的基本玩法并能变换、创新玩法。

③ 玩具材料随用随取，不用放回原处，随时保持现场整洁有序。

④ 爱护玩具，使用小心，随时拾起地上散落的玩具材料。

⑤ 能与伙伴友好交往，共同游戏，积极进行言语交流，能相互协调行为。

⑥ 专心游戏，一件事做完再做另一件事。

⑦ 不大声喧哗、乱跑动，不影响别人，行为文明礼貌。

⑧ 注意游戏中的卫生和安全。

⑨ 及时结束游戏，并将玩具分类收放整齐。

大班总目标

① 自创活动条件，安排空间场地。自选游戏，自定主题，积极参加各类游戏。

② 根据需要选用玩具材料，能利用替代物和自制部分材料。

③ 熟练掌握各类活动的基本技能，能综合运用材料和探索材料的各种玩法。

④ 爱护玩具，使用小心并能及时整理，学习修补玩具材料，注意游戏的卫生和安全。

⑤ 以大带小自动调整人数，共同商议主题和玩法。

⑥ 游戏中友好交往并能协调相互关系，自己想办法解决游戏中的问题。

⑦ 每一次玩一种游戏，学习做事有始有终，坚持活动主题，努力克服困难，达到活动目的。

⑧ 不大声喧哗跑动，不随便窜组，行为文明有礼貌。

⑨ 及时结束游戏，迅速将玩具材料按一定规律摆放整齐。

以下列举12个混龄工作室的目标计划表，见表3－1。

表3－1　混龄工作室目标计划表

全园混龄儿童工作室名称	内　容	目标主要指向	具体目标计划
一幼之家	社会模拟：医院、娃娃家、银行、超市、出版社、幼儿园等	社会领域 语言领域	1. 能主动地表现所扮演的人物角色，感知多种社会人物角色 2. 尝试在游戏中主动友好地与同伴进行角色交往、角色合作或角色转换 3. 学习理解他人的情感和需要，会用多种形式加以表达，能自我控制；调整与同伴之间的相互行为和关系 4. 能大胆表达所扮演角色的想法并与其他角色积极交流，相互沟通，实践和尝试自己解决社交问题的办法 5. 用以物代物的方法设计、制作简单的场景或道具，分工布置、整理场景
美味下饭	厨房再现：挑选干货、自制饮料、点心房、粗加工间、外卖等	艺术领域 健康领域	1. 喜欢进行“美味下饭”的游戏，体验游戏的快乐 2. 会制作简单的食物，如饼干、小馒头等，体验其中的乐趣，尝试初步照顾自己 3. 会在工具的帮助下进行一些简单的劳作，如切香蕉、削瓜皮等，体验其中的乐趣 4. 尝试在电气化工具的帮助下制作食物，如榨果汁、烤面包，体验成功的乐趣 5. 通过外卖/宣传食物的方式让同伴肯定成果

续表

全园混龄儿童工作室名称	内　容	目标主要指向	具体目标计划
小小童第周	科学探索发现：科学小实验、科学知识站、暗房实验间、标本室	科学领域	1. 对科学探索感兴趣 2. 了解材料的性质、大小、颜色、形状等；形成一些基本的空间方位概念和数概念 3. 运用各种建构技法，动手动脑，自由地表现主题，发展想象力与创造力，体验创造与成功的喜悦 4. 尝试运用对称、平衡、协调等艺术要素，发展审美及表现美、创造美的能力 5. 形成目的性、坚持性和互相合作的良好学习品质
三江小画廊	美术天地：色彩活动、泥塑、纸艺、立体作画等	艺术领域	1. 在预设的问题情境中较有目的地进行美工创作活动 2. 能发现和感受区域环境中的美及它们明显的特征，并表达自己的感受 3. 尝试使用各种材料、工具、通过画、剪、拼装等方法制作表现平面造型物体，学习表现物体的基本部分和主要特征 4. 能大胆地用绘画、泥塑、手工等方式表达自己的感受和体验，表现出物体的基本部分和主要特征，体验成功的快乐 5. 喜欢使用各种材料、工具，通过拆卸等方法表现，制作立体造型的物体，有独立的创造、制作的能力 6. 协助教师收集、投放材料，共同商讨材料的分类
小小天一阁	阅读活动：自由阅读、聆听故事、制作图书、文字游戏、拓印、书法等	语言领域 艺术领域	1. 学会正确取放图书，懂得爱护图书 2. 初步学会对画面进行有序的观察，能发现人物动作、表情及背景的变化 3. 知道一幅画可以说成一段话，一段话可以用一幅画来表现 4. 能用语言讲述图画故事内容，表述自己对故事画面的理解 5. 能将图画故事书的前后画面联系起来，理解故事内容 6. 爱护图书，会用工具修补图书并能将各类物品物归原处 7. 尝试根据故事内容进行表演等

续表

全园混龄儿童工作室名称	内容	目标主要指向	具体目标计划
红帮小巧手	手工活动：服装设计室、服饰制作等	健康领域 艺术领域	1. 乐意将游戏内容延到生活中 2. 会用双手协调地进行抓、捏、舀、夹、穿、剪等工作，并尝试简单地折叠，有序地“擦”等工作 3. 会手眼协调地、专注地进行编织、缝、绣等工作，发展做事的持续性和专注力 4. 尝试与同伴合作交流进行流水线的工作游戏
明州智多星	益智活动：棋类活动、数学游戏、迷宫探索等	科学领域	1. 自选游戏，安排空间场地，自定主题，积极参加各类游戏 2. 根据需要选用玩具材料，能利用替代物和自制部分材料 3. 熟练掌握各类活动的基本技能，能综合运用材料和探索材料的各种玩法 4. 爱护玩具，小心使用并能及时整理，学习修补玩具材料，注意游戏的卫生和安全 5. 各组幼儿能自动调整人数，共同商议主题和玩法；游戏中友好交往并能协调相互关系，自己想办法解决游戏中的问题 6. 每一次玩一种游戏，学习做事有始有终，坚持活动主题，努力克服困难，达到活动目的
江南民居	建筑活动：运用木头积木搭建大型建筑物	艺术领域 科学领域	1. 能较专注、持续地进行主题建筑活动；尝试协商，推选组长、明确分工、协作建构 2. 能先构思主题，再操作，在坚持主题搭建过程中不断丰富情节，能综合运用多种技能建造更为精细、整齐、匀称、结构更复杂和富有创造性的物体 3. 能够有目的、有计划地选择所需搭建材料，并能充分运用辅助或自制的一些物品进行创造性的综合搭建 4. 学习平衡、对称、重心等概念，会区分左右，培养空间方位知觉和思维能力 5. 能反映个人生活经验，大胆与组内成员交流，使个人和小组的愿望得到充分满足 6. 能从保留的有价值的搭建成果中获得有价值的搭建方法 7. 会交往合作，用语言等方式交流，协调行为，从而发展多方面的交往技巧；能完整地讲述搭建的内容和过程

续表

全园混龄儿童工作室名称	内容	目标主要指向	具体目标计划
梁祝艺术馆	音乐活动：皮影表演、舞蹈及小品表演、打击乐器、化妆室、欣赏等	艺术领域	1. 会商量情节，根据情节协商有什么角色，并协商分配角色，有问题不争吵 2. 在熟练掌握故事内容、情节的基础上，能初步用表演游戏的形式较协调一致地表现出来，如自编对话、表情、动作等，发展创编动作、表情的能力 3. 能初步用音乐、语调的变化和不同的表情、动作表现出角色的不同形象 4. 能创造性地改编表演游戏的部分情节，并能让别人看懂自己的表演 5. 根据内容选择、使用创造简单的道具、场景
甬城老作坊	手工制作：木匠屋、编制屋、拆装屋等	艺术领域 健康领域	1. 自主参与、自主体验、积极尝试，逐步掌握编织的方法和技巧，重点是草编，培养想象力、创造力等 2. 在自主活动中尝试发现问题、解决问题、自主活动和合作交往能力 3. 大班幼儿动手能力相对小中班提高了很多，可以通过以大带小的活动，培养幼儿的主人翁意识
蒙台梭利	蒙台梭利教具	科学领域	1. 养成观察、分析的能力以及专心和秩序的习惯 2. 通过蒙氏数学教具及序列、配对、分类等教育方法让幼儿获得数和量的概念，培养幼儿的逻辑思维 3. 通过蒙氏的感官教育培养幼儿感官的精确敏锐以及对事物的观察、比较、判断的习惯和能力
宁波老游戏	各种民间游戏：器械游戏、团体游戏等	健康领域 社会领域	1. 回忆宁波老游戏，找到好朋友；体验玩老游戏的乐趣 2. 通过老游戏的运动环境，激发幼儿运动的兴趣，发展幼儿走、跑、跳、钻、爬等基本动作，使幼儿动作协调灵敏 3. 引导幼儿勇于尝试、积极参与各个主题老游戏的运动，并体验成功的快乐 4. 通过不同年龄段的一物多玩的活动，让幼儿充分尝试各种不同的玩法

（各班教师根据班级幼儿情况进行调整）

（2）同龄儿童工作室。

什么是班级同龄儿童工作室？班级同龄儿童工作室就是各个班级根据《纲要》和《指南》，以及幼儿园的新行为课程，结合本年龄段本班幼儿的兴趣等所设立的儿童活动空间，允许班级幼儿在集体教学时间以外的任何时间段可以随时自由进入。班级儿童工作室的特点在于幼儿是根据自己的兴趣随时随地进入班级工作室进行学习，因此它满足了幼儿随时偶发的需要。另外，幼儿在自由活动中的表现最具有代表性，教师可以即时观察了解班级儿童的真实需要，并提供适宜帮助。

由于班级工作室是根据班级幼儿的兴趣与需要设立的、幼儿专用的活动空间，因此形成了其独特的教学模式。首先，幼儿自由选择喜爱的儿童工作室。其次，幼儿自主选择具体工作内容或在教师的帮助下选择具体工作内容。接着，教师根据每个孩子的能力水平提供支持并记录幼儿操作中的行为。最后，教师根据幼儿在操作中的行为适当调整操作的内容与材料，以便让幼儿在当前的能力水平下有所收获与提高。在新行为课程中，区域活动的目标与五大领域目标紧密结合，见表 3 - 2。

表 3 - 2　宁波市第一幼儿园区域活动目标

相关工作室	不同年龄段		
	小班	中班	大班
语言区	1. 乐意与人交谈，讲话有礼貌，初步学说“你好”“谢谢”“对不起”“没关系”“再见”等简单的礼貌用语 2. 能注意倾听对方说话，理解简单的日常用语 3. 能清楚地说出自己想说的事，能听懂并会说普通话 4. 喜欢看图片和图书，并能根据图片表达自己的认识和感受 5. 学习跟念儿歌，体验念儿歌的乐趣	1. 初步学会对画面进行有序的观察，能发现人物动作、表情及背景的变化 2. 认真倾听他人的讲述，理解并尝试分析他人所说的内容 3. 对阅读活动产生兴趣，并能爱护保管自己的读物 4. 在兴趣的基础上认识并积累生活中遇见的文字 5. 会用工具修补图书并能将各类物品物归原处	1. 喜爱阅读，能够理解、概括、分析所阅读的内容，并进行适当的交流 2. 扩大对文字、图书的阅读面，对文学作品、辩论、书写及绘画等有浓厚兴趣 3. 能有条理地进行叙述和描述，并适当地添加适宜的形容词 4. 感受不同类型的文学作品，有欣赏美、感受美的能力

续表

相关工作室	不同年龄段		
	小班	中班	大班
社会区	1. 乐意扮演角色和小朋友一起玩，尝试与喜欢的同伴分享玩具和事物，并体验其中的快乐 2. 学习使用简单礼貌用语招待小客人 3. 按自己的意愿选择游戏，知道自己的性别、年龄 4. 学习在游戏中遵守简单的规则	1. 加深对角色的理解，丰富游戏情节，能较形象地模仿社会角色的语言、行为 2. 能在教师启发下独立提出主题，按意愿选择角色，初步学会解决关于角色、玩具方面的争端 3. 懂得扮演角色和使用物品、场地等应遵守的游戏规则 4. 爱惜玩具，游戏后会整理场地，收拾玩具	1. 能主动地表现所扮演的人物角色，感知多种社会人物角色 2. 能在游戏中主动友好地与小朋友进行角色交往、角色合作或角色转换 3. 学习理解他人的情感和需要，会用多种形式加以表达，能自我控制和调整与同伴之间的行为和关系 4. 能大胆表达所扮演角色的想法并与扮演的其他角色积极交流，相互沟通，实践和尝试自己解决社交问题
建构区	1. 对构建游戏感兴趣，体验游戏过程的快乐 2. 对不同的建构材料进行简单分类 3. 初步感知和探究物体的性能、特征(如滚、转、停等)及人们对物体的作用方式(如推、拉等) 4. 对周围环境中形象突出和色彩鲜明的事物感兴趣，从环境景物，包括真实的建筑物及自己搭建的建筑物中获得美的感受	1. 喜欢参加建构活动 2. 能在观察和感受的基础上，搭建体现生活中建筑物的特征 3. 与同伴进行合作建构 4. 会根据主题需要，创造性地选择和利用辅助材料不断丰富搭建主题	1. 能主动协商，推选组长、明确分工、协作建构 2. 能先构思主题，再操作，在坚持主题搭建过程中不断丰富情节，搭建更为精细、整体、匀称 3. 能够有目的、有计划地选择所需搭建材料，并能充分运用辅助或自制的一些材料进行创造性的综合搭建 4. 能完整讲述搭建的内容和过程
表演区	1. 能注意周围环境中声音悦耳的事物，并产生愉悦情绪 2. 喜欢听音乐，初步学习用声音、动作等方式自由表达自己的感受 3. 喜欢跟老师愉快地唱歌、跳舞、敲打会发出声音的器具	1. 喜欢倾听并尝试模仿各种声音，能主动地寻找音乐作品中的声音 2. 能用自己喜欢的方式进行表演 3. 喜欢欣赏各种类型的民族音乐，并感受作品的不同风格 4. 了解舞蹈动作中有关	1. 能主动协商、调节人数；用什么材料取什么材料，随时整理，场地上不得有散乱材料 2. 学习理解他人的情感和需要，恰当地表达自己的情绪、情感，通过换位思考发展支配自己、协调与他人关系的能力

续表

相关工作室	不同年龄段		
	小班	中班	大班
	4. 初步学习听歌曲的伴奏，能用自然的声音演唱简单的歌曲 5. 喜欢音乐游戏，并能根据不同的音乐做出相应的动作	夸张的表情、空间位置移动、空间肢体位置组合等概念，并在初步学习创编舞蹈动作时进行简单的运用 5. 收集各种形式的音乐信息，进行简单的模仿	3. 通过自编、自导、自演的活动，激发创造潜能，发展想象、表征能力 4. 用以物代物的方法设计、制作简单的场景或道具，分工布置、整理场景
数学区	1. 喜欢玩各种操作类玩具，并愿意探索不同的玩法 2. 愿意和小朋友一起游戏，初步感受与同伴一起操作、交流的乐趣 3. 乐于用自己的方式表达活动中的感受和发现 4. 初步学会等待、轮流、分享，能判断一些简单行为的对与错	1. 能利用多种玩具材料来感知探索、形成知识、发展思维和智力 2. 通过积极的思维活动调动起战胜困难、向自我进行挑战的信心，发展运算和推理能力 3. 学习使用抽象符号来代表具体事物和概念 4. 通过分享经验的机会，加强同伴之间的合作与相互学习	1. 能较持续、专注地进行操作活动 2. 能综合运用简单的比较、测量、排序、分类、推理等方法解决新问题 3. 能有目的地使用材料进行观察和操作探究，发现事物之间的关系 4. 能够熟练运用已有的数学经验解决遇到的问题
美工区	1. 学习观察简单的物体，能注意并亲近周围环境中色彩鲜艳、造型有趣的物体 2. 初步体验和感受一些艺术作品，爱看漂亮、有趣的画面和物体 3. 喜欢动手制作手工作品，初步学习用橡皮泥进行搓圆、压扁、搓长条等泥工活动，进一步学习将纸撕成长条或小纸片 4. 喜欢摆弄简单的美术工具和材料，学习用油画棒进行涂色、画短线和圆圈及简单的临摹画	1. 学习用绘画、捏泥、手工制作等多种方式表现自己的所见所想 2. 欣赏不同的美术作品，并能感受到作品的明显特色，大胆地表达自己的理解 3. 学习用不同的方式作画，并根据自己的体验大胆地创作 4. 在建构、创作中培养艺术兴趣和审美能力，体验成功的快乐，萌发创造的欲望	1. 积极参与美工区，能根据问题情境有目的地活动 2. 能大胆用绘画、泥塑、手工等表达自己的感受和体验，表现出物体部分和主要特征，体验成功的快乐 3. 喜欢使用各种材料、工具，制作立体造型的物体，有自己的创作和制作能力 4. 协助教师收集投放材料，共同商讨材料的分类

值得一提的是，我们的区域突显自身特色，幼儿在区域活动中有很多的即时行为，可能会在一个区域中进行其他领域目标下的材料的操作，因此区域目标不局限幼儿的自由创作，可以允许他们打破区域领域限制，将区域进行有效的融合。

3. 生活活动目标

现在独生子女在幼儿中的比例越来越大，由于生活上成人包办代替过多，幼儿依赖性强，自理能力较差。为了更好地落实《指南》精神，结合我园各年龄段幼儿发展的特点，我们把培养幼儿生活自理能力及卫生习惯作为重点工作，特制定低班生活目标和高班生活目标，见表 3-3 和表 3-4。

表 3-3　低班生活目标

	生活技能	生活卫生习惯	生活卫生常识
教育幼儿独立完成部分	会系扣子、解扣子 会穿、脱裤子 会擦手、洗脸 会拿水杯喝水 会洗手、搓肥皂 会搬椅子、摆椅子 会擦椅子、摆餐具 会使用餐巾、餐具 会把衣服叠放整齐	不吃手指 安静入睡 不随地吐痰 玩具会玩会收 饭前主动洗手 不用手揉眼睛 喝水时不洒水 听到信号迅速起床 会轻拿轻放餐具 将餐具分类摆放 将盥洗用具摆整齐 学习独立、干净进餐 能做到基本不挑食 会干稀搭配、饭菜搭配吃 咽完最后一口再离开座位	知道刷牙时上下刷牙面 知道为什么漱口 知道不能随地吐痰 知道为什么不能喝生水 知道生吃瓜果要洗净 知道饭前、便后要洗手 知道便后把纸扔进纸篓 知道不能乱扔果皮、纸屑 知道睡前洗脸、刷牙 知道为什么不能用手揉眼睛 知道不能在厕所内玩
在成人帮助下完成部分	会穿套头毛衣 正确使用餐具 会把衣服叠放整齐	不光脚踩地 不用手抠鼻孔 保持手的清洁 坐姿基本正确 把鞋脱放整齐 便后主动洗手 盥洗时不把衣服弄湿 能保持个人仪表整洁	知道睡前洗脚、洗屁股 知道不能把玩具放进口鼻耳内 知道为什么不能抠鼻孔 知道怎样保护牙齿 知道怎样过马路

表 3-4 高班生活目标

	生活技能	生活卫生习惯	生活卫生常识
教育幼儿独立完成部分	会整理自己的物品，有序地进行晨间常规活动，增强自理意识和自理能力 会认真盥洗，养成早晚刷牙、饭前便后主动洗手的习惯 能比较迅速地穿脱和整理自己的衣物，并摆放有序、整齐	不挑食，喜欢吃多样的食物，知道食物中的营养对身体健康的作用 不浪费，能根据自己的需要适量自取食物 能控制自己的行为，不影响他人入睡 离园时，与家长打招呼，与教师以及同伴说"再见"，养成文明礼貌习惯 在离园活动时能自主地选择便于收放的玩具和相应的活动	知道水对人们生活的意义，节约用水 知道睡眠对于健康的意义，增强睡眠的自觉性，养成良好的睡眠习惯 知道便后怎样冲便池 知道简单的交通规则
在成人帮助下完成部分	会学习与自身生活密切相关的简单劳动技能，增强生活常识 会正确使用筷子，做到"三净"(餐具、桌面、衣服)，饭后自己收拾桌面	养成爱护物品和爱整洁的习惯 养成自主如厕、定时大便的良好习惯，在较长时间的集体活动前，能够主动如厕 养成便后冲水、洗手的习惯，并能够独立将衣服整理好	知道怎样擦屁股 知道小当家职责，积极主动地做好小当家工作 知道与同伴协商、分工、合作，完成"工作" 学会使用简单的清洁工具

三、新行为课程的内容

(一) 内容来源

新行为课程继承了行为课程所倡导的生活化、行为化、本土化的理念，在活动内容上注重融入现代教育精髓，挖掘本土丰厚资源，关注幼儿个性快乐成长，最终落实新行为课程所追求的教育终极目标——快乐而有意义的童年。

1. 关注幼儿一日活动，在幼儿自发行为中捕捉活动内容

张雪门先生强调行为课程就是"运用自然和社会的环境，以唤起生活的需要，扩充其生活的经验，培养其生活的力量""学前教育更多的是扩充经验，经验的真价值，不但从旧经验去产生新经验，且从有了新经验去改革旧的经验，也就是说源于幼儿

生活的活动是孩子们真正内需的”。所以教师要随时注意偶发事件，随时活用，以适应幼儿的需要，以满足幼儿的兴趣。

新行为课程所倡导的幼儿园课程，首先应注意的是实际行动，能够实际行动的，就应让他们在实际中去行动。从行动中所得的认识，才是真正的知识；从行动中所产生的困难，才是真实的问题；从行动中所获得的胜利，才是真正的驾驭环境的能力。

比如，孩子们围在一起饶有兴致地看蚂蚁爬来爬去，“蚂蚁是怎么传递信息的？”“蚂蚁会把粮食藏到哪里？”“蚂蚁爱吃什么食物？”……我们就可以顺势收集孩子们关于蚂蚁的千奇百怪的问题，整理出有价值的内容形成“草丛中的蚂蚁”主题框架，见图 3 - 2。

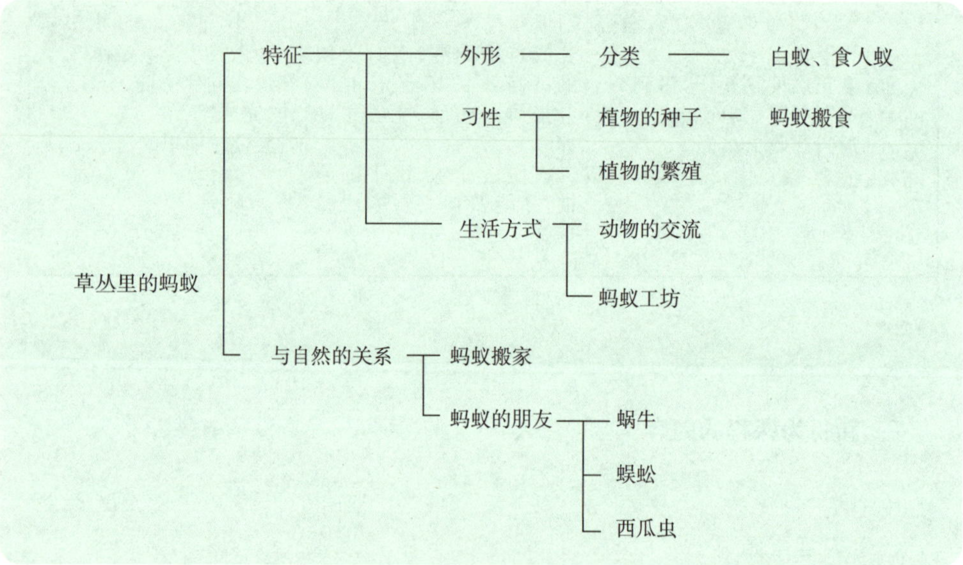

图 3 - 2 “草丛中的蚂蚁”主题框架

2. 顺应季节更替，在自然环境中筛选活动内容

行为课程的内容选择就是以二十四节气为线索的（即以中国传统的二十四节气为主线，据此展开系列的作业活动），既体现了本国的特色，也非常符合当时以农业为基础的社会状况。但时至今日，中国的现状发生了惊天动地的变化，一成不变地以二十四节气为线索组织幼儿活动，对如今的儿童，特别是城市里的儿童是不适宜

的，所以我们在所有节气中筛选了有季节代表性且地方民俗味浓、贴近幼儿生活、活动性强的节气作为学习活动的内容来源，形成特色节气内容学习表，见表3－5。

表3－5　特色节气内容学习表

节气名	节气特点	宁波习俗	学习重点		
			小班	中班	大班
春—春分	“春分者，阴阳相半也，故昼夜均而寒暑丰” 春分也是节日和祭祀庆典	踏青活动：放风筝、簪花、立蛋、喝酒、野外挑野菜	了解四个典型节气的季节性，初步感知节气中自然景观的变化，尝试在教师的带领下体验节气习俗活动	了解各节气前后动植物的典型变化，初步了解节气习俗，乐于参加相关体验活动	全面了解四大节气的典型特点及习俗，初步感受节气文化内涵，对四个节气有自己的理解和表达。乐于了解二十四节气中其他节气的特点
夏—立夏	“立夏之日，蝼蝈鸣。又五日，蚯蚓出。又五日，王瓜生。”夏季开始的日子，温度明显升高，雷雨增多，农作物开始旺季生长	吃茶叶蛋、拄蛋、编立夏绳、吃蚕豆饭、立夏称人			
秋—立秋	立秋分为三候：“一候凉风至；二候白露生；三候寒蝉鸣。”秋天的第一个节气，天气由热转凉，再由凉转寒	啃秋（吃西瓜），祓高秋（吃绿豆粥、服酒曲），炒磨粉			
冬—冬至	阴极之至，阳气始生，日南至，日短之至，日影长之至，故曰“冬至”。白天开始变长，素有冬至大如年的说法	圆梦（困困冬至夜）、吃大头菜、烤年糕、冬至汤团、番薯汤果			

3. 迎合幼儿未来发展需要，在社会环境中精选活动内容

幼儿作为一名社会人，教学活动必然要迎合其未来发展需要，所以我们的活动来源的第三个重要途径是社会环境，我们主要从以下四方面考虑预设活动内容。

(1) 社会适应、人际交往。

良好的人际交往、社会适应是幼儿未来发展的必备素质，幼儿阶段正是其亲社会行为发展的关键期，我们要注重观察幼儿的一日生活，了解其社会交往及适应方面的能力发展，就共性的问题开展主题教学，对幼儿的社会性发展提供必要助力。如“二胎时代”的到来，突如其来地给予幼儿敏感一击，教师就可以围绕幼儿由此产

生的困惑，和幼儿共同讨论、衍生出主题活动。

(2) 传统节日、民俗文化。

中华民族历史悠久，传统节日更是我国的文化瑰宝。于是我们担负起传承的职责，用幼儿喜闻乐见的方式感知体验民族文化：火红中国年、粽香端午节、月圆中秋夜、敬老重阳日……如端午节前后我园都会开展相关主题活动，各年龄段各班可根据本班实际情况，制作菖蒲剑、包粽子、赛龙舟，还可以了解屈原所处战国时期的历史，甚至可以由雄黄酒引发对民间传说“白蛇传”的关注和学习体验活动。

(3) 乡音乡情、本土特色。

宁波是一个有着悠久历史和深厚文化底蕴的历史文化名城，同时作为沿海开放城市，它又具有现代化都市的浓厚气息，因此我们从这两方面挖掘学习资源。

其一，传统。如天一阁、保国寺、高丽使馆等文化古迹；红膏炝蟹、余姚杨梅等地方特产；江浙乡音的本土童谣……都可以作为幼儿感受家乡美好、萌发家乡情缘的极好内容。

其二，发展。“三江六岸”工程、宁波大学、宁波电视台，如雨后春笋般耸立的综合性大厦。通过参观这些设施和机构，幼儿对社会中不同机构有了初步的了解，充分感受到社会的变迁、科技的进步。

(4) 媒体聚焦、时事要闻。

我们正处在一个多样化媒体时代，我们的孩子也在碎片信息中成长。碎片信息往往只告诉你表面上的东西，不会告诉你事物背后的原理以及它与其他事物间的联系，让思维变得狭隘。而我们正是意识到了这一点，从媒体聚焦的碎片信息中精选适宜幼儿学习、组建经验的内容，基于“事实”之广度，挖掘“联系”之深度。例如，2016 年 9 月学期伊始，我们大班就聚焦里约奥运会，在全民健身的大环境中让幼儿感知更多体育竞技项目，体验运动对身心带来的好处；了解运动员日常训练情况，感受所有的获得都离不开辛勤的付出；学习运动规则，培养良好的纪律性、团队意识和集体荣誉感；也通过对不同种族、不同国度的了解，对世界有更多的经验积累。

下面用一个案例来看行为课程和新行为课程在内容来源选择上的变化，见图 3-3 和图 3-4。

- 苏醒的时光
  - 偶人的家庭 — 收藏冬衣；预备夏衣；搭凉棚；换窗；挂帘子；养阴凉植物
  - 春天的植物 — 移树；接木；种草；花子；收菜籽；培植野花；秋麦
  - 春日的昆虫 — 养虫子、蝶、蜜蜂；做蝴蝶标本；割蜜
  - 春日的小鸟 — 候鸟（雁、燕）；养鸽子；看护受伤或失巢的小鸟

图 3-3　原行为课程

- 苏醒的时光
  - 春天的天气
    - 春雨沙沙沙
    - 雾霾
      - 雾霾的形成
      - 雾霾的危害
      - 我们怎样保护自己
  - 春天的植物：瓶子的小芽芽；我们来种丝瓜；寻找春天的花
  - 春天的动物
    - 小蝌蚪找妈妈
    - 小蜗牛爬呀爬
    - 花儿的好朋友：蚯蚓、蜜蜂、蝴蝶、啄木鸟
  - 一日生活环节
    - 羽绒服休息了
    - 种植大 PK
    - 养蚕日记

图 3-4　新行为课程［中（1）班］

对比原行为课程与新行为课程内容我们不难发现，原行为课程主要以自然常识教育为主，内容涵盖广，而新行为课程则延续了行为课程注重幼儿生活性、活动性的学习模式，在内容选择上广度和深度并重，也就是我们所说的在幼儿认知和感受水平之上，基于“事实”之广度，挖掘“联系”之深度；同时内容走向更贴近幼儿的现实生存环境，关注幼儿经验内需。从中（1）班的课程框架中我们不难发现，雾霾问题占了很大的比重，而这种课程安排正是来源于日益突出的雾霾问题和幼儿对雾霾的认知需求。而由雾霾引发的环保问题也得到了持续发酵，从而产生一个延伸主题——“我是环保小卫士”。各班都和中（1）班一样，提前向幼儿预告主题大框架，然后寻找幼儿的兴趣点，把内容引向纵深。

总而言之，新行为课程的活动内容来源更关注幼儿的学习动机和内在学习需求，强调给现代儿童创设生活中实践的机会，更好地处理人与自然的关系，更倡导利用社会物质资源契合当下社会发展的核心文化价值，三者之间没有绝对割裂，而是

互为融合，从儿童的生活中来，落实到儿童的生活中去。

（二）内容组织

新行为课程内容的组织主要可分为三大类：主题、领域和区域，三者相辅相成。自课程实施以来，我们发现，课程以主题的形式来体现，在主题集体教学中渗透五大领域的学科内容和目标，同时将幼儿置身于主题背景下的各种活动，更有利于幼儿自主探索和自主建构知识，更有利于不同个性、不同特点的幼儿寻找到适合自己的学习方式、学习内容和表达形式，也更有利于教师论证每个幼儿的最近发展区，在细心观察的同时适时点拨，使幼儿在原有水平上得到发展。

1. 主题

与其他课程相比，新行为课程有一个明显的特色：教师不仅仅会运用教材，而且真正懂得关注幼儿的学习动机和需求，按幼儿需要设计幼儿发展的主题活动。整个主题实施流程分为五步：产生适宜主题→设计合理框架→主题实施计划→适时调整框架→展览幼儿作品。

（1）产生适宜主题。

主题的产生是新行为课程的开始，主题的产生源于两方面：一是幼儿自发产生的，比如夏天到了，幼儿对冷饮会产生浓厚的兴趣，由此就产生了“冷饮”的主题；二是教师预先设法引起的，这是对前者的必要补充，保证了幼儿发展的平衡。

（2）设计合理框架。

这一环节将直接影响着主题开展的效果。首先要确立主题总目标，然后教师进行讨论，结合幼儿的表现，设想这一主题会产生哪些具体的活动，并能涵盖五大领域的活动和区域活动（即儿童工作室）。

（3）主题实施计划。

张雪门经过多年实验，不断改进后确定运用设计教学法来拟定周详的行为课程的计划，这一点在现今还是非常值得提倡的。我们在沿用他的实施设计时，着重考虑了幼儿的“最近发展区”。我们的实施设计是循环且开放的，它的优势就在于让教师能较好地把握本班幼儿的“最近发展区”和兴趣点，并以此出发进行设计。新行为课程的计划实施分预成活动实施、生成活动实施。其中预成活动与原行为课程基本相似，但更注重幼儿的经验与感受，同时幼儿参与环节的比例更大。而生成活动则更为灵活、机动，它是一个循环体，可以从任何一个环节入手形成一个活动，完全体现了尊重幼儿发展的精神。现就原今行为课程实施进行比较，见图 3－5。

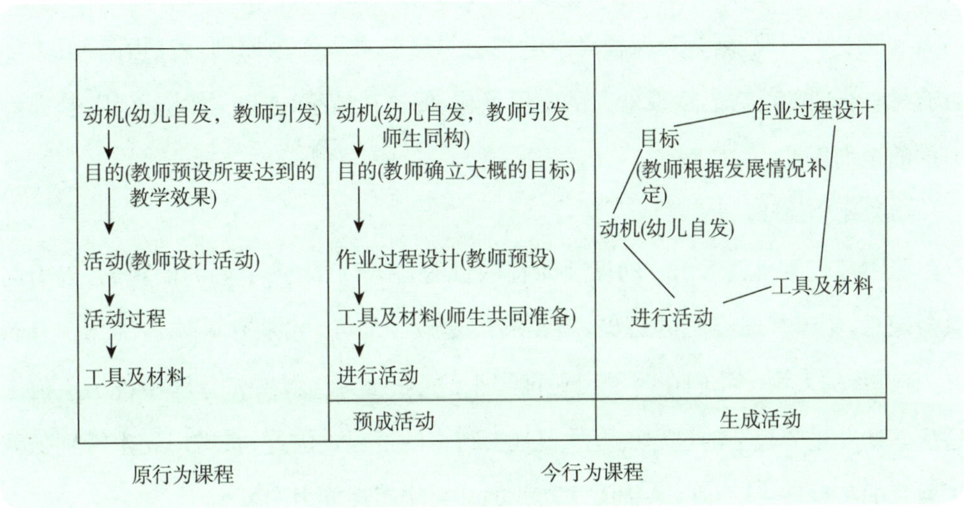

图 3－5　原今行为课程实施之比较

（4）适时调整框架。

生成活动的实施预示着新行为课程的每一个主题框架不是一成不变的，新行为课程的一个主题框架在实施中是需要不断补充与调整的，这也确立了新行为课程与其他课程相比，更加关注幼儿的变化与发展的特点。调整框架的依据是什么呢？就是对幼儿行为的记录，真正体现了新行为课程的开放性。正是这一开放性，保证了新行为课程的生命力。

（5）展览幼儿作品。

这一环节并不一定要在主题结束时进行，展览幼儿作品的时间与形式都可以是随机的，它可以在主题开展中进行，也可以在主题结束时进行，所采取的形式可以有多种，如美术作品展览、肢体动作展示、语言活动展示、资料搜集展示等。这一环节不但有利于帮助幼儿回顾、整理所获得的知识与能力，给每一位幼儿带来一种成就感，更为重要的是如果教师能留心观察幼儿的作品，就可以捕捉到许多极生动而又极迫切的动机，从而自然而然地产生新的主题。“行为是永远不停的，动机时时在行动中产生，重要的却全在于教师能否切实注意。”

2. 领域

新行为课程的主题开展特别注重从幼儿的生活经验出发，让幼儿充分体验和感受。因为教师在设计过程中需根据主题的核心内容和要求，来确定主题展开的基本线索和感受。因此，新行为课程以科学性、指导性、实用性为原则，将《指南》五大领域有机整合，相互渗透，激发幼儿的学习兴趣，促进其情感、态度、能力、知识、技能等方面的全面发展。

(1) 社会领域。

张雪门先生早就指出：“幼稚园课程的目的，在于联络孩子们的旧观念，以引起其新观念，更谋其旧经验的打破，新经验的建设。那样，才是有机体、有生命、有意义、有进步的人生。我们在孩子到幼稚园来的第一天起，就须充分地预备了给他去适应。”幼儿适应社会的过程就是学习社会行为的过程。因此，张雪门先生特别强调了教育的实践性、社会性，特别关注幼儿的社会实用性能力的提高。

新行为课程强调儿童经验的整合性，在课程实践中，社会领域的学习为整合儿童所关注的主题和学科知识提供一种途径，因此，社会领域的学习成为我们课程的核心内容。社会领域的内容分为以下三类：人际关系、社会适应、自我管理。

(2) 语言领域。

幼儿在幼儿园的所有语言活动包含了交流、阅读、表达等，语言的发展建立在幼儿已获得的社会认知技能之上。我们更注重创造许多自由、自主的情境和机会，创设支持性语言教育的环境，让幼儿表达他们的思想、感受、经历，以及参与对话和讨论。通过各种形式让幼儿接触优秀的文学作品——故事、儿歌、图书等，并给予他们积极的回应，重视幼儿语言运用能力的发展。语言领域的内容分为以下三类：听说和交流、故事和儿歌、早期阅读。

(3) 科学领域。

新行为课程注重幼儿探索周围世界，解决生活问题。大自然和生活中的事物与现象都是幼儿进行科学探索的生动内容，在新行为课程中，科学探究的内容无处不在，只要幼儿感兴趣，一草一木、一书一事，都可以成为他们探究的对象。正如张雪门所说，我们要给孩子更多的机会去接触周围的自然生活环境，引发幼儿对自然界的探索欲望。与其他领域相比，科学教育没有固定的时间，它渗透在幼儿的一日生活中。科学领域的内容分为以下两类：科学探索、数学认知。

（4）健康领域。

新行为课程中健康领域包含了大小肌肉的动作发展和幼儿运动保健的过程。幼儿通过感官经验认识自己的身体及周围的环境，教师可以帮助幼儿利用户外场所来发展他们的运动能力，让幼儿在运动中充分感受自己身体的潜能。此外，新行为课程特别重视幼儿在运动中自我保健的意识和能力。健康领域的内容分为以下三类：运动技能、运动习惯、生活习惯。

（5）艺术领域。

新行为课程的艺术教育建立在幼儿对艺术美的感知上，利用一日生活的各个环节创设各种各样的机会，让幼儿接触美好的事物来欣赏和感受美，同时提供丰富的材料和环境，支持幼儿自由地表达美和创造美，激发幼儿个人或者团体的艺术创作动机。艺术领域的内容分为以下两类：艺术感受、艺术表现。

3. 区域

区域活动是幼儿园课程的一个重要方面，《纲要》中指出：幼儿园应为幼儿提供健康、丰富的生活和活动环境，满足他们多方面发展的需要，使他们在快乐的童年生活中获得有益身心发展的经验。尊重幼儿身心发展规律和学习特点，以游戏为基本活动，保教并重，关注个体差异，促进每个幼儿富有个性的发展，而区域活动正符合这一点。

新行为课程中，区域活动被称为“儿童工作室”。张雪门先生认为：“工作是一种有目的的活动。儿童的小手是不会停的，他们为工作而工作，把工作当作了自己的生活。”儿童工作室是根据孩子的兴趣和需求设立的孩子们的专用活动空间，我们的儿童工作室又分为全园混龄儿童工作室、班级同龄儿童工作室和平行班融合式工作室。这些工作室设立的侧重点不同。全园混龄儿童工作室的设立是满足全园幼儿全面、均衡的发展。班级同龄儿童工作室则是为满足同一班级幼儿即时的需要和兴趣而设立的。而平行班融合式儿童工作室是为满足一个平行班每个幼儿的充分活动需要，使资源得到最大限度的共享而设立的。

（1）全园混龄儿童工作室。

全园混龄儿童工作室共设12个工作内容，分别以具有宁波特色的称呼命名，每个工作室都有固定的教师进行管理。全园混龄儿童工作室具体设置在课程目标中详细体现。

每个工作室实施教师固定负责制，这种方式可以使教师系统地提供不同等级的操作材料，满足幼儿发展的需要。材料的提供指向幼儿不同的发展目标，既能保证满足幼儿的兴趣，同时又兼顾幼儿的全面发展。每个月教师会根据幼儿的发展情况，适当增减活动材料，真正满足每个幼儿发展的需要。每个星期幼儿园都安排两次固定时间开放12个工作室，全园大班、中班、小班的幼儿可以自由选择，进入自己喜欢的工作室。例如红帮小巧手、宁波老游戏、美味下饭、甬城老作坊工作室都有工作计划表，详见表3-6—表3-9。混龄儿童工作室的开展，在一定程度上满足了幼儿之间异龄交往的需要，促进社会性的发展，另外年龄大的幼儿又能给年龄小的幼儿提供帮助和指引，在一定程度上缓解了教师指导的难题。

表3-6　宁波市第一幼儿园“红帮小巧手”儿童工作室计划表

区域设置	上学期			下学期		
	材料投放	分层活动内容		材料投放	分层活动内容	
纤纤小手区	毛根、纽扣、大小珠、穿线板、绕毛线、塑料图钉、彩色沙子、塑料娃娃	低班	1. 给娃娃扣纽扣 2. 给妈妈串珠珠 3. 给小动物穿线板（一种方式，一进一出） 4. 根据边和角绕毛线（一上一下的方法）	补充原来材料；在原来材料基础上增加水钻、亮片、泡沫蛋、彩色图钉、橡皮泥、大石头、鞋盒	低班	1. 用毛根制作爱心、小花 2. 按排列用彩色图钉有规律地插在泡沫蛋上 3. 创意想象在图钉板上钉出漂亮的作品
		高班	1. 毛根编螺旋花纹、设计衣服花纹和盘扣并固定在旗袍上 2. 在图钉板上能根据范例钉出漂亮的作品		高班	1. 用橡皮泥创意制作作品，平面在石头上，立体在鞋盒内 2. 在上学期完成的布娃娃衣服制作上，增加饰品制作的点缀

续表

<table>
<tr><th rowspan="2">区域设置</th><th colspan="3">上学期</th><th colspan="3">下学期</th></tr>
<tr><th>材料投放</th><th colspan="2">分层活动内容</th><th>材料投放</th><th colspan="2">分层活动内容</th></tr>
<tr><td rowspan="2">心灵手巧区</td><td rowspan="2">各种毛线、塑料编织绳子、粗细麻绳、彩色丝绸、彩色棉布条</td><td>低班</td><td>1. 形成良好的手工活动习惯
2. 学习打结的技能
3. 初步用平面的结表现简单物象</td><td rowspan="2">补充原来材料；在原来材料基础上增加大小钩针、示范以及成品范例照片数张</td><td>低班</td><td>1. 较熟练地使用和选择编织工具、材料，创造性地表现自己的认识和感受
2. 进一步学习用线状、带状材料编织制作物象</td></tr>
<tr><td>高班</td><td>1. 认识编结的材料和工具，产生对手工编织的兴趣
2. 正确使用编织材料和工具
3. 学习用搓、编、绕等方法塑造简单物象</td><td>高班</td><td>1. 学习用编、结、盘、拼插等多种方法塑造物象
2. 综合利用各种材料、工具和技法来布置环境，制作教具、玩具、礼品、生活用品
3. 熟练地用三股绳、四股绳编麻花</td></tr>
<tr><td rowspan="2">慧心慧手区</td><td rowspan="2">衍纸包、剪刀、双面胶、白胶、彩色卡纸、制作模仿作品的照片、实物</td><td>低班</td><td>1. 认识必备工具材料：纸条、底板、卷圆圈的工具、辅助必备工具
2. 学做各种“卷”：小纸卷、大纸卷、水滴形、梭子形、半圆形</td><td rowspan="2">补充原来材料；在原来材料基础上增加蓝色、红色、黑色记号笔，蝴蝶结等小小的饰品作为背景、边框的装饰</td><td>低班</td><td>1. 尝试学习新的必备卷：三角形、海马形、胡须形、爱心形
2. 尝试使用各种卷，在模仿的基础上制作成品</td></tr>
<tr><td>高班</td><td>1. 在低班基础上，尝试学习新的必备卷：三角形、海马形、胡须形、爱心形
2. 尝试使用各种卷，在模仿的基础上制作成品</td><td>高班</td><td>1. 利用各种卷制作水果、小鱼、花等作品，重点是颜色的搭配和卷的设计组合
2. 在第一条的基础上，可以用辅助材料增添背景和边框等，使作品更显艺术性</td></tr>
</table>

表3-7 宁波市第一幼儿园"宁波老游戏"儿童工作室计划表

<table>
<tr><th rowspan="2">区域设置</th><th colspan="3">上学期</th><th colspan="3">下学期</th></tr>
<tr><th>材料投放</th><th colspan="2">分层活动内容</th><th>材料投放</th><th colspan="2">分层活动内容</th></tr>
<tr><td rowspan="2">手眼训练营</td><td rowspan="2">小沙包、军旗、彩色棒、穿线游戏用的塑料绳和二孔大纽扣、香烟壳自制年糕牌</td><td>低班</td><td>手指老游戏：幼儿两两一组，玩简单的手指游戏
1. 点点红红
2. 斗斗虫虫飞</td><td rowspan="2">补充材料：废旧的麻将牌、小米袋、彩色纸</td><td>低班</td><td>1. 学习打大麦游戏
2. 学习猜中指游戏
3. 两人一组玩捏牢算数游戏</td></tr>
<tr><td>高班</td><td>1. 学习拉拉线游戏
2. 四人为一小组玩挑彩色棒游戏
3. 打"年糕牌"</td><td>高班</td><td>1. 两两一组玩穿线帮游戏
2. 学习"结子"游戏
3. 多人游戏：捏牢算数</td></tr>
<tr><td rowspan="2">手脚协调营</td><td rowspan="2">地面"房子"的不同格子图案、彩色皮筋(连接起来的)</td><td>低班</td><td>1. 学习跳房子游戏
2. 学习踢踢扳板游戏
3. 迈脚步</td><td rowspan="2">补充材料：砖头若干、矿泉水瓶若干、长绳、长毛毽子及自制报纸毽子</td><td>低班</td><td>1. 学习过小桥、绕木桩游戏
2. 学习拉线踢毽子的方法
3. 两人划船</td></tr>
<tr><td>高班</td><td>1. 学习跳绳子的方法
2. 学习合作跳皮筋的方法：马兰花、并脚跳
3. 抲跌(两人一组)</td><td>高班</td><td>1. 学习跳长绳的方法，学会飞入和飞出的技能
2. 学习踢毽子的方法
3. 跳山羊</td></tr>
<tr><td rowspan="2">一比高低营</td><td rowspan="2">贝壳串若干、铁环、铁钩若干、纸飞机</td><td>低班</td><td>1. 单人滚铁环、铁环转圈比赛
2. 学习"石头、剪刀、布"游戏(结合跳房子游戏)
3. 咚咚叽(黑白配)</td><td rowspan="2">补充材料：彩色卡片若干，长绳、毽子、军旗，小米袋若干，旧铜板、螺丝垫圈</td><td>低班</td><td>1. 学习沙包投准入筐游戏的方法
2. 玩彩色卡片，比谁飞得远
3. 老鹰捉小鸡(低班幼儿做小鸡)</td></tr>
<tr><td>高班</td><td>1. 幼儿分组进行滚铁环的接力比赛
2. 写"王"字游戏
3. 看谁飞得远：纸飞机比赛</td><td>高班</td><td>1. 比赛踢毽子和跳长绳
2. 学习敲军旗、比大小游戏的方法
3. 滚铜板</td></tr>
</table>

续表

<table>
<tr><th rowspan="2">区域设置</th><th colspan="3">上学期</th><th colspan="3">下学期</th></tr>
<tr><th>材料投放</th><th colspan="2">分层活动内容</th><th>材料投放</th><th colspan="2">分层活动内容</th></tr>
<tr><td rowspan="2">道具游戏营</td><td rowspan="2">彩色弹珠、筷子、水盆、小勺子、铁环</td><td>低班</td><td>1. 水中取弹珠(分别用勺子、筷子来取水中的弹珠)
2. 两个一组对滚铁环或者一个原地滚铁环</td><td rowspan="2">补充材料：竹蜻蜓、彩色纸、陀螺、彩色弹珠、砖块、风筝、竹棍</td><td>低班</td><td>1. 学习折纸，玩东南西北游戏
2. 学玩竹蜻蜓的方法
3. 跑马灯</td></tr>
<tr><td>高班</td><td>1. 打弹珠游戏方法一：在地面上划定区域，打入规定区域
2. 学习滚铁环的技能</td><td>高班</td><td>1. 学习打陀螺的方法
2. 打弹珠游戏方法二：打弹珠过小门
3. 放鹞子</td></tr>
</table>

表3-8 宁波市第一幼儿园"美味下饭"儿童工作室计划表

<table>
<tr><th rowspan="2">区域设置</th><th colspan="3">上学期</th><th colspan="3">下学期</th></tr>
<tr><th>材料投放</th><th colspan="2">分层活动内容</th><th>材料投放</th><th colspan="2">分层活动内容</th></tr>
<tr><td rowspan="2">瓶瓶罐罐</td><td rowspan="2">各类干果、好看的瓶子、大小漏斗、捣臼</td><td>低班</td><td>1. 熟悉工作室中的安全操作要求
2. 了解工作室内区域的名称、主要工具
3. 初步学习捡、舀、倒的技能
4. 学习自己整理使用过的物品，并清楚物品的归类</td><td rowspan="2">各类瓜子、模具、包装袋标贴纸</td><td>低班</td><td>1. 熟悉各区域工作，能完整按一种工作的流程进行操作。挑战简单的烹饪和制作特色食物的技能
2. 能对瓶子进行美化包装，提升制作的乐趣</td></tr>
<tr><td>高班</td><td>1. 凸显混龄的优势，实现帮带制作瓶子作品
2. 尝试根据现有材料有创造性地对制作的瓶子做包装美化，尝试用不同色彩的豆子完成瓶子的装饰</td><td>高班</td><td>1. 尝试挑战对自己有难度的区域进行工作并能坚持
2. 熟练各区域工作细则，能在教师的适当帮助下独立完成"彩虹瓶"的制作
3. 能主动去分享自己的劳动成果</td></tr>
</table>

续表

区域设置	上学期			下学期		
	材料投放	分层活动内容		材料投放	分层活动内容	
蔬果刷刷	刨刀、塑料刀、各类水果	低班	1. 熟悉工作室中的安全操作要求 2. 了解此区名称、主要工具 3. 初步学习蔬果剥皮、切块等技能 4. 学习自己整理使用过的物品，并清楚物品的归类	艺术盆，沙拉酱，各类坚硬蔬果，塑料刻刀，棉花机	低班	1. 能选择自己喜欢的区域自主工作，遵守工作制度 2. 能独立完成自己的一份工作，能体验到厨房的乐趣 3. 能主动去分享自己的劳作成果
		高班	1. 学习用剥、刨等方法清理蔬果，拼装简单的水果盆 2. 能坚持完成一样食品的劳作，并乐意分享经验和成果		高班	1. 尝试挑战对自己有难度的区域进行工作并能坚持 2. 熟练各区域工作细则，能在教师的适当帮助下独立完成棉花糖等制作和蔬果清理 3. 进一步学习整理，离开工作室前能把材料放回原处
面粉团团	面粉、各类制作的模具、大小盆、塑料刀	低班	1. 熟悉工作室中的安全操作要求 2. 了解区域的名称、主要工具 3. 学习自己整理使用过的物品，并清楚物品的归类	糯米粉、蛋糕粉、竹蒸笼、包装盒，各类塑料切刀和模具刀、透明包装盒	低班	1. 能独立完成面粉揉捏过程，制作简单的面粉团 2. 会主动分享自己的劳动成果
		高班	1. 初步学习和面、揉搓等技能 2. 学习自己整理使用过的物品，并清楚物品的归类		高班	1. 熟练和面、揉搓等技能 2. 能用简单的模具制作饼干和各种糕点 3. 凸显混龄的优势，实现帮带制作面食

续表

区域设置	上学期			下学期		
	材料投放	分层活动内容		材料投放	分层活动内容	
甜品蜜蜜	各种冲泡的饮料粉、灌装的瓶子、吸管等，装饰物	低班	1. 熟悉工作室中的安全操作要求 2. 了解工作室内各区域的名称、主要工具 3. 学习自己整理使用过的物品，并清楚物品的归类	冰块、奶酪、艺术瓶固体、饮料、手摇榨汁机、牛奶	低班	1. 初步学习冲泡饮料、茶叶等技能 2. 能独立完成简单的冲泡过程 3. 会主动分享自己的劳动果实
		高班	1. 初步学习冲泡饮料、茶叶等技能 2. 学习自己整理使用过的物品，并清楚物品的归类		高班	1. 会使用简单的搅拌、榨汁工具，制作好喝的饮料 2. 凸显混龄的优势，实现帮带制作美味的饮品

表 3-9　宁波市第一幼儿园“甬城老作坊”儿童工作室计划表

区域设置	上学期			下学期		
	材料投放	分层活动内容		材料投放	分层活动内容	
呱呱编织坊	麻绳，用于编织的各种辅助用品，各种线、绳	低班	1. 初步认识编织的材料和工具 2. 提供各种线、绳，让幼儿进行粘贴、穿线（一前一后） 3. 根据图示，在自制桌板图钉上用毛线绕出图案	稻草、自制编织板、图片、自备彩笔	低班	1. 绕毛线，帮助幼儿练习绕线技巧 2. 根据图示用丝带制作各种花篮 3. 用各种彩色绳穿插装饰各种竹筛
		高班	提供模板，进行勾线绘画，提供工具制作小花和小球，学习十字压叠的编织方法		高班	1. 编织稻草，做草鞋，搓草绳等，学习不同形式的编织方法 2. 根据图示制作星座手绳、围脖、围巾等

续表

<table>
<tr><th rowspan="2">区域设置</th><th colspan="3">上学期</th><th colspan="3">下学期</th></tr>
<tr><th>材料投放</th><th colspan="2">分层活动内容</th><th>材料投放</th><th colspan="2">分层活动内容</th></tr>
<tr><td rowspan="2">当当木匠铺</td><td rowspan="2">各种大小的木板、木块、钉子、钻子、锤子等</td><td>低班</td><td>1. 形成良好的手工活动的习惯
2. 初步了解各种工具的名称和用途
3. 学习用螺丝和模板进行简单的自主配对装订</td><td rowspan="2">各种螺丝、螺帽、打孔的木块，木条、砂皮、钳子、白胶、胶枪</td><td>低班</td><td>1. 了解砂皮的用途，能在粗糙的木条上使用搓的技巧
2. 安全使用工具，能正确使用钳子
3. 根据图示装订各种图形</td></tr>
<tr><td>高班</td><td>提供打有大小不一的螺丝孔的木板，让幼儿将木板与木板之间用适合的螺丝与螺帽连接，选择对应的工具做成各种各样、形态不一的相框</td><td>高班</td><td>1. 提供各种不同的钉子和木板，让幼儿戴上手套，穿上工作服，进行自由的“小木匠”工作
2. 选择各种工具在原有的基础上制作各种桌子、椅子</td></tr>
<tr><td rowspan="2">叮叮修理店</td><td rowspan="2">用于拼装的各种成品的积木和玩具</td><td>低班</td><td>1. 初步了解区域中的玩具
2. 提供半成品的飞机模型，由大班幼儿带领小班幼儿进行几次拼装后逐渐过渡到自己拼装小飞机，并且在空场地上检验自己的拼装成果
3. 根据图示拼装五块以内的玩具模型</td><td rowspan="2">各种可以拆装的废旧物资、玩具等，可供拼装的小机器人、十字螺丝刀，梅花螺丝刀，立体纸艺玩具</td><td>低班</td><td>1. 提供各种成品的平面拼图，两两合作拼出原来的图画
2. 提供木质材料的玩具，根据图示拼装
3. 提供各种废旧的玩具，运用各种工具进行简单拆卸</td></tr>
<tr><td>高班</td><td>1. 提供半成品的飞机模型，能力稍强的幼儿进行几次独立拼装后逐渐过渡到用全部零件自己独立拼装小飞机，并且在空场地上检验自己的拼装成果
2. 根据图示自主拼装 6～9 块玩具</td><td>高班</td><td>1. 提供立体的纸艺拼装材料，在能力较强的幼儿的合作帮助下完成作品的拼搭任务
2. 在小班幼儿拆卸的基础上一起帮忙拼装玩具</td></tr>
</table>

(2) 平行班融合式同龄工作室。

平行班融合式同龄工作室是在班级同龄儿童工作室的基础上，充分利用各种资源，每周在平行班共同协议的时间段开展平行班融合式活动的工作室。在同一时间段，一个楼层的平行班幼儿可自行到班级以外的工作室活动，这样既扩大了同龄幼儿的交往范围，也充分共享了不同教师、不同氛围及不同工作材料带来的资源，使得幼儿在交往能力、学习能力、合作能力等更多方面得到进一步的发展。

(3) 班级同龄儿童工作室。

班级同龄儿童工作室就是各个班级根据《纲要》和《指南》及本园的新行为课程，结合本年龄段幼儿的兴趣等设立的儿童活动空间，允许班级幼儿在集体教学时间以外的任何时间段随时自由进入。大班、中班、小班三个年龄段都有班级工作室计划表，详见表 3－10—表 3－12。班级儿童工作室的特点在于，幼儿是根据自己的兴趣进入班级工作室进行学习，因此它满足了幼儿随时偶发的需要。幼儿在自由活动中的表现最具有代表性，教师可以即时观察和了解班级幼儿的真实需要和动机，并提供适宜帮助。

由于班级工作室是根据班级幼儿的兴趣与需要设立的、幼儿专用的活动空间，因此形成了其独特的教学模式。首先，幼儿自由选择喜爱的儿童工作室。其次，幼儿自主选择具体工作内容或在教师的帮助下选择具体工作内容。再次，教师根据每个幼儿的能力水平提供支持并记录幼儿操作中的行为。最后，教师根据幼儿在操作中的行为适当调整操作的内容与材料，以便让幼儿在当前的能力水平下，有所获得与提高。

表 3－10　宁波市第一幼儿园<u>　大班　</u>班级工作室计划表

主题相关工作室	精选主题内容设置					
	第一学期		第二学期			
	中华古韵	动物王国	大雪 冬至	正月里来	我奇怪 我发现	我要上小学啦
语乐天天	1. 字卡文字游戏：在中国地图上找城市 2. 语言游戏：东南西北	1. 故事欣赏《城里来了大恐龙》 2. 续编故事《动物历险记》 3. 自制图书《草丛里的秘密》	1. 仿编《雪娃娃》结局 2. 尝试用绘画结合文字的形式表现创编内容 3. 古诗欣赏：岁寒三友	1. 认识福字 2. 自制对联 3. 把过新年吉祥的四字成语，用图文并茂的形式表现并贴在工作室内 4. 儿歌《十二生肖歌》	1. 仿编《蛀牙王子》，并编成一本书 2. 故事欣赏：《七色花》《城里老鼠和乡下老鼠》 3. 宁波童谣欣赏	1. 诗歌：《毕业诗》 2. 创编：《假如我有一支神笔》 3. 故事欣赏：《仓颉造字》 4. 自制图书：《我的成长档案》 5. 同学录签名活动
益智天堂	1. 四大发明的相关实验 2. 数字游戏 3. 国庆历史长廊	1. 各种动物卡片、模型配对 2. 玩测量高矮的游戏 3. 动物分类并尝试统计记录	1. 实验：水的三态变化 2. 日历游戏：年月日 3. 认识多面体 4. 小雪花找花瓣（数的组成分解游戏）	1. 猜灯谜 2. 挂历探索 3. 垃圾分类（图片匹配游戏） 4. 量的守恒：小兔的礼物	1. 探索光和影的奥秘（皮影游戏） 2. 番薯的秘密 3. 影子游戏 4. 体积守恒：做蛋糕 5. 自制迷宫	1. 学习用品分类游戏 2. 时间游戏：钟表商店 3. 小商店（分类、排序、钱币使用等）

续表

主题相关工作室	精选主题内容设置					
	第一学期		第二学期			
	中华古韵	动物王国	大雪 冬至	正月里来	我奇怪 我发现	我要上小学啦
表演天空	1. 京剧脸谱表演 2. 中国功夫体验 3. 甬剧欣赏《田螺姑娘》	1. 自编自导童话剧：动物王国 2. 欣赏、游戏：《口哨与小狗》《彼得与狼》 3. 打击乐：《动物狂想曲》	1. 歌舞表演：美丽的冬天 2. 欣赏：《溜冰圆舞曲》 3. 律动：《铿冰进行曲》 4. 在节奏型中增加八分附点音符（X. X）	1.《年》的故事 2. 唐装自主发挥表演 3. 新年假面狂欢舞会 4. 欣赏表演：《铃儿响叮当》	1. 用益智天堂做成的皮影进行游戏 2. 欣赏：《牧童短笛》 3. 歌曲表演：《我和星星打电话》 4. 在节奏型中增加切分音符（X　X　X）	1. 歌表演：课间10分钟 2. 歌曲表演：《毕业歌》 3. 打击乐合奏：《我是小乐手》
建筑天地	1. 天安门搭建游戏 2. 合作搭建宁波鼓楼	1. 创编搭建动物的家 2. 合作搭建动物园	奶粉罐等辅助材料创编搭建：冬天里	1. 牛奶罐拼搭游戏：自制长龙 2. 雪花片狮头创意搭建	1. 根据自制图纸进行创意搭建 2. 合作搭建：迷宫（图纸来自益智天堂）	1. 创意想象搭建自己心目中的小学 2. 畅想搭建：未来世界
班级特色区火柴天堂	尝试用火柴、胶水，模仿制作奥运会运动员的精彩瞬间	模仿制作简单的作品：《老鼠嫁女》《狐假虎威》，并从中了解其寓意	尝试用白色火柴棒制作房子、雪地，感受冬天的美景	大胆地运用红色火柴棒制作中国结作品，并能用红色小窗花进行点缀	利用黑色火柴棒制作人、动物、房屋等背影，并用彩色的纸浆作为边框，与作品形成对比	用自己喜欢的火柴棒颜色制作有关憧憬的小学、并用黑色记号笔勾勒周围陪衬

续表

主题相关工作室	精选主题内容设置					
	第一学期		第二学期			
	中华古韵	动物王国	大雪 冬至	正月里来	我奇怪 我发现	我要上小学啦
执行参考	根据班级家长资源开展有特色的中国文化活动(中药、推拿、茶文化等)	通过假日小分队参观动物园,利用互联网查阅动物资料,鼓励幼儿进行介绍分享	建议大班增加对宁波传统文化习俗的了解	配合幼儿园园本节、美食节拓展对各国新年习俗的了解	建议在主题进行前提供丰富的材料,拓展幼儿的探索范围,从中选择本班幼儿感兴趣的点	建议与附近小学接轨,增加与小学交流的机会,增强幼儿对小学的向往

表 3－11　宁波市第一幼儿园<u>　中班　</u>班级工作室计划表

主题相关工作室	精选主题内容设置					
	第一学期		第二学期			
	我升中班了	白露 秋分	我的动物朋友	过春节	清明 谷雨	我探索我快乐
甜嘴娃娃	1. 快乐的暑假海报介绍(跟同伴讲述假期里最有趣的事情) 2. 绕口令比赛:《毛毛和涛涛》 3. 画给朋友的悄悄话	1. 看图说话:《丰收的秋天》 2. 故事表演:《梨子提琴》 3. 绕口令比赛:《七个阿姨来摘果》 4. 散文诗续编:《秋天的颜色》	1. 小动物绘本阅读 2. 说说我喜欢的动物 3. 小动物故事、儿歌表演 4. 谁做得对(保护动物系列)	1. 快乐的年(说说假期里的调查,说说新年的习俗) 2. 猜猜我的礼物(谜语) 3. 祝福语大汇总	1. 关于春天的绘本阅读 2. 故事续编:《春雨的色彩》 3. 故事表演及亲子共制图书:《小蝌蚪找妈妈》	1. 故事欣赏:《音乐气垫火车》 2. 说说我喜欢的声音 3. 儿歌:《照镜子》 4. 听我说说悄悄话(传声筒游戏,材料来自巧手乐园)

续表

主题相关工作室	精选主题内容设置					
	第一学期		第二学期			
	我升中班了	白露 秋分	我的动物朋友	过春节	清明 谷雨	我探索，我快乐
蛤蟆剧团	1. 我的新本领(展示假期里学到的新本领) 2.《找朋友》、《拉拉钩》等歌曲表演 3. 四分、八分音符组成的节奏型(×　××)	1. 歌曲表演:《秋天》 2. 打击乐:《蔬菜水果味道好》 3. 律动:《树妈妈和叶宝宝》 4. 树叶时装秀 5. 三拍子音乐感受	1. 歌曲表演:《小狗抬花轿》 2. 欣赏、游戏:《小猫和狮子》《狮王进行曲》等 3. 在节奏型中增加二分音符(×　—)	1. 新年里的本领 2. 歌曲表演:《卷炮仗》 3. 打击乐:《过新年》 4. 在节奏型中增加四分附点音符节奏(×．　×)	1. 歌曲表演:《蜗牛与黄鹂鸟》 2. 律动、欣赏:《春天圆舞曲》 3. 在节奏型中增加十六分音符节奏(××××　××××)	1. 听听画画自然界的声音 2. 歌曲表演:《声音回旋曲》 3. 魔术表演:会飞的小蝴蝶(材料来自巧手乐园及智慧冲浪的经验) 4. 打击乐:《什么东西会唱歌》
巧手乐园	1. 画画自己和同伴(在纸盘等多种材料上绘画或创作) 2. 欣赏、制作安全小标志 3. 假期优秀美术作品欣赏(也可以选择有特色的作品，进行“我做小老师”活动)	1. 落叶拼图、拓印 2. 小制作:螃蟹壳变变变、美丽的菊花 3. 蔬果造型创意制作 4. 树叶时装设计	1. 大狮子美发(撕纸粘贴、绘画设计狮子的头发) 2. 小刺猬背果子(团球贴画、土豆造型灯) 3. 手印小鱼(绘画:水粉或蜡笔) 4. 花花奶牛(绘画、拓印、创意制作)	1. 红鞭炮(在画好的线条上贴长方形的鞭炮) 2. 美丽的烟火(棉签绘画) 3. 彩色汤圆(泥工活动) 4. 美丽的花灯(灯笼纸胚上彩色水粉等装饰) 5. 蝴蝶结制作	1. 美丽的柳树(皱纸搓柳条) 2. 美丽的花儿(在树枝上粘橡皮泥花朵) 3. 桃花开了(做桃花:粘花瓣、做花心) 4. 花园里(绘画:海绵压花)	1. 有趣的万花筒 2. 会转的小风车(刮画纸线描后制作) 3. 会飞的小蝴蝶(绘制完成后送入智慧冲浪工作室开展游戏) 4. 自制传声筒

续表

主题相关工作室	精选主题内容设置					
	第一学期		第二学期			
	我升中班了	白露 秋分	我的动物朋友	过春节	清明 谷雨	我探索，我快乐
巧手乐园					5. 美丽的蝴蝶（在海绵纸蝴蝶轮廓底板上装饰） 6. 可爱的小蝌蚪（水墨点画） 7. 创意小动物制作（纸盘等废旧材料创意）	
智力冲浪	1. 找危险，贴标识 2. 图片排序：怎么做 3. 比一比（用不同方式比较自己和同伴的不同，并记录）	1. 森林探险（找规律排序） 2. 火柴小花（看数字或点子插花瓣） 3. 分果子（按不同特征分类） 4. 果核配对游戏 5. 量豆子 6. 我认识的小虫	1. 狮子的漂亮头发（给狮子头上的彩色夹子排序） 2. 给小动物喂食（按颜色形状分类） 3. 谁的影子、谁的耳朵、谁的脚印（配对游戏） 4. 谁住在哪里（两次记录骰子游戏） 5. 海底世界（几何图形拼图、统计、记录游戏）	1. 挂鞭炮（数物匹配） 2. 分糖果（按颜色形状分类） 3. 灯笼排排队（排序） 4. 小动物吃汤圆（不同数字的盘子，盛不同个数的汤圆） 5. 找礼物（迷宫活动）	1. 花心找花瓣（数物匹配） 2. 美丽的桃花（认知记录） 3. 小花排排队（排序） 4. 蝴蝶找花（寻找不同的特征互相匹配） 5. 图形守恒	1. 会飞的小蝴蝶（磁铁游戏） 2. 我说你听（材料来自巧手乐园） 3. 会跳舞的小动物（振动发声实验） 4. 听声音排序 5. 找宝藏（缺口图形匹配）

续表

主题相关工作室	精选主题内容设置					
	第一学期		第二学期			
	我升中班了	白露 秋分	我的动物朋友	过春节	清明 谷雨	我探索，我快乐
班级特色区开心书吧	自制名片：独一无二的我（内容包括：我的基本资料、我的优点、我喜欢的朋友等）	问号、感叹号书签的设置、使用和解疑（选择有关秋天的绘本）	我最喜欢的动物调查记录表制作	《XX班的新年愿望》（以跟帖、跟页的形式共同完成一本自制图书）	春天里的小书（把破旧书中关于春天的事物剪下来粘贴成小书）	我问你答：胡椒生活在哪里
执行参考	根据刚升入中班孩子能力过渡上的差异，教师为幼儿提供的材料应更多地考虑多层次性	选择跟秋天有关的材料，可以是动植物、气象知识等。各班根据本班幼儿的兴趣爱好进行拓展生成	可以组织孩子在生态园养护1～2种小动物，展开观察记录，增进对动物的了解	新年里，建议发动家长，带领幼儿进行新年传统文化的蜗牛考察活动，积累丰富的经验	建议在每天的广场活动中，引导幼儿发现春天，感受春天，增强对春天的直观感受	鼓励幼儿将工作室中的作品流通、再利用，实现一物多用

表 3-12　宁波市第一幼儿园__小班__班级工作室计划表

主题相关工作室	精选主题内容设置					
	上半学期		下半学期			
	白露 秋分	可爱的小动物	天冷我不怕	清明 谷雨	我自己	有趣的蛋宝宝
语言阅读区（精选内容）	1. 指偶表演：小小鱼的小发卡 2. 看图讲述：小蛇多多的水果	1. 指偶表演：小兔乖乖 2. 看图讲述：聪明的乌龟 3. 图书制作：拼贴讲述	1. 指偶表演：不怕冷的小恐龙 2. 看图讲述：冬天真冷 3. 看图片念儿歌	1. 指偶表演：好饿的毛毛虫、三只蝴蝶 2. 看图讲述：找蝴蝶 3. 制作关于春天的图书	1. 指偶表演：猜猜我有多爱你、小鸟的歌 2. 看图讲述：方脸圆脸 3. 制作图书：我自己来	1. 指偶表演：鸭妈妈找蛋 2. 看图讲述：小鸡出壳 3. 制作有关蛋宝宝的书页
小小表演区	1. 故事表演：《拔萝卜》 2. 歌曲表演：《小树叶》 3. 节奏乐： ××｜××	1. 故事表演：《小兔乖乖》 2. 歌曲表演：《拔萝卜》 3. 节奏乐： ×　×　×｜× ××｜	1. 故事表演：《雪娃娃》 2. 歌曲表演：《小雪花》 3. 节奏乐： ×　×　×｜× ××｜	1. 故事表演：《三只蝴蝶》 2. 歌曲表演：《柳树姑娘》 3. 节奏乐： ×　×　×｜× ××｜	1. 听音乐表演 2. 歌曲表演：《山羊踩痛小公鸡》 3. 节奏乐： ××××｜×× ××｜	1. 表演：《小动物找蛋》 2. 节奏乐： ×0×0｜×－ －｜ 3. 歌曲：《小小蛋儿把门开》

续表

主题相关工作室	精选主题内容设置					
	上半学期		下半学期			
	白露　秋分	可爱的小动物	天冷我不怕	清明　谷雨	我自己	有趣的蛋宝宝
快乐玩具吧	1. 玩具分享活动 2. 图形：喂动物饼干 3. 数量：小手套指环（认识 123456）	1. 收集毛绒玩具 2. 物品整理分类 3. 小动物图形嵌板："1"和"许多"游戏	1. 奶粉罐叠高 2. 纸盒拼搭 3. 图形：弧形拼板、大小号穿衣板	1. 按点数钓鱼 2. 按车牌在停车场停车 3. 图形：拼数字毯找图形	1. 科学：调试泡泡水 2. 自制泡泡棋、停车场、钓鱼	1. 雪花积木拼搭 2. 拼图形找答案：谁家的蛋宝宝 3. 排序：彩蛋排队
创意美工区	1. 泥工：水果拼盘 2. 涂色：水果切切切 3. 制作：水果宝宝 4. 色彩：树叶拓印画画	1. 泥工：小兔、乌龟等 2. 涂色：小鱼游游 3. 制作：贴鱼鳞 4. 色彩：涂奶粉罐	1. 泥工：汤圆、水饺 2. 奶粉罐黑白涂鸦 3. 制作：小动物的毛衣、彩色花环、外星人	1. 泥工：花朵 2. 水粉印花、蝴蝶拓印 3. 制作：牛奶盒房子、有弹簧的毛毛虫	1. 泥工：棒棒糖、花篮 2. 涂鸦墙涂鸦 3. 制作：牙膏盒楼房、泡泡印画	1. 泥工：麻花、石头脸谱 2. 彩印花布、染色游戏 3. 制作：节日花环、粽子
班级特色区我爱我家（社会区）	1. 娃娃家：做饭、整理家 2. 超市：学习理货 3. 点心店：桂花糕	1. 娃娃家：动物宝宝做客 2. 超市：买东西 3. 点心店：做馄饨	1. 娃娃家：给宝宝添衣服、小医院看病 2. 超市：按用途理货 3. 点心店：做水饺	1. 娃娃家：了解角色任务 2. 超市：按标价买卖 3. 点心店：汤圆饼干	1. 娃娃家：陌生人做客 2. 超市：按标价理货 3. 点心店：面条、串烧	1. 娃娃家：剥蛋 2. 超市：商品分类 3. 点心店：煎荷包蛋

四、新行为课程的实施

（一）实施途径

1. 基本活动组织

（1）集体教学活动。

新行为课程的集体教学与其他集体教学相比，有其突出的亮点：关注幼儿的学习动机，关注教师对幼儿的记录和分析。其活动来源有两个：

第一，源于兴趣，以幼儿的兴趣生成集体教学活动，其流程见图 3－6。如冬天幼儿对于动物的冬眠产生兴趣，教师就此展开科学活动：动物过冬。

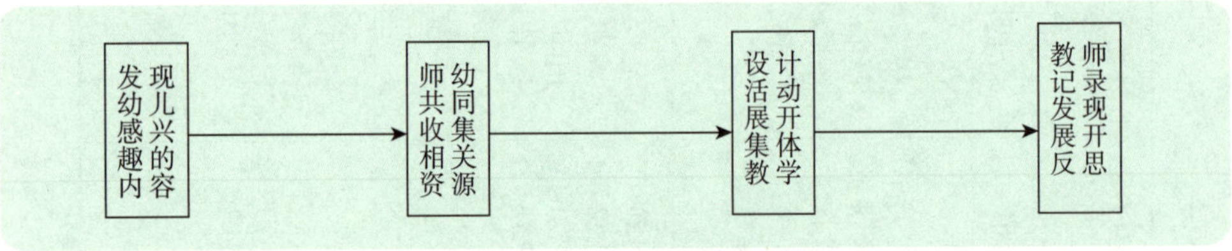

图 3－6　由幼儿兴趣生成集体教学活动流程图

第二，源于成长和课程，以幼儿未来成长的需要和课程目标形成集体教学活动，其流程见图 3－7。如为了让幼儿了解现代科技的发展，教师设法引发幼儿兴趣展开科学活动：有趣的陀螺。

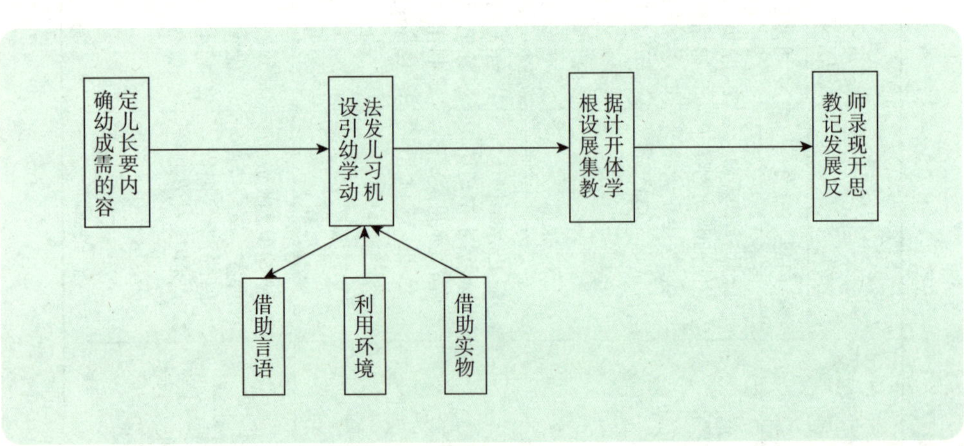

图 3－7　以幼儿未来成长的需要和课程目标形成集体教学活动流程图

从上图可以看到，新行为课程的集体教学非常关注幼儿的即时需要和长远发展。以往的集体教学强调教师要预先对目标、过程和结果有较完善、详细的设计，忽略了设计与幼儿内在动机之间的契合，新行为课程则强调对幼儿内在动机与需求的正确把握，同时在教学过程中随时针对幼儿新的动机调整预设网络生发新的活动。在课堂教学中，教师和幼儿要互相倾听、对话，同时更强调幼儿与幼儿之间倾听对话的机会，让幼儿能够从同伴的经验表述中获取有益的信息，并纳入到自己的经验存储之中，从而丰富每个幼儿的经验，亦让他们获得“善于倾听”的学习方法。

(2) 区域活动。

各个班级根据本班幼儿兴趣所设立的儿童活动空间，班级幼儿可以随时自由进入。区域活动模式见图 3－8。

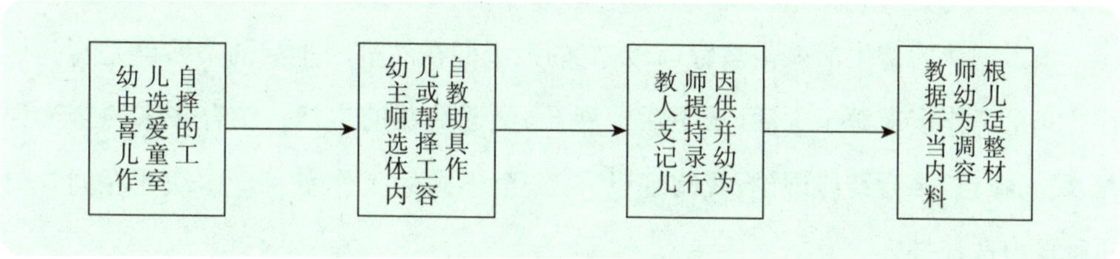

图 3－8　区域活动模式图

区域活动满足随时偶发的需要，幼儿可以根据自己的兴趣随时随地进入班级工作室进行学习；帮助教师了解幼儿动机，幼儿在自由活动中的表现最具有代表性，教师可以即时观察了解班级幼儿的真实需要，并提供适宜帮助。

(3) 生活活动。

生活活动是幼儿园一日活动的重要组成部分。幼儿园的生活活动方面，主要着力于培养幼儿良好的习惯：睡眠习惯、排泄习惯、盥洗习惯、整理习惯等卫生习惯。帮助幼儿了解初步的卫生常识和有规律的生活秩序；帮助幼儿学会多种卫生的技能，逐步提高幼儿生活自理的能力；培养良好的饮食习惯。

但生活活动因其常规化会显得单调，而新行为课程给生活活动注入了新元素，赋予了其新的活力。

自助餐点——我的早餐我做主。清晨入园，幼儿园都会给幼儿准备餐点，但是不同的幼儿家里的用餐情况也不一样。课程推出自助形式，给幼儿准备多品种点心，他们可以根据自己的情况进行选择，餐点时间多了份快乐，少了份浪费，让用餐不再成为一种压力。

自理能力——我是哥哥姐姐。小班幼儿的自理能力相对来说比较弱，课程中利用大带小的形式，给哥哥姐姐小任务，教会弟弟妹妹怎样整理衣物、叠被子等，既增强了大班幼儿的责任感、自豪感，又激发了小班幼儿渴望长大的愿望。

随机教育——生活无处不在。生活活动可以与幼儿的一日活动的各个环节相结合，例如：幼儿对"放屁"比较羞涩，因为大家都容易嘲笑，教师可以通过晨谈或者集体教学活动的形式讨论"每个人都噗"。

2. 特色活动组织

(1) 儿童工作室。

张雪门认为："生活就是教育，五六岁的孩子们在幼稚园生活的实践就是行为课程。"儿童工作室来源于生活，从生活中展开，贴近幼儿的生活。结合张雪门行为课程、民间特色、多元智能理论，我园现设有12个不同的工作室。全体幼儿在同一时间段自由选择进入。

儿童工作室作为新行为课程的特色，具有以下特点。

第一，开放性的空间设置。

儿童工作室本着互不干扰、利于幼儿自主学习的原则，依据课程内容的八大智能指向，设置了12个独立的专门儿童工作室，详见图3-9。

这几个工作室分布于相对集中的楼层，便于幼儿寻找和进出，同时工作室与工作室之间又保持一定的距离，避免活动时的干扰。

第二，灵活性的工作群体。

混龄群体：由不同年龄、相同兴趣的幼儿集结在一起活动，它的作用则更多地体现在幼儿责任感的形成和认知结构的重组之上。

第三，动态性的材料投放。

工作室在材料投放上注重动态性，根据幼儿能力水平、年龄特征，在同一项工作中投放不同层次的材料。同时，根据工作的先后，材料投放突出循序渐进、由易到难，逐步递增。

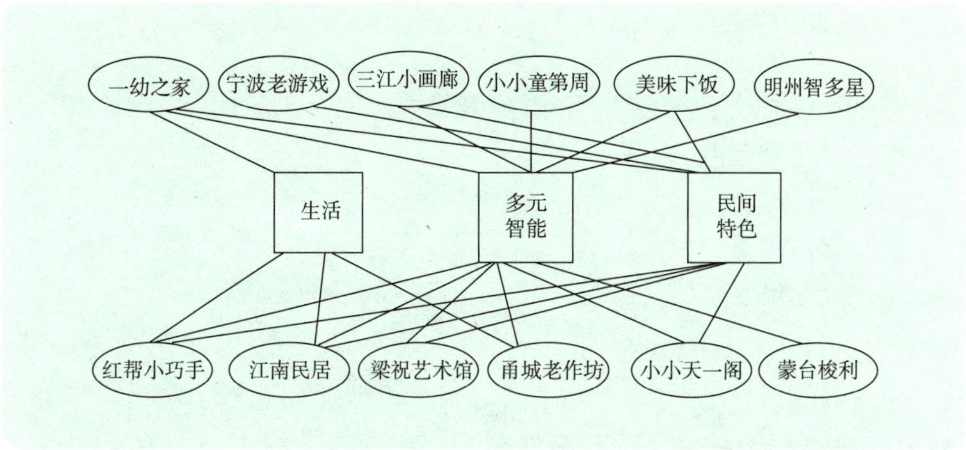

图 3-9 儿童工作室设置

（2）小农人试验田。

小农人试验田打造的是每位幼儿可以亲自动手种植、饲养、记录、分享的平台。幼儿在试验田中的活动主要有：种植、饲养、观察、记录和试验，通过与动植物的亲密接触，以及对自然界充满更多的亲近感和好奇心，获得劳动的愉快体验。与试验田同时跟进的又有一系列的教学辅助活动，如“交流分享时刻”“考察交流活动”“我的植物宝宝我照顾”“我的种养知识库”等等，促使幼儿在操作过程中获得多种养护经验、交往合作的经验。小农人试验田与幼儿能力的发展有着紧密关系，见图 3-10。

新行为课程中采取和农庄合作的方式开辟了户外种植园地，有专职的农牧老师给幼儿解决技术上的难题。这样班级教师就能与幼儿一样种植各种蔬菜、瓜果，并进行生长记录，给幼儿以一种实实在在的行为暗示与引导，使幼儿的种植过程更趋于科学化。

（3）蜗牛考察队。

张雪门指出：“引导幼儿作意义的旅行，使他们观察本地方的名胜古迹、公园、博物院、市场、农村、军营……那么，他们的兴趣会由近及远，格外扩大，格外发达。”

蜗牛考察队就是为丰富幼儿的自然经验和社会经验而设立的，新行为课程充分利用宁波特有的文化以及物质资源，为满足幼儿对社会、自然、科学的了解而设立的外出考察组织。考察活动分四个层面，分别为：幼儿园层面——一幼宝贝蜗牛考察

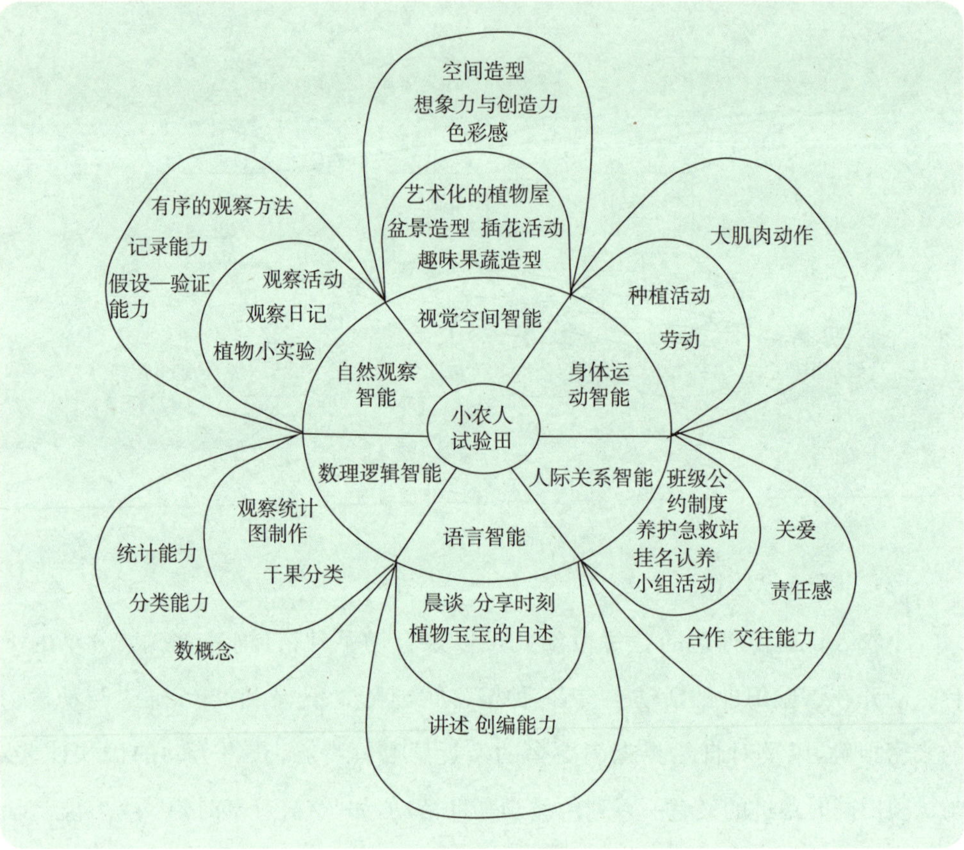

图 3-10 “小农人试验田”与幼儿能力发展关系图

队;年级组层面——年级组蜗牛考察队;班级层面——班级蜗牛考察队;家庭层面——家庭蜗牛考察队。由此构成了幼儿园、年级组、班级、家庭的四级调查网络,其教学模式见图 3-11。

蜗牛考察队的资源已不局限于幼儿园内部,更多的是通过对家庭、社区、社会等资源更广泛的挖掘得来,并充分利用宁波特有的文化以及物质资源。

首先,充分利用社会资源。

宁波有丰富的人文历史资源,如天一阁、保国寺、招宝山等都可以作为幼儿感受家乡美好、萌发家乡情缘的极好场所。

宁波还拥有现代设施资源,如“三江六岸”工程、科技高教园区、宁波大学、电视台、中山广场、现代化的购物商厦、图书馆等。通过对这些设施的认识,幼儿对社会中的不同机构有了初步的了解,充分感受到社会的变迁、科技的进步。

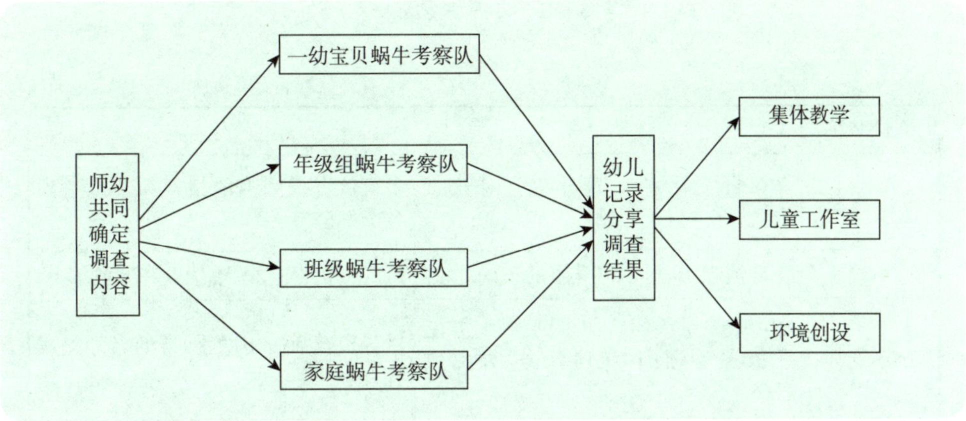

图 3-11 四级调查网络教学模式图

其次，充分利用社区资源。

社区中人们的活动是让幼儿了解人们职业、生活、规则的最好资源。幼儿在社区中与医生、保安、营业员、理发师、绿化养护员等不同职业的人们进行互动，扩大了幼儿的视野。

最后，充分利用家庭资源。

家庭资源的辐射面非常广泛，有父母、祖辈、朋友等，根据幼儿的学习需要，适时介入，给幼儿提供各种援助。在园外，家人帮助收集各种学习资料，协助幼儿解决学习中的疑问。这种“大蜗牛带小蜗牛”的形式，提供了教师所难以获得的资源。

（4）我是小当家。

在新行为课程中，儿童当家做主，是充分享受自由与自主生活的主人，在他们的一日生活中应有大量的自我选择、自主探索和自由交往的时间。

首先以大班年级为主开展活动，三个大班轮流“当家”，轮到的班级在一周内开展系列活动“今天我当家”，在活动中获得责任、坚持、合作、融合、互助、抗挫等良好品质和学习相关的基本素质，从而提高幼儿的学习能力和服务能力。

我们根据幼儿园的实际需要，设立了小鬼当家岗位，见表 3-13。

表3-13 小鬼当家岗位表

岗位名称	主要目标	主要内容
小小报童	学习自主看室号，能正确送递报纸杂志	每天负责把门卫的报纸和杂志送到各个办公室
小小旗手	正确演唱国歌，学习升旗的正确礼仪	每周一负责升旗、唱国歌和园歌等
小小老师	学习观察班级门口的求助告示，并能积极主动询问，获得任务，并完成任务	做各班教师的小助手，帮助老师完成各类小任务
小小帮厨	能积极主动帮助厨房做简单的餐前工作，并能坚持完成	帮助食堂人员进行餐前食物的简单处理工作，如剥豆、剥蛋、择叶等
小小门岗员	使用礼貌用语大胆问候，并能协助值班老师做好互助工作	每天早上在园门口进行早上问候、协助工作
小小绿化员	认真专注地完成生态园的管理工作	每天定时进行浇水、除草、松土等
小小接待员	大方地接待各类来园参观的人员，并能积极沟通，介绍幼儿园，感受做小主人的自豪	有接待任务时，积极参与接待工作，并做好一切准备工作
小小清洁员	协助保育员做好园内操场、大厅、器械等的清扫与整理工作	每天定时和保育员开展园舍清洁工作

小鬼当家给幼儿提供适宜的、多样的经验，给予幼儿发展的可能性，通过各种真实生活给现代幼儿创设生活中实践的机会。

(5) 蛤蟆剧团。

蛤蟆剧团是为了满足幼儿的表演兴趣和需求而设立的，它不是传统概念中的剧团，而完全是一个自由的、开放的、灵活的表演场所与团体。剧团表演的内容丰富多彩，涉及文学作品表演和歌舞表演两大类，其中又包括：童话剧、木偶剧、皮影戏、指偶戏、诗朗诵、相声、小品、合唱、舞蹈、器乐表演、杂技、魔术等。凡是幼儿想表演的都允许他们来表演。

蛤蟆剧团每周进行一次表演，由全园师幼共同来观看，而参与表演的演员则是每个班轮流担当，有时一台节目完全由一个班完成演出，有时也可以由两三个班合作完成。幼儿在表演中扮演着不同的角色：主持人、化妆师、服装师、音控师、演员，极大地满足了他们对表演的好奇与向往，同时锻炼了他们各自的才能，增进了同伴间的交往与合作。

需要指出的是，蛤蟆剧团的组织中坚持张雪门所提倡的原则：教师在指导儿童表演游戏时应满足儿童偶发的需要，不必拘泥于形式。

（6）心情角。

张雪门先生非常注重幼儿心理教育，而且现如今家庭结构、养育方式的改变以及生活节奏的加快，不同程度地增加了幼儿成长过程中的紧张因素，导致幼儿的心理问题较以前明显增多。幼儿心理健康教育迫在眉睫。我们设立的心理角，就是针对此而展开的。

在新行为课程中，心情角能以幼儿所喜欢的方式展示幼儿的情绪。它由红、绿、灰、黑四种颜色组成，分别代表了快乐、平静、悲伤、愤怒四种基本情绪。每天一早，幼儿来到班中，就由他自己根据当时的心情将照片挂在相应的“心情树”上，教师就可依据幼儿的不同情绪提供适当的帮助。

（二）组织策略

与其他课程相比，行为课程有一个明显的特色：教师不仅仅会运用教材，而且真正懂得按幼儿需要设计适宜幼儿发展的活动。经过我们对新行为课程的反复实践和探索，明确了新行为课程的设计教学法。教学法凸显的是：对幼儿兴趣的关注与把握——活动必须建立在对幼儿动机了解的基础上；教师在教学中的作用——支持者、引导者、观察者；教学中进度的把握——必须关注幼儿的实时变化，并根据幼儿的能力进行调整；教学资源库建立者——教师、幼儿、家长共同体。

在设计行为课程时需要考虑六个要素，这六个要素既保证了幼儿在活动中的主体地位，又帮助教师做好准备工作，确保了教师的主导作用，使课程既不会成为机械的灌输活动，也不会是零落、散漫的活动。

1. 动机

新行为课程把激发幼儿的学习动机放在第一位。动机主要源于三方面：一方面是幼儿自发产生的，比如冬天到了，幼儿会对雪产生浓厚的兴趣，常常会去堆雪人、打雪仗，由此就引发了“雪”的主题。第二方面则是教师预设的，这是对前者的必要补充，保证了幼儿发展的平衡。它可分为两种方式：一是利用环境，比如下雨后，教师有意带领幼儿观看户外动植物变化而产生“雨水”的主题；请幼儿参观小学而引发“学校”的主题等。二是创设氛围，在端午节到来之际，教师将艾叶、菖蒲悬挂于教室中，幼儿对其发生了兴趣从而引发了“端午节”的主题。第三方面则是师幼同构，这也是新行为课程的创新之处，比如宁波服装节期间，教师、幼儿都对宁波服装产生了兴趣，从而建构了“家乡的服装”这一主题。

2. 目的

当有了动机之后，教师则要进行下一项工作——确定目的。这里说的目的是教师希望幼儿在这一系列行为中的收获，这一环节将直接影响课程开展的效果。

首先要确立主题总目标，要求每一主题的总目标基本要涵盖五大领域：健康领域、语言领域、社会领域、科学领域、艺术领域，这有利于保证幼儿的全面发展。然后教师进行讨论，结合幼儿的表现，设想这一主题会产生哪些具体的活动，相应的活动也应包含五大领域活动和区域活动。以“端午节”为例，初步明确它的目的。

① 了解端午节的文化知识、地方风俗。（语言领域）

② 能用多种方式收集有关蛇的资料，对蛇的生活习性有初步的了解。（科学领域）

③ 能用空三角形插出香袋的形状，初步学习使用针线。（艺术领域）

④ 能上下肢协调做划船的姿势，初步了解划船这项运动。（健康领域）

⑤ 合作参加端午节的各项活动，热爱中国的传统节日。（社会领域）

3. 活动人数、时间分配

张雪门先生认为整个活动可以有几个动作要点，动作有了要点，组织才不至于松散。[①] 下面以“小农人试验田”为例，我们把每周三定为“小农人劳作日”，会有农场老师带着每个班的幼儿轮流进入学习，每班 30 人，平均 20 分钟，上午四个班级，下午四个班级。而平时小农人的活动会渗透在一日活动中，各班可以利用户

---

① 戴自俺，钱玲娟. 张雪门幼儿教育文集下卷[M]. 北京：北京少年儿童出版社，2009

外活动时间根据班级种植情况随时进入，这样确保了小农人试验田的充分利用。

4. 活动过程

课程的实施也就是师幼共同投入活动的过程。新行为课程的特色决定活动不可能完全按照预定计划展开。随着活动的深入，幼儿新的兴趣点会不断生成，而教师对幼儿已有经验也会有更多、更全面的了解。因此新行为课程的实施过程分两种形式：预成活动、生成活动。

预成活动即教师事先计划好的，有较完善的方案。（活动如何开始？如何展开？如何结束？）当预成活动刚好与幼儿兴趣达成一致时，预成活动即可展开。例如在端午节教师安排制作香袋这一活动，就引起了幼儿极大的兴趣，他们不停地琢磨香袋的制作方法。在之后的连续几天中他们对这一活动的兴趣还是非常高涨。

然而与以往不同的是，并不是所有的预成活动都能够得到实施。例如端午节的预成活动之——我知道的历史人物，在实施中我们发现，中班幼儿对这一活动几乎没有兴趣，他们也很难理解屈原投江的真正意义。这就说明教师在设计这一活动时更多考虑的是成人的价值观，而忽视了幼儿的年龄特点，活动也因此取消了。

值得一提的是，新行为课程活动的过程随着幼儿的兴趣变化而变化，幼儿的兴趣是课程组织时的重要估量。

5. 应用的工具与材料

幼儿行为的展开，并不是无线索可寻，有的在线索范围之内，为力求切合动作上的需求，这种准备必不可少。例如：大班幼儿对中药很好奇，于是教师设计了“神奇的中药”活动，但是认识中药不能单单通过谈话，这时工具材料就显得很重要。教师准备了多种常见的中药，有的还可以用来泡水喝，这样的准备使幼儿的兴趣不断提高。当然准备必须是在事先调查的基础之上，了解幼儿的兴趣方向才有据可依。

6. 执行参考

执行参考是新行为课程得以后续实施的重要保证，它是课程实施过程中的精华所在，在不断反思中前进。

(1) 园级审议。

园方根据课程的来源设定了一系列内容供教师参考，这些内容基本涵盖了各方面的发展领域的目标。每学期结束，园方将进行总体评测，选择适宜、可操作的内容吸纳各个年龄组的执行参考，对该学期的活动进行调整，最后收录到资源库。

(2) 年级审议。

年级组长带领组员的课程审议，目的在于使课程更符合本组幼儿发展的需要与特点，如奥运会的召开对大班幼儿产生了很大的影响，大班组及时关注并将其纳入课程。每周设立教育会诊时刻，各平行班召开教学审议会议，根据本年龄段幼儿的实际发展需要对教学内容进行修改与完善。

(3) 班级审议。

各班幼儿由于所面对的环境和信息存在不同步性和差异性，各班就开展了第三层级的审议。各班幼儿由于兴趣点的差异，具体的教学活动也呈现出不同效果。

总之，课程组织是把课程付诸实践的过程，它是达到预期课程目标的基本途径。我园沿用张雪门先生的设计教学法时，着重考虑了“幼儿最近发展区”。“最近发展区”是幼教界所一直提倡但又极难把握的。新行为课程的实施设计是循环且开放的，它的优势就在于让教师能较好地把握本班幼儿的“最近发展区”和“兴趣点”，并以此进行设计。

为了便于教师操作，现今实施的新行为课程在具体活动的设计上，依照预成、生成活动的不同特点，其中预成活动更注重幼儿的经验、幼儿的感受，同时幼儿参与每环节的比例更大。而生成活动则更为灵活、机动，完全体现了尊重幼儿发展的精神。

五、新行为课程的评价

(一) 活动评价

1. 主题活动评价

(1) 目标检核评价“对幼儿经验应有估计”。

教师层面　张雪门先生说：在幼童每一种大单元活动结束以后，教师更应当作

经验的估计。这些经验产生于大单元的活动中，根据事实，细心分析，然后再一一选出其价值，再把这些价值综合起来，和行为预定的目标做一个对照，看有没有达成，更有达到哪一些程度。这才是从行为中所获得的真实成绩。新行为课程开展以来，继承了张雪门的评价观，并且对目标检核做了量化指标，要求老师们依据主题目标检核评价表进行评价，见表3-14。

表3-14　主题目标检核评价表

主题目标检核评价表			
预设目标	完成目标	调整部分及理由阐述	幼儿典型案例分析

家长层面　新行为课程启动三合一式家园模式，即主题开展前一封家长信；主题行进中一次“亲子活动”；主题结束后一份“调查问卷”。

一封家长信主要是让家长了解主题设计意图，配合收集主题资料，征求主题设计方案意见和建议等。例如，小(1)班下学期主题“猜猜我有多爱你”的家长信。

致家长的一封信

亲爱的香爸辣妈们：

新年好！新的一学期又如约而至。踩着新春余韵，又逢妇女节，所以本周起我们开展“猜猜我有多爱你”的主题活动。在此单元中，我们将和幼儿一同收集和新年有关的红色物品，帮助幼儿整理年俗经验，感受收集与分享的快乐。

同时我们将引导幼儿感受妈妈(包括动物妈妈)对宝宝的爱,通过欣赏、模仿,激发幼儿用各种方式表现对妈妈的爱。通过“做蛋宝宝的爸爸妈妈”系列活动,让幼儿体验做父母的辛苦,从被爱到尝试关心家人。

希望爸爸妈妈能配合我们做好以下工作:

1. 关注主题进展,及时帮助幼儿收集教学需要的材料,如:红色大收集、“怀孕模仿秀”及“蛋宝宝”活动所需材料。

2. 记录和幼儿日常互动的温馨瞬间,打印成照片带到幼儿园。

谢谢您的大力配合!如您有更好的意见和建议,欢迎您向我们提出。谢谢!

郁金香班

2015年2月28日

一次亲子活动是指在主题进行中邀请家长来园,和幼儿一起活动,让家长亲身感受主题活动开展状况并每次随机找一名家长代表对活动开展做书面评价。亲子活动日反馈表见表3-15。

表3-15 亲子活动日反馈表

班级		日期	
家长签名:			
请您谈谈对保教人员的教育观念、活动组织、生活保育等方面的意见与建议。			

一份调查问卷是在主题活动结束时发放主题活动问卷表，就主题开展做全面评价，见表3－16。

表3－16 主题活动家长问卷表

主题活动家长问卷表			
	好	一般	差
1. 您的孩子经常和您讨论或向您咨询与主题相关内容吗？			
2. 您的孩子在与主题相关的知识、技能方面有所增加吗？			
3. 您的孩子就主题涉及的情感或习惯态度上有所改善吗？			
4. 您的留言			

（2）环境创设评价“对活动痕迹应有呈现”。

主题墙 在创设主题墙时应考虑以下几点：主题脉络是否明确，主题行进是否清晰，是否既有活动内容的呈现，又有幼儿互动的痕迹，设计上是否具有美感。

展示区 展示在各类活动中师幼精彩对话及幼儿创编的诗歌、精彩语录等，主题相关的图片、实物等，幼儿在活动中创作的美工类作品等。

幼儿园主题环境评价，详见表3－17。

表3－17 幼儿园主题环境评价表

项目及分值	班级						
主题清晰，整体感强（14分）							
体现主题开展进程（14分）							

续表

项目及分值	班级						
产生直接或间接的教育功能(12分)							
材料、色彩等搭配协调,具有美感(12分)							
幼儿作品呈现方式多样(12分)							
幼儿参与成分多,能吸引幼儿自学(12分)							
体现家长的支持和参与(12分)							
内容具有延续性,随教学内容调整变化(12分)							
合计(100分)							

(3) 内容选择评价“对幼儿行为应有注意”。

“一种活动有没有价值,当看下一次是不是比上一次有进步,若做了就算,对经验既没有变化,自然谈不到进步了。”这是张雪门先生在《幼儿教育文集》中的一句话。我们在上文中已经提到新行为课程的活动内容来源更关注幼儿的学习动机和内在学习需求,强调从儿童的生活中来,并落实到幼儿的生活中去。要真正实现这一原则,需要教师在主题活动开展中随时留心观察,捕捉幼儿学习动机,随时根据幼儿的兴趣和动机调整活动内容,或者放大一个本来很小的活动,做成子主题。

所以内容选择的评价上我们就要着重关注以下几个指标:

① 教师是否立足于本班幼儿的经验基础?

② 是否迎合幼儿的学习兴趣?

③ 是否在预设主题框架上活动内容有所调整?

④ 是否出现班本化的学习脉络?

(4) 活动指导评价“对幼儿指导应有反思”。

张雪门先生说,在主题实施过程中教师应担负六种指导责任。所谓指导,是完全抛弃了成人主观的成见，切切实实注意幼童需要而给予满足，并时时注意他们的困难，加以解决和帮助。所以活动指导评价也成了主题评价中必不可少的一环，也是教师对主题活动的一次自我反思和觉醒。

计划上的指导："凡事情合于幼童兴趣而尚无具体的计划时，教师应给他们种种发问和讨论的机会。"这是原行为课程的要求。而新行为课程中，我们则基于主题框架，征求幼儿的活动需求："你先学习或者了解哪个方面的内容？""我们可能会组织些这样的活动，你对哪些活动更有兴趣？"

评价自检：主题落实前我和幼儿讨论了吗？

知识上的指导："各种活动都含有多少不同的知识，这并不是由于教师的准备须指导幼童，却是幼童行为的需要而有待于指导。"

评价自检：在主题活动后教师可罗列出所有的知识点，通过知识小竞赛、男女生大 PK 等形式了解知识点掌握的情况。

技能技巧上的指导："各种活动，也必须有相当的技术，有了这些技术，行为才能得到圆满的结果。"

评价自检：自然观察，从幼儿作品呈现中分析总结幼儿在技能技巧上的收获。

兴趣上的指导："幼童的兴趣和他的注意力有极密切的关系，可这一时期的注意力多数是散漫不集中的，教师要找到其困难或阻碍所在，加以解决。"

评价自检：是否做到个案跟踪和适时适当干预，幼儿的注意力是否较干预前有所提高，其兴趣持续时间是否有所延长。

态度习惯上的指导："习惯和态度，都包含在每一个幼童的行为中，不好的习惯和态度倾向，要积极地指导。"

评价自检：个案记录形式，重点就学习习惯、学习态度两方面内容就典型幼儿的突出问题进行针对性的教育干预和跟踪记录，看幼儿在教师干预中情况是否有所改善。

2. 区域活动评价

区域活动评价是区域活动过程中必不可少的环节，起着至关重要的作用。区域活动评价的目的在于：充分发挥评价的导向、激励和改进功能，通过评价过程的反馈、调控作用，充分调动幼儿参与活动的积极性、主动性、创造性，从而提高区域活动的质量。

(1) 活动即时性评价。

即时性评价不但可以了解幼儿的即时发展,而且有利于教师对活动设计、材料提供、教师支持的适应性等有很好的了解,可以促使新行为课程朝着更为正确的方向调整和发展,并为阶段性评价提供重要依据。

第一,对幼儿活动开始的评价。

是否制订适宜的活动计划,是否自主地选择活动区域和活动材料,并表现出积极性。区域活动开始时,幼儿按自己的意愿和计划,自主地选择各自的区域和不同的活动材料。

第二,对幼儿活动过程的评价。

活动过程是整个区域活动的中心环节,也是最重要的环节。在这个环节中,幼儿通过与材料的互动,发展了逻辑思维能力、想象力和口语表达能力。教师要细心观察、了解、分析幼儿,可以从自主性、参与性、合作性、创造性、规则性等方面,对幼儿进行关注,并适时、适度地以支持者、合作者、引导者的身份为幼儿提供帮助。

第三,对活动结束的评价。

区域活动结束时,教师都会发出一个幼儿熟悉的信号,让幼儿知道这一环节将要结束,应尽快收拾整理所玩区域中的材料,将其放回原处。另外,活动结束时有很多区域都会完成一些作品,如结构区、美工区等,这些作品都可以作为评价的一部分。区域活动即时评价表,见表 3 - 18。

表 3 - 18　宁波市第一幼儿园区域活动即时评价表

班级　　　　　　　　姓名

日期	区域	评价内容				
		自主性	参与性	合作性	创造性	规则性

续表

日期	区域	评价内容				
		自主性	参与性	合作性	创造性	规则性

好★★★　　　　一般★★　　　　加油★

（2）学期阶段性评价。

瑞士教育家裴斯泰洛齐曾深刻地指出："为人在世，可贵者在于发展，在于发展个人天赋的内在力量，使其经过锻炼，使人能尽其才……使其得到品德，家庭幸福，工作能力，直到实现社会上的需要，这就是教育的最终目的。"可见，促进儿童在原有基础上不断发展始终是教育的核心任务。具体的体现就是：对幼儿的评价不仅包括对幼儿日常生活连续性的关注，也包括对幼儿发展的关注。

① 同龄儿童工作室评价表，见表3-19。

表3-19　宁波市第一幼儿园同龄儿童工作室评价表

班级　　　　　　姓名

区域名称	评价内容	评价等级	备注案例
语言区	1. 乐意与人交谈，讲话有礼貌		
	2. 认真倾听对方说话，理解并尝试分析他人所说的内容		
	3. 喜欢看图片和图书，并根据图片表达自己的认识		
	4. 会用工具修补图书，并能将物品物归原处		

续表

区域名称	评价内容	评价等级	备注案例
社会区	1. 按意愿选择角色，尝试解决关于角色、玩具的争端		
	2. 使用简单的礼貌用语进行游戏		
	3. 懂得扮演角色和使用物品、场地应遵守的游戏规则		
	4. 爱惜玩具，游戏后会整理场地，收拾玩具		
建构区	1. 对建构活动感兴趣，喜欢参加游戏(中大班能分工)		
	2. 对不同的建构材料进行简单的分类(中大班会进行组合)		
	3. 探究物体的性能、特性及不同的使用方法		
	4. 会根据主题需要，创造性地选择材料		
表演区	1. 喜欢听音乐，用自己喜欢的方式进行表演		
	2. 愉悦地唱歌、跳舞、敲打会发声的乐器		
	3. 欣赏不同类型的音乐，感受不同作品的风格		
	4. 收集各种形式的音乐形式，进行简单的模仿(中大班自编自导)		
数学区	1. 喜欢玩各种操作类玩具，并愿意探索不同的玩法		
	2. 会等待、轮流、分享，判断一些简单行为的对与错		
	3. 尝试使用抽象符号来代表具体事物和概念		
	4. 能用已有的数学经验解决一些遇到的难题		
美工区	1. 能用绘画、捏泥、手动制作等表达自己的所见所想		
	2. 喜欢摆弄简单的工具与材料		
	3. 欣赏不同的美术作品，并感受到作品的特色		
	4. 协助教师收集材料，一起布置环境		

好★★★　　一般★★　　加油★

② 混龄儿童工作室评价表，见表 3 - 20。

表 3 - 20　宁波市第一幼儿园混龄儿童工作室评价表

班级　　　　　　　姓名

工作室名称	评价内容	评价等级	备注案例
一幼之家	1. 能表现所扮演的人物角色，感知多种社会人物角色		
	2. 理解他人的情感和需要，会用多种形式加以表达，能自我控制，调整与同伴之间的相互行为和关系		
	3. 能大胆表达所扮演角色的想法并与扮演的其他角色积极交流、相互沟通，实践和尝试自己解决社交问题的办法		
	4. 用以物代物的方法设计、制作简单的场景或道具		
美味下饭	1. 喜欢进行美味下饭的游戏		
	2. 会在工具的帮助下进行一些简单的劳作		
	3. 学习制作一些简单的食物，并会收拾		
	4. 通过外卖/宣传食物的方式让同伴肯定成果		
小小童第周	1. 对科学探索感兴趣		
	2. 了解结构材料的性质、大小、颜色、形状等		
	3. 运用各种建构技法，动手动脑，发展想象力与创造力，体验创造与成功的喜悦		
	4. 形成目的性、坚持性和互相合作的良好品质		
三江小画廊	1. 有目的地进行美工创作活动		
	2. 能发现和感受区域环境中的美及它们明显的特征，并用自己的方式表达自己的感受		
	3. 大胆用绘画、泥塑、手工等方式表达自己的感受和体验，使用各种材料、工具，通过画、剪、拼装等方法制作表现平面造型物体		
	4. 协助教师收集投放材料，共同商讨材料的分类		

续表

工作室名称	评价内容	评价等级	备注案例
小小天一阁	1. 正确取放图书，懂得爱护图书		
	2. 能用语言讲述图画故事内容，表述自己对画面故事的理解		
	3. 尝试根据故事内容进行表演等		
	4. 爱护图书，会用工具修补图书并能将各类物品物归原处		
红帮小巧手	1. 乐意将游戏内容延到生活中		
	2. 会用双手协调地进行抓、捏、舀、夹、穿、剪等工作，并尝试简单的折叠，有序地“擦”等工作		
	3. 会手眼协调地、专注地进行编织、缝、绣，发展做事的持续性和专注力		
	4. 尝试与同伴合作交流进行流水线的工作游戏		
明州智多星	1. 根据需要选用玩具材料，能利用替代物或自制部分材料		
	2. 掌握各类活动的基本技能，能综合运用材料和探索材料的各种玩法		
	3. 爱护玩具，小心使用并能及时整理，学习修补玩具材料，注意游戏的卫生和安全		
	4. 每次玩一种游戏，学习做事有始有终；坚持活动主题，努力克服困难，达到活动目的		
江南民居	1. 能较专注、持续地进行主题建筑活动；尝试协商，推选组长、明确分工、协作建构		
	2. 能够有目的、有计划地选择所需搭建材料，并能充分运用辅助或自制的一些物品进行创造性的综合搭建		
	3. 能反映个人生活经验，大胆与组内成员交流，使个人和小组的愿望得到充分满足		
	4. 会交往合作，用语言等方式交流，协调行为，从而发展多方面的交往技巧；能完整地讲述搭建的内容和过程		

续表

工作室名称	评价内容	评价等级	备注案例
梁祝艺术馆	1. 会商量情节，根据情节协商有什么角色，并协商分配角色，有问题不争吵		
	2. 在熟练掌握故事内容、情节的基础上，能初步用表演游戏的形式较协调一致地表现出来，如自编对话、表情、动作等，发展创编动作、表情的能力		
	3. 能初步用音乐、语调的变化和不同的表情、动作表现出角色的不同形象		
	4. 能创造性地改编表演游戏的部分情节，让别人能看懂自己的表演		
甬城老作坊	1. 自主参与、自主体验、积极尝试		
	2. 尝试发现问题、解决问题，有初步自主活动能力和合作交往能力		
	3. 逐步掌握编织的方法和技巧，重点是草编，培养幼儿的思维力、想象力、创造力		
	4. 遇到困难时能尝试去解决		
蒙台梭利	1. 在感官教育中有观察、分析的能力以及专心和秩序的习惯		
	2. 获得数和量的概念，培养幼儿的逻辑思维		
	3. 有感官的精确敏锐以及对事物的观察、比较、判断的习惯和能力		
	4. 物品的摆放有规则		
宁波老游戏	1. 找到好朋友，体验玩老游戏的乐趣		
	2. 练习走、跑、跳、钻、爬等动作，动作协调灵敏		
	3. 勇于尝试、积极参与各个主题老游戏的运动		
	4. 用一物多玩的方式，尝试各种不同的玩法		

总之，区域活动评价的内容丰富多彩，评价的方式多种多样，教师应抓住重点，正确评价，可根据活动的实际情况而定。评价中，教师不仅要在自己观察、了解活动的基础上进行评价，还要引导幼儿自评和互评，师幼进行有效的互动，尽可能地给幼

儿创造表达的机会，教给幼儿一些简单的评价方法，让他们看到别人的长处和自己的不足，从而正确认识自己，客观评价同伴，共同发展。

3. 生活活动评价

幼儿园的"生活活动"主要指生活自理、交往礼仪、自我保护、环境卫生、生活规则等方面的活动，旨在让幼儿在真实的生活情境中自主、自觉地发展各种生活自理能力，形成健康的生活习惯和交往行为，遵守共同生活必要的规则。我园结合新行为课程的理念和《指南》的要求，制定了低班、高班生活评价的两大部分：教育幼儿独立完成部分（生活技能、生活卫生习惯、生活卫生常识）和在成人帮助下完成部分（生活技能、生活卫生习惯、生活卫生常识）。其中增加了我园新行为课程中"小当家"的目标评价。低班生活评价表和高班生活评价表，见表 3-21 和表 3-22。

表 3-21 低班生活目标评价表

熟练：★★★　　经常：★★　　偶尔：★　　未出现：▲

		评价目标	评价	备 注
教育幼儿独立完成部分	生活技能	会拉拉链、解扣子		
		会穿套头的衣服、脱裤子		
		会擦手、洗脸		
		会拿水杯喝水		
		会洗手、搓肥皂		
		会搬椅子、摆椅子		
		会擦摆自己的餐具		
		会使用餐巾、餐具(勺子)		
		会把衣服叠放整齐		
	生活卫生习惯	不吃手指		
		安静入睡		
		不随地吐痰		
		玩具玩好会收		
		饭前主动洗手		
		不用手揉眼睛		
		喝水时不洒水		

续表

		评价目标	评价	备　注
教育幼儿独立完成部分	生活卫生习惯	听信号迅速起床		
		会轻拿轻放餐具		
		将餐具分类摆放		
		学习独立、干净进餐		
		能做到基本不挑食		
		咽完最后一口再离开座位		
	生活卫生常识	知道为什么漱口		
		知道为什么不能喝生水		
		知道不能在厕所内玩		
		知道饭前、便后要洗手		
		知道便后把纸扔进纸篓		
		知道不能乱扔果皮、纸屑		
		知道为什么不能用手揉眼睛		
在成人帮助下完成部分	生活技能	会穿套头毛衣		
		正确使用餐具		
		会把衣服叠放整齐		
		能做“小当家”的简单的整理工作		
	生活卫生习惯	不光脚踩地		
		不用手抠鼻孔		
		保持手的清洁		
		坐姿基本正确		
		把鞋脱放整齐		
		便后主动洗手		
		盥洗时不把衣服弄湿		
		能保持个人仪表整洁		
	生活卫生常识	知道睡前洗脚、洗屁股		
		知道不能把玩具放进口鼻耳内		
		知道为什么不能抠鼻孔		
		知道怎样保护牙齿		
		知道怎样过马路		

表 3－22　高班生活目标评价表

熟练：★★★　　经常：★★　　偶尔：★　　未出现：▲

		评价目标	评价	备　注
教育幼儿独立完成部分	生活技能	会自助早点、午餐		
		有序地进行晨间常规活动		
		有自理意识和自理能力		
		会认真盥洗和漱口		
		饭前便后主动洗手		
		能担当小当家，分餐具		
		能比较迅速地穿脱衣物		
		整理自己的物品，并摆放有序、整齐		
		能帮助同伴和教师整理物品（生活、学习）		
	生活卫生习惯	不挑食，喜欢吃多样的食物		
		不浪费，能根据自己的需要适量自取食物		
		早点、午餐后自主洗漱		
		能控制自己的行为，不影响他人入睡		
		能自主地选择便于收放的玩具和相应的活动		
		离园时，能与教师以及同伴说“再见”，养成文明礼貌习惯		
	生活卫生常识	知道水对人们生活的意义，节约用水		
		知道睡眠对于健康的意义，增强睡眠的自觉性，养成良好的睡眠习惯		
		知道体育器械的正确运用		
		知道担当小当家清洁员、帮厨的责任		
		知道简单的交通规则		
	生活技能	会学习与自身生活密切相关的简单劳动技能		
		会正确使用筷子		
		做到“三净”（餐具、桌面、衣服）		
		饭后自己收拾桌面		

续表

		评价目标	评价	备　注
在成人帮助下完成部分	生活卫生习惯	养成爱护物品和爱整洁的习惯		
		养成自主如厕、定时大便的良好习惯，在时间较长的集体活动前，能够主动如厕		
		养成便后冲水、洗手的习惯，并能够独立将衣服整理好		
	生活卫生常识	知道怎样擦屁股		
		知道并明确“小当家”职责，积极主动地做好“小当家”工作		
		知道与同伴协商、分工、合作，完成“工作”		
		学会使用简单的清洁工具（扫把、拖把、擦布）		

注：特殊情况下，教师可在备注一栏写明具体事例。

4. 课程故事

课程故事是一种新的评价方式，它能渗透在主题活动评价、区域活动评价、生活活动评价中，使活动评价更为真实、科学、有据可依。从表面上看，课程故事是教师对幼儿活动的记录，就像保存经验的“备忘录”。从深层次看，课程故事需要走进幼儿的生活，关注每一次教学事件，倾听幼儿的心声，共同建构幼儿的成长故事。课程故事可以跨越教学的时空，采撷幼儿生活中的浪花，可以是一次对话，也可以是幼儿成长过程中的小插曲，总之，时时皆能涌现教育的思考，处处都可演绎教育的故事。当然课程故事的记录方式有很多，表格、日记、回忆录、照片等，它们让课程故事更为生动丰满。下面就截取我园课程故事中的精彩片段举例说明。

片段一：日记记录——短距说新闻

2010年11月26日　星期五　晴

又是一个新的工作日，照例行进在上班的途中。空闲时间忽然遐想：不知道今天孩子们会带来哪些有趣的事情？又会发生怎样激烈的讨论呢……真没想到，这试验型“说新闻、道趣事”的新型晨间谈话活动已经悄悄融入了自己的生活，想来还真是别有一番滋味……

“徐老师，徐老师，不好了，我有重大新闻……”

果然，身未动来声已远。徐××小朋友那高亢的嗓音代替了他那幼小的身影而捷足先登。

“徐老师，你知道吗？在德国的一家工厂里发现了一些新型老鼠，它们长得无比巨大，可怕的是，它们还吃人，那里的很多科学家都失踪了……”

新鲜而又骇人听闻的新闻消息像一颗核弹般引起了所有孩子的关注，大家七嘴八舌地讨论起来。

“老鼠会吃人？好可怕啊，真恶心！”

“老鼠那么小怎么会吃人呢，是不是你编的啊？”

“科学家很厉害的，他们有大枪和大炮，早就把老鼠给打死了……”

面对大家的质疑，徐××显得有些激动。

“是真的，我是从昨天的报纸上知道的，那些老鼠是科学家放在实验室里做实验的，它们吃了放射性毒水就变得很大，连那里的兔子也变得很大，那里的科学家担心会出现新的鼠种——食人巨鼠，我妈妈说恐怖电影变成真的了……”

片段二：表格记录——小评委养成记

“赋权行动”的实施给予幼儿和权威对话，参与教师的全方位评价和考核，让幼儿真正地拥有评价的一席之位。但是幼儿的能力有限，特别是让幼儿评价并不熟悉的领域，如教师的课堂教学、教师技能比赛等，所以课题组根据专业，精选维度，帮助幼儿有效评价。我们以教学活动幼儿参评为例。一次公开教学活动后，大班的夏老师正在给班里的幼儿念评价的内容："你对上课的内容感兴趣吗？""上课时，你遇到困难，老师帮你解决了吗？"……幼儿认真地在相应的地方打钩。原来他们是在为刚刚执教的孟老师打分。通过这样的评价支架，孩子们渐渐感知到原来评价可以有那么多不同的角度，为其独立评价做好了潜移默化的经验储备。教师教学评价表（幼儿版），见表 3－23。

表 3－23　教师教学评价表（幼儿版）

<table>
<tr><td>时间</td><td></td><td>授课老师</td><td></td><td>班级</td><td></td><td>评价者</td><td></td></tr>
<tr><td>课题</td><td colspan="7"></td></tr>
<tr><td colspan="2">评价项目</td><td colspan="3">评价要点</td><td>满意</td><td>基本满意</td><td>不喜欢</td></tr>
<tr><td rowspan="5">教师教育行为</td><td>教学设计</td><td colspan="3">你对老师上课的内容感兴趣吗？</td><td></td><td></td><td></td></tr>
<tr><td>教学效果</td><td colspan="3">你还想继续和老师学习新本领吗？</td><td></td><td></td><td></td></tr>
<tr><td>时间分配</td><td colspan="3">你有足够的时间自己学习吗？</td><td></td><td></td><td></td></tr>
<tr><td>教学氛围</td><td colspan="3">上课的时候你开心吗？</td><td></td><td></td><td></td></tr>
<tr><td>教学机智</td><td colspan="3">你遇到困难时，老师帮助你解决了吗？</td><td></td><td></td><td></td></tr>
<tr><td rowspan="3">教师教学基本功</td><td>教学语言</td><td colspan="3">老师上课的声音好听吗，你听懂了吗？</td><td></td><td></td><td></td></tr>
<tr><td>教学态度</td><td colspan="3">你回答问题了吗？老师表扬你了吗？</td><td></td><td></td><td></td></tr>
<tr><td>教学教具</td><td colspan="3">老师上课的教具和图片你喜欢吗？</td><td></td><td></td><td></td></tr>
<tr><td rowspan="2">教师教学特色</td><td>教学亮点</td><td colspan="3">你喜欢参与这节活动吗？</td><td></td><td></td><td></td></tr>
<tr><td>教师个性</td><td colspan="3">你喜欢听这个老师给你上课吗？</td><td></td><td></td><td></td></tr>
<tr><td rowspan="2">综合评价</td><td colspan="2">好</td><td colspan="2">较好</td><td colspan="3">差</td></tr>
<tr><td colspan="2"></td><td colspan="2"></td><td colspan="3"></td></tr>
<tr><td>我的建议</td><td colspan="7"></td></tr>
</table>

片段三：图片记录——让播种成为一种快乐

一次假日小分队的活动圆了小朋友想做小农人种菜的梦想。当日农庄安排了许多具有本土特色的活动，如做青团、看牛耕地、稻草DIY等，都是小朋友鲜有接触的。然而小朋友最感兴趣的还是耕种，所谓的耕种就是给每个人发一把小锄头，几个毛芋艿，带到一个山背上……所有的大人都知道，在这样的地方根本不可能种出农作物。可是小朋友顶着烈日，干得可是热火朝天，一看他们那架势，还真有点农人的感觉哦。有的小朋友种好了还不忘做记号，折一支小树杈插在跟前，表明“这是我种的”。晒红的小脸挂满了汗水，可没有人感到劳累。假日小分队归来后的数日，瑜瑜竟然跑来问我：“林老师，你说我上次种的毛芋艿长出来了吗？”听她这么一说，小朋友们都围了过来：“对呀对呀，我的呢，会长出来吗？”看着他们急切的目光，我微笑地说：“肯定会长出来的！”“真的啊！”“太好了！”小朋友沉浸在一片欢乐中，而旻旻的一句话：“要是我每天能照顾它们，看着它们长大那该多好啊，可是三石农庄离我们太远了。”顿时打破了这种欢乐，而我也因此陷入了沉思……

图3-12 “小农人试验田”图片记录

（二）发展评价

新行为课程的发展评价方式主要有行为检核法、轶事记录法和作品分析法三种。行为检核法是概括出行为程度的一种简易方法；轶事记录法重在观察记录，更是对行为背后原因的分析；作品分析法则是对主题活动、区域活动、生活活动等多种活动、多种作品的辅助评价。下面就三种主要的评价方式进行具体的评价阐述。

1. 行为检核法

行为检核法也称清单法，是根据直觉的印象很快地概括出行为差异程度的一种简易方法，即在观察行为的同时对观察行为做出评价。这种方法主要是用来核对重要行为的出现与否，观察者将规定的项目预先列出并编上序号，当出现此行为时，就在该项后填上相应的序号。此法只判断行为出现与否，不提供原始行为性质的材料。行为检核法是在一定的现场和规定的时间内进行观察记录的方法，所以它具有诊断、测量的功能。

行为检核法的具体做法：事先制定表格，列出所要观察的项目，然后进行观察并做记录。制定表格时，必须在表格中列出一些具体要求，表格应有一定的顺序性，按规定的项目，依难易程度排列。由于检核行为的方式不同，行为检核也可分为不同的应用类型。依据幼儿在不同的活动形式（主题活动、区域活动和生活活动）中的行为表现，有针对地制定不同的检核表类型。

（1）主题活动的检核表。

主题活动往往是围绕一个主题开展的一系列活动。主题中往往存在核心的知识和关键经验。因此检核的目的是推进活动的开展，将核心的知识进行梳理提升，将关键经验进行激发，引发幼儿进一步探索。因此检核表是为了更好地服务主题活动。例如，主题活动“我和蝌蚪的亲密接触”，制定幼儿观察蝌蚪的行为检核表见表 3－24。

表 3－24　幼儿观察蝌蚪行为检核表

行为表现	行为次序
1. 只用眼睛看，时间短	在此表中填上相应的序号
2. 用眼睛观察，时间长	
3. 用眼睛观察，用手触碰蝌蚪，时间短	
4. 用眼睛观察，用手摸蝌蚪，时间长	
5. 用鼻子闻，用手摸蝌蚪，时间一般	
6. 用眼睛观察，用手指点，时间长	
7. 用眼睛观察，用手摸蝌蚪，自言自语	
8. 用眼睛观察，用手指点，同伴交流	

从行为检核表中可以看到幼儿观察蝌蚪的具体方法，从而对幼儿观察的方法进行分析和经验的提升。最终激发幼儿用多种方法与蝌蚪亲密接触，更全面地了解蝌蚪。这就是服务主题的行为检核。

(2) 区域活动的检核表。

区域活动包括了不同的区域设置、区域活动中幼儿行为、幼儿与材料的互动等方面的内容。针对每一方面的内容同样可以制定检核表。例如从幼儿进入区域的方式来看活动水平，制定区域活动行为检核表，见表 3－25。

表 3－25　区域行为检核表

行为表现	行为次序
1. 教师指定，幼儿顺利进入	在此表中填上相应的序号
2. 教师指定，教师陪同进入	
3. 幼儿选择顺利，自己进入	
4. 幼儿选择困难，教师抉择后，自己进入	
5. 幼儿选择困难，同伴选择后，自己进入	
6. 幼儿间选择冲突，教师解决，幼儿进入	
7. 幼儿间选择冲突，幼儿商量解决，进入	
8. 幼儿不做选择，空余区域，被动进入	

从进入区域的方式可以看到幼儿与教师、同伴的互动状况。可以根据这些行为进行年龄的核对，如果符合大班的年龄，从具体的行为表现看到幼儿应该有自己的选择，面对选择困难或冲突的时候如何解决，这是区域活动行为检核的作用和目的。这可以帮助教师快速地了解到幼儿进入区域时的行为。为了更好地寻找行为背后的深层原因，除了行为检核法之外还可以运用轶事记录法。

2. 轶事记录法

轶事记录法是观察者在日常生活情况下，将幼儿自然表露的行为进行原始的、真实的记录，以此来了解幼儿的发展情况，有的放矢地进行教育。它是观察法中常见而实用的方法之一。张雪门先生也十分注重观察，无论是主题教学活动，还是区域活动，甚至是生活活动，教师的观察渗透在点点滴滴中。轶事记录法弥补了行为检核法的不足，让教师不仅看到行为的表现，更能通过一个个实例看到该行为产生的原因。

生活活动“牛奶打翻了”

行为课程中“行为”与生活、经验、社会并列成为主要内容，行为的核心思想是既要行动也要思考，因此每天的早餐都是孩子们自主进行。莉莉在第一次遇到牛奶打翻后，显得很惊慌，立马哭了起来，听到哭声老师才知道原委(教师帮助解决)。到了中班以后，莉莉拿着牛奶杯子的手更加小心翼翼，还一边走一边提醒别的孩子：“不要撞我呢，会洒的。”同时其他的孩子打翻牛奶之后，有人立马大声告诉老师，有的幼儿在教师的提醒下拿来桌布。莉莉看在眼里。有一天，又发生了牛奶打翻的事情，有幼儿直接跑到洗漱间拿来抹布，开始擦桌子。后来，又有幼儿牛奶倒翻在桌子上、地上时，莉莉在同伴的提醒下主动拿来抹布或拖把。

同样是打翻了牛奶，但是幼儿对打翻牛奶后的解决方法也在慢慢改进，观察得越仔细，越能看出幼儿不仅身体动作在发展，思维模式也开始转变，从一开始的惊慌到后来的熟练。同时，观察记录中还能体现幼儿对教师、同伴的观察学习。

区域活动“娃娃家”记录

2014 年 4 月 8 日

A 走到沙发上，拿起一本书开始看了起来，过了一会。他来到 C 面前，两人开始商量：“今天我来当爸爸，你当妈妈好不好？”开始商量起角色的分配。最后两人达成一致：爸爸和妈妈今天照顾宝宝。

2014 年 9 月 23 日

A 进入娃娃家，拿起一个小熊，抱着小熊开始说话：“小熊，我好想妈妈呀，你想吗？我送你回家好吗？”选一辆小汽车：“呜呜呜，我们回家啦。”

2014 年 9 月 30 日

A 很开心地走进娃娃家，准备背上小书包去书店。这时 B 走过来说：“我和你一起去好吗？”A 想了想，点点头。于是他们一起去书店买书。

……

以上记录是幼儿在娃娃家这一区域活动中的表现，教师采用日记的方式，清晰地呈现幼儿每次进入娃娃家的表现。我园每位教师对区域活动都进行了观察和记录，并且按照：区域活动名称→活动过程记录→观察反思→调整后反馈这四个项目进行有目的的记录，从而作为原始素材以供进一步的分析和整理。以下是教师们的区域活动日志，见图 3－13。

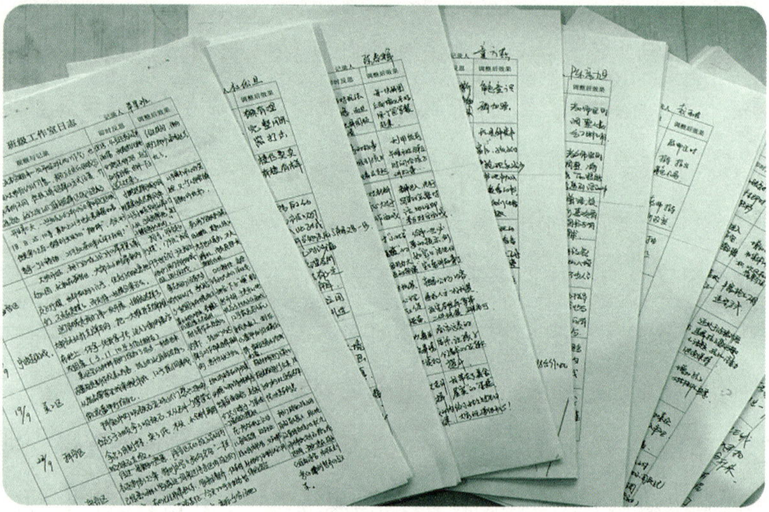

图 3－13　教师的区域活动日志

3. 作品分析法

教师和幼儿合作收集幼儿学年中不同时期具有代表性的阅读、数学、美工和音乐作品，如绘画作品、泥塑作品、各种记录单、参观访谈的记录报告、幼儿自创的书写符号、叙述自编故事时的录音带、创编舞蹈时的录像带、一张反映几个幼儿正在合作探究某一事物时的照片、集体创作或积木建构的照片、成人记录幼儿描述的故事或事件等，把作品和教师的文字记录放在一起，可以帮助教师看出幼儿的发展情况。

作品的呈现形式丰富，教师可根据本班幼儿的状况和活动目的选择相应的作品进行分析。常见的有建筑作品、绘画作品、泥塑作品、记录表等。以下是大班的泥塑作品分析表，见表 3－26。

表 3-26　大班泥塑作品分析表

次数	主题	作品	分析
第一次	食物		食物的种类较多，制作的手法简单。用到了缠绕、叠加等方法
第二次	蛋糕	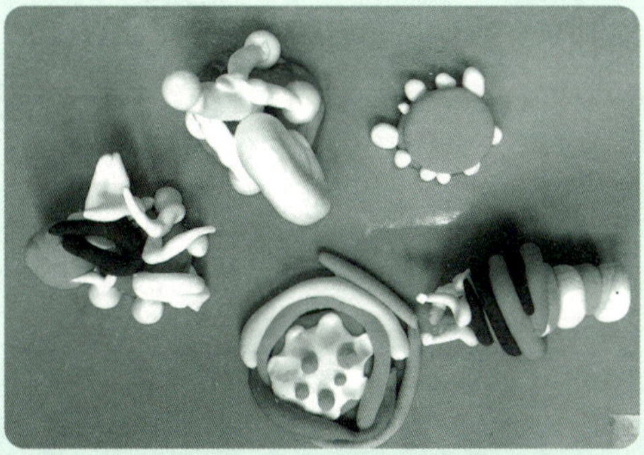 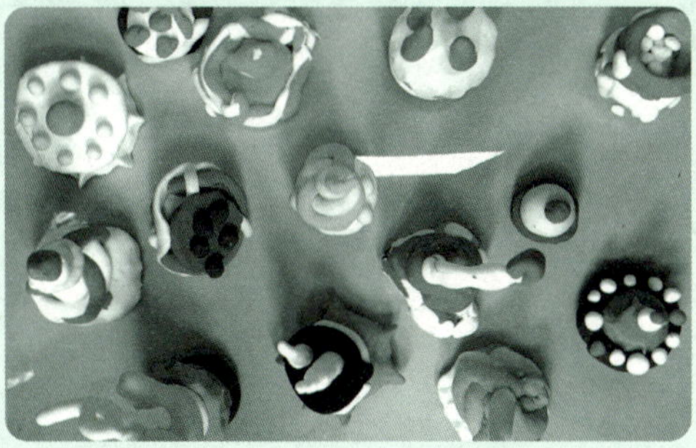	符合蛋糕主题，蛋糕的层数增加，至少三层，用到的方法有：拼接、双层缠绕、规律排序、立体造型。出现动物、蜡烛、多边形等造型

通过作品分析表，教师不仅可以对幼儿每一次的作品进行分析、整理、横向比较，还可以进行纵向比较。对幼儿整体的水平进行分析，与上一次或者之前一段时间的作品进行对比分析，从而判断出幼儿目前的水平。有的幼儿十分喜欢小鸭子，做蛋糕时在蛋糕的顶部做个鸭子造型。那么，教师在评价时可以由鸭子引出其他的

动物或者启发幼儿用鸭子装饰其他的物品。

除此之外，科学观察也可以运用作品分析法。如通过数学益智的作品分析，可以看出幼儿已有的经验和达到的水平；建构作品可以看出幼儿的思维发展状况是处于简单的平面造型阶段还是已经发展到立体造型阶段。教师运用作品分析法，不需要立刻做出判断，而是可以根据作品情况制订下一步的教育教学计划。

第四章　新行为课程的发展趋势

回顾将近二十年的实践，我们对行为课程进行了有益的探索。不但令行为课程在几十年后重新在宁波市第一幼儿园绽放光彩，而且也初步形成了适合本地、本园的新行为课程的园本课程。但我们也清楚地意识到，课程的研究需要动态、持续、发展的实践和完善。在实施新行为课程时我们也发现许多问题是值得进一步考虑和研究的，并确立了努力和发展方向。

一、问题及反思

1. 需要高素质的教师队伍和关注幼教的家长

与其他课程相比，新行为课程对教师、家长的要求更高。一个传统的好教师——经验型教师或许就不能很好地运用新行为课程。新行为课程的特色要求教师不但要善于积累经验、运用经验，而且要能熟练地运用各种科学的教育理念分析幼儿的各种行为，并为每位幼儿提供适宜的活动。对家长而言，或许每天让幼儿背背幼儿园中学的儿歌、讲讲幼儿园中学的故事是不够的。新行为课程希望家长不但能正视幼儿的各种问题，还善于引导幼儿去寻找解决问题的方法，从而激起幼儿自己解决问题的能力。

2. 兼顾全面发展和个性培养

全面发展和个性培养是新行为课程所致力追求的，这也是新行为课程的特色之一。在新行为课程中的幼儿在这两方面得到了较为合理的帮助与引导。然而在实施的过程中，我们发现真正做到让每个幼儿都在这两方面得到发展是有较大难度的。最大的困难在于幼儿人数与教师人数比例的失调，这使得教师无法及时指导幼儿。比如，幼儿在儿童工作室自由探索时，得到教师询问、帮助的幼儿能比较持久地研究自己感兴趣的问题，而得不到教师帮助的幼儿很容易放弃，这与幼儿的年龄特点是有直接关系的，长此以往势必不能保证每位幼儿的全面而富有个性的发展。

3. 教师适宜地介入幼儿的活动

新行为课程中，教师作为幼儿活动的支持者、合作者和引导者，比传统的教师角色有了的飞跃，由于新行为课程是一种幼儿自主探究的主题活动，如工作室活动、考察队活动、小农人试验田活动，很多时候是幼儿的自由探索活动，这就需要教师除了做幼儿的支持者、合作者和引导者之外，还能够正确把握参与支持并引导幼儿活动的适宜时机。然而这其中存在较大的难度：太早介入容易干扰幼儿的自主活动，引起幼儿的反感或活动的中断；介入迟缓则会造成幼儿因得不到及时的帮助、指导而降低对活动的兴趣和专注，阻碍他们的活动进程。

二、努力与发展

1. 完善新行为课程的同时，根据幼儿的需要随机生成新的课程

新行为课程不仅要预设，而且要注重过程性，应是预设与生成的有机结合，不仅要满足事先设计好的活动，还要根据课程实施过程中幼儿的需要随机生成新的课程。兴趣是幼儿学习的动力，幼儿一般只对自己喜欢的事物感兴趣，并积极参与。预设体现教学的计划性和封闭性，生成体现教学的动态性和开放性，两者具有互补性。张雪门强调幼儿园课程要有一个预设，“每月每周还应有预订的课程”，因为课程是“有计划、有目的”的。新行为课程要努力根据幼儿在活动中的实际需要进行变更。教师要随时注意实际生活中的偶发事项，随时变化，随时活用，以适应幼儿的需要，以满足幼儿的兴趣。新行为课程致力于将预设和生成统一，共同构成一个动态的过程。

2. 以新行为课程构建为基点，促进家、园以及社会综合发展

幼儿的生活主要以幼儿园、家庭和社区为主，因此，幼儿园课程只依靠幼儿园，忽略家庭和社区的资源，就会使幼儿在家庭和社区的教育效果不能较好地发挥出来。因此，幼儿园只有把家庭和社区的课程资源充分地利用起来，“推倒”幼儿园的“围墙”，把幼儿从幼儿园的“围墙”里“解放”出来，进行家、园、社区一体化教育的研究，才能在幼儿生活的过程中实现教育的目的。张雪门虽没有明确提出幼儿园课程应与家庭、社区合作的论述，但他的思想到处洋溢着“家园共育”的教育理念。新行为课程未来也需要通过课程资源的不断扩展连带促进幼儿周边的自然环境和社会环境的整体发展。

3. 基于新行为课程的不断完善,发扬张雪门教育思想

新行为课程在我园的成功开发,已引起了教育界和社会的关注。许多同行派专人来我园学习,并将新行为课程的精神带回自己幼儿园进行实践,宁波的媒体纷纷报道了我园课程的开展情况。在全园的努力和上级领导的支持下,“宁波市教育学会张雪门教育思想研究会”从 2001 年成立至今已经拥有一百余家会员单位,近千余名个人会员。未来,我们将继续致力于传播张雪门教育思想,我们相信,在幼教界全体教师的共同努力下,张雪门的教育思想必将绽放出更加夺目的光彩。

下篇

主题活动篇

小班主题活动教案

主题一：秋分——水果飘香

一、主题生发

秋天到了，幼儿周围发生了许多变化：天气变冷了，早、中、晚的温差变大，幼儿的衣着、床铺有了明显的变化；秋天的水果陆续上市了，苹果、橘子、柿子等等；自然界中的植物也不知不觉发生着变化，许多树叶掉下来了，小草变黄了……这样的季节特征引发小班幼儿的好奇与关注，鲜美、芳香、悦目的水果，更是激起了幼儿的兴趣，所以本主题选择"水果飘香"作为切入点，帮助幼儿梳理关于水果的经验，引导他们将水果的丰收和秋天的特征相联系，激发其对周边自然环境的热爱之情。

在本主题中，借助文学作品、科学探究、艺术表现等方式来建构有关水果的认知经验，在多种形式的活动中让小班幼儿获得初步的观察方法和科学的探究态度，让他们喜欢吃各种各样的水果。

二、主题目标

语言领域：学习与秋天或水果相关的儿歌、故事等文学作品，感受秋天到来的季节特征。并尝试仿编儿歌、乐意在众人面前大胆发言，喜欢玩语言游戏。

科学领域：初步感受秋天来临时的气候变化，认识几种常见水果，了解其主要特征及食用方法。

健康领域：知道天气逐渐变凉，小朋友易生病，应该注意"不露肚子"。练习攀爬、触物跳跃，增强手臂肌肉和腿部肌肉的力量。

艺术领域：学习用水果拓印作画，感受手工活动的乐趣。初步掌握画圆的方法。能用自然的声音学唱秋天的歌曲，并愿意用模仿动作表现音乐的内容和节奏，感受音乐声中的欢快气氛。

社会领域:在与同伴的相互合作、相互探讨中学习与人交流的方法,体验幼儿园大家庭的温暖以及分享水果的快乐。

三、主题框架及内容

(一)框架

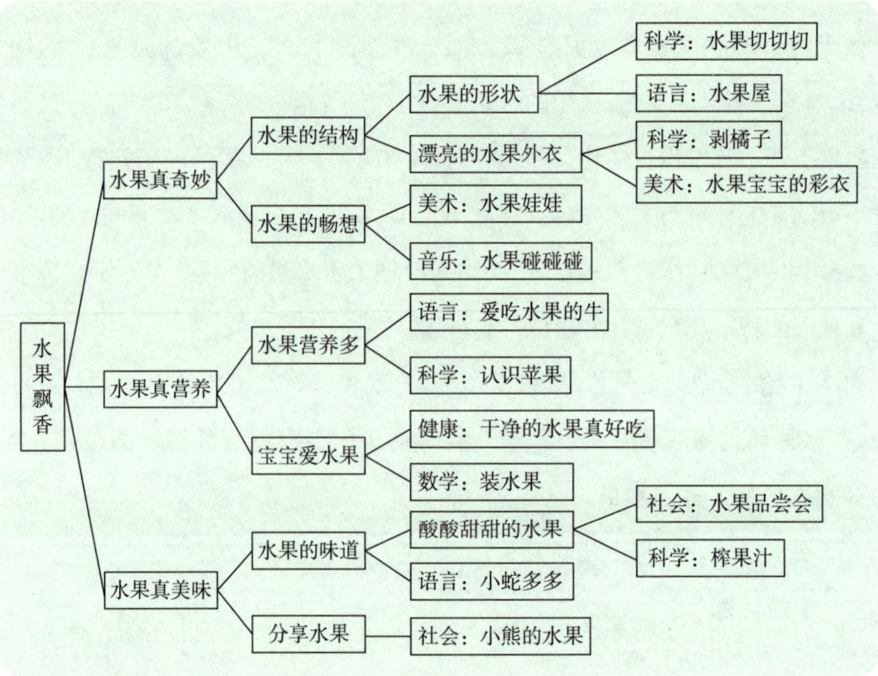

(二)内容

思　路	领域	内　容	资　源
水果真奇妙	科学	水果切切切	各种水果
	语言	水果屋	故事课件
	科学	剥橘子	橘子
	美术	水果宝宝的彩衣	美术工具材料

续表

思　路	领域	内　容	资　源
水果真奇妙	美术	水果娃娃	水果及美术工具材料
	音乐	水果碰碰碰	歌曲音频
水果真营养	数学	装水果	水果卡片
	科学	认识苹果	苹果
	语言	爱吃水果的牛	故事课件
	健康	干净的水果真好吃	各种水果及课件
水果真美味	社会	水果品尝会	各种水果
	科学	榨果汁	果汁机及水果
	语言	小蛇多多	课件
	社会	小熊的水果	情境表演

四、主题墙

五、致家长的一封信

亲爱的家长朋友：

秋天是丰收的季节，许多水果都成熟上市了，在这个瓜果飘香的季节，我们将和孩子一起走进好吃又好玩的水果世界，共同探索关于水果的知识和奥秘，享受水果的美味和乐趣！

在“水果飘香”这个主题中，我们将通过各种活动让孩子认识常见的水果，初步探究不同水果的不同特征，如颜色、味道、结构等，并通过手工、歌唱等形式激发孩子对水果的喜爱之情，从而让孩子爱上香香甜甜的水果。

在主题进行时，我们也邀请您一起参与到活动中来，为孩子的成长提供有力的支持，以下是需要您配合的事项：

1. 在生活中引导孩子注意观察水果，积极丰富孩子关于水果的经验，并收集水果的相关图片与照片。

2. 在“果汁找朋友”“水果品尝会”等活动中，根据需要带相应水果到幼儿园。

3. 带着孩子到水果店中进行水果的考察。

4. 在家中多与孩子玩关于水果的互动游戏。

如果期间您对我们的主题活动有什么建议和意见，也欢迎随时和我们沟通，让我们一起努力，让孩子更好地成长！

____________班老师

日期：____________

六、活动设计

科学：水果切切切

活动目标

1. 认识不同水果的外形以及横切面的不同形状。

2. 欣赏不同水果切面图形的轮廓和花纹，试用恰当的词汇谈论水果的横切面和种子的特点。

✣ 活动准备

各种水果、连线游戏卡、水果刀等。

✣ 活动过程

1. 初步猜想，欣赏切面。

(1) 出示几种常见的水果切面图，初步尝试将其与水果匹配。

师：小朋友们，你们知道这些是什么图片吗？这些图片都是水果切开后的样子，你们喜欢哪一个？

(2) 请幼儿大胆发言，讲述自己的想法。

师：请你来猜一猜，这些漂亮的图案是什么水果切出来的？

2. 进行验证，观察切面。

(1) 教师取出苹果、梨和猕猴桃等水果，切出横切面，验证幼儿的猜测。

师：你找到答案了吗？这些水果的横切面是这样的，那我如果把这个水果竖着来切的话，会不会和刚刚切出来的是一样的呢？我们一起试试看吧！

(2) 教师从不同角度切开水果，引导幼儿进行比较。

3. 连线游戏，拓展经验。

(1) 请幼儿说出游戏卡上的水果名称，并找到相应的切面进行连线。

(2) 交流游戏结果，与同伴说一说看到的水果切面像什么。

语言：水果屋

✣ 活动目标

1. 感受童话故事《水果屋》中的语言美和意境美，了解故事的主要情节，体会丰收给故事中主人翁带来的喜悦和烦恼。

2. 学习动词“摘”“拉”“推”，乐意在实践中说一说，做一做。

✣ 活动准备

多媒体课件《水果屋》、小篮子、固体胶、“丰收的果园”环境布置等。

活动过程

1. 谈话导入，激发兴趣。

提问：小朋友，你们见过用水果搭成的小屋吗？它会是什么样的呢？

2. 初步欣赏，理解故事。

(1) 教师讲述故事《水果屋》，提问：故事的名字叫什么？水果屋里住着谁？熊妈妈和熊宝宝的水果屋都是用什么水果盖的？熊妈妈和熊宝宝是怎么样把水果带回家的？

(2) 幼儿讨论交流。

3. 感受意境，学习动词。

(1) 教师播放课件，再次讲述故事，提问：熊妈妈和熊宝宝是怎么把水果带回家的？

(2) 帮助幼儿理解动词“摘”“拉”“推”，并让幼儿模仿动作。

4. 创设情境，体验游戏。

(1) 创设“摘水果”的游戏情境，引导幼儿观察果园里的水果，同时要求幼儿边摘水果边学会说：“我想摘××颜色的××(水果名称)。”

(2) 幼儿共同完成一间水果房子。

科学：剥橘子

活动目标

1. 了解橘子的外形特征，能用简单的语言讲述对橘子的认识。

2. 学习运用多种感官感知橘子，愿意探索剥橘子的方法。

3. 体验自己动手剥橘子、品尝橘子的乐趣。

活动准备

1. 一只魔术箱，并在魔术箱中放入橘子若干。

2. 每组准备一个篮筐，按人数投放橘子并用布盖起来。

活动过程

1. 大胆猜测，激发幼儿活动兴趣。

(1) 教师出示魔术箱：瞧，今天老师收到了一份魔术师的礼物，魔术师说里面有一种好吃的水果，你们猜会是什么呢？

（2）幼儿大胆猜测交流。

2. 调动感官，初步感知外部特征。

（1）提问：有什么办法不打开魔术箱就知道里面装了什么？

（2）请幼儿上前自己去摸摸、闻闻，猜猜里面到底是什么。

（3）幼儿交流：你猜箱子里是什么？你是怎么猜出来的？里面的东西闻起来怎么样？摸上去怎么样呢？

（4）揭秘：让我们把它拿出来看看吧。

3. 梳理经验，深入认知外部特征。

（1）幼儿每人拿一个橘子，要求：

① 看一看：橘子是什么颜色的？什么形状的？

② 摸一摸：橘子摸上去有什么感觉？

③ 闻一闻：橘子有什么气味？

④ 比一比：跟你旁边的小朋友的橘子比一比，看有什么不同。

（2）交流：你的橘子是什么样子的？你和同伴的橘子一样吗？哪里不一样？

（3）小结：橘子黄黄青青的，圆圆扁扁的，有的大，有的小；橘子摸上去软软的，有一股清香的气味。

4. 手剥橘子，了解橘子内部特征。

（1）幼儿猜测：你知道橘子的里面是什么样的？吃起来的味道呢？

（2）鼓励幼儿自己动手剥橘子，感知橘子结构。

① 橘肉：剥了皮的橘子是什么颜色的？剥了皮的橘子是什么样的？一瓣一瓣像什么？数一数它有几瓣？

② 橘子核：肉里面还会有什么呢？什么颜色的？

③ 小结：原来橘子有橘皮、橘肉，有的橘子还有橘子核，橘子核像一颗颗白色的珠子，而且一个橘子可以分成好几瓣。

5. 分享活动，品尝橘子。

请幼儿尝一尝橘子，体会橘子酸酸甜甜的味道。

美术:水果宝宝的彩衣

活动目标

1. 能大胆地给水果涂上相应的颜色,继续学习朝一个方向涂色的技能。

2. 进一步感知水果的一些特征。

活动准备

1. 油画棒,印画了苹果、香蕉、西瓜、葡萄的画纸,苹果、香蕉、西瓜、葡萄的照片。

2. 学习过秋天水果的有关知识,听过故事《水果屋》。

活动过程

1. 游戏导入。

(1) 师:今天有一些水果妈妈来做客,请你猜猜是谁?(教师逐一出示图片,让个别幼儿讲述)

(2) 提问:这些水果都穿着什么颜色的衣服?

(3) 通过游戏巩固对水果颜色的认知,提问:“什么水果不见了? 请你看看谁来了?”幼儿说出“红苹果”等。

2. 练习涂色。

(1) 教师提出要求:这些水果妈妈还有许多宝宝没穿衣服,请小朋友帮宝宝来穿衣服好吗? 怎么给宝宝穿衣服呢? 宝宝和妈妈的衣服要一样,穿的衣服要漂亮,能顺着一个方向涂,不留下小白点。

(2) 教师注意幼儿握笔姿势。

3. 分享欣赏。

将幼儿作品悬挂在教室中,幼儿相互欣赏交流。

美术:水果娃娃

活动目标

1. 尝试用彩色纸片在水果上粘贴五官,初步学习用胶水粘贴彩纸的方法。

2. 在操作中感受眼睛、嘴巴不同的摆放位置所形成的不同表情。

✣ 活动准备

1. 几种常见水果（苹果、橘子、梨等），彩色纸片（剪好的各种形状的眼睛、嘴巴），胶水，抹布，将可变化的脸谱粘贴在黑板上（五官可以变动）。

2. 幼儿已认识五官。

✣ 活动过程

1. 由游戏“变变变”导入活动，引起幼儿兴趣。

（1）介绍游戏玩法，引导幼儿观察眼睛、嘴巴不同的摆放位置所形成的不同表情。

（2）师：黑板上有什么？他怎么啦？（哭）变变变，现在他怎样啦？（笑）他哪里变了？

2. 教师出示操作材料，引导幼儿讨论怎样用彩纸在水果上粘贴五官。

（1）教师介绍操作材料，引导幼儿认识胶水，指导胶水的使用方法。

师：桌上有什么？它们都有什么用呢？

（2）教师请幼儿先探索，再用胶水将五官彩纸粘贴在水果上。

师：谁会用彩纸在水果上贴五官？眼睛、嘴巴应该贴在哪里？（请个别幼儿示范贴五官）

（3）小结：胶水抹在彩纸没有颜色的一面，抹完胶水的手要用抹布擦干净。

（4）引导幼儿观察各种表情，鼓励幼儿贴出不同表情的水果娃娃。

师：你们看，这个娃娃是什么表情？他的眼睛是什么样的？像什么？他的嘴巴是什么样的？像什么？谁能贴出与别人不一样的表情？

3. 幼儿操作，教师进行针对性的指导。

（1）教师提醒幼儿胶水不要抹得太多。

（2）教师个别指导，帮助幼儿掌握粘贴五官的方法。

4. 将水果娃娃布置在展览区，师幼共同欣赏作品。

师：你的水果娃娃是什么表情？眼睛、嘴巴是什么样的？你还在水果上用彩纸贴了什么？

音乐:水果碰碰碰

活动目标

1. 学习听音乐,做动作,感受与同伴一起做游戏的快乐。

2. 尝试将水果品尝会上认识的水果编进歌曲中进行游戏。

活动准备

歌曲《水果碰碰碰》、水果头饰。

活动过程

1. 感知音乐的节奏。

(1) 教师带领幼儿一起随着音乐有节奏地唱一唱、跳一跳。

(2) 提问: 刚才歌曲中有哪些水果和我们一起做游戏?

2. 体验音乐游戏的规则。

(1) 师:歌曲里出现了哪些水果?(边说边拿出苹果、梨、西瓜、葡萄的图片)

(2) 师:这首歌曲有个好听的名字叫《水果碰碰碰》。

3. 游戏:水果碰碰碰。

(1) 教师带领幼儿扮演的水果宝宝围成一个大圆圈,教师介绍游戏规则并示范。(如果我们听到"来来,我是一个苹果,果果果……"时,苹果宝宝们赶紧去找个苹果伙伴碰一碰,这句话结束后马上回到圆圈上,其他水果宝宝听音乐随意动作)

(2) 先请个别幼儿来尝试,再集体游戏。

(3) 替换歌词游戏,引导幼儿将其他水果替换歌曲中的水果进行游戏。

数学:装水果

活动目标

1. 能够数出 4 以内的水果的数量,并尝试根据水果的种类进行简单分类。

2. 愿意用语言表达自己的想法,和同伴一起分享自己的探索结果。

活动准备

自制水果篮 4 个,小黑板,苹果、梨、橘子、香蕉图片若干。

活动过程

1. 情境导入。

(1) 以“到水果店买水果”导入主题。

师:今天老师要带小朋友们去水果店买水果。

2. 挑水果。

(1) 出示贴有水果图片的小黑板,请幼儿上前挑选水果。

师:这家水果店的水果好多呀,请每个宝宝挑选 4 个水果到自己的篮子里。

(2) 请幼儿说一说自己的水果篮里装了哪些水果,每一种水果有多少个?

师:现在请你们介绍一下你们的篮子里都有些什么水果。(引导幼儿说说每种水果的数量)

3. 我们的水果店。

(1) 出示 4 个水果篮,请幼儿将水果进行分类。

师:我们从水果店里买来了这么多水果,干脆我们自己也开一家水果店吧。请你们把水果宝宝送到它们的家里。(引导幼儿根据水果篮上的图示进行分类)

(2) 幼儿说一说水果店里有哪些水果。

师:我们的水果店开张咯,一起来看一看水果店里有哪些不同的水果,一共有多少种水果啊?

(3) 幼儿说一说自己最喜欢什么水果。

师:这么多水果你最喜欢哪种呢? 为什么喜欢?

小结:原来水果又好吃又有营养,现在秋天到了,我们要多吃点水果,让自己的身体变得特别棒。下次我们把这些水果做成水果大餐,请爸爸妈妈和其他班级的老师、小朋友一起来品尝。

科学:认识苹果

活动目标

1. 学习运用多种感官感知、认识苹果,进一步了解苹果的特征。

2. 喜欢吃苹果,知道多吃苹果身体好。

活动准备

请幼儿每人准备一个苹果(红富士、蛇果、青苹果、黄蕉),水果叉、盘子若干。

活动过程

1. 观察苹果的外形特征。

(1) 师:小朋友们今天都带来了什么呀?(苹果)

(2) 师:苹果真多呀!我们一起来看看这些苹果是什么样子的。小朋友可以用眼睛看一看,用小手摸一摸,还可以用鼻子闻一闻。把你的发现跟旁边的小朋友讲一讲,看看谁的发现最多。

(3) 师:谁来说说苹果是什么样子的?

幼1:我的苹果是圆圆的。

教师追问:这个圆圆的苹果像什么呀?(皮球、轮子)那我们一起来玩一玩,看看苹果会怎样?(苹果会滚动)

幼2:我的是红色的。

教师追问:谁的苹果也是红色的,举起来给我们看看。还有跟他们颜色不一样的苹果吗?(引出绿色、黄色)小朋友们观察一下苹果上面还有什么。

幼3:上面还有柄。

教师追问:柄长在哪里呢?(凹进去的地方)

(4) 教师带领幼儿一起小结:苹果看上去是圆圆的,凹进去的地方有个柄,苹果摸上去光光的、滑滑的,有的是红色的,有的是绿色的,还有的是黄色的,闻起来香香的。

(5) 师:它们都有好听的名字呢。(教师介绍不同品种的苹果名称——青苹果、蛇果、红富士、黄蕉等)

2. 观察了解苹果的内部特征。

(1) 师:我们看到苹果的外面是什么?(果皮)那你们知道苹果的里面是什么样的吗?(幼儿猜测)

(2) 师:现在我来把它削开,看看苹果的里面到底是什么样子的。它是什么颜色的?

(3) 师:果肉里面又藏着什么呢?(籽)怎么才能看到里面是什么呢?(幼儿猜

测)现在老师就把它切开看看里面到底有什么?(引导幼儿观察果核)果核能不能吃呀?

3. 品尝苹果。

(1) 师:你们喜欢吃苹果吗? 苹果是什么味道的?

(2) 师:今天老师也带来了苹果请小朋友尝一尝,说说苹果吃到嘴巴里是什么感觉?(甜甜的、脆脆的……)

(3) 小结:苹果营养丰富,所以小朋友要多吃苹果,这样身体才会棒棒的。

语言:爱吃水果的牛

活动目标

1. 理解故事内容,知道吃水果、喝牛奶对身体好。

2. 认识几种常见水果,能够大胆说出其颜色及味道。

3. 知道在别人生病的时候,要多关心、帮助别人。

活动准备

课件《爱吃水果的牛》、在肚子里装满水果的牛的图片、水果卡片、牛奶卡片、大肚子牛画纸。

活动过程

1. 出示图片。

(1) 出示肚子里装满水果的牛的图片,让幼儿观察图片。

(2) 请幼儿自由发言,说说图片中是谁,它的肚子里是什么。

2. 讲述故事。

(1) 师:牛的肚子里为什么会有这么多水果呢? 我们来听一听这个故事吧!

(2) 提问:为什么牛的肚子里会有这么多水果呢? 主人和邻居都生病了,爱吃水果的牛为什么不生病? 主人和邻居生病了,爱吃水果的牛是怎么做的?

3. 师幼互动。

(1) 教师边讲述故事边出示画有大肚子牛的画纸,固定在黑板上。

(2) 请幼儿在卡片中找出水果贴在牛的肚子里。

提问:主人都给牛吃了什么水果?

(3) 提问:主人生病的时候,爱吃水果的牛心情怎么样?它给主人喝了什么口味的牛奶?给邻居喝了什么口味的牛奶?请幼儿根据水果的颜色将相应的牛奶杯贴到牛的肚子下面。

(4) 师:邻居感冒了,爱吃水果的牛给邻居喝了水果牛奶,我们也来做它的邻居,吃些水果吧!出示常见的水果图片,让幼儿指认,并说出它们的颜色及味道。

4. 情感升华。

(1) 故事结束,出示牛的图片,做小结:为了自己的身体更健康、更强壮,小朋友们一定要多吃水果,多喝牛奶!

(2) 请幼儿回家把爱吃水果的牛的话告诉自己的爸爸妈妈,大家一起做爱吃水果、爱喝牛奶的人。

健康:干净的水果真好吃

活动目标

1. 巩固认识秋天的水果,知道水果有营养,对身体有好处。

2. 知道吃水果前要注意卫生。

活动准备

玩具小猴一个,神秘袋一个(里面放石榴、苹果、香蕉、桃子、橘子各一个),课件《干净的水果真好吃》。

活动过程

1. 谈话导入活动。

(1) 师:秋天到了,水果都成熟了,宝宝们爱吃水果吗?你们都吃过哪些水果啊?

(2) 小结:你们吃过这么多水果,水果香香甜甜真好吃啊!

2. 摸水果游戏,知道水果有营养。

(1)(出示小猴和神秘袋)师:百果园里有许多果树,那里的水果都成熟了,可多啦!小猴尼尼最爱吃水果了,这不,它采了些水果,都藏在袋子里了,我们来猜猜它都采了哪些好吃的水果吧。

① 请一个小朋友上来摸一摸,并猜一猜它是什么水果。

师:请你来摸一摸,这个水果是什么形状的?摸上去是软软的还是硬硬的?你猜猜这是什么水果？（拿出来看看）这个水果你吃过吗？该怎么吃？是什么味道的？

② 再请一个小朋友上来摸，说出水果的形状、颜色并让其他人猜。

师：请你来偷偷看一看，这个是什么水果？但不能直接说出来哦。你把看到的水果的形状、颜色都告诉他们。我们让其他宝宝来猜猜。（引导幼儿描述，其他幼儿猜）

猜出后说说各种水果的味道、吃法和营养价值。

③ 请不同的幼儿来摸摸、猜猜。

（2）小结：每一种水果都有不同的吃法，有的水果是剥皮吃的，有的是连皮吃的，有的籽也可以吃的。吃水果对我们身体有好处，能够帮助我们补充各种营养，让我们的身体更健康。

3. 讲述故事，了解吃水果要讲卫生。

（1）引出故事：小猴尼尼也和小朋友们一样很喜欢吃水果，可是今天不知道怎么了……它去了哪里？我们一起来看看。

（2）教师边放课件边讲故事《干净的水果真好吃》。

① 师：小猴尼尼去了哪里？怎么会去医院？

② 师：尼尼告诉我它吃了水果就肚子疼了。可是吃水果怎么会肚子疼呢？（观看小猴吃桃子手脏的图片）你有没有发现哪里不对啊？看看它吃水果的手上有什么？

幼儿：手还没洗就吃水果，不卫生。

小结：手上有很多的细菌，不洗手吃东西，会把细菌吃到肚子里，引起肠胃炎。就得去医院了。

③ 师：（观看没有洗的脏水果）再看看小猴尼尼吃的水果有什么问题？水果上有什么？

幼儿：水果上有脏东西。水果也没洗就吃了，不卫生。

小结：水果外面有很多农药，需要洗掉。（没有农药就会有很多的小虫把水果吃掉）连皮吃的水果可以用盐水泡一泡，这样会更干净。

（3）小猴尼尼因为吃水果不讲卫生，所以肚子疼生病了。我们一起来告诉它以后吃水果时应该注意什么吧。（师幼一起总结）

（4）小朋友以后也要注意，可不能像尼尼一样不讲卫生。马上我们就要吃水果了，老师已经把我们的水果洗干净了，小朋友们记得要把小手也洗得干干净净哦！

社会：水果品尝会

活动目标

1. 认识各类水果，制作水果拼盘，品尝水果的滋味。

2. 感受秋天水果成熟的喜悦心情。

活动准备

苹果、梨子、香蕉、柑橘、柚子、石榴等水果若干。

活动过程

1. 谈话引入。

(1) 师：请你们看看，桌上有哪些水果？

(2) 幼儿交流。

2. 认识水果。

(1) 分组观察水果(引导幼儿通过看一看、摸一摸、闻一闻感受水果的色、香)。

(2) 集中交流讨论。鼓励幼儿大胆把自己看到、摸到、闻到的感受告诉他人。

3. 水果拼盘。

(1) 幼儿讨论：如何制作水果拼盘。

(2) 幼儿分组制作水果拼盘。(提醒幼儿用刀时要小心)

(3) 欣赏各组的水果拼盘，幼儿进行评价。

4. 品尝水果拼盘。

幼儿品尝自己做的水果拼盘。

科学：榨果汁

活动目标

1. 知道水果可以榨出果汁，对榨果汁有兴趣。

2. 愿意尝试用榨汁器榨果汁，喜欢喝果汁。

活动准备

榨汁器(事先消毒)、橙子(切成一半)、橙汁、托盘(装橙子)、小毛巾人手一块、一次性桌布、一次性杯子。

✣ 活动过程

1. 设疑激趣。

(1) 提问:你们有什么办法把橙子变成橙汁?

(2) 介绍榨汁器。

提问:看看它有什么奇特的地方?

2. 自制橙汁。

(1) 幼儿第一次操作。

提问:你用了什么好办法榨出果汁的?

小结:橙子橙子放放好,压一压、挤一挤、转一转,哎呦哎呦,橙汁出来了。

(2) 幼儿第二次操作。

要求:试一试刚才我们说到的方法,榨出更多的果汁。

3. 喝自制果汁。

小结:小手小手真能干,果汁果汁有营养,果汁果汁真好喝。

语言:小蛇多多

✣ 活动目标

1. 欣赏和理解故事内容,知道贪吃对身体健康的影响。

2. 注意倾听故事,能按故事情节发展顺序粘贴相应的水果图卡。

✣ 活动准备

自制与幼儿人数相等的水果记录表与水果图卡、小蛇多多与小蚂蚁、故事《小蛇多多》。

✣ 活动过程

1. 介绍小蛇多多。

(1) 师:这是什么动物?这条小蛇的名字叫多多,为什么叫它多多呢,听了故事你就知道了。

2. 欣赏故事前半部分——小蛇多多吃水果。

(1) 教师讲述故事的前半部分。

(2) 欣赏后理解。

① 师:多多到外面去玩,为什么后来既不能向前走,也不能回家呢?

② 师:水果吃得太多,小蛇会有什么感觉呢?

(3) 听故事,按情节顺序粘贴水果图。

3. 欣赏故事的后半部分——多多和蚂蚁。

(1) 教师操作教具并继续讲故事的后半部分。

(2) 听故事后理解。

师:多多已经把水果吃进肚子里,怎么把吃下去的水果送蚂蚁呢?为什么多多把水果送给蚂蚁,就能轻轻松松地回家呢?如果你是多多的妈妈,你会告诉多多以后该怎么做身体才健康呢?

4. 活动延伸。

(1) 提供小蛇、蚂蚁、水果等大图,让幼儿按情节粘贴制作多页图书。

(2) 与教师、同伴交流自己制作的图书故事。

社会:小熊的水果

活动目标

1. 通过故事初步理解分享的含义。

2. 知道学会分享才能有更多的朋友,体验与朋友分享的乐趣。

活动准备

1. 小朋友自带水果,教师将水果洗净备用。

2. 故事《小熊的水果》,实物投影。

3. 请大班的幼儿或教师扮演小熊、小猴、小兔、小狗,排练情景故事表演《小熊的水果》。

活动过程

1. 欣赏情景故事表演《小熊的水果》。

师:小熊家有什么?谁想吃水果,小熊是怎么说的?后来小熊是怎么做的?

2. 幼儿分享自己带来的水果,教师请幼儿介绍自己带来的水果。

(1)水果品尝会:幼儿自由邀请同伴分享自己的水果。

（2）师：你请哪些小朋友吃了水果，你吃了谁的东西？你心里觉得怎么样？你的朋友呢？

3. 教师讲述故事《小熊的水果》。

4. 小结：小朋友有了好吃的、好玩的、好看的东西与朋友一起分享，这样会感到更好吃、更好玩、更好看，朋友也越来越多，大家的心里也会特别高兴。

七、特色活动

（一）秋分节气活动——秋日印象周

百变松果

准备：松果、装饰材料若干。

内容：幼儿在松果上进行创意装饰。

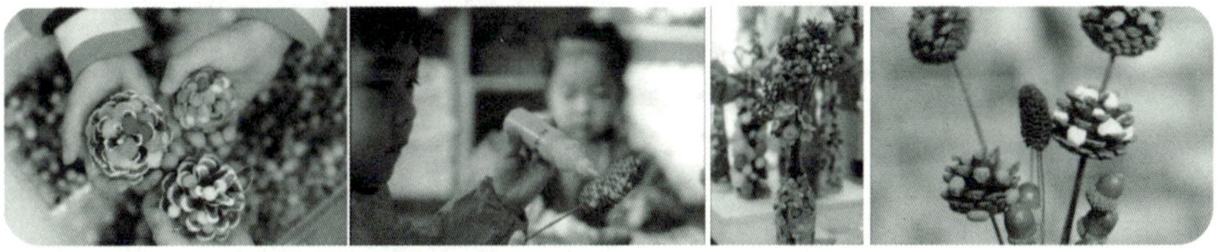

水果沙拉

准备：水果、沙拉酱、果盘、刀叉若干。

内容：幼儿和教师共同制作水果沙拉并品尝。

公园赏秋

准备：小书包、水壶。

内容：幼儿和教师到幼儿园附近的公园欣赏秋天的美景，可邀请几位家长志愿者协助维护幼儿的出行安全。

水果秀秀

准备：亲子制作创意水果服装。

内容：幼儿装扮成水果宝宝进行走秀，在集体面前大胆展示自己。

❖ 小农人竞技会

准备:水果树道具等。

内容:幼儿以“小农人”的角色进行各项竞技,如摘果子等。

(二) 蜗牛考察队——秋天的水果店

以亲子活动的形式进行考察,考察表如下。

秋天的水果店			
我和谁去考察?			
时间:		地点:	
你看到水果店有哪些水果?			
你新认识了什么水果?			

八、儿童工作室

区域名称	新增活动内容	新增材料投放	观察与指导
语言区	看图讲述《小蛇多多》，进行与秋天相关的绘本阅读	《小蛇多多》图卡，《爱吃水果的牛》、《秋天到了》等与秋天相关的绘本和故事书	鼓励幼儿在阅读中积累有关秋天的认知经验；大胆讲述《小蛇多多》等故事
益智区	榨果汁及水果串串	水果图卡、水果串珠，水果核、水果皮、榨汁器	熟悉各种常见水果的基本特征，并能准确说出它们的名字，尝试榨果汁
角色区	水果店	提供水果店员的服装及各种仿真水果	引导幼儿尝试开展买卖游戏，“老板”能尝试吆喝，“客人”能准确地说出“买什么水果”
美工区	水果娃娃	水果、双面胶、剪刀、水彩笔、记号笔	引导幼儿尝试用各种材料装饰水果，制作简单的水果娃娃
表演区	水果秀秀	各种水果服装以及秋天的歌曲和音乐	鼓励幼儿倾听音乐，并扮演水果宝宝，根据音乐节奏进行水果宝宝走秀活动

九、执行参考

1. 在本期主题中可以多鼓励家长组织一些亲子活动，如带幼儿参观水果店或果园，和幼儿一起购买、品尝各种不同的水果，制作创意水果造型等等，让幼儿在实践中进一步认识水果，同时也增进家长与幼儿之间的感情。

2. 加强食品卫生安全教育，以免造成幼儿身体的不适。

主题二：冬至——宝宝过冬

一、主题生发

北风呼呼地吹，小草枯黄了，树叶宝宝都离开了大树妈妈的怀抱，纷纷飘落。大家都不约而同地穿上了厚厚的棉袄，戴上了围巾、帽子，把自己裹得严严实实的……冬天已经悄悄来到了我们的身边。根据幼儿的已有经验，和季节变化的主要特征，引导他们在上下学的路上、在家楼下的小区里、在周末玩耍的公园里，走进大自然，寻找并感受冬天大自然特有的景象和特征，帮助幼儿梳理和提升已有经验。同时，寒冷的冬天对于小班幼儿也是一个考验，也可以围绕“不怕冷、爱运动”的小主题进行相关的活动。

在本主题中，将文学作品、科学探究、运动会与冬至节气等相结合对主题进行开展和深化。通过多种形式，帮助幼儿更好地感受冬天，认识冬天，喜欢冬天。

二、主题目标

语言领域：学习和冬天相关的儿歌、故事，通过文学作品感受冬天明显的季节特征，感受冬日里发生的有趣故事，能较完整地表达自己在大自然中的发现。观察图片，能用自己的语言进行表述。

科学领域：能仔细观察大自然，了解冬天明显的特征，萌发探索自然现象的兴趣。初步了解不同的动物是用不同方式度过冬天的。了解冬季衣服的特征，给不同类型的衣服分类。

健康领域：不怕冷，能勇敢参加早操及户外锻炼。通过玩冰、雪，以及亲子运动会等体验冬季运动的快乐。

艺术领域：学习用撕的方法，制作与冬天相关的作品，感受动手动脑的快乐。尝试用线条、色块设计手套、围巾和衣服，发展想象能力。能欣赏、学习冬天相关歌曲，并大胆进行表演。

社会领域：愿意和同伴分享冬日的所见所闻。知道天冷了要做好保暖工作。不怕冷，坚持天天按时入园。

三、主题框架及内容

（一）框架

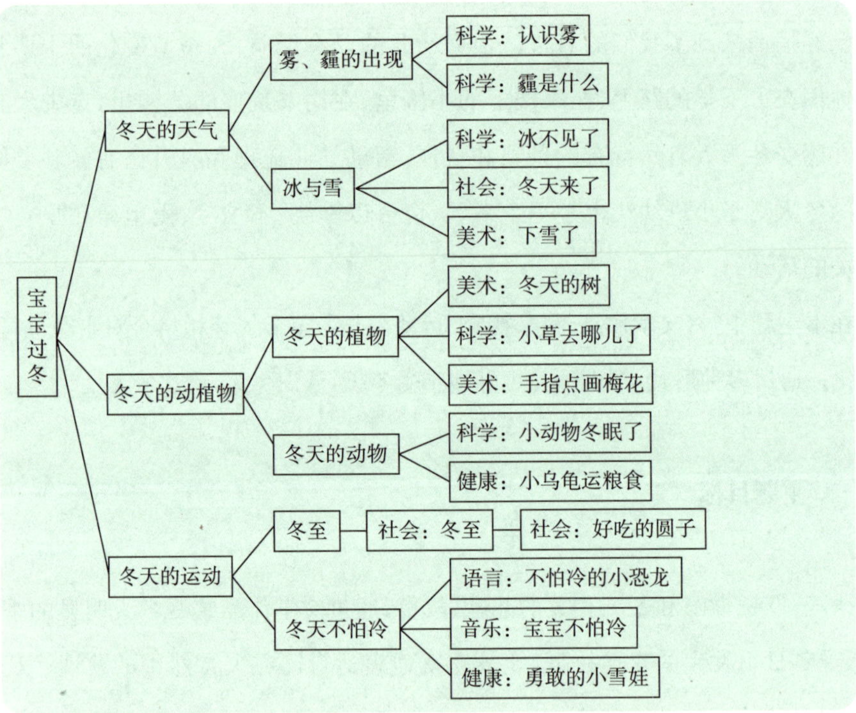

（二）内容

思　路	领域	内　容	资　源
冬天的天气	科学	认识雾	相关图片
	科学	霾是什么	雾霾相关课件、视频

续表

思　路	领域	内　容	资　源
	科学	冰不见了	自制冰块、热水
	社会	冬天来了	视频及挂图
	美术	下雪了	颜料及美工材料
冬天的动植物	美术	冬天的树	棉签及美工材料
	科学	小草去哪儿了	室外草地
	美术	手指点画梅花	颜料及美工材料
	科学	小动物冬眠了	小动物卡片
	健康	小乌龟运粮食	雪花片、乌龟头饰
冬天的活动	社会	冬至	相关视频
	社会	好吃的圆子	糯米团
	语言	不怕冷的小恐龙	相关课件
	音乐	宝宝不怕冷	音乐及伴奏
	健康	勇敢的小雪娃	小雪娃头饰

四、主题墙

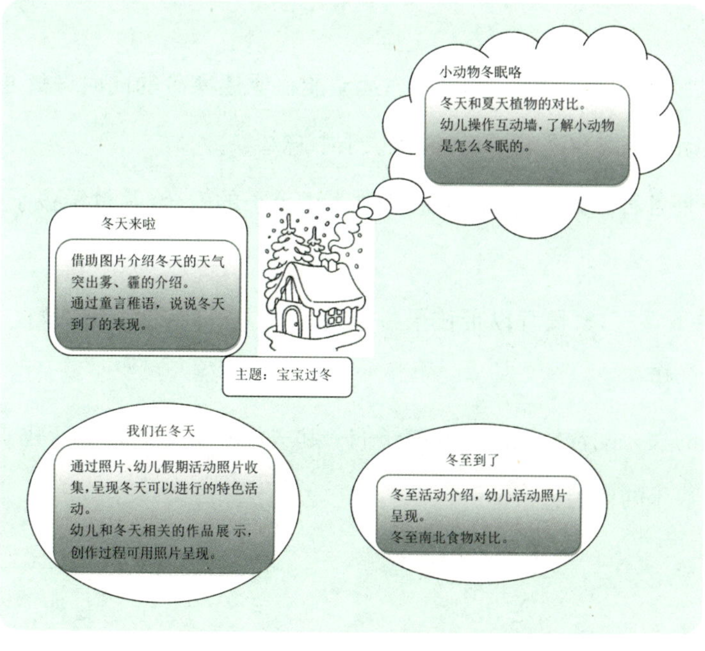

五、致家长的一封信

亲爱的家长朋友：

您好！

冬天到了，天气冷了，在这个季节里随着气温的下降，孩子们会发现自己穿的衣服也越来越多了。除了自己，周围人们的穿戴也有变化，周围动植物的外观也有变化……当这些变化都真实地映入孩子们的眼帘，孩子们心中自然地生出一分好奇。冬天，还是一个充满欢乐的季节，孩子们都盼着那一场冬雪，打雪仗、堆雪人，那将会多么的酣畅淋漓。所以这个主题我们主要围绕“冬天的天气”“冬天的动植物”“冬天的活动”三个小主题展开教育教学活动，让孩子们了解冬天的相关常识，发现大自然在冬季的明显变化，从而鼓励孩子们勇敢面对冬天的寒冷，添加内心的动力，积极融入活动中。一起探寻冬天、感受冬天，在冬日里获得别样的快乐！

在“宝宝过冬”这个主题中，期望您能配合我们做好以下工作：

1. 多带孩子到阳光下运动，如爬山、踢球、玩冰、滑雪等，让孩子感受冬天的气息和阳光照在身上温暖的感觉。

2. 配合老师鼓励孩子天冷也要坚持早起上幼儿园，积极参与幼儿园的晨间锻炼活动。

3. 多鼓励孩子参加体育运动，明白运动能在驱逐寒冷的同时锻炼身体，和孩子一起参与活动也可以增进亲子感情，在快乐中忘却寒冷。

4. 在开展各种户外活动时，请您特别关注孩子的安全，并教给孩子必要的安全常识。

5. 如果下雪了，家长可以带孩子一起玩堆雪人、打雪仗等游戏，让孩子体验冬季玩雪特有的快乐。

谢谢您的大力配合！让我们和孩子们一起关注冬日里的这些变化，在这个美丽的冬季获得快乐的体验！

____________班老师

日期：____________

六、活动设计

科学:认识雾

活动目标

1. 简单了解雾形成的原因。

2. 愿意与同伴交流、分享经验。

活动准备

雾天的图片、动画。

活动过程

1. 活动导入。

(1) 教师引导幼儿说一说雾的样子。

师:你们见过雾吗?它是什么样子的?有雾的时候你是什么感觉?

师:你喜欢雾吗?为什么呢?

(2) 引导幼儿说说自己的经验和感受。

(3) 教师和幼儿一同观察雾的图片。

小结:雾是白白的,感觉潮潮的,有雾的时候看不清楚远处的东西。

2. 观看动画,了解雾形成的原因。

(1) 师:今天老师给你们带来了一个有意思的动画,看了这个动画,你们就能知道雾是怎么来的了。

(2) 师:雾是怎么来的呢?

3. 大雾天气怎么办?

(1) 师:遇到大雾天气怎么办?

(2) 师:你有什么话想跟开车上班的爸爸妈妈说?

科学:霾是什么

活动目标

1. 认识雾霾,了解什么情况下才算是雾霾天气。

2. 认识雾霾的危害,学习在雾霾天气里,我们要如何做才能保护自己。

活动准备

关于雾霾的课件、视频。

活动过程

1. 观察户外的雾霾。

师:看看窗户外面,你看到了什么?

2. 特殊装备。

(1) 师幼讨论雾霾。

师:今天早上来幼儿园的时候,爸爸妈妈有没有给你戴上特殊的装备?(引导幼儿说出口罩)为什么要戴口罩呢?

(2) 师:走在路上你感觉怎么样?哪里不舒服?

3. 了解雾霾。

观看视频,了解什么是霾。

4. 学习雾霾天保护自己的方法。

(1) 游戏。

教师装扮成雾霾,幼儿选择保护自己的方法。

(2) 教师和幼儿分享在雾霾天保护自己的方法:不开窗户,尽量避免外出,外出戴口罩等。

科学:冰不见了

活动目标

1. 了解冰的基本特征。

2. 乐意观察,发现冰遇热融化的秘密。

活动准备

自制冰块、杯子若干,热水。

活动过程

1. 冷冷的冰块。

(1) 请幼儿出示带来的冰块,分享交流制作的过程。

师:你的冰块是什么颜色、什么形状的?(白白的、透明的)冰放在手里感觉怎么样?(又冷又硬、滑滑的)你和爸爸妈妈是怎样制作冰块的?

(2) 小结:可以用瓶子装满水,放入冰箱里冷冻制作冰块。

2. 小实验,哪种方法能使冰融化得快。

(1) 将两块冰分别放在两只杯子中,往其中一只杯子里倒入热水,先请幼儿猜一猜,再观察哪一只杯子中的冰融化快。

师:现在我要往一号杯子里倒热水,二号杯子里倒冷水,你们猜猜看,哪个杯子里的冰融化得更快?为什么?

(2) 吸管吹冰。

① 引导幼儿尝试用吸管连续吹冰块的某一点,说说自己的发现。

师:现在用吸管对准冰的一个地方,不停地吹气,你发现了什么?为什么吸管能打洞?

② 启发幼儿用吸管吹自己的手心。

师:用吸管对着自己的小手吹一下,你感觉到了什么。(热热的气)

③ 将一小块冰放在手心里,观察冰慢慢地融化,引导幼儿思考。

师:手上的冰到哪里去了?(变成了水)

④ 联系幼儿的生活经验,请幼儿说一说还有什么办法可以使冰较快融化。

师:原来,当冰遇到了热热的东西,就会融化。

3. 冰不见了。

(1) 教师带着幼儿到户外的阳光下,请幼儿把冰放在地上,引导幼儿观察。

师:冰到哪儿去了?冰变成了什么?

(2) 小结:冰遇热会化成水。

社会:冬天来了

活动目标

1. 发现冬天周围的人和动植物的明显变化。

2. 尝试边看图边表达,愿意在同伴面前表达自己的发现和想法。

活动准备

动画片《冬天来了》、挂图《冬天来了》、动感的音乐。

活动过程

1. 宝贝眼里的冬天。

结合自己的感受说说冬天。

师:现在是什么季节?你身上穿的衣服有什么变化?说明冬天的温度怎么样?

师:寒冷的冬天,我们头上(手上)会戴什么?

师:你还发现冬天有什么特别的地方?你喜欢冬天吗?为什么?

2. 动画片里的冬天。

欣赏动画片《冬天来了》,思考并表达。

师:小猫米丝蒂出门散步了,小朋友们注意到米丝蒂的穿着了吗?谁能来说说?

师:米丝蒂为什么出门还要戴帽子?米丝蒂走在路上有什么感觉?它发现冬天里的树木发生了什么变化?

师:(教师引导幼儿小结)冬天很冷,刚才我们在动画片里也发现人们换上了厚厚的(冬衣),戴上(棉帽),树木也变得(光秃秃)。

师:米丝蒂遇到刺猬妈妈,刺猬妈妈在干什么呢?它要去哪里?

师:小松鼠为什么要忙着去捡好多它爱吃的橡子?

师:鼹鼠朋友有点迷糊,它遇到什么事情了?

3. 我们找到的冬天。

(1) 欣赏挂图《冬天来了》。

师:哪些是和冬天有关的景象,我们一起来找一找。你发现图片上有冬天的什么景象?看起来是怎样的?

(2) 师幼一起说说冬天里的发现。

师：冬天里的大自然会发生很多的变化，树枝变得（光秃秃的），人们会穿上（厚厚的衣服），戴上（手套和帽子）。不怕冷的人，他们会做各种运动来（锻炼身体）。如果河面上（结冰）了，人们可以在上面滑冰。如果（下雪），小朋友们可以（打雪仗、堆雪人）。有些小动物在冬天就会（冬眠）了……

（3）参加集体户外活动。

师：我们一起去外面找找阳光，听着音乐做运动，看看我们的身体会不会暖和。

师：阳光照在身上有什么感觉？运动之后觉得怎样？我们一起来试试。

美术：下雪了

✣ 活动目标

1. 用棉签添画的方式表现下雪的场景，用完整的语句描述操作成果。

2. 体验自主想象和动手操作的乐趣。

✣ 活动准备

1. 下雪的图片、棉签、装有白色颜料的调色盘、歌曲《我是小雪花》。

2. 感受过雪花飘落的情景。

✣ 活动过程

1. 漫天飞舞的小雪花。

观看图片，感受雪花飘飘的情景（播放歌曲）。

师：天上飘下来什么？小雪花是什么颜色的？你觉得它像什么？

师：小雪花在空中飞舞的样子真漂亮，我们也变成小雪花飞一飞。

2. 快乐旅行的小雪花。

（1）观察发现小雪花飘落后的景象。

师：小雪花要旅行了，它会飘到哪里去呢？（地上、屋顶上、滑梯上、树上、汽车上、人的身上……）

（2）尝试按句式完整表述“小雪花飘啊飘，飘到……”。

师：请小朋友用完整的话来告诉大家“小雪花飘啊飘，飘到……”。

（3）观察下雪图片。

师：看看，这是哪里？有谁呀？

师：这些小朋友和小动物看起来都好开心！发生了什么有趣的事？

师：原来是下雪啦，大家都想和小雪花做游戏，你想让它飘到哪里去呢？

(4) 分组自选飘落的地方及材料进行添画。

师：你想让小雪花飘到哪里呢？有的小朋友说，飘到房顶上，我们用棉签蘸一点白色颜料，在房顶上点点，就像什么？(教师根据幼儿的表述示范操作)

师：请小朋友想一想"小雪花飘啊飘，飘到哪里？"然后用棉签试一试。

3. 欣赏作品。

师：小朋友让小雪花飘到各种地方去旅行了，我们用好听的话来说一说。(教师引导幼儿完整表述)

师：小雪花飘啊飘，飘到(大树上)；小雪花飘啊飘，飘到(房顶上)；小雪花飘啊飘，飘到(汽车上)……小雪花轻轻从天上飘落下来，告诉我们冬天来到了。

4. 与小雪花共舞。

跟着音乐自由舞蹈。

师：小朋友变出了这么多的雪花，真能干！让我们和美丽的雪花一起跳个舞！(教师引导幼儿随音乐自由模仿小雪花飞舞)

美术：冬天的树

活动目标

1. 了解落叶树的主要特征，能使用棉签大胆作画。

2. 喜欢参加美术活动，体验作画过程中的乐趣。

活动准备

黄色、蓝色卡纸若干，棉签，颜料，课件《冬天的树》，范画两张。

活动过程

1. 幼儿观察冬天的树，了解冬天落叶树的特征。

(1) 观看课件《冬天的树》。

师：寒冷的冬天来到了，有许多的大树妈妈都发生了变化，到底发生了什么变化呢？让我们来看一看吧！

师：冬天里的树是什么样的？树枝有什么变化？小树叶都离开了妈妈，树变得光秃秃的。这种树我们叫它“落叶树”。

（2）观察树干和树枝。

师：大树妈妈的身体在哪里？树干是怎样的？

师：看！大树妈妈在向我们挥手呢！它的树枝是什么样的呢？

2. 学习用棉签蘸颜料画冬天的树。

（1）教师引导幼儿思考。

师：冬天的树是什么样的？要怎么画呢？

（2）小结：树上有树干、树枝。画时先画树干，再画树枝。教师边说边示范并请个别幼儿尝试。

3. 幼儿绘画。

（1）请幼儿用棉签大胆作画，教师巡回指导。

（2）鼓励幼儿画出自己见过的或喜欢的树，可画一棵，也可以画几棵。

（3）作画时保持清洁卫生。

4. 绘画活动结束。

（1）将作品贴起来组成“冬天的小树林”并欣赏同伴作品，说说最喜欢哪张作品。

（2）幼儿介绍自己的作品。

（3）小结。

科学：小草去哪了

活动目标

1. 对比发现冬天草地的变化。

2. 体验发现的乐趣。

活动准备

1. 选择室外适宜的草地作为观察对象。

2. 挂图《小草去哪儿了》。

活动过程

1. 春天的草地绿油油。

观察挂图，对比观察春季和冬季的草地。

师：春天的草地是什么颜色的？你喜欢小草的颜色吗？

师：阳光照在小草身上，你觉得小草会有怎样的感觉？

师：冬天来了，草地还是绿色的吗？冬天草地变得怎样了？

师：我们一起去看看，草地究竟变得怎样了。

2. 冬天的草地光秃秃。

（1）观察园内草地，描述自己的发现。

师：看看冬天的草地，还是绿油油的吗？看起来是怎样的？

师：你知道为什么会这样？

师：冬天比春天冷，小草可能会怎样？

师：我们挖出小草的根看看是什么颜色的，根上长着什么？（知道冬天小草枯萎了，钻到地底下过冬，明年春天又会发芽）

（2）观察草根的变化。

师：我们把草根带回教室，把它们浸泡在水中，看看它们有没有变化好吗？（引导幼儿发现室内外不同温度对植物生长的影响）

美术：手指点画梅花

活动目标

1. 学习用手指点画梅花，注意花儿的疏密及花瓣数量。

2. 学习点画，感受点画的乐趣。

3. 能养成画面整洁干净的良好习惯。

活动准备

课件《手指点画梅花》，轻松的音乐，粉、黄、红的颜料每组一份，抹布每桌一块，画有梅花树枝的卡纸每人一张。

活动过程

1. 设置情境，激发兴趣。

师：冬天到了，许多花儿都凋谢了，但是有一种花却在冬天的时候开，它居然不怕寒冷的冬天。你们知道是什么花儿吗？我们一起到花园里去看看梅花吧！

2. 出示课件，引起幼儿观察的兴趣。（幼儿完整的欣赏一遍）

师：你们看到的梅花是什么颜色的？有几个花瓣群？（它的花瓣就像五个好朋友手拉手紧密地在一起）

教师小结：梅花还有深红、黄色、白色的，有的梅花有许多的花瓣。

3. 手指点画：梅花。

（1）出示范例，请幼儿观察是用什么方法画的。（出示树干，你们瞧这颗梅花树呀有点不高兴，它想快快开花，我们用水粉颜料来帮帮它吧）

（2）教师示范手指点画梅花的方法。

"食指食指翘翘，颜料盘里亲亲，梅花树上变变，1、2、3、4、5，变出了一朵梅花。"重点示范五个花瓣的画法及如何用手指蘸色等。

（3）请一至两个幼儿示范作画，发现问题并及时指出。

（4）教师提出点画要求（颜色要适当，把梅花点画在树枝上，注意先从上端树梢点起，后点下边的，小心不要弄到衣袖上，手指上的颜色不要往身上抹，保持画面干净，完成作品后，用抹布把手指擦干净）幼儿在音乐声中分组作画。

（5）幼儿点画，教师巡回指导

4. 作品展览，互相欣赏讲评。

科学：小动物冬眠了

活动目标

1. 初步了解青蛙、刺猬等小动物冬眠的现象。

2. 乐于主动探索和表达。

活动准备

课件《小动物冬眠了》，挂图《小动物的家》，冬眠的小动物卡片若干。

活动过程

1. 场景导入：下雪了。

小朋友知道现在是什么季节吗？我们是怎样过冬的？让我们去森林里看看小动物是怎样过冬的好吗？教师结合幼儿的生活经验进行提问，很自然地引出小动物的过冬方法。

2. 拜访小动物的家。

(1) 小动物(刺猬)家。尝试使用礼貌用语:“×××你好,请你出来和我们一起玩,好吗?”观察小刺猬睡觉,引出“小刺猬在睡觉,不吃不喝,一直睡到春天才出来玩儿,原来它在冬眠”。

(2) 小动物(青蛙)家。运用礼貌用语“请……”猜猜小青蛙为什么不理睬我们,它在做什么,引出“冬眠”。

(3) 结合图片,观察还有谁在冬眠,为什么这些小动物要冬眠。

小结:到了冬天,天气变得很冷,小动物们可吃的东西变少了。它们找不到吃的,怎样度过又冷又饿的冬天呢?它们就想出了躲在家里睡觉,不吃也不喝,一直睡到春天再出来的好办法!这个不吃不喝、躲起来睡觉过冬的办法就叫——冬眠。

(4) 课件中的动画场景带给小朋友身临其境的感受,自然而又简单地将“冬眠”这个知识难点化解了。贯穿社会教育:怎样到客人家去做客、打招呼。

3. 送小动物回家冬眠。

(1) 根据特征找小动物的家。

(2) 乐意说说自己送哪个小动物回家了。幼儿在“为小动物找家”的操作活动中,再次加深对小动物冬眠的印象。

4. 活动延伸。

师:你最喜欢什么动物?你知道它们是怎么过冬的吗?

健康:小乌龟运粮食

活动目标

1. 练习手膝着地爬的动作,发展动作的灵敏性和协调性。

2. 体验通过自己努力获得成功的快乐。

活动准备

红、黄、绿三种颜色的雪花片,三个小筐,小乌龟头饰若干,大鼓一只。

活动过程

1. 谈话引题。

2. 动作练习。

教师扮演乌龟妈妈，让幼儿戴上小乌龟头饰扮演乌龟宝宝练习手膝着地爬的动作。

3. 通过游戏探索动作。

(1) 以“小乌龟运粮食”的情节激发幼儿的游戏兴趣，鼓励幼儿自己扮演搬运粮食的小乌龟们，现在有很多的粮食(雪花片按颜色分别放在三个筐内)，让我们一起又快又方便地运粮食。(此环节教师引导幼儿探索搬运粮食的方法)

(2) 幼儿讨论哪种运粮食的方法又快又方便。

(3) 示范“小乌龟运粮食”的动作：将“粮食”放在背上，尽量保持背部的平稳。

4. 游戏“小乌龟运粮食”。

(1) 介绍游戏玩法、规则。

(2) 教师敲大鼓，“小乌龟”们出发去运粮食，教师可以让幼儿挑自己喜欢的粮食(不同颜色的雪花片)并把它们运回家。鼓励“小乌龟”们互相帮助往背上装粮食。

(3) 幼儿游戏。

5. 游戏结束，整理放松。

“乌龟妈妈”带着宝宝们把粮食送回家里，引导幼儿体验劳动的成就感。

社会：冬至

活动目标

1. 知道冬至是我国农历中一个非常重要的节气，也是一个传统节日。

2. 初步了解冬至的饮食等习俗，感受传统文化的魅力。

活动准备

视频《冬至》，歌曲《九九歌》。

活动过程

1. 谈话导入。

(1) 师：今天是个特殊的日子。你们知道吗？

(2) 小结：今天是冬至。是我们中国农历二十四节气中非常重要的一个节气也是中华民族的一个传统节日。

2. 冬至的介绍。

(1) 冬至日的饮食。

师:小猴点点和他的朋友一起在过冬至呢！我们一起去看看他们在干什么。

① 观看视频前半部分。

师:点点和他的朋友在干什么？(包饺子)为什么要包饺子？(一起过冬至)冬至到了,除了包饺子,视频里还提到了吃什么？(汤圆)

② 小结:因为中国很大很大,每个地方的饮食习惯都不一样,所以人们在冬至的时候吃的东西也不一样。北方的人们,在冬至的时候吃的是饺子,全家人围在一起包饺子。而南方人吃的是汤圆,也是全家人一起包汤圆。大家还会吃羊肉等东西,补补身体。因为以前的人们认为,吃这些东西能让赶走寒气,让我们在冬天不那么冷。

③ 师:你们知道宁波人冬至要吃什么东西吗？(大头菜、番薯汤果)

④ 小结:不同地方在冬至日吃的东西不一样哦!

(2)《九九歌》。

① 师:冬至我们除了会吃饺子汤圆这些特定的东西。还有一首《九九歌》呢!

② 小结:从前的人们为了让寒冷的冬天尽快过去,一到冬至,大家就会开始数九。

(3) 认识冬至。

① 观看视频第二部分。

② 小结:冬至是一年之中白天最短,黑夜最长的一天,标志着冬天的开始。人们唱着《九九歌》,数过九个九天,也就是八十一天后,春天就来啦!

3. 拓展延伸(蜗牛考察队)。

师:我们班的小朋友来自各个地方,所以回家的时候带上表格,问问爸爸妈妈,在你的家乡,冬至是怎么过的,会吃些什么东西。请爸爸妈妈帮忙一起用照片和文字的形式记录在表格里哦。

附:

九九歌

一九二九不出手,

三九四九冰上走，
五九六九沿河看柳，
七九河开八九燕来，
九九加一九，耕牛遍地走。

社会：好吃的圆子

活动目标

1. 结合过节，学习搓圆子的技巧，同时让幼儿知道食物与过节之间的联系，知道圆子的吉祥意义。

2. 在享受制作食物的乐趣中，与同伴互相配合，从中学会与人相处和交往。

活动准备

1. 场地四周布置一些过冬时的饰物，如：鞭炮、窗花、彩灯等等。

2. 活动前事先通知幼儿在过冬那天穿上自己喜欢的喜庆的衣服入园。

3. 准备搓好的糯米团若干，大的碟子若干。

活动过程

1. 谜语导入。

(1) 师：捏呀捏，搓呀搓，搓出一个小圆球，圆滚滚，站不稳，把它放在水里滚。

(2) 师：你们知道为什么过冬、过年的时候要吃圆子吗？

(3) 小结：圆子表示全家团团圆圆，喜庆如意。

2. 自由讨论。

(1) 教师出示圆子图片，幼儿先尝试自己搓圆子。（搓圆子前先把手洗干净）

(2) 教师进行正确的示范：将一块糯米团放在手里上下搓成一长条，然后捏一点放在手心沿着一个方向揉，揉成一个圆圆的圆团，汤圆就做好了。做好了以后，要把它们放在碟子里。

(3) 体验自己动手制作的喜悦。

教师进行巡回指导，特别注意给予那些动手操作能力弱的幼儿鼓励和帮助。

3. 欣赏圆子。

汤圆做好了，大家排成长队，听着音乐跳着舞，一起欣赏自己的作品。一边欣赏一边评价，哪些汤圆做得好。再一次巩固“搓”的技巧。

4. 煮汤圆。

大家一起把汤圆放在预先煮沸的水里煮熟。感受自己动手搓圆子自己品尝的快乐。

语言：不怕冷的小恐龙

活动目标

1. 认真倾听故事，理解故事内容，知道运动可以使身体暖和。

2. 愿意用自己的语言大胆表达对故事的理解。

活动准备

挂图《不怕冷的小恐龙》，《冬天里》，磁带。

活动过程

1. 提问导入，引出故事情节。

师：天气很冷，有只可爱的小恐龙来到了城里，它遇到了什么事呢？请你来仔细听一听故事。

(1) 教师播放故事磁带，幼儿欣赏故事。

(2) 请幼儿讲讲小恐龙来到了城里发生了什么有趣的事情。

2. 教师出示挂图，并进行提问，帮助幼儿理解故事内容。

(1) 出示挂图，提问：小恐龙怎么了？人们想了什么办法让小恐龙暖和起来？小恐龙感到暖和了吗？为什么？最后小朋友们想了一个什么方法让小恐龙暖和起来？

(2) 教师再次完整讲述故事。

3. 幼儿讨论。

鼓励幼儿说说冬天很冷，我们可以做什么事情，让自己的身体暖和起来，并尝试用动作来表示。

4. 幼儿看《冬天里》，互相讲一讲小恐龙的故事。

音乐：宝宝不怕冷

活动目标

1. 在听听、唱唱、做做的过程中，初步学唱歌曲。

2. 知道多运动就能使自己不怕冷。

活动准备

歌曲《宝宝不怕冷》、动画及伴奏等。

活动过程

1. 导入活动。

(1) 教师扮演北风爷爷，抛出情境：冬天到了，北风爷爷带着雪花姐姐呼呼呼地来做客啦！(北风北风呼呼呼，雪花雪花飘飘飘)

(2) 下过雪，又刮风，天好冷啊！动物宝贝们，你们害怕吗？

2. 学唱歌曲。

(1) 熟悉旋律。

师：你有什么办法让自己不怕冷呢？(放两遍伴奏，幼儿自由想办法)

师：你们的办法可真多，我们一起来试试，看看能不能把自己变暖和。(放两遍伴奏，教师按节奏带领幼儿根据幼儿回答做动作)

北风爷爷(师)：我的寒风要来啦！哇，你们个个冒着热气呢！这位宝宝刚才没动哦，要被吹成冰娃娃啦，更猛烈的寒风来啦，不想变成冰娃娃的快快动起来。

(2) 熟悉歌词。

教师带领幼儿边念歌词边动动身体。(两遍)

北风爷爷：哇，你们谁也不怕我，看来我得去别处找找怕冷的宝宝。

(3) 完整学唱。

3. 游戏：帮助兔宝宝。

(1) 北风爷爷：哈哈，找到啦，你们瞧！(播放动画)

(2) 师：你有办法帮助兔宝宝吗？

(3) 师：好，我们在小兔家门口，用歌声来告诉他。(师带领两遍完整演唱)

(4) 师：小兔听见了，瞧，他正在窗口张望呢，来，我们再来一遍。我们一起来叫小兔，出来吧，小兔，只要你多运动，就不会感到冷了，也不用害怕北风爷爷啦。

(5) 小兔出场，一起游戏，再唱一遍。

4. 结束。

北风爷爷：哈哈，你们都是不怕冷的孩子，都是好样的，来，我们一起去找找那些还需要帮助宝宝吧。

健康：勇敢的小雪娃

活动目标

1. 练习在一定范围内四散跑，发展腿部力量及闪躲能力。

2. 进一步理解“雪遇热融化”的特征。

3. 体验冬季运动带来温暖。

活动准备

小雪娃头饰。

活动过程

1. 准备活动。

师：我们先来暖暖身体，做一些准备活动。动动脖子一二一，伸伸手臂一二一，扭扭身体一二一，抬抬小腿一二一，揉揉膝盖一二一。(重复两次)

2. 认识小雪娃。

(1) 师：我们的身体都活动开了，有新朋友要加入我们的游戏呢。我们先来看看是谁来了。你们认识他吗？(出示小雪娃的头饰)

(2) 师：他就叫小雪娃。他的脑袋是圆圆的。他还是冰冷冰冷的，碰到他的时候有什么感觉呀？

(3) 师：碰到他，会觉得很冷，冷得都要冻住了。这么可爱有趣的小雪娃，我来给他编首儿歌，请听：小雪娃，小雪娃，圆圆脑袋真可爱。他要来找好朋友，找到你呀就别动。来，我们一起学着说说看。

3. 开始游戏。

(1) 说明游戏规则。

师：我们呀，已经认识了小雪娃。那接下来，他就要和我们一起做游戏了。怎么做游戏呢？我们要先一起念我们刚刚学会的儿歌。儿歌念完之后，小雪娃就要开始找朋友了。然后，小朋友们就要开始跑。但是，小朋友们跑的时候呢，只能在这个区域，不能跑出去，不然小雪娃不能和他做朋友了呢。小雪娃就去追小朋友，追到了就用手拍一下。被拍到的小朋友就要站住，不能动了。因为他呀，被小雪娃冻住了。等到太阳出来的时候，小雪娃就要融化了。这时，小雪娃就要蹲下去，被小雪娃拍到的小朋友也可以动了。

师：小朋友们什么时候开始跑呀？跑的时候只能在哪里跑呀？被小雪娃拍到的小朋友应该要怎么样？还能不能跑啊？那什么时候可以动呢？

（2）开始游戏。

师：那现在我来扮演小雪娃，你们都是小朋友。好，现在我们的游戏开始，我们一起念：小雪娃，小雪娃，圆圆脑袋真可爱。他要来找好朋友，找到你呀就别动。（大家手拉手绕圈走，教师站在圆圈中间）

游戏进行两次。

（3）幼儿扮演小雪娃，再次游戏。

4. 整理活动。

师：我们和小雪娃玩得开不开心呀？只是呀，太阳公公出来了，把小雪娃喊走了，叫他去休息了。那我们也放松放松。我们像小鸟一样“飞一飞”。再轻轻踢踢我们的小腿。

七、特色活动

（一）冬至节气活动——冬至大如年

❖ 小鬼当家包汤圆

准备：面粉、一次性桌布、盘子、砧板等。

内容：幼儿搓汤圆，品尝汤圆。

❖ 美味下饭品饺子

准备：饺子、盘子、勺子。

内容：幼儿体验包饺子，品尝饺子，感受南北方的冬至习俗差异。

❖ 奇思妙想点梅花

准备：铅画纸、墨汁、颜料等。

内容：幼儿在纸上滴几滴墨汁随意吹出树枝的形状，再用手指蘸红颜料点画梅花。

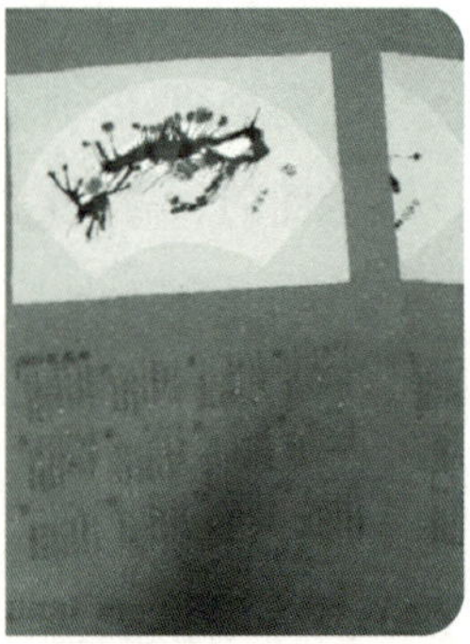

❖ 欢欢乐乐运动会

准备：垫子、彩旗、呼啦圈等。

内容：幼儿和家长一起参加亲子运动会。

（二）蜗牛考察队——冬天不怕冷

以亲子活动的形式进行考察，考察表如下。

冬天不怕冷			
我和谁去考察？			
时间：		地点：	
你发现冬天里人们的运动有哪些？			
除了运动之外，还有哪些取暖方法？			

八、儿童工作室

区域名称	新增活动内容	新增材料投放	观察与指导
语言区	《不怕冷的大衣》及冬天绘本阅读	《不怕冷的大衣》《香香的被子》等与冬天相关的故事讲述图卡、故事配图、绘本	自由观察图片，师幼共同分析图片内容，幼儿尝试讲述； 指导幼儿自主阅读有关冬天的绘本，乐意用语言描述
益智区	动物怎样过冬	动物图卡、过冬的场景图	了解动物过冬的方式，尝试将动物与过冬方式场景进行匹配
角色区	冬天的衣服	冬天和夏天的服装、折叠步骤图等	区分冬天和夏天的服装，了解冬季服装的明显特征，学习折叠、整理冬装
美工区	冬天的雪花	棉花、亮片、木棒、胶水等	学习用木棒拼成雪花，并将亮片按照有规律和无规律的方式进行装饰
表演区	小雪花	小雪花的头饰和道具、小雪花的音乐、图谱、节奏乐器	初步学习装扮，将自己打扮成小雪花，欣赏音乐，尝试用打击乐器根据节奏配乐，尝试边唱边表演

九、执行参考

1. 在本期主题中可以鼓励家长带幼儿到阳光下运动，如爬山、踢球、玩冰、滑雪等，锻炼幼儿的意志力，培养他们的勇敢精神——“天冷我不怕”。如果下雪了，和幼儿一起玩堆雪人、打雪仗等游戏，让幼儿在体验冬季玩雪特有的快乐的同时体会和父母共同游戏的乐趣。

2. 加强户外活动安全教育，关注幼儿的安全，教给幼儿必要的安全常识。

主题三：春节——红红的年

一、主题生发

伴随着冬天的脚步，一年又将进入尾声，但我们也将迎来一年中最重要的节日之一——春节。大红的灯笼挂起来了、红彤彤的对联和窗花贴起来了、红红的新衣服准备起来了……到处充满着红色，洋溢着喜气洋洋的过年气息。而幼儿对这一切都充满了期待和新奇，有好吃的、好玩的等着他们。

本主题通过包饺子、吃汤圆、剪窗花、做“鞭炮”等活动，带领幼儿了解中国传统的过年习俗，以“好看的年”“好玩的年”和“好吃的年”为切入点，让幼儿在看、玩、吃中感受传统春节中喜庆团聚、辞旧迎新等意义。

二、主题目标

语言领域：学习与新年相关的儿歌、故事等文学作品，初步了解年的来历，感受新年的喜庆。尝试仿编儿歌，乐意在众人面前大胆说出自己的想法。

科学领域：观察生和熟的食物的区别，对食物煮熟后发生的变化产生好奇心。尝试将有关联的物体进行匹配，学习运用一一对应的方法比较两者数量的多少。

健康领域：知道运动前要做热身运动，练习双脚原地向上跳以及单脚跳，发展腿部肌肉力量和身体的协调性。

艺术领域：学习和新年相关的歌曲，能用好听的声音和动作表现歌曲，感受过年的喜庆。用棉签、颜料等材料学习用小短线画鞭炮，用红色彩纸做鞭炮，感受手工活动的乐趣。

社会领域：了解过年的习俗，尝试收集各种与过年有关的红色物品，感受收集与分享的快乐。

三、主题框架及内容

（一）框架

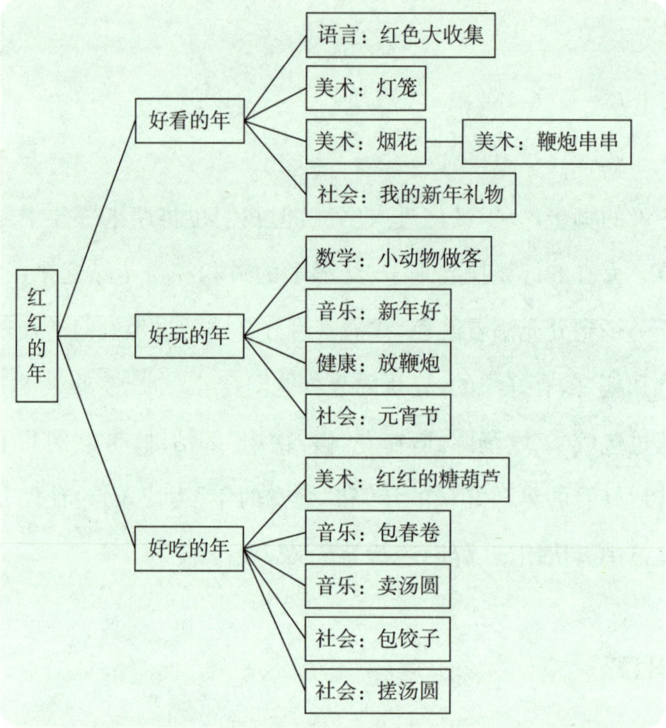

（二）内容

思　路	领域	内　容	资　源
好看的年	语言	红色大收集	各种红色的物品
	美术	灯笼	美工材料
	美术	烟花	颜料及美工材料
	美术	鞭炮串串	棉签及美工材料
	社会	我的新年礼物	果冻盒及美工材料

续表

思　路	领域	内　容	资　源
好玩的年	数学	小动物做客	小动物图片
	音乐	新年好	腰鼓、磁带
	健康	放鞭炮	自制“鞭炮”、磁带
	社会	元宵节	相关课件、花灯
好吃的年	美术	红红的糖葫芦	橡皮泥、小棒
	音乐	包春卷	磁带及录音
	音乐	卖汤圆	卖汤圆视频
	社会	包饺子	饺子皮、馅等
	社会	搓汤圆	糯米粉、馅等

四、主题墙

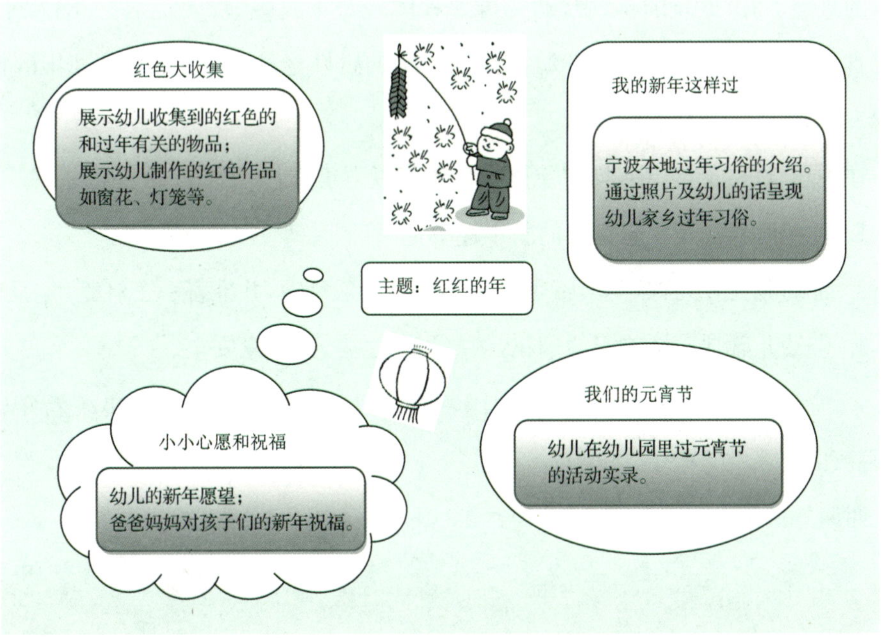

五、致家长的一封信

亲爱的家长朋友：

您好！

转眼间，愉快而有意义的寒假已经结束，感谢爸爸妈妈一直以来对我们工作的理解、信任和支持。

过完了新年，我们又将迎来新的学期，在此我们将开展主题活动“红红的年”，主要围绕“好看的年”“好玩的年”“好吃的年”三方面进行展开，幼儿在新年中通过记录和爸爸妈妈一起做过的有趣的事情和收集带有过年气氛的红色主题，来回忆过年的快乐情景，细细品味“年”的味道，了解中国特有的过年习俗，从中发现传统年中团聚、喜庆的意义。再现和体验新年放鞭炮、包春卷，逛元宵灯会、吃汤圆的场景……在“好看的年”中尝试收集最具过年氛围的红色物品来回忆并串联起过年的快乐情景，细细品味“年”的味道。通过收集、欣赏和创造性表现，幼儿对过年的红色产生了浓浓的兴趣。在“好玩的年”中，幼儿再现和体验新年放鞭炮、欣赏烟花、唱新年歌、逛元宵灯会的场景，丰富、提升幼儿关于过年的感性经验，加深幼儿对过年的情感体验。

在主题“红红的年”中，期望您能配合做好以下工作：

1. 过年时和幼儿一起完成的新年趣事记录（照片等）。

2. 带幼儿去看元宵灯会，感受正月十五的快乐氛围，并准备一个灯笼。

3. 带幼儿欣赏一场美丽的烟花，领略烟花之美，并注意安全。

4. 一起体验过年的习俗，了解中国特有的过年习俗。从中发现传统新年中团聚、喜庆的意义。

谢谢您的配合！

__________班老师

日期：__________

六、活动设计

语言:红色大收集

活动目标

1. 尝试收集各种与过年有关的红色物品,回忆过年的欢乐情景,大胆讲述自己的所见所闻。

2. 体验收集与分享的快乐。

活动准备

1.《过年真好》。

2. 教师、幼儿与家长共同收集与过年有关的红色物品。(如红色压岁包、红对联、红灯笼等)。

活动过程

1. 分享“红色收集”。

师:过年的时候,我们可以找到各种红色的物品,有的是用来吃的、有的是用来玩的、有的是用来装饰的,你收集了哪些过年用的红色物品?它是用来做什么的?

2. 讲述“红色收集”。

幼儿介绍自己收集来的各种红色物品。(教师引导幼儿以红色物品回忆过年时的欢乐情景)

3. 阅读《过年真好》。

(1) 了解红色大收集,拓展“红色大收集”。

(2) 故事中有许多过年用的红色物品,请你看一看、找一找,哪些物品我们已经收集到了,还有哪些我们没收集到?

(3) 幼儿自由交流。

(4) 幼儿讲述过年时还在什么地方看到过红色的物品。

(5) 教师小结。

4. 了解“红色的含义”。

(1) 师:为什么过年用的物品很多都是红色的呢?

(2) 总结:红色是代表喜庆、快乐的颜色,因为过年很高兴、开心,所以到处都有红色。

美术:灯笼

活动目标

1. 学会均匀撕纸的手工方法,能准确地贴在规定的范围内。

2. 用撕、贴的方法制作灯笼,体验做做、玩玩的快乐。

活动准备

1. 美工材料。

2. 了解幼儿过元宵节的情况,收集元宵节赏灯的照片。

3. 教师自制的灯笼范例。

4. 半成品:白灯笼若干。

活动过程

1. 谈话导入,激发兴趣。

(1) 师:过新年的时候,大家发现街上和公园里有什么变化吗?

(2) 师:街上和公园里的树上都挂了什么?

2. 教师示范,幼儿制作。

(1) 师:一般你看见的灯笼是什么颜色的呀?我们一起来制作一个大红灯笼吧!

(2) 教师介绍制作灯笼的步骤和方法。

师:先拿一张红色的纸,用一只手捏住纸的一端,另一只手像一把小剪刀一样把纸撕成一片一片的,放在前面的纸盒里,然后在白灯笼上涂上胶水,再把撕好的纸片一片一片地贴上去,直到贴满它为止,这样一个美丽的大红灯笼就做好了。最后,记得要用抹布把手擦干净。

(3) 幼儿操作。

(4) 幼儿尝试制作灯笼,教师巡回指导,帮助个别能力弱的幼儿完成作品。

3. 分享交流。

师：小朋友们的红灯笼都完成了，现在请你们把灯笼提在手上，说一说你喜欢谁做的灯笼。

美术：烟花

活动目标

1. 用彩色的点、线、圈，由中心向外画放射状的花纹，表现烟花喷射出的火焰。

2. 通过教师的介绍和示范，了解排水画的基本方法，学习用底纹笔从左向右有序地平涂。

活动准备

1. 油画棒、纸、底纹纸人手一份，深蓝色颜料若干。

2. 烟花图片。

活动过程

1. 谜语导入，激发兴趣。

师：说它是花不是花，用火点燃它才开，请你猜猜它是什么？

2. 欣赏烟花图片，初步了解烟花的基本形状。

（1）师：你看到了什么？

（2）师：烟花是什么样子的？什么颜色的？你见过什么样的烟花？

3. 介绍排水画——彩色的烟花，了解排水画的步骤。

（1）教师用油画棒先在纸上示范画出放射状的烟花，再用底纹笔蘸深蓝色颜料，在有烟花的纸上一笔一笔从左向右涂上底色。

（2）引导幼儿观察感知排水画的效果。

4. 交代要求，幼儿作画，教师巡回指导。

（1）选择多种颜色的油画棒画四射的烟花，知道用一支取一支，及时把用完的油画棒放回原处。

（2）用底纹笔涂色时，提醒幼儿要注意画面和自己衣服的整洁。

（3）及时表扬安静作画的幼儿，并提醒幼儿保持正确的握笔姿势和坐姿。

5. 欣赏幼儿的作品。

表扬大胆用不同颜色作画以及画面整洁、饱满的幼儿。

美术:鞭炮串串

活动目标

1. 学习用棉签在长线的两端均匀、整齐地添画短线表现鞭炮。

2. 了解过年放鞭炮的习俗,回忆并感受新年放鞭炮时快乐的心情。

活动准备

棉签、红色水粉颜料、美工材料。

活动过程

1. 谈话导入。

(1) 师:过年的时候,你听到过哪些特别的声音?

(2) 师:过年的时候,到处都能听到"噼噼啪啪"的鞭炮声,让我们一起来画一画鞭炮吧。

2. 讲解示范。

(1) 示范棉签的使用方法。

用棉签蘸上红色颜料,再用蘸好颜料的棉签在黑线两侧画上红红的鞭炮。

(2) 示范在长线的两端添画短线,重点讲解短线的排列。(要均匀、整齐、不交叉)

3. 幼儿创作,教师巡回指导。

(1) 提醒幼儿线条要排列整齐,在画面下部画上爆开的鞭炮,增添画面生动感。

(2) 协助有困难的幼儿完成作品。

4. 师幼交流与分享,说说不同幼儿的鞭炮画。

社会:我的新年礼物

活动目标

1. 介绍自己的新年礼物,分享过新年的快乐。

2. 正确称呼送礼人,感受长辈对自己的关爱。

3. 对不倒翁摇摆不倒的现象感到好奇,喜欢玩不倒翁。

活动准备

1. 收集幼儿新年里收到的礼物。

2. 自制的不倒翁范例、碗状的果冻盒若干。

3. 每位幼儿自己准备底部为圆形的果冻盒两个、橡皮泥一块、彩色笔一盒、强力胶一支。

活动过程

1. 分享新年礼物。

(1) 请幼儿拿出自己的新年礼物玩具,做简单介绍,并展示玩法。(或和小朋友一起玩一玩)

2. 谈话:谢谢你送给我们玩具。

(1) 说说这个玩具是谁送的,引导幼儿正确称呼送礼人。

(2) 谢谢你送给我们玩具。

3. 教师示范:我们可以自己做玩具。

(1) 引起幼儿兴趣,教师一边摆动不倒翁一边念儿歌:

“不倒翁,笑眯眯,整天站着不休息,让他躺下他不依,一摇一摆又爬起。”

(2) 让幼儿玩不倒翁,把不倒翁按倒、放手,说一说结果会怎样,再学学不倒翁的样子。

(3) 教师示范制作不倒翁。

① 把两个圆形底座的果冻盒相对粘贴在一起,试试看能不能站起来。(不能)

② 在一个果冻盒的底部放入橡皮泥,把两个果冻盒相对粘贴在一起,这样就能站起来了。

③ 在果冻盒上画上头发、眼睛、鼻子、嘴巴,不倒翁就做成了。

(4) 幼儿制作不倒翁。

教师重点指导两个果冻盒相对粘贴的技巧。

科学:小动物做客

活动目标

1. 交流新年做客的感受,学习怎样做客和接待客人。

2. 尝试把动物和它喜欢的食物进行一一对应。

活动准备

小动物图片(小象、小熊、小狗、小猫、小兔、小羊、小鸡)及它们爱吃的食物图片。

活动过程

1. 谈话,引发幼儿回忆过新年做客的情景。

(1) 师:新年的时候,你去谁家做客了?他们是怎么招待你的?

(2) 师:新年的时候,谁来你家做客了?你是怎么招待客人的?

2. 招待小动物客人。

(1) 逐一出示小熊、小狗等动物图片。

师:谁来了?我们应该怎么问好?(教师引导幼儿学习“××,你好!欢迎来我家做客”“请坐请坐!”等礼貌用语)

(2) 讨论:客人到齐了,可以怎么招待它们呢?

(3) 给客人唱歌、跳舞,表演节目。

教师鼓励幼儿大胆地到集体面前表演节目(或和好朋友结伴一起表演),以表示对小动物客人的欢迎。

(4) 讨论:客人肚子饿了,它们爱吃什么呢?

(5) 让幼儿练习将动物和它爱吃的食物一一对应。

3. 游戏“客人来了”。

(1) 教师扮演“客人”,到小朋友家做客,小朋友接待。

(2) 请一位幼儿扮演客人,请另一位幼儿扮演主人,招待客人。

音乐:新年好

活动目标

1. 在幼儿熟悉歌曲《新年好》和掌握了三拍子的基础上,学习自编简单的身体动作。

2. 引导幼儿学习为歌曲《新年好》配上打击乐。

3. 培养幼儿的创造力和合作精神。

活动准备

1. 腰鼓、钢琴。

2. 教师事先布置好有过年气氛的教室。

活动过程

1. 复习。

(1) 发声练习:《苹果歌》《我爱我的小动物》《火车快飞》《讲卫生》。

(2) 律动练习:《我们大家做得好》《这是小兵》。

2. 导入活动。

(1) 让幼儿观察活动室。

师:小朋友们,看看我们的教室有什么变化呀? 为什么? 我们怎样庆祝新年的到来?

(2) 引出本次活动内容:为歌曲《新年好》配上打击乐伴奏。

3. 学唱新歌《新年好》。

(1) 教师先一边弹琴一边范唱一遍。

师:小朋友们听听老师是怎么样来庆祝新年的。

(2) 教师要求幼儿有表情地演唱。

(3) 请幼儿分男、女演唱,要求幼儿在唱强拍时拍一下乐器。

4. 启发幼儿自编节奏动作。

(1) 师:小朋友,你们想用什么动作来表示三拍子的节奏?(如拍一次手,拍两次脸;拍一次手,拍两次腿;跺一次脚,拍两次肩等等)

(2) 幼儿听教师弹奏《新年好》,合着拍子的节奏,自由用动作表现"强弱弱"节拍。

（3）请个别乐感强的幼儿给大家做示范表演。

5. 引导幼儿进行伴奏。

（1）引导幼儿尝试用打击乐为歌曲《新年好》配伴奏，如强拍敲击什么乐器，两个弱拍敲击什么乐器。

（2）教师指导幼儿看指挥，听音乐打击乐器。

6. 结束。

教师带领幼儿一起完整地唱《新年好》。

健康：放鞭炮

活动目标

1. 学习躲闪跑，并能根据信号做向上跳的动作。

2. 能眼睛看前方不碰撞他人。

活动准备

1. 用PP管制作长约40厘米，一头粘有纸团的“火柴棒”。

2. 彩印的“鞭炮”若干。

3. 《敲锣打鼓放鞭炮》、轻音乐《海角七号》、播放器。

活动过程

1. 谈话导入。

教师出示“鞭炮”和“火柴棒”引起幼儿兴趣。

（1）师：小朋友们，你们看，我手里有什么东西呢？谁来猜猜看？

（2）师：你们有没有放过鞭炮呢？在什么时候放过？

（3）师：谁知道老师手里拿的是什么东西？火柴棒碰到小鞭炮，小鞭炮就会怎样？

2. 热身活动。

师：今天我们来玩一个“放鞭炮”的游戏，玩游戏之前呢先跟老师一起来点个“鞭炮”，蹲下来，点着了，快点捂住耳朵跑开。我们再来玩一次。

3. 玩“放鞭炮”游戏。

（1）师：小朋友来做小鞭炮，老师现在来点，我请王老师来做大鞭炮，你们仔细看啊，看看王老师被“点着”后发生了什么事。

(2) 教师依次用“火柴棒”点幼儿，被点的幼儿就用力向上跳起，模仿鞭炮爆炸，同时嘴里发出“嘭—啪”的声响。

(3) 师：现在我们在圈圈里跑来跑去，老师来点，你们跑，记住不要让老师点着哦！

(4) 重复游戏。教师提醒幼儿奔跑时眼睛看前方，不要碰到他人。每次练习可适当延长幼儿奔跑的时间和点到的人数，增加运动量和向上跳起的次数。

(5) 幼儿扮演点炮人，复习巩固放鞭炮的安全规则，重复游戏。

(6) 教师表扬能及时躲闪和能根据信号做向上跳动作的幼儿。

4. 放松活动。

(1) 师：点了好多“鞭炮”，小朋友也累了，现在我们来放松一下，跟老师一起做。

(2) 向幼儿介绍放鞭炮的安全要求，通过提问帮助幼儿回忆今天学到的本领和感受到的快乐。

(3) 学着小“鞭炮”，一起跟老师“滚”回家吧。(翻跟头)

社会:元宵节

活动目标

1. 初步了解元宵节的民风民俗。

2. 欣赏花灯，感受花灯的美。

3. 愿意参加活动，感受节日的快乐。

活动准备

1. 请家长帮助幼儿丰富元宵节的相关知识。

2. 有关元宵节的由来及活动的课件，谜语若干，儿歌《做彩灯，闹元宵》。

3. 收集各种花灯，布置灯展。

活动过程

1. 结合课件讲解元宵节的由来和活动。

介绍元宵节的来历、民间风俗习惯、元宵的品种及做法等。

2. 引导幼儿欣赏花灯。

师：谁来说一说最喜欢哪盏花灯？为什么？

3. 欣赏儿歌《做彩灯，闹元宵》。

4. 猜灯谜。

出示事先准备好的贴在花灯上的谜面，教师读谜面，幼儿来猜，奖励猜到谜底的幼儿一个小红包。

5. 小结。

每年的正月十五这一天是元宵节，元宵节是中国传统的节日，这一天不仅要欣赏花灯、猜灯谜，还要品一种美食——元宵。

美术：红红的糖葫芦

活动目标

1. 学习团圆的技能，掌握用小棒穿糖葫芦的方法。

2. 对糖葫芦制作活动感兴趣，努力完成作品。

活动准备

1. 红色橡皮泥、泥工板人手一块、小棒人手一根、草把（供幼儿插作品用）。

2. 教师自制的糖葫芦一串。

活动过程

1. 出示自制的糖葫芦，导入活动。

师：卖糖葫芦喽！好吃的糖葫芦哦！快来买哦！

2. 观察糖葫芦，说说制作方法。

师：糖葫芦是什么颜色的？糖葫芦是什么形状的？这些圆圆的糖葫芦是用什么穿起来的？

3. 教师示范制作方法：

团泥—搓长—分段—搓圆。

4. 幼儿使用橡皮泥制作糖葫芦。

（1）师：糖葫芦穿在什么地方？怎样拿小棒最安全？怎样穿得结实？

（2）幼儿操作，教师指导，提醒幼儿注意使用小棒的安全。

5. 展示作品，总结评价。

师：小朋友做的糖葫芦都很漂亮，我们一起看看谁的糖葫芦最受欢迎吧！

音乐:包春卷

活动目标

1. 学唱歌曲,感受音乐的节奏,能随着音乐边唱歌曲边有节奏地表演"包春卷"。

2. 感受过年"包春卷"的乐趣,体验和同伴合作游戏的快乐。

活动准备

1. 歌曲《包春卷》。

2. 幼儿有过年"包春卷"的经验。

3. 手帕(皱纸)、与幼儿人数相等的小动物毛绒玩具、浴巾每人两条、已包好的春卷一盘。

活动过程

1. 回忆包春卷的过程。

师:你们会包春卷吗?是怎样包的?

2. 欣赏歌曲,熟悉歌曲的旋律。

教师示范唱歌曲,幼儿练习十六分音符,边拍手边按节奏念"大家都来包春卷"。

3. 学唱歌曲。

(1) 幼儿跟教师唱歌曲两遍。

(2) 教师演唱前后两句"包春卷"的不同唱法,让幼儿分辨并学唱。

(3) 幼儿跟唱歌曲。

4. 游戏:给小动物包春卷。

教师提供给每位幼儿一块手帕和一个毛绒玩具,让幼儿边唱歌曲边用手帕把小动物毛绒玩具包起来。

5. 幼儿合作玩游戏。

(1) 将浴巾铺在地板上,请一位幼儿做春卷的"馅",躺在浴巾的一端随包春卷的动作滚动,另一位幼儿拿着自己的浴巾"包春卷",一边唱歌,一边用浴巾把"馅"包起来。

(2) 请幼儿找一位好朋友,两人一条浴巾,在音乐的伴奏下玩"包春卷"的游戏。

音乐:卖汤圆

活动目标

1. 初步学唱歌曲,理解歌曲的主要内容,感受歌曲诙谐有趣的气氛。

2. 尝试用多种身体动作表现卖汤圆的情景和自己的愉快情绪。

活动准备

1. 幼儿熟悉歌曲旋律。

2. 音乐短片《卖汤圆》。

活动过程

1. 交流对汤圆的认识,激发活动兴趣。

师:你知道汤圆是什么吗?你认为该怎么样卖汤圆呢?

2. 观看音乐短片,感受歌曲所表现的愉快和有趣的气氛。

(1) 欣赏音乐短片,感受歌曲的内容和旋律。

(2) 交流欣赏感受。

师:听了这首歌,你有什么感觉?

3. 理解歌词,学唱歌曲。

(1) 倾听歌曲《卖汤圆》。

① 师:歌曲里唱了些什么?你喜欢哪一句?为什么?

② 师:你觉得哪一句不太懂或比较难记?

③ 师:有没有什么好办法能帮助你很快地记住歌词?

(2) 幼儿尝试将歌词填入到旋律中,说唱歌词。

(3) 运用多种形式演唱歌曲。

4. 尝试随音乐用身体动作表现卖汤圆的情景和自己的愉快情绪。

(1) 随着音乐自由创编身体动作。

(2) 自由结伴,表演卖汤圆的情景。

社会:包饺子

活动目标

1. 体验集体生活的乐趣。

2. 体验食堂阿姨的辛苦,养成不挑食、不偏食的好习惯。

3. 亲自动手包饺子,品尝自己包的饺子,从中感到快乐。

活动准备

饺子皮、调好的各种饺子馅、勺子、砧板、厨具。

活动过程

1. 导入,参观厨房。

(1) 师:今天老师带你们去参观一个地方,你们想不想去呀?

(2) 师:你们看我们到哪里了?

(3) 师:厨房是给宝宝做饭的重要的地方,其他人是不能随便进入的,害怕带入病菌。

(4) 带领幼儿认知厨具——电锅(电锅有电,小朋友不能随便动)、砧板、菜刀(它是利器,小朋友也不能动)。

(5) 师:今天我们要吃饺子啦! 你们高兴吗? 你们会包饺子吗? 我们帮忙包饺子,好不好?

2. 学习包饺子。

(1) 师:我们要做好准备工作,洗手、换衣服。(戴上厨师帽)在包饺子前,我们活动一下小手,做个手指游戏。(领幼儿来到桌前)

教师教幼儿包饺子(饺子一定要捏紧)。

(2) 小朋友,你知道什么时候吃饺子吗?

师:好,我们一起包饺子吧。

(3) 师:你们看,饺子多有营养呀。有肉,有菜,还有主食——面。多吃饺子,身体棒。有的小朋友不爱吃,这种挑食、偏食的习惯好不好? 包一个饺子多不容易呀,可是食堂阿姨不怕辛苦,包那么多的饺子给我们吃。我们应该感谢食堂阿姨,不要浪费饭菜。养成不挑食、不偏食的好习惯,我们才会更健康。

(4) 师:饺子包好了,水烧开了,我们煮饺子啦。在煮饺子的时候,我们一起做个游戏吧。

3. 游戏:我是小饺子。

幼儿扮演小饺子,教师扮演厨房阿姨。老师说:“下饺子啦”,幼儿都跳进锅里。老师说:“饺子煮好了,出锅了。”幼儿从锅里跳出来。

4. 分享美味的饺子。

师:小朋友,今天的饺子好不好吃?我们把自己动手包的饺子也给其他班的小朋友尝尝好不好?

社会:搓汤圆

活动目标

1. 学习用湿糯米粉搓元宵并能团得较圆。

2. 能感受到元宵节的快乐。

活动准备

1. 请幼儿收集花灯,布置活动室。

2. 适量湿糯米粉,消毒过的盘子每组一个。

3. 幼儿用肥皂洗净双手。

4. 课件《搓汤圆》。

活动过程

1. 观赏花灯,感知元宵节。

(1) 幼儿自由观赏花灯。

(2) 引发幼儿讨论:为什么现在要玩花灯?

(3) 小结:元宵节这一天,大家都要看花灯、玩花灯、做汤圆、吃汤圆。

2. 教师介绍做汤圆的材料,引导幼儿搓汤圆。

师幼共同讨论制作方法:将湿糯米粉搓成长条,再分成一段一段的,最后将每一段搓圆。

3. 幼儿操作。

教师将湿糯米粉分给幼儿,让幼儿自己动手操作。提醒幼儿不能把汤圆掉到地上，以免弄脏。将幼儿做好的汤圆送到厨房请厨师帮助煮熟。

七、特色活动

(一) 春节活动——快乐元宵

❖ 团团圆圆做汤圆

准备：面粉、碗具。

内容：邀请有经验的长辈助教来园，和幼儿一起进行包汤圆的活动。

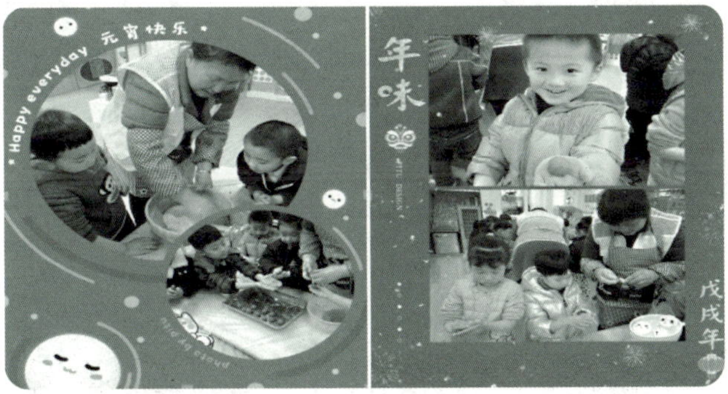

❖ 开开心心品汤圆

准备：幼儿自己包好的汤圆、碗具若干。

内容：幼儿一起品尝自己包的汤圆，品尝劳动成果，分享新年的快乐。

✣ 欢欢喜喜展才艺

准备：自制花灯、新年服装。

内容：新年时装秀，幼儿从家里带来自制的花灯，穿上喜庆、漂亮的新年服装。

✣ 其乐融融赏花灯

准备：花灯、花灯长廊布置。

内容：欣赏各式各样的花灯，也可以在园内播放喜庆的音乐，进行花灯游园活动。

❖ 热热闹闹猜灯谜

准备：花灯、灯谜若干。

内容：教师为幼儿准备各种各样的灯谜，幼儿进行猜灯谜的活动。

（二）蜗牛考察队——红色在哪里

以亲子活动的形式进行考察，考察表如下。

红色在哪里 	
我和谁去考察？	
时间：	
你发现  过年时红色在哪里？	

续表

红色在哪里 	
过年时为什么需要红色呢? 	

八、儿童工作室

区域名称	新增活动内容	新增材料投放	观察与指导
语言区	“红色大收集”及新年绘本阅读	《过年真好》《年》等新年相关的故事讲述图卡、故事配图、绘本	幼儿自由观察图片,师幼共同分析图片内容,幼儿尝试讲述; 教师指导幼儿自主阅读有关新年的绘本,乐意用语言描述
益智区	新年新衣服	各类衣服和裤子的图卡	认识各类衣服、裤子,懂得将衣服裤子正确配对
角色区	我的新年礼物	新年礼物、不倒翁	自主表达收到的新年礼物是什么,有什么用。愿意与好朋友分享自己的礼物
美工区	鞭炮串串	棉花棒、木棒、红色水粉颜料等	学习用棉签在长线的两端均匀、整齐地添画短线表现鞭炮
表演区	见面真开心	过年的照片、新年礼物包装、红包等	乐意表达过新年的快乐,学说简单的“新年快乐”“身体健康”“万事如意”等词语

九、执行参考

1. 本期主题建议家长和幼儿共同记录一些新年趣事，找找“新年红”的物品，进行赏元宵灯会、包春卷、搓汤圆、包饺子等关于传统文化的体验，增进亲子之间的感情。

2. 提醒幼儿保持有规律的生活作息，按时起床，按时睡觉，能坚持午睡，并保持合理饮食。积极参加体育运动，养成锻炼身体的好习惯。

3. 提醒幼儿出门游玩注意交通、饮食安全，远离火、开水，注意用电安全；不要独自燃放烟花爆竹。

主题四:春分——春天的植物

一、主题生发

春分过后,中国南方大部分地区越冬作物进入春季生长阶段,气温继续回升,万物都悄悄地发生了变化,到处都是朝气蓬勃、欣欣向荣的景象。

幼儿园里也都是春的美景,玉兰花竞相开放,树枝上的小芽嫩绿嫩绿的,种子们也开始发芽,探出了小脑袋。幼儿都被这些生机勃勃的景象吸引了。一到户外,就会兴奋地和老师、同伴分享自己的发现。有的幼儿说:“快看! 花瓣落下来像下雨一样!”有的说:“树叶长出来了真好看!”……我们发现幼儿最为关注的是春天植物的变化,这些变化对幼儿来说最为直观,也最贴近幼儿的生活。

所以本次主题从“春天的植物”出发来设计各个活动,以满足幼儿对春天景象的好奇心,让幼儿有意识地运用多种感官来关注周围自然景象的变化,知道春天的明显特征,感受春天的美丽,萌发对春天的喜爱之情。

二、主题目标

语言领域:学习用语言大胆表达自己对春天的感受;喜欢欣赏有关春天的文学作品,理解作品内容;能倾听他人讲述。

科学领域:能调动多种感官去关注周围自然景象的明显变化,知道春天的明显特征,初步认识春天常见的花、树,对种子发芽的现象感兴趣;能够按照颜色和形状分类。

健康领域:知道季节交替,小朋友易生病,应该养成“不露肚子”的好习惯;并练习攀爬、触物跳跃,增强手臂肌肉和腿部肌肉的力量。

艺术领域:学习折简单的花和叶子以及绘画春天的场景,学习正确的握笔姿势;

学会有表情地演唱有关春天的歌曲，能感受歌曲的优美旋律，并能根据形象的歌词创编动作，并进行表演。

社会领域：在与同伴的相互合作、相互探讨中学习与人交流的方法，体验幼儿园大家庭的温暖。

三、主题框架及内容

（一）框架

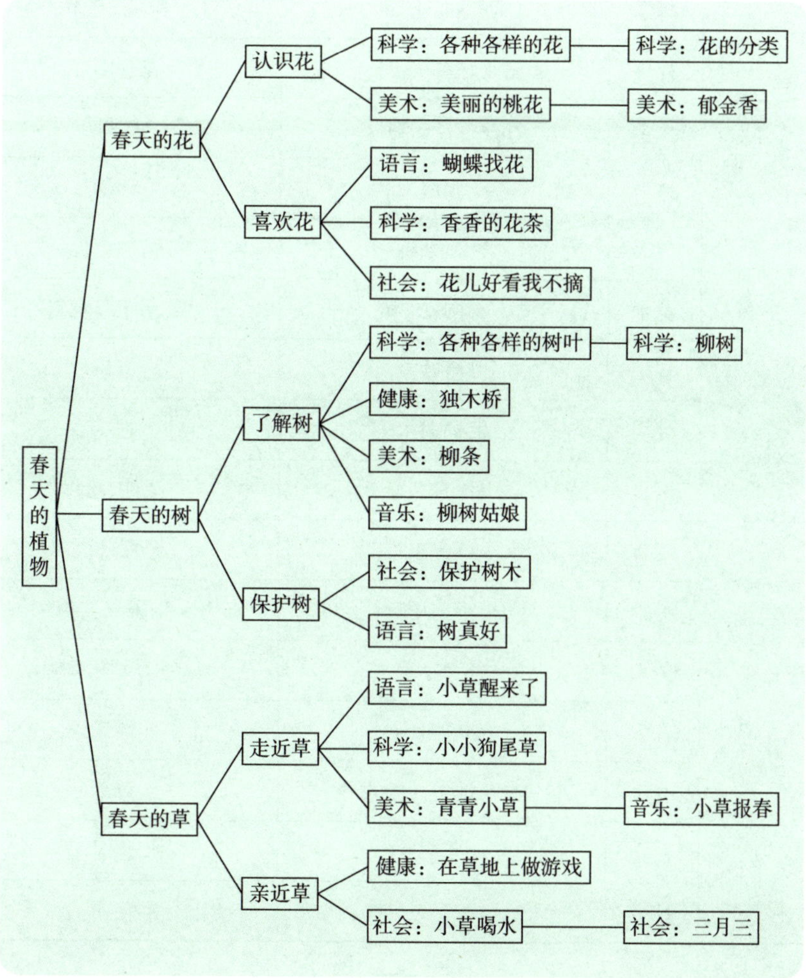

(二)内容

思　路	领域	内　容	资　源
春天的花	科学	各种各样的花	公园
	科学	花的分类	操作卡片、挂图
	美术	美丽的桃花	美术工具材料
	美术	郁金香	折纸
	语言	蝴蝶找花	头饰、拉线教具
	科学	香香的花茶	鲜花、花茶
	社会	花儿好看我不摘	花卉图片
春天的树	科学	各种各样的树叶	树叶
	科学	柳树	课件
	健康	过独木桥	情境创设
	美术	柳条	美术工具材料
	音乐	柳树姑娘	音乐
	社会	保护树木	挂图
	语言	树真好	课件、图片
春天的草	语言	小草醒来了	图片、雷声
	科学	小小狗尾草	狗尾草实物
	美术	青青小草	美术工具材料
	音乐	小草报春	歌曲音乐
	健康	在草地上做游戏	草地
	社会	小草喝水	水壶、小草
	社会	三月三	荠菜、图片

四、主题墙

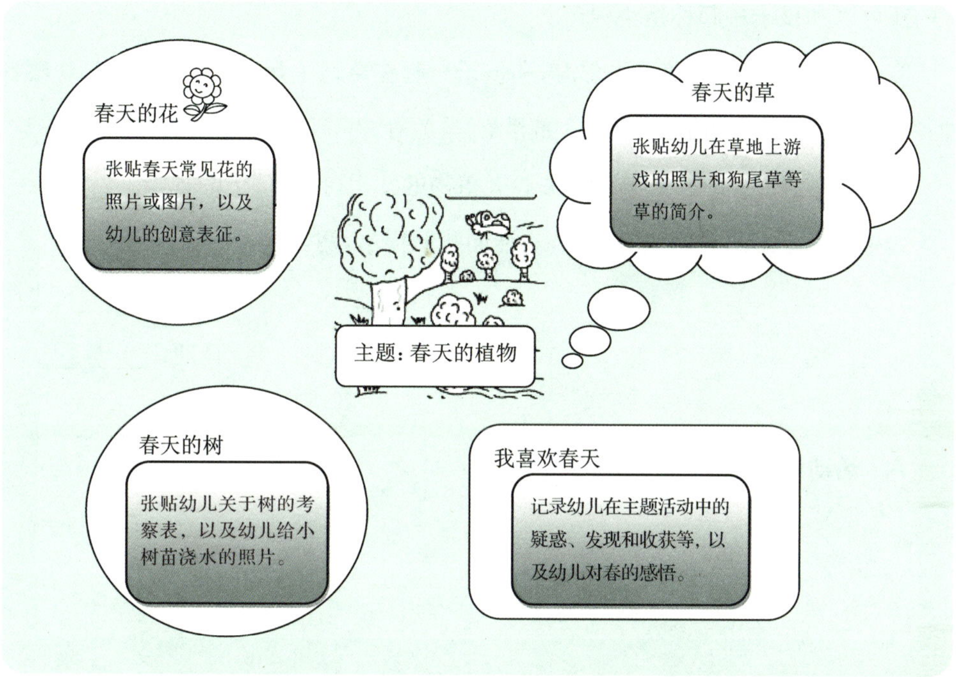

五、致家长的一封信

亲爱的家长朋友：

春回大地，万物复苏，一切都是欣欣向荣的景象。在这个美好的季节里，孩子们发现：小草变绿了，树叶发芽了，花儿开放了……周围的植物都变得生机盎然起来！因此，在本次主题中，我们将和孩子一起走进大自然，观察春天里植物的变化，通过各种活动让孩子初步了解春天里的花、树、草，探索其中的奥秘，感受幼儿园里和幼儿园外的春意盎然。

在这次“春天的植物”主题活动中，家长的配合与支持会让孩子们收获更多的知识和经验，所以我们真诚地希望你们能够加入到我们的行动中，一起感悟春天。您可以通过以下几方面和我们一起配合，更好地实现本次主题活动的教育价值。

1. 和孩子一起观赏各种花展，让孩子通过看一看、闻一闻、认一认等方式初步认识春天常见的花，知道它们的名字。

2. 和孩子一起观察小区、公园里的大树，帮助孩子树立爱护树木的意识；有条件的还可以和孩子一起种植小树苗。

3. 利用业余时间带孩子去郊游，和孩子一起在草地上玩耍，和孩子一起观察各种各样的小草，挖一些能吃的野菜，如荠菜、马兰等。

4. 查阅资料，帮助孩子丰富有关春天植物的知识，扩大孩子的视野。

如果您有更好的意见或者建议，欢迎向我们提出，谢谢大家的支持与配合！

__________班老师

日期：__________

六、活动设计

科学：各种各样的花

活动目标

1．通过看看、闻闻等形式，了解春天花朵的各种形态与美。

2. 在公园寻找各类春天的花，萌发亲近自然、热爱春天的情感。

活动准备

记号笔、贴板。

活动过程

1. 谈话引出。

(1) 师：小朋友知道现在是什么季节吗？春天里有许多美丽的花朵也开放了，你认识哪些花呢？

(2) 幼儿交流分享原有经验。

2. 寻找花朵。

(1) 教师带领幼儿去公园寻找春天里的花。

(2) 师：小朋友你认识这种花吗？它叫什么名字？看看它的花瓣是什么颜色

的？像什么？

（3）幼儿捡落在地上的花，摸一摸花瓣，闻一闻花香。

（4）教师用贴板收集幼儿找到的花，并标上序号和花名。

3. 经验分享。

（1）回到教室，集中总结。

师：数数我们今天找到了几种花？你最喜欢哪朵？

（2）幼儿交流分享自己的收获。

科学：花的分类

活动目标

1. 按颜色分类，将不同颜色的花“种”在相应颜色的“花坛”里。

2. 会按颜色标记印出相应颜色和数量的花，体验数学活动的乐趣。

活动准备

1. 红色、黄色、蓝色的花朵若干，红、黄、蓝颜色的“花坛”3个，挂图《春天》。

2. 红色、黄色、蓝色蝴蝶各一只，红、黄、蓝三色颜料盘各3盘，记录单（有颜色标记和点子），报纸团（数量与幼儿人数相等）。

活动过程

1. 谈话引出，观察画面。

（1）教师出示挂图《春天》。

师：春天到了，小草发芽了，绿绿的，真好看。小花都开了，它们都高兴地笑着。我们一起去看看春天吧！

（2）幼儿观察挂图。

师：春天真美呀，你都看到了什么？

2. 按色分类，游戏操作。

（1）第一次操作：请幼儿把花“种”在“花坛”里。

师：“花坛”里没有花，小“花坛”都不开心了，请小朋友帮忙来种花。

（2）第二次操作：按“花坛”的颜色“种花”。

① 师：咦，怎么花种好了小“花坛”还是没有笑呢？

② 提出要求：红花种在红色的“花坛”里，蓝花要种在蓝色的“花坛”里，黄花种在黄色的“花坛”里。

③ 分类完成后，小“花坛”的哭脸变笑脸。

（3）第三次操作：独立帮蝴蝶找家，巩固对颜色的认知和区分。

① 教师先后出示红色、蓝色、黄色的蝴蝶。

师：小朋友们种的小花真好看，真香啊，吸引来小蝴蝶，你们看这是什么颜色的蝴蝶？

② 幼儿按颜色独立完成帮蝴蝶找家的游戏。教师出示记录单，讲解使用记录单的方法：将记录单分发给幼儿，让幼儿根据记录纸上的点子数和颜色标记，印相应数量相应颜色的花。

3. 集体验证，交流分享。

师幼集体验证“蝴蝶找家”的操作结果。

美术：美丽的桃花

活动目标

1. 能大胆地用手指蘸颜料的方式，初步体验用“点”的方法表现桃花。

2. 喜欢桃花，进一步萌发对春天的喜爱之情。

活动准备

1. 轻快的背景音乐。

2. 桃花的枝干每人一份、粉色颜料、抹布每组一份。

3. 美羊羊的表情图：哭和笑的图片各一张，青青草原背景图。

活动过程

1. 做客导入，激发兴趣。

（1）师：小朋友们，今天有一位小动物客人来我们班做客了，看看是谁呀？（出示美羊羊的图片）我们来和她打个招呼吧！

（2）师：咦！美羊羊怎么啦？她看上去很不开心，我们来听听看她怎么说？

请配班教师模仿美羊羊说：春天来了，青青草原上本来开满了好多漂亮的桃花，可是都被灰太狼摘下来送给红太狼了，现在青青草原一点也不漂亮了，我很伤心，请大家帮我想想办法,好吗?

2. 学习手指作画的方法。

(1) 教师示范手指点画的方法。

教师边念儿歌边示范:二胖子,点一点,再一点,共五点,变桃花。

用食指蘸粉红颜料,在盘子周围掭一下再进行点画,点的时候注意要围着枝杆点出 5 片花瓣,或者只点一下,点出花苞。

(2) 幼儿徒手练习。

师:刚才我是怎么变出桃花的? 你们也一起来变一变好吗?

(3) 探索点画开放桃花和花苞的两种不同方法并请个别幼儿尝试。

师:咦! 这两朵桃花一样吗? 哪儿不一样?

(4) 请个别幼儿尝试手指点画的方法。

3. 幼儿操作,教师巡回指导。

师:美羊羊在等着我们帮忙呢,大家行动起来吧!(播放轻快的背景音乐)

4. 展示作品。

把幼儿的桃花贴到草原背景图上。

(1) 师:有了小朋友的帮忙呀,现在的青青草原上又开满了桃花,现在我们来看看谁的桃花开得最漂亮?(幼儿相互欣赏、交流)

(2) 出示美羊羊笑的图片,配班教师模仿美羊羊说:我太开心了,谢谢大家帮忙,让青青草原重新开满漂亮的桃花,小朋友们,欢迎你们来青青草原做客哦!

美术:郁金香

活动目标

1. 能用对角折的方法表现出郁金香的基本特征。

2. 会用油画棒添画茎、叶,鼓励幼儿在画面上添画其他自然物。

活动准备

1. 花朵图片,折纸郁金香,每个幼儿若干张边长为 10 厘米和边长为 8 厘米的正方形彩纸,白纸若干,棉签、胶水、油画棒,音乐《春天》。

2. 花园展板。

活动过程

1. 谈话导入,感知郁金香的基本特征。

(1) 教师出示图片。

师:春天来了,公园里到处都是美丽的花朵。看,都有哪些花开了?

(2) 认识郁金香。

师:这是什么花? 它叫什么名字? 它长什么样?

(3) 小结:这种花叫郁金香,它的花瓣紧紧地抱在一起,还有一根长长的花茎和两片大大的绿叶子。

2. 学习折郁金香,引导幼儿观察。

(1) 教师出示折纸郁金香。

师:请小朋友看看它是怎样做的? 花茎、叶是用什么做的?

(2) 用"找朋友"的短句,引导幼儿进行对角折。

师:大角和大角做朋友(对角折),抹平变成一个三角形。小角和大角也想做朋友,这一次小角找大角做朋友时,小角要离大角远一些。变成一朵美丽的郁金香。

4. 幼儿操作,教师巡回指导。

要求:胶水涂在郁金香的反面,贴的时候花瓣朝上。

5. 欣赏作品。

展示作品,供幼儿共同欣赏。

语言:蝴蝶找花

活动目标

1. 认真倾听故事,理解故事内容,能根据故事内容玩"蝴蝶找花"的游戏。

2. 知道好朋友之间要相亲相爱,喜欢和朋友在一起。

活动准备

1. 红、黄、蓝头饰若干,红、黄、白三朵小花图片,故事《三只蝴蝶》。

2. 拉线教具一套。

活动过程

1. 图片引出,激发兴趣。

出示红、黄、白三朵小花。

师：春天来了，花园里开满了各种颜色的花，小朋友看见了什么颜色的花？

2. 倾听故事，理解内容。

(1) 教师讲述故事《三只蝴蝶》，幼儿仔细倾听。

师：花园里开了什么颜色的花？什么颜色的蝴蝶飞来了？

(2) 教师一边讲故事，一边演示拉线教具，加深幼儿对故事内容的理解。

师：红蝴蝶飞到什么颜色的花上了？黄蝴蝶和白蝴蝶呢？

(3) 教师一边操作拉线教具，一边让幼儿复述故事内容。

3. 游戏体验，加深理解。

(1) 玩游戏“蝴蝶找花”，进一步掌握故事内容。

请幼儿带上自己喜欢的红、黄、白蝴蝶头饰，根据教师的提示，玩“蝴蝶找花”的游戏。

(2) 师：小班的小蝴蝶太棒了！现在天气晴了，我们到户外去看看吧！

科学：香香的花茶

活动目标

1. 通过不同感官探索鲜花和花茶，比较它们的不同。

2. 了解沏茶的过程，品尝并表达对花茶的感受。

活动准备

1. 玫瑰花、菊花、茉莉花。

2. 玫瑰花茶、菊花茶、茉莉花茶。

3. 玻璃茶壶、热开水、杯子。

活动过程

1. 花的作用。

(1) 出示玫瑰花、菊花和茉莉花，向幼儿介绍这三种花的名称。

(2) 请幼儿看一看、闻一闻、摸一摸花朵，并说说他们的发现，例如花的质感、香味、形状和颜色等。

2. 比较花茶。

出示玫瑰花茶、菊花茶和茉莉花茶，请幼儿看一看、闻一闻、摸一摸花茶，然后说说他们的发现，比较鲜花和花茶的区别。

3. 品味花茶。

(1) 教师把花茶分别放进玻璃茶壶，然后倒入热开水，请幼儿看看花茶的变化。

(2) 花茶放凉后，请幼儿闻一闻、尝一尝其中一种花茶的味道，然后分享感受。

活动建议

1. 提醒幼儿在观察时，要小心热水和茶壶烫手。

2. 活动前，教师宜先向家长了解幼儿对花茶是否过敏。

社会：花儿好看我不摘

活动目标

1. 了解花草具有美化环境和净化空气的作用。

2. 知道花儿好看不能摘，爱护花草是文明的行为。

活动准备

一些花卉图片。

活动过程

1. 谈话引出。

(1) 师：春天来了，花儿都开放了，小朋友们，你们知道哪些花的名字？

(2) 幼儿纷纷说出自己知道的花名，教师将对应的花出示在黑板上。

2. 了解作用。

(1) 师：你们知道这些花草树木对我们人类有什么好处吗？

(2) 幼儿回答，教师小结。

3. 爱护花朵。

(1) 师：花草树木对我们人类有这么多的好处，那么，我们应该怎样保护它们呢？

(2) 幼儿讨论回答，教师给予评价。

(3) 教师讲述一些场景，请幼儿判断对错，并对幼儿的判断做出总结。

4. 爱花行动。

教师带幼儿到公园去观察花草树木，在游玩的过程中，进一步加强幼儿爱护花草树木的意识，并在游玩时向幼儿交代安全事项。

科学:各种各样的树叶

活动目标

1. 知道叶子是生长在树上的,感知树叶的多样性。

2. 观察树叶,萌发对树叶的兴趣。

活动准备

各种树叶。

活动过程

1. 观察树叶。

(1) 教师组织幼儿到户外,请幼儿看一看、摸一摸、闻一闻各种树叶,并说一说树叶是什么样的?

(2) 幼儿自由分散,自己探索各种树叶的特征。

2. 经验梳理。

(1) 集体交流:你看到的树叶是什么样的?

(2) 小结:有的树叶是绿绿的,有的是黄黄的,还有红红的树叶,它们颜色不同;还有的树叶是光光的,有的树叶边上是毛毛的;树叶的形状也不同。

(3) 请幼儿拿两片树叶比一比,这两片树叶哪些地方是相同的?

(4) 集体交流:你觉得树叶哪些地方是相同的?

(5) 小结:树叶上面都有叶脉还有叶柄,树叶都是长在树上的。

3. 巩固提升。

再次分散观察了解树叶的不同。

科学:柳树

活动目标

1. 知道春天到来的时候柳树会发芽,认识柳树的主要外形特征。

2. 大胆说出自己的观察结果,对柳树产生兴趣。

活动准备

课件《柳树》。

活动过程

1. 谈话导入。

(1) 师:小朋友,你们见过哪些树? 你知道它们的名字吗?

(2) 鼓励幼儿说一说自己见过的大树。

2. 观察柳树。

(1) 课件演示。

师:仔细看看这是什么树,说说柳树的树干看上去是怎样的。

② 请幼儿观察柳树的颜色。

师:柳树的树干是什么颜色的? 树枝是什么颜色的? 树枝上面又是什么颜色的?

③ 请幼儿仔细观察柳树枝上有什么(柳树发芽了,有嫩绿的小芽),请幼儿想一想小芽会变成什么(柳树叶)。

(2) 幼儿自由讨论:柳树什么时候发芽?

(3) 请幼儿想象长长的柳树枝在风中飘动像什么,学学柳树枝飘动的样子。

3. 了解各种柳树。

(1) 师:小朋友,你们知道吗? 柳树也有好多种呢,你们想看看还有什么样的柳树吗?

(2) 课件演示。

引导幼儿通过照片认识不同品种的柳树。(杨柳、垂柳、麻柳、竹柳树)

4. 活动延伸。

教师组织幼儿去公园观察柳树。

健康:过独木桥

活动目标

1. 能一个跟着一个走,保持队形,提高动作的敏捷性。

2. 学习左右撑地跳,有较好的平衡能力及协调能力。

活动准备

1. 森林情境创设。

2. 小羊玩偶、独木桥。

活动过程

1. 情境创设。

(1) 队列练习。

师:听口令练习走及变换队形:四路纵队→大圆走→四路纵队。

(2) 练习双脚一前一后移着走。

师:小羊宝宝们被大灰狼抓走了,羊妈妈很着急,想请小朋友们一起去解救羊宝宝,但去的途中会经过一座独木桥,怎样才能顺利安全地走过这独木桥呢?

2. 过独木桥解救羊宝宝。

(1) 动作练习:双脚一前一后向前移着走。

(2) 幼儿分散练习,教师巡回指导。

(3) 游戏:过独木桥解救羊宝宝。

幼儿依次过独木桥到河对岸解救羊宝宝再返回起点。

3. 放松活动。

带羊宝宝回家,和羊宝宝做游戏。

美术:柳条

活动目标

1. 尝试用棉签在柳树上添画柳条。

2. 喜欢柳树,感知春天明显的季节特征。

活动准备

课件《柳树》、棉签、水彩颜料。

活动过程

1. 出示课件。

师:现在是什么季节啊? 你从哪里看出是春天来了?

幼儿根据自己的经验大胆表达,教师进行小结。(小树发嫩芽了,花儿都开了,燕子飞回来了,小蝌蚪也游来了)

2. 学习掌握画柳条的要求。

（1）教师出示柳条。

师：这是什么？柳树妈妈的柳条像什么呢？（小辫子等）春风一吹，柳树妈妈的头发越长越长了，怎么办呢？

（2）教师示范添画柳条。

师：我来帮柳树妈妈梳头发。

3. 幼儿添画柳条。

幼儿用棉签在柳树上添画柳条，并粘贴春天的相关贴纸，教师巡回指导。

4. 展示作品，交流分享。

幼儿相互欣赏作品。

音乐：柳树姑娘

活动目标

1. 欣赏歌曲，能跟着音乐用肢体动作模仿柳条随风摆动的姿态。

2. 加深对柳树特征的了解，进一步萌发对柳树的喜爱之情。

活动准备

音乐《柳树姑娘》、柳环。

活动过程

1. 经验回顾，引出主题。

师：柳树有什么特点？风吹过，柳树会怎样？你觉得柳树像什么？

2. 欣赏歌曲，感受意境。

（1）教师播放歌曲，幼儿欣赏。

师：歌曲是怎么唱的？你听到了什么？

（2）幼儿再次欣赏歌曲，理解歌词意思，感受歌曲的意境。

3. 肢体模仿，表演柳树。

（1）幼儿跟着音乐用肢体动作自由模仿柳树随风摆动的样子。

（2）教师请个别幼儿展示自己的动作。

（3）幼儿带上柳环集体表演。

社会:保护树木

活动目标

1. 知道树木的基本作用,初步了解人与树木的关系。

2. 懂得爱护树木,增强环境保护意识。

活动准备

树和人呼吸循环图、砍伐树木图。

活动过程

1. 故事引出。

师:在一座美丽的大森林里,小河天天唱着欢快的歌。清晨,当第一缕阳光照进森林的时候,就好像为森林妈妈披上了一件彩衣。小鸟叽叽喳喳地唱着欢快的歌,美丽的蝴蝶在林间飞舞,小蜜蜂在花丛中采蜜,就连大狮子也伸了个懒腰,拉着小松鼠的手去散步呢。大森林里的小动物们每天都快快乐乐、健健康康地生活着。可是,有一天小动物们决定要搬家了……

2. 根据图片猜测原因。

(1) 师:为什么动物都要搬家呢?

(2) 师:刚刚小朋友讲了很多,其实动物们搬家的原因是因为森林里的树被砍掉了。那为什么树被砍掉了,动物们就要离开大森林呢?

3. 提升经验。

(1) 树和人的关系。

① 师:树可以给我们大家带来什么好处呢?我们可以用树来干什么呢?

② 幼儿讨论交流。

(2) 重点了解树和人的呼吸循环图。

① 师:大树和人在干什么?它们吹的是什么气?

② 小结:原来我们呼出的二氧化碳正好被大树吸进去了,而大树呼出的氧气被我们吸进去了,空气中的氧气越多,空气就越新鲜。

③ 幼儿亲身体验保护树木的游戏。

4. 保护树木。

（1）师：如何保护我们周围的树木？

（2）教师小结保护树木的方法。

语言：树真好

活动目标

1. 学习散文诗，感受散文诗的语言美和意境美。

2. 愿意讲述树的好处，初步理解树与人们的关系，萌发热爱大自然的情感。

活动准备

1. 收集各种各样的树木及小动物的图片，布置成美丽的树林。

2. 课件《树真好》，优美的音乐。

3. 树干、树冠，胶水、大幅铅画纸每桌一份，可供选择的人与小动物的图片若干。

活动过程

1. 幼儿听音乐自由创编动作进“树林”参观。

（1）师：小朋友，今天老师带你们去“树林”玩好吗？

（2）幼儿随优美的音乐自由创编动作进“树林”。

2. 探索“树林”的秘密。

（1）师：美丽的“树林”到了，小朋友看到“树林”里都有些什么？它们在干什么？

（2）讨论：为什么人们喜欢在“树林”里玩？

3. 欣赏散文诗，理解散文诗的内容。

（1）教师有感情地朗诵散文诗，让幼儿初步感受散文诗的美。

师：树林可真美，人们都喜欢在这里尽情地玩耍，今天老师给小朋友带来一首《树真好》的散文诗。（教师连续播放课件）

（2）（逐段放课件）用提问的方式，帮助幼儿理解散文诗。

① 树真好，小鸟在树上干什么？

② 树真好，它能挡住什么？

③ 树真好，……

4. 制作“树林”，体验树的多样性及好处。

（1）师：树真好，小朋友喜欢树吗？我们一起来做一片美丽的“树林”，让小动物和小朋友都来玩好吗？

要求：选择自己喜欢的树干和树冠粘贴成大树，然后选择喜欢的小动物粘贴在“树林”中。

（2）放散文诗《树真好》，幼儿自主操作。

5. 听音乐在美丽的“树林”里自由舞蹈。

师：树真好，“树林”里可真美，让我们在“树林”里一起跳快乐的舞蹈吧！

附：

树真好

树真好，小鸟可以在树上筑巢，每天天一亮，小鸟就会叽叽喳喳地叫。

树真好，能挡住大风，不许风吵吵闹闹，到处乱跑。

树真好，我家屋子清清爽爽，阵阵风儿吹，满树花香往屋里飘。

树真好，我们全家在树荫下野餐，大家吃得很香，说说笑笑，热热闹闹。

树真好，天好了，树下铺着阴凉儿，我和我的小猫咪，躺在树下睡午觉。

树真好，如果有一只大狗来追我的小猫，小猫爬上大树躲起来，气得大狗“汪汪”乱叫。

树真好，我做个秋千挂在树上，让我的布娃娃坐上去，摇啊摇。

树真好，树叶在秋风里飘呀飘，树下铺着树叶地毯，我们可以在上面滚来滚去，跑跑跳跳。

语言：小草醒来了

活动目标

1. 欣赏散文诗，知道春天到了，小草绿了。

2. 想象春天小草绿了的美景，喜欢春天。

活动准备

小草图片，打雷录音，散文诗《小草醒来了》。

活动过程

1. 播放打雷的录音，激起幼儿兴趣。

（1）师：小朋友，你们听这是什么声音？（打雷）

（2）师：轰隆隆，轰隆隆，雷声可能会把谁吵醒呢？（小朋友、小动物、小草……）

2. 分段欣赏散文诗，理解散文诗的内容。

（1）教师朗诵散文诗从开始至“醒来了”。

① 师：轰隆隆的雷声惊醒了谁的梦？

② 请幼儿一起来学做动作。

师：小草醒来时，做了什么动作？（伸伸懒腰，踢踢腿，揉揉眼睛）

③ 小草问好。

师：小草醒了，谁会跟它打招呼呢？ 小草又会怎么说？

（2）欣赏散文诗从“春雨轻轻打在小草身上”到“小草说：你好，太阳”。

① 春雨轻轻打在小草身上：“你好，小草！”小草说：“你好，春雨。”

师：谁向小草问好？ 它是怎么问好的？

② 春风轻轻抚摸着小草：“你好，小草！”小草说：“你好，春风。”

师：谁向小草问好？ 它是怎么问好的？

③ 太阳笑眯眯看着小草：“你好，小草！”小草说：“你好，太阳。”

师：谁向小草问好？ 它是怎么问好的？

小草真有礼貌，我们一起来学学它们的对话吧！

师：你猜，小草睁大了眼睛，会看到什么呢？（幼儿说……）

（3）教师继续将散文诗朗诵至结尾。

师：小草变成了什么颜色？ 还有谁会变成绿色？ 是什么季节到了呢？

3. 完整欣赏散文诗，感受散文诗意境。

（1）师：春天除了小草醒了，变绿了，还有什么美丽的景色呢？

小结：春天到了，小草变绿了，小花都开了，柳树也发芽了。

（2）请幼儿再次完整欣赏散文诗，并跟着教师做动作，感受春天小草绿了的美景。

科学:小小狗尾草

活动目标

1. 认识狗尾草独特的形态和特征。

2. 大胆发挥想象,用狗尾草进行造型,体验造型的乐趣。

活动准备

狗尾草实物。

活动准备

1. 情境导入,观察实物。

(1) 教师讲述情境:有一种小草,长在田野上。只要有阳光、雨水,它就能生长。它有一撮毛茸茸的尾巴,在风中摇来摇去。人们都叫它“狗尾草”。你见过这种小草吗? 在什么地方见过?

(2) 展示实物“狗尾草”。

师:看一看、摸一摸,有什么感觉?

2. 摸摸狗尾草。

幼儿互相用狗尾草在脸上、耳朵后面、手心、脖子上蹭一蹭,说说自己的感觉。

3. 狗尾草造型。

(1) 教师示范制作狗尾草玩具。

(2) 幼儿尝试用狗尾草做玩具。

美术:青青小草

活动目标

1. 尝试用棉签从下向上提画表现小草。

2. 通过画小草萌发对青青小草的喜爱之情。

活动准备

1. 有用棉签作画的经验,观察过小草。

2. 各色水粉颜料、调色盘、棉签、画有小兔的画纸。

3. 教师自备作品(小兔吃草)。

活动过程

1. 教师出示自备作品“小兔吃草”，激发幼儿的兴趣。

(1) 师：美丽的花园里有只可爱的小兔正在吃草，小草快吃完了，该怎么办呢？小朋友快想想办法吧！

(2) 师：对了，我们一起来帮它多画些小青草，让小兔吃个饱！

2. 师幼讨论，学习小草的画法。

(1) 师：小兔小兔别着急，我们给你送草来了，青青小草真新鲜，请你快来尝一尝。(出示画有小兔的画纸，手持棉签)

(2) 教师演示并小结：用棉签蘸绿色颜料，在纸上从下往上一提，再一提，小青草就越画越多了。(引导幼儿发现并讨论小草的画法)

(3) 教师鼓励幼儿边画边念儿歌：小青草，一根一根往上长，快快长，有的直来有的弯，小兔小兔快来吃！(教师请个别幼儿尝试绘画)

3. 幼儿创作“小青草”，教师指导。

(1) 师：小兔吃到老师送给它的青草很高兴，可是你们看看自己的桌上，还有很多小兔没有吃到青草呢，请小朋友们也用棉签画出小青草送给小兔吧。

(2) 练习画青草，边画边念：小青草，一根一根往上长，快快长，有的直来有的弯，小兔小兔快来吃！

(3) 教师提醒幼儿：棉签蘸了颜料后要在调色盘上舔一舔，尽量不要让颜料滴在纸上，看谁的小草又直又密，一根小草的中间不能断开。

4. 欣赏与评价。

师：你们的小兔都吃到你们送给它们的青草了吗？看看谁画的青草小兔最爱吃？

音乐：小草报春

活动目标

1. 知道小草钻出泥土是报告春天来了。

2. 通过动作表现、音色的变化和角色扮演的方式来学唱歌曲，体验歌曲的情境，体验问答式歌曲带来的快乐。

✣ 活动准备

歌曲《小草报春》。

✣ 活动准备

1. 调动经验。

师：现在是什么季节？你是怎么样知道春天来了？

2. 整体感受歌曲。

师：你在歌曲中听到了什么？是谁从泥土里钻出来了？它告诉我们什么？

3. 学唱歌曲。

（1）幼儿听唱歌曲。

（2）熟悉歌曲之后，幼儿有表情地演唱。鼓励幼儿用自己的动作表现。

（3）教师引导幼儿歌唱时用高低、轻重不同的声音来表现。

4. 分角色演唱。

（1）教师扮演提问者，幼儿扮演回答者。

（2）幼儿扮演提问者，教师扮演回答者。

附：

小草报春

健康：在草地上做游戏

活动目标

1. 感受春天，亲近和熟悉小草，体验在草地上做游戏的快乐。

2. 能与同伴交流自己的发现。

活动准备

草地、小铲子、小纸盒。

活动过程

1. 师幼在草地上自由活动。

(1) 在草地上摸爬滚打，尽情玩耍，体验在草地上翻滚的感觉。

(2) 教师和幼儿一起玩，交流不同身体部位接触小草的感觉。

(3) 引导幼儿随时注意观察不同的小草，说说它们的姿态、颜色、气味和触感。

2. 草地上的游戏。

教师和幼儿在草地上做各种游戏，如斗草、吹泡泡、寻找蒲公英等。

3. 带草宝宝回家。

幼儿共同商量，选择不同的草宝宝，连根带土挖出，装进纸盒带回教室或家里种植。

社会：小草喝水

活动目标

1. 通过讨论选择各种各样的容器给小草浇水。

2. 萌发对小草的关爱之情。

活动准备

水壶等各种容器。

活动过程

1. 激发兴趣。

师：我们幼儿园的小草晒得干干的，它们说太阳公公真调皮，晒在身上热呼呼，小草小草要喝水，哪个宝宝会帮忙？

2. 尝试浇水。

(1) 讨论:我们要去给小草、小花浇水,需要什么东西呀?

(2) 幼儿自己选择喜欢的容器去给小草浇水。

3. 经验分享。

(1) 讨论:你是用什么浇水的? 小草喝完水后变得怎么样?

(2) 小结:小草是我们的好朋友,我们要爱护小草,不随意踩踏。

社会:三月三

活动目标

1. 简单了解三月三的民俗,并喜欢中国的传统民俗节日。

2. 认识荠菜,感知和熟悉荠菜的形态和味道。

活动准备

荠菜、三月三民俗图片。

活动过程

1. 看图片,讲述三月三的民俗。

(1) 教师对照图片介绍三月三的民俗风情,引出荠菜。

(2) 展示荠菜,引导幼儿观察思考。

师:你见过它吗? 在什么地方见过? 你知道它怎么吃吗?

2. 观察荠菜。

(1) 师:荠菜的样子有什么特别的地方?

(2) 闻闻荠菜的气味。

3. 讨论荠菜的食用方法。

(1) 讨论:荠菜都有哪些吃法呢?(炒鸡蛋、包饺子、凉拌、做春卷等)

(2) 师:你还想怎么吃荠菜?

4. 活动延伸。

幼儿一起收集三月三民俗的资料图片。

七、特色活动

（一）春分节气活动——春日印象周

风车转转

准备：亲子自制风车、成品风车。

内容：幼儿玩转风车，感受春风。

公园踏春

准备：小书包、小水壶，联系公园的工作人员。

内容：组织幼儿去幼儿园附近的公园踏春，观赏迎春花、桃花、玉兰花等春天开放的花朵；拥抱大树，观察树上的新芽；在草地上做游戏，感受春天的生机勃勃。

❖ 迎春仪式

准备：种子、小水壶等。

内容：教师扮演春姑娘播撒春天的种子，每班派出“花仙子”（幼儿扮演）领取种子，感受幸福和希望；幼儿拿上水壶给幼儿园里的花花草草浇水，共同迎接春天的到来。

（二）蜗牛考察队——我们去看花

以亲子活动的方式进行考察，考察表如下。

我们  去看花 

我在哪里看花 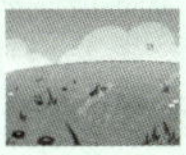	
我和谁去看花 	

续表

我们看到了、认识了哪些花？ （以照片和简单文字结合的方式记录）	
我最喜欢什么花？ （以照片或亲子绘画的方式记录）	

八、儿童工作室

区域名称	新增活动内容	新增材料投放	观察与指导
语言区	《蝴蝶找花》看图讲述及《树真好》绘本阅读	《蝴蝶找花》讲述图卡，《树真好》《春天来了》等与春天相关的绘本和故事书	鼓励幼儿在阅读中积累有关春天的认知经验，通过绘本画面感受春天的美好；大胆表述《蝴蝶找花》等故事
益智区	观察花茶、狗尾草和各种树叶	各种花茶，树叶实物和标本，狗尾草实物	在教师的帮助下泡花茶，品味花茶；认识常见的树叶并观察其特征；制作狗尾草玩具

续表

区域名称	新增活动内容	新增材料投放	观察与指导
角色区	春游	小书包、小水壶	引导幼儿进行角色扮演游戏——带着宝宝去春游，在游戏中相互交流
美工区	春天的植物	彩色黏土、各色皱纹纸等材料	引导幼儿尝试用各种材料制作春天的花朵，绘画春天的场景图
表演区	《小草报春》《柳树姑娘》歌表演	《小草报春》《柳树姑娘》等歌曲音乐，花、草、树表演服	鼓励幼儿大胆演唱歌曲，并根据歌曲用肢体动作自由表现花、草、树的形态

九、执行参考

1. 在本期主题中可以经常将活动的场所从教室转移到户外，多利用幼儿园周边的自然资源，让幼儿在大自然中观察、学习和感悟，通过与花、草、树的亲密接触，获得直接经验。

2. 加强幼儿在园外活动时的安全教育，外出时提前联系附近专门的管理人员，确保幼儿的人身安全。

主题五:立夏——亲亲水世界

一、主题生发

立夏是夏季的第一个节气,表示夏季正式开始。灼热的阳光,葱茏的草木,忽来的骤雨,释放着无限的热量。池塘里的荷花与莲叶;蓝天白云和绚丽的彩虹;脆亮的蛙鸣与聒噪的知了……这一切,都向幼儿传递着一个信息:炎热、美丽的夏天来到了!

随着夏季的到来,幼儿接触水的机会越来越多。水是人们生活中不可缺少的,赖以生存的重要资源。人们天天喝水、用水,与水有着密不可分的联系。幼儿天生就喜欢水,水对他们来说具有一种天然的吸引力和亲和力。水在幼儿眼里是如此的美妙,幼儿可以吹泡泡、打水仗、踩水坑……此外,水的千变万化恰恰激发了幼儿与生俱来的好奇心与探究欲望。因此我们开展了"亲亲水世界"的主题活动。

这是一个有趣的主题,幼儿和水的亲密接触将贯穿整个主题。本主题从水的乐趣、水的味道、水的秘密三方面入手,顺应幼儿亲水、戏水的天性。在立夏来临之际,让我们和幼儿一起聆听雨的歌声,踩出一朵朵水花,和水尽情地嬉戏吧!

二、主题目标

语言领域:欣赏关于水的文学作品,喜欢夏天,尝试运用儿歌、散文诗等多种形式表达对夏天的感受和认识。

科学领域:乐意观察水的颜色、味道、形状、色彩变化等特征,探究吹泡泡中的小秘密,感受发现的乐趣。

健康领域:知道人的身体离不开水,乐于亲近水、接触水,初步养成良好的卫生习惯。主动喝水、刷牙、漱口,初步形成保护自己身体健康的意识。

艺术领域：尝试在游戏情境中创作表现水的不同形态，表现水的舞蹈和韵律。

社会领域：初步了解水与人类的关系，懂得节约用水。

三、主题框架及内容

（一）框架

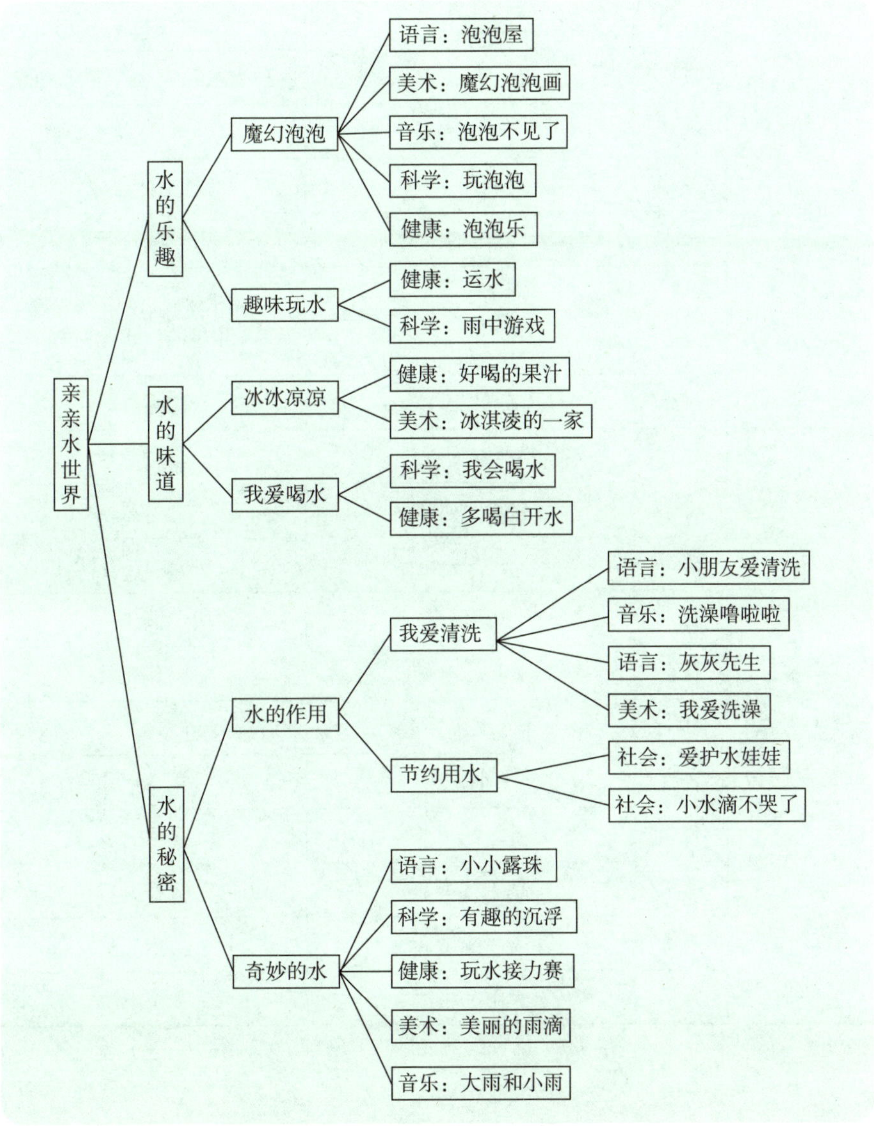

（二）内容

思　路	领域	内　容	资　源
水的乐趣	语言	泡泡屋	课件、故事书、故事录音
	美术	魔幻泡泡画	泡泡
	音乐	泡泡不见了	吹泡泡的工具和泡泡水
	科学	玩泡泡	不同形状的吹泡泡器具
	健康	泡泡乐	泡泡水
	健康	运水	各种运水和装水的工具、平衡木
	科学	雨中游戏	自带雨具、装水容器
水的味道	健康	好喝的果汁	简易制汁器、西瓜
	美术	冰淇凌的一家	冰淇凌图片
	科学	我会喝水	操作材料、制作与人数相等的饮水测量杯
	健康	多喝白开水	课件
水的秘密	语言	小朋友爱清洁	动物图片
	音乐	洗澡噜啦啦	音乐
	语言	灰灰先生	故事书、道具
	美术	我爱洗澡	绘画工具
	社会	爱护水娃娃	操作工具
	社会	小水滴不哭了	花草的头饰
	语言	小小露珠	露珠照片
	科学	有趣的沉浮	操作材料
	科学	玩水接力赛	操作材料
	美术	美丽的雨滴	美术工具
	音乐	大雨和小雨	录音、图片

四、主题墙

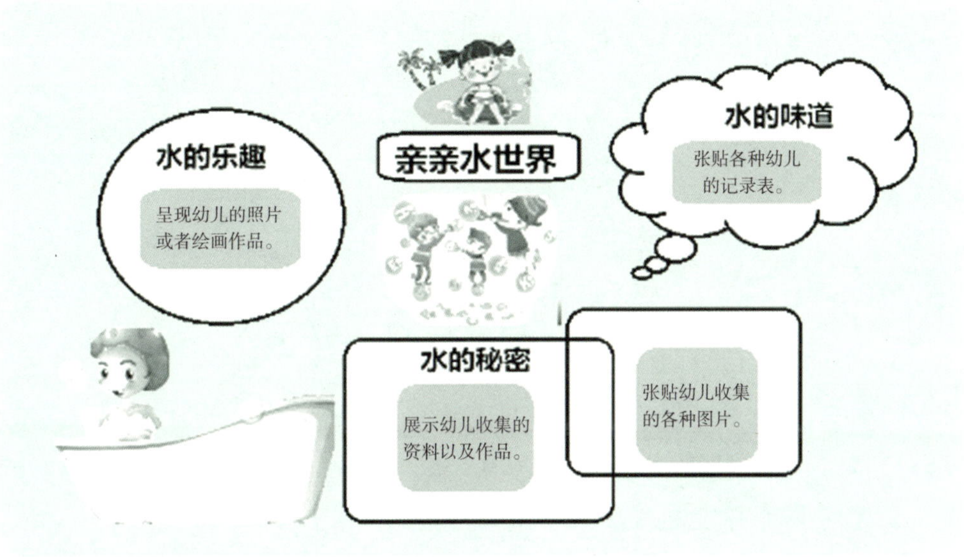

五、致家长的一封信

亲爱的家长朋友：

您好！

在本主题中，我们将和幼儿一起走进“亲亲水世界”，去亲水、戏水、玩水，在下雨天观察雨水的形态，聆听雨滴的声音；我们会尝试制作果汁；我们还会发现水和人们生活的密切关系……希望在此过程中，幼儿能有更多动手操作与表达的机会，产生探究的欲望，并从中体验发现、创造的乐趣！

为了进一步开展活动，丰富幼儿的体验，我们需要您配合做好以下工作：

1. 与幼儿共同收集各种关于水的图片，并在收集的过程中与幼儿探讨水的不同形态。

2. 与幼儿共同探索水的各种玩法，并进行相关的亲子游戏，以丰富幼儿的体验。

3. 收集和幼儿一起戏水的照片，并带到幼儿园进行展示。

最后，请及时关注并积极参与班级组织的相关活动，并对我们的活动提出宝贵的意见，我们会根据您的意见更好地组织各项活动。

衷心地感谢您的支持与配合！

__________班老师

日期：__________

六、活动设计

语言：泡泡屋

活动目标

1. 倾听故事，理解故事内容，学习“越来越……”。

2. 了解小动物们的机智，感受故事中的幽默。

活动准备

课件泡泡屋、故事泡泡屋、挂图。

活动过程

1. 引出故事。

师：最近，森林里的小动物们都很不开心，因为笨笨狼总是欺负大家。小动物们打算想一个办法，不能再被笨笨狼欺负了。它们想了一个什么办法对付笨笨狼呢？我们一起来听一个故事。

2. 教师讲述故事《泡泡屋》。

(1) 教师第一次完整讲述。

师：故事的题目是什么？

小动物们用什么办法赶走了笨笨狼？你喜欢这个故事吗？为什么？

(2) 教师结合挂图，第二次完整讲述。

师：森林里的小动物为什么不开心？它们想了什么办法对付笨笨狼？笨笨狼为什么灰溜溜地逃走了？泡泡散去，笨笨狼又来了，小动物们又想了什么办法？笨笨狼为什么又灰溜溜地逃走了？最后，泡泡屋到哪去了？

3. 播放故事录音。

美术:魔幻泡泡画

活动目标

1. 尝试在圆泡泡的影子上添画。

2. 乐意用丰富的色彩创作。

活动准备

泡泡,范画。

活动过程

1. 引出课题。

(1) 玩泡泡。

师:泡泡可以变成什么?

(2) 魔法泡泡。

师:如果你是小小魔法师,你想把它变成什么呢?

2. 出示范画。

教师:我这里有一幅泡泡留下来的影子画。你们想把它们变成什么?谁愿意来当小魔法师,在纸上变一变。

3. 幼儿操作。

(1) 鼓励幼儿大胆想象,变出各种不同的形象。

(2) 用不同的颜色给泡泡变魔法。

(3) 画好以后轻轻地拿起画,把画黏在魔法泡泡的世界里。

4. 展示。

请个别幼儿介绍自己的魔法泡泡变成了什么,引导幼儿用完整句讲述:“我把圆圆的泡泡变成了……”。

音乐:泡泡不见了

活动目标

1. 感受歌曲轻松愉快的玩乐情绪,初步学习在休止、间奏处控制不唱。

2. 通过回忆、模仿吹泡泡的游戏情境，记忆歌词，掌握间奏。

活动准备

1. 幼儿有吹肥皂泡的经验。

2. 幼儿吹泡泡的工具和肥皂水，歌曲《泡泡不见了》。

活动过程

1. 欣赏歌曲。

(1) 幼儿在歌曲旋律中和肥皂泡泡玩耍。

(2) 在师幼互动中感受并学唱歌词，进行创编。

① 在一问一答中帮助幼儿学习歌词的第一句“吹呀吹泡泡”，并鼓励幼儿大胆创编吹泡泡的动作。

② 学习歌词的第二句“有大又有小”，创编大小泡泡的不同造型。

③ 在动作表现中学习歌词第三、四句“飞呀飞上天”。

④ 学唱最后一句歌词。在休止处做出泡泡爆炸状“啪”，带领幼儿表演唱最后一句。

2. 学习歌曲。

(1) 教师随音乐范唱歌曲。

师：你们见过边吹泡泡边唱歌吗？

(2) 引导幼儿随音乐节拍边唱歌曲边拍手，提醒幼儿在休止处控制不唱。

(3) 鼓励幼儿跟着音乐一边唱歌一边游戏，教师用歌声、体态提示幼儿，让幼儿快乐地自由表演。

3. 游戏“大泡泡、小泡泡”。

(1) 幼儿扮演泡泡精灵，两两结伴手拉手做成“小泡泡”。

边唱歌边根据歌词内容做吹泡泡的动作，最后一句时拍一下手做泡泡爆炸的动作。

(2) 三人以上做“大泡泡”。

科学：玩泡泡

活动目标

1. 尝试用不同形状的器具吹泡泡，感知各种形状的器具吹的泡泡都是圆的。

2. 学习运用猜测、操作、观察、记录等方法进行探索活动。

活动准备

三角形、圆形、正方形、长方形等不同形状的泡泡器人手一个，泡泡水人手一份，记录表人手一张，水彩笔若干。

活动过程

1. 激发幼儿的探索兴趣。

(1) 教师出示各种形状的剪纸，师幼共同认识各种形状。

(2) 认识泡泡器，集体说说各种泡泡器的形状。

(3) 猜测不同形状的泡泡器会吹出什么形状的泡泡，教师记录。

2. 探索各种形状吹出的泡泡。

(1) 幼儿自由选择各种形状的泡泡器进行探索。

引导幼儿观察不同形状的泡泡器吹出来的泡泡形状是怎么样的。

(2) 幼儿将自己的发现用打钩的方式进行记录。

(3) 鼓励幼儿尝试各种形状的泡泡器来吹泡泡。

3. 集体讨论与验证。

(1) 找出有不同答案的两组，通过集体的实验验证最后的答案。

(2) 师幼对比猜测验证前后的答案，了解不同形状的泡泡器吹出来的泡泡都是圆的。

健康:泡泡乐

活动目标

1. 追逐跑和躲闪，对指令迅速做出反应。

2. 尝试奔跑并在奔跑中能自我保护和保护他人。

3. 乐意和同伴一起追泡泡、躲泡泡，体验游戏的快乐。

活动准备

1. 泡泡水。

2. 幼儿已有拉圆圈进行游戏的经验并玩过吹泡泡游戏。

活动过程

1. 引起兴趣。

师:这是什么?(泡泡水)泡泡水能吹出很多泡泡:大泡泡、小泡泡。

2. 泡泡游戏。

(1) 吹泡泡。

师:吹泡泡,一吹吹个大泡泡。吹、吹、吹泡泡,一吹吹个小泡泡(教师带领幼儿向圆心走)。吹、吹、吹泡泡,一吹吹个大泡泡(教师带领幼儿向圆外走)。

提醒幼儿不要放手,把泡泡吹破。

(2) 碰泡泡。

师:这次泡泡调皮,变高了,请小朋友跳一跳,碰碰我的泡泡。(教师将泡泡位置抬高,幼儿跳起来用手碰碰泡泡)

(3) 躲泡泡。

师:泡泡变低了,小朋友蹲下来,不能碰到泡泡,如果泡泡飘过来我们就往边上走一走。(教师放低泡泡,幼儿蹲下来不碰到泡泡)

(4) 追泡泡。

师:泡泡来和小朋友玩游戏了,听到老师指令"追泡泡"后,用我们刚刚的办法,踮脚用头顶破泡泡,上跳用手抓破泡泡的方式来追它。

3. 放松运动。

全体幼儿做泡泡轻轻飘,教师手持仙女棒来点,点到谁谁就到旁边休息。

健康:运水

活动目标

1. 尝试用多种容器将池塘里的水运到河对岸的家里,注意不能让水洒出来。

2. 体验玩水的乐趣,锻炼平衡感。

活动准备

1. 各种运水和装水的工具:瓶子、小碗、水壶、杯子、水桶、盆等。

2. 三座独木桥(平衡木)。

活动过程

1. 创设情境。

(1) 兔妈妈:宝宝们,刚才妈妈接到小熊的电话,它说它们家停水了,天这么热,可怎么办呢?

(2) 幼儿讨论怎么帮助小熊。

师:这里有好多盛水的工具,你们知道怎么用吗?

2. 尝试运水。

(1) 兔妈妈示范并讲解运水过程:现在我们要开始运水了,先从小熊家拿工具,走过独木桥,来到池塘边装满水,然后再走过独木桥回到小熊家将水倒进水桶里,看哪个兔宝宝运的水最多。注意走独木桥的时候小心,别掉到河里去。

(2) 幼儿初次尝试用各种容器运水。

兔妈妈在旁指导,提问:用哪些工具运水可以又快又多?

(3) 提高要求:刚才运水的时候有的兔宝宝不小心把水洒出来了,运的水就少了。我们再来试一次,注意不要把水洒出来。

(4) 进行比赛:现在我们分成三队来一次比赛,注意听兔妈妈的口令,不要让水洒出来,看哪个队运水又快又多。

3. 结束发奖。

请小熊给获胜的兔宝宝发奖。

科学:雨中游戏

活动目标

1. 通过看、听、接、踩等多种形式,初步感知小雨的特征。

2. 体验和感受雨中游戏的乐趣,萌发亲近自然、热爱自然的情感。

活动准备

1. 教师事先了解天气情况,选择一个小雨天进行活动。

2. 幼儿自带雨伞、雨衣、雨鞋等雨具,并学会使用这些雨具。

3. 废旧的盒子、杯子、瓶、罐等盛雨水的容器,一次性桌布。

活动过程

1. 看雨、听雨、说雨。

(1) 看雨。

师:雨点是从哪里落下来的呢? 是怎么落下来的? 落下来的时候是什么样子的呢?(引导幼儿用自己的语言表达自己的感受,可以用“雨点像什么”来表达)

(2) 听雨。

师:我们一起闭上眼睛,听听看,你听到的雨声是什么样的? 引导幼儿用各种象声词来表达,如:“哗啦啦”“淅沥沥”“沙沙沙”“哗啦哗啦”“滴答滴答”等。

(3) 说雨。

师:雨点落在地上像什么? 地上会有什么?(引导幼儿发现雨点落在地上会溅起泡泡状的水花,积水中会有水纹等现象)

2. 在雨中玩。

(1) 幼儿在雨中一起玩耍。

幼儿自己穿上雨鞋、雨衣、打开雨伞,到雨中自由玩耍。

① 师:我们用小手接住雨看看,雨是什么颜色的? 雨点落在手上有什么感觉? 手会怎么样?

② 师:用小脚踩踩地上积的雨水。

③ 师:将雨伞转圈,伞面上的雨水会怎么样?

(2) 幼儿讲讲自己是怎样和小雨一起玩的,以及在雨中有哪些发现?

(3) 幼儿将带来的容器倒扣在地上,聆听雨点落在不同容器上、打在地面上、树叶上、伞面上的声音,并模仿听到的各种雨声。

(4) 幼儿用手、一次性桌布、杯子、盆等容器接雨水,观察雨水滴入容器,将容器渐渐盛满的过程。

3. 幼儿将接到的雨水聚集到一起,把“雨朋友”带回教室。

健康:好喝的果汁

活动目标

1. 引导幼儿知道喝新鲜水果汁有利于身体健康。

2. 体验操作的快乐。

活动准备

简易制汁器、西瓜。

活动过程

1. 出示果汁成品。

让幼儿看一看、闻一闻、尝一尝,猜猜它是怎么做出来的。

2. 教师示范。

制作西瓜汁。

3. 幼儿操作。

幼儿自制西瓜汁,体验用水果榨汁的乐趣。

4. 品尝水果汁。

美术:冰淇淋的一家

活动目标

1. 学习用圆形、三角形和其他图形组合的方法画冰淇淋。

2. 知道吃冰淇淋是消暑的一种方法。

活动准备

冰淇淋图片。

活动过程

1. 谈话引题,激发兴趣。

师:夏天你最喜欢吃什么?吃了有什么感觉?你吃过哪些冰淇淋?

2. 出示图片,欣赏观察。

(1) 教师出示“冰淇淋一家”的图片,引导幼儿欣赏。

师:“冰淇淋一家”长什么样?你觉得像什么?你最喜欢哪一个,为什么?

(2) 重点观察。

观察冰淇淋的不同形状以及不同花纹。

3. 提出要求，演示步骤。

(1) 构图要求。

师：你想把冰淇淋爸爸画在纸的什么位置，冰淇淋妈妈画在纸的什么位置，小冰淇淋画在纸的什么位置？

(2) 绘画步骤。

先画几个三角形，再选择其他图形组合成不同的冰淇淋，画出冰淇淋的组合。

4. 幼儿作画，教师指导。

(1) 幼儿选择自己喜欢的冰淇淋样式进行绘画。

(2) 注意画面的构图。

(3) 启发幼儿联系生活经验，积极想象，在冰淇淋上插上各式水果造型，并给“冰淇淋一家”穿上漂亮的衣服。

师：你想给冰淇淋爸爸、冰淇淋妈妈、小冰淇淋分别穿什么颜色的衣服？

5. 展示作品，互相欣赏。

请幼儿把各自的作品放到作品展示区，师幼一起欣赏幼儿作品。

科学：我会喝水

活动目标

1. 知道身体的生长需要水分，白开水是最好的饮品。

2. 能主动喝水，学习记录一天喝水的杯数。

活动准备

制作与人数相等的饮水测量杯、儿歌《喝水歌》。

活动过程

1. 学习朗诵儿歌，理解喝水的作用。

(1) 师：你们喜欢喝水吗？什么时候要喝水？我们一起来听一首儿歌，听听他们在什么时候喝水。

(2) 教师朗诵儿歌《喝水歌》。

(3) 师:哪些人要喝水呀?他们为什么要喝水?渴的时候喝果汁、饮料行不行?

(4) 小结:白开水是最好的饮品,喝水对身体好处多,可以补水、排毒。

2. 学习统计喝水的杯数。

(1) 教师和幼儿一起讨论。

师:植物需要喝水,爸爸妈妈、爷爷奶奶需要喝水,我们小朋友也需要喝水,一天要喝多少水呢?

(2) 尝试用插小棒的方式来记录自己的喝水量。

请幼儿每人喝一杯水,喝完后将小棒插到统计图中自己的小纸杯里。

3. 看谁喝得多。

师:看大班哥哥姐姐的喝水记录,数数大班哥哥姐姐谁喝得多。

健康:多喝白开水

活动目标

1. 知道人每天都需要喝水,想喝水时会主动去喝。

2. 懂得白开水是最好的饮品,在日常活动中能主动喝白开水。

活动准备

自制课件(锻炼后、外出游玩时、洗澡后、起床时等图片,池塘里的水、自来水、海水等不能饮用的水的图片)。

活动过程

1. 感知讨论,了解水对身体的重要作用。

刚才我们做了游戏,喝了水之后有什么感觉?

2. 了解什么时候应喝水、哪些水不能喝。

(1) 观察图片,了解锻炼后、外出游玩时、洗澡后等情况下人会想喝水,起床时也会想喝水。口渴了不喝水会很难受,小朋友想喝水的时候可以自己去喝。

(2) 了解有些水不能喝。

通过保健医生的讲解,了解白开水是最好的饮品。

3. 评选“喝水小宝贝”。

知道口渴了要喝白开水。想喝水的时候会自己去喝,就能被评为“喝水小宝贝”了。

语言:小朋友爱清洁

活动目标

1. 理解儿歌内容,学习按儿歌韵律有节奏地朗诵儿歌,愿意做个爱清洁、讲卫生的孩子。

2. 学习与教师、同伴合作表演,体验扮演的乐趣。

活动准备

动物图片,儿歌《小朋友爱清洁》。

活动过程

1. 教师出示各种动物图片,引导幼儿了解儿歌中的角色。

(1) 出示小鸭、小鸡、小狗、小猫图片。

师:看看谁来了,和动物朋友问好。

(2) 幼儿模仿动物的叫声和动作。

师:它们是怎么叫的? 我们一起来学一学,做一做。

2. 教师木偶表演。

师:小鸭嘎嘎嘎,小鸡叽叽叽,小狗汪汪汪,小猫喵喵喵,它们在说什么呢? 让我们一起来听儿歌。

3. 幼儿学习理解儿歌内容。

(1) 师:小鸭叫我干什么? 小鸡叫我干什么? 小狗叫我干什么? 小猫叫我干什么?

(2) 引导幼儿与同伴互相检查一下对方的指甲、鼻子、衣裳、小脸的清洁情况。

4. 教师带领幼儿一起朗诵儿歌。

(1) 在图片的提示下,幼儿跟随教师有节奏地朗诵儿歌。

(2) 师幼用对念的方式边做动作边朗诵儿歌,教师朗诵前一句,幼儿朗诵后一句。

(3) 分男生、女生朗诵。

(4) 想一想还有哪些是清洁卫生的好习惯。

音乐:洗澡噜啦啦

活动目标

1. 大胆用动作表现洗澡时的快乐,并随着乐曲的变化表现。

2. 知道洗澡可以让自己变得干净、健康。

活动准备

1. 音乐《洗澡噜啦啦》。

2. 幼儿已经有用泡沫洗澡的经验。

活动过程

1. 自由表现洗澡。

师:现在是什么季节呀?出了汗怎么办呀?你是怎么洗的?让我们一起听着音乐来洗洗吧。

2. 创编洗澡的动作。

(1) 讨论:你是怎么洗澡的?洗了什么地方?

(2) 自由创编。

(3) 梳理创编的动作:请个别幼儿上来表演,教师根据幼儿所说出示动作图谱或即兴画出洗澡动作。

3. 辨别音乐节奏快慢。

(1) 完整欣赏音乐,感受节奏快慢。

师:有个小朋友喜欢一边洗澡一边听歌,你们听一听这首歌哪个地方快,哪个地方慢。音乐快的时候应该怎么洗?慢的时候呢?

(2) 分段感受并表演。

(3) 完整听音乐表演。

4. 完整表现。

帮同伴"洗澡"。

语言:灰灰先生

活动目标

1. 理解故事内容,感受故事的幽默、诙谐,懂得要爱清洁、讲卫生,才会受到别人的欢迎。

2. 乐意学讲故事中的语句,用语言表达自己听故事的感受。

活动准备

1. 故事《灰灰先生》。

2. 灰灰先生的形象,道具(香蕉皮、瓜子等)。

活动过程

1. 灰灰先生的自述。

(1) 出示灰灰先生,教师边表演边讲解,幼儿观看。

① 师:大家好,我是灰灰先生,这是我的家。让我坐下来先吃个香蕉(表演随手将香蕉丢在地上,瓜子壳吐在桌下等乱扔垃圾的行为)。唉,我想邀请我的朋友们来玩玩,打个电话给它们,表演“打电话”。

② 师:灰灰先生是什么模样的?它的家又是怎么样的?

(2) 幼儿猜测:朋友们会去灰灰家里玩吗?为什么?

2. 教师分段讲述故事,帮助幼儿理解内容。

(1) 讲述第一段。

师:大家为什么不喜欢去灰灰先生的家?灰灰先生用什么办法,朋友们才会愿意去?

(2) 讲述第二段。

师:灰灰先生买了一台什么机器?吸尘器吸了什么东西?为什么把灰灰也吸进去了?灰灰先生急得怎么说?

(3) 讲述第三段。

师:垃圾车来了,吸尘器做了一件什么事情?这时候灰灰先生怎么了?

(4) 讲述第四段。

这时,灰灰先生家的谁听见了?它怎么说?怎么做?

(5) 讲述第五段。

灰灰先生的家变得怎么样了？灰灰先生怎么样了？灰灰先生为什么会变得干干净净呢？

3. 完整欣赏故事内容。

(1) 幼儿听故事，完整理解故事内容。

(2) 师幼共同帮灰灰改名字。

4. 结束活动。

师：我们都要爱清洁，讲卫生，这样才会受到别人的欢迎。接下来，我们一起做吸尘器，找找教室里的垃圾，将它们清理干净吧！

美术：我爱洗澡

活动目标

1. 选择自己喜欢的颜色并尝试用不同的线条来表现泡泡的形态。

2. 体验洗澡的快乐，喜爱洗澡。

活动准备

1. 油画棒、浅色水彩、棉签。

2. 歌曲《我爱洗澡》。

活动过程

1. 游戏“我爱洗澡”，引出洗澡的话题。

教师播放歌曲《我爱洗澡》，幼儿跟随教师跳洗澡舞。

师：你们昨天洗澡了吗，怎么洗的？请个别幼儿说一说。

2. 教师引导幼儿绘画。

(1) 教师绘画。

师：这里也有一位小朋友，他刚刚在身上抹了肥皂，搓一搓，咦，出现了一个大泡泡，又搓一搓，出现了一个小泡泡，再搓一搓，出现了一个红色的泡泡，等会儿又出现了一个绿色的泡泡。

(2) 幼儿画泡泡。

师：请你们也来帮这位小朋友画泡泡，谁愿意试一试？

教师提要求，一边画一边要说搓一搓，搓出了一个什么样的泡泡。

（3）画泡泡链。

师：这些泡泡靠在一起就变成一条泡泡链了，泡泡链是怎么变出来的呢？伸出你的食指和老师一起把泡泡链变出来。

3. 幼儿作画。

师：老师这里还有许多浴缸，请小朋友们也来帮自己洗澡。你先要用黑色的笔把自己画在浴缸里，再用喜欢的颜色画出好多泡泡，让自己也变成香香的泡泡娃。

4. 欣赏作品。

（1）师：你的泡泡是什么颜色的？长什么样？

（2）小结：今天，小朋友们洗澡开心吗？放学回家你也洗个澡，洗澡时再仔细观察一下，搓出来的泡泡还会是什么样子？

社会：爱护水娃娃

活动目标

1. 体验水对我们生活的重要性，懂得要节约用水。

2. 能想办法用有限的水做更多的事情。

活动准备

1. 幼儿已有保护环境、节约用水的意识。

2. 一小盆水，黄瓜、青菜各一份，脏杯子和抹布若干。

活动过程

1. 情境导入。

（1）教师接到通知：停水啦。

（2）幼儿讨论：停水了，会怎样？

（3）师幼共同小结：水在生活中很重要，人们的生活离不开水。如果停水了，我们就不能做饭菜、不能洗衣服、不能冲厕所、不能洗手和洗澡。

2. 师幼谈话。

（1）师：我们经常要用水，怎么用水会比较节约呢？

（2）师幼共同讨论和梳理节约用水的小窍门。

如：随时关闭水龙头、用洗衣服的水拖地、用洗菜的水浇花等。

3. 游戏:用有限的水做尽量多的事情。

(1) 教师介绍游戏材料,交代任务:用小盆里的水完成洗菜、洗杯子、洗抹布的任务,看谁的办法最好?

(2) 幼儿分组讨论并操作,教师观察引导。

(3) 小结:学习用正确的方法节约用水,既经济又环保,是一件快乐的事情。

4. 实践活动:我给花朵浇浇水。

教师带领幼儿用游戏结束后脏了的水给幼儿园的植物浇水,巩固幼儿的认知,进一步培养幼儿节约用水的意识。

社会:小水滴不哭了

活动目标

1. 体会水与人们生活的密切关系,懂得节约用水。

2. 了解水的二次利用。

活动准备

花草头饰若干,请大班幼儿扮演“小水滴”。

活动过程

1. 引出课题。

(1) 游戏:关紧水龙头。

① 一半幼儿扮演“花草”,一半幼儿跟随老师给“花草”浇水,“花草”和浇水的幼儿快乐地跳起舞。

② 幼儿讨论。

突然,听到一阵哭声,小朋友和老师循声找到了正在伤心哭泣的“小水滴”。

师:小水滴,你为什么哭呀?

小水滴:嘀嘀嗒、嘀嘀嗒,有个小朋友洗完手没有关紧水龙头,把我给白白浪费了。

师:小水滴,你别哭,让小朋友来帮助你。

师:谁来帮助小水滴,让小水滴高兴起来?

2. 谈话:水的用处大。

(1) 师:水有什么用? 除了我们人需要水,还有谁也需要水? 如果没有了水会怎么样？我们要怎样节约用水？

(2) 小水滴：人、动物、植物都离不开水，水的用处真大，我们要节约用水。

3. 谈话：水的二次利用。

(1) 大班的哥哥姐姐提进来一桶水，说："小水滴，我能把洗过手帕的水倒掉吗？"

(2) 小水滴：不能倒，不能倒，我还有别的用处呢。

(3) 师：小朋友，洗过手帕的水还能干什么用呢？

幼儿讨论并回答。

小水滴：小朋友真能干，知道了用过的水还有其他用处，有了节约用水的意识，谢谢你们。

语言：小小露珠

活动目标

1. 欣赏散文，感受小露珠和植物们的亲密关系，初步了解小露珠从形成到消失的变化过程。

2. 理解并学说散文中植物们与小露珠的对话。

活动准备

1. 有观察露珠的经验。

2. 散文《小小露珠》。

活动过程

1. 回忆和交流清晨散步时的发现和感受。

师：你们看到过露珠吗？它们是什么样子的？

2. 欣赏并理解散文内容。

(1) 教师朗诵散文。

(2) 通过提问引导幼儿感受小露珠的形成、变化过程。

师：夜晚的小露珠是怎样的？它会出现在哪些地方？清晨，小露珠有了哪些变化？太阳出来后，小露珠有什么变化？它到哪里去了？

(3) 引导幼儿学说散文中的对话，感受小花等植物对小露珠的谢意。

小花、小草、小树分别对小露珠说了什么？它们为什么要感谢小露珠？

3. 熟悉散文内容，尝试用适合的语调和动作表现散文中的对话。

（1）教师引导幼儿共同阅读。

（2）鼓励幼儿大胆表演对话的动作和表情，引导同伴间相互学习交流。

（3）教师朗诵散文，鼓励幼儿扮演小花、小草、小树等植物角色。

科学：有趣的沉浮

活动目标

1. 观察沉浮现象，尝试进行简单的记录。

2. 萌发对周围事物观察和操作的兴趣。

活动准备

1. 在整理箱中提前装好水。

2. 石头、磁铁、乒乓球、积木等材料若干。

3. 记录表人手一份。

活动过程

1. 创设情境，激发幼儿探究的兴趣。

（1）出示实验材料，引导幼儿观察、发现材料的特征。

（2）设计游泳比赛的情境，请幼儿猜想、预测材料"跳水"的现象。

师：这么多的东西，要进行一个游泳比赛，它们跳到水里会怎样呢？

2. 简单操作，并记录。

（1）教师记录自己的假设，并详细说明怎样使用记录表。

（2）引导幼儿自己猜想、假设并记录。

3. 实验操作。

（1）通过实践操作，引导幼儿体验"浮"与"沉"的概念。

师：现在我们来做一个实验，验证一下结果是否和我们的猜测一样。

例如，把一块积木和石头分别投到水里，请幼儿观察积木在水里是怎样的。我们用一个字"浮"来表示积木在水面上。用同样的方法引导幼儿观察石头是"沉"下去的，表示石头在水底下。

（2）鼓励幼儿用图示表示自己看到的实验结果。

师:将观察到的结果画下来,必须根据自己看到的实际情况来画。

(3) 幼儿自由操作,并记录结果。

幼儿将记录的结果与自己的预测进行比较,教师帮助幼儿整理对物体沉浮现象的认识。

4. 交流实验记录结果。

请幼儿说说自己为什么这样记录,每一个符号表示什么,假设与实验结果是否一样。

5. 小结。

(1) 引导幼儿将猜测、假设与实验结果对照,强调记录的真实性。

(2) 与幼儿回忆活动中自己的操作与记录。

科学:玩水接力赛

活动目标

1. 在游戏中知道海绵能够吸水。

2. 积累初步的比较经验。

活动准备

幼儿人手一块海绵,8个相同大小的脸盆(4个装水的、4个空的),尺子。

活动过程

1. 玩玩海绵。

引导幼儿体会用海绵挤水、吸水的过程。

师:捏一捏海绵有什么感觉?把海绵放进水里,再拿起来,你发现了什么?挤一挤,你又发现了什么?

2. 雨水接力赛。

(1) 教师讲述游戏规则:和你的朋友一起用海绵把脸盆的水运到对面的脸盆里,铃声响起时,大家停止运水,比比哪一组运的水最多。

(2) 幼儿分成红、黄、蓝、绿四个小组,贴上彩色标记。游戏开始,幼儿开始用海绵运水。

(3) 铃声响了,教师和幼儿一同测量哪个组运的水最多。测量方法:教师手拿尺子,垂直插入水中测量。

（4）引导幼儿观察尺子上的标记，哪个组脸盆装的水面位于尺子的标记最高，哪个组运的水就最多。

（5）重复游戏两次。

3. 整理场地。

美术：美丽的雨滴

✣ 活动目标

1. 能大胆地用手指蘸颜料，初步体验用“点”的动作从上而下，一下一下地点画雨滴。

2. 学会用布擦干净手的方法。

✣ 活动准备

各色颜料、抹布。

✣ 活动过程

1. 回忆导入。

师：小朋友我们和雨玩过各种游戏，你们喜欢雨吗？觉得雨有哪些趣味？

2. 探索方法。

（1）示范画彩色的雨滴。

① 师：选个颜色看一看，伸出手指蘸一蘸，点、点、点，我从哪里开始点的呀？

② 小结：雨滴宝宝是从云朵娃娃下跑出来的，雨滴宝宝要跑出来啦！

③ 师：现在老师想再请出一个颜色的雨滴宝宝，可是它不喜欢我手上有这个颜色，所以我就先把手指在布上擦一擦，擦擦手指再蘸蘸，点、点、点。

（2）请一名幼儿来模仿，其余幼儿空手练习。

3. 幼儿创作。

（1）提出制作要求：雨滴要画在云朵娃娃下面。换个颜色再蘸蘸的时候要用布先把手擦干净，伸出手指再蘸蘸，点、点、点。擦手指的时候要擦干净哦，这样画出的云朵才漂亮。已经有雨滴宝宝的地方不能再点了，雨滴宝宝不要挤在一起，这样不漂亮。

（2）巡回指导个别幼儿制作，帮助遇到困难的幼儿。

4. 展览幼儿作品。

音乐:大雨和小雨

活动目标

1. 在倾听中分辨大雨和小雨的不同。

2. 熟悉歌曲、大胆地表现大雨和小雨不同的强弱力度。

活动准备

雨的录音和图片。

活动过程

1. 播放声音,使幼儿产生兴趣。

(1) 教师播放“大雨和小雨”录音,引导幼儿自由倾听。

(2) 师:刚才你听到了什么声音?是怎么样的雨?

2. 初步尝试用声音、动作来表现大雨和小雨。

(1) 师:下大雨的声音是怎样的?我们用能干的小手来表示一下,谁来做一做?我们再来用能干的小手做一做。(出示大雨图片)

(2) 师:大雨下得可真大,慢慢地,雨变小了。我们来听一听……(播放小雨录音)

(3) 师:小雨下的声音是怎么样的呀?小手也来表示一下吧。(出示小雨图片)

3. 熟悉歌曲,大胆地表现大雨和小雨不同的强弱力度。

(1) 师:大雨落下来时是怎么唱的啊?小雨又是怎么唱的啊?来,我们来唱一唱吧!让幼儿尝试唱歌。

(2) 师:让我们再来听一听,听听看下大雨和下小雨的声音一样吗?第二遍欣赏歌曲,感受大雨声和小雨声的不同。

(3) 师:大雨唱的时候是响响的,小雨唱的时候是轻轻的。现在我们一起来唱一唱吧!

(4) 师:现在让我们来学一学大雨和小雨,一边唱一边从天上落下来吧!(引导幼儿大胆表现大雨和小雨)。

4. 大雨和小雨。

师:现在老师来做大雨,请小朋友来做小雨,我们一起来做游戏吧!规则:唱大雨的时候用小丝巾用力挥,唱小雨的时候轻轻地挥。

七、特色活动

（一）大型活动——趣味泼水节

炎炎夏日来临，泳池、海边都成了大家玩水的好去处。在幼儿园，是否也可以尽情地与水为伴，和水做游戏呢？为了满足幼儿的愿望，与大家共同度过一个难忘的热情夏日，幼儿园特举办趣味泼水节。

活动目标

1. 在游戏中感知水的主要特性和用处，知道节约用水，体验玩水的快乐。

2. 增进亲子感情，让幼儿勇于挑战自己、克服困难。

活动时间

6月。

活动地点

操场。

活动准备

1. 储水工具、保温桶、果汁饮料、小吃、一次性水杯等。

2. 游戏道具：锅盖、水杯、颜料、吸管、肥皂、洗衣粉、洗洁精、大饮料瓶、棍子、绳子等。

活动流程

1. 缤纷泳装秀——亲子走秀。

2. 沙滩风景线——沙坑建构。

3. 热情夏日舞——幼儿表演。

4. 欢乐泼水节——亲子水战。

注意事项

1. 请在活动前一天将游戏所需的所有物品备齐。

2. 幼儿当天自带玩水装备，穿泳装、防滑的鞋子，建议戴泳镜。

(二) 蜗牛考察队——水宝宝大搜索

以亲子活动的形式进行考察，考察表如下。

水宝宝大搜索

各种各样的水 	水的作用 	水的游戏 

八、儿童工作室

区域名称	新增活动内容	新增材料投放	观察与指导
语言区	有关水的绘本和百科图书	《小小露珠》讲述图卡，《水先生的奇幻旅程》《水的故事》等与水相关的绘本和故事书	鼓励幼儿在阅读中积累有关水的认知经验；大胆表述《泡泡屋》等故事
益智区	水的溶解和沉浮	提供糖、盐、豆子、塑料球、玻璃球、纸、棉花等物品	熟悉水的基本特征，并能观察实验的现象
角色区	茶馆游戏	提供柠檬干、干山楂等花果茶	引导幼儿尝试开展买卖游戏，“老板”能尝试吆喝，“客人”能准确地说出花茶的名称
美工区	创意彩色画	水枪和不同颜色的颜料水，进行喷画 彩色肥皂水进行泡泡画	引导幼儿尝试用各种材料创意作画
表演区	夏日风情秀	各种水娃娃头饰和音乐	鼓励幼儿倾听音乐，并扮演水宝宝，根据音乐节奏进行水宝宝走秀活动

九、执行参考

1. 在本主题开展过程中，鼓励家长带幼儿去欣赏喷泉、发现水族馆等，利用节假日和幼儿去海边等有水的地方，丰富幼儿关于水的经验。

2. 遇到下雨等自然状况，引导幼儿观察雨水落下的各种形态。

3. 和幼儿一起收集有关水的资料，并一起玩各种水的游戏。

中班主题活动教案

主题一：秋分——树叶飘飘

一、主题生发

秋天，万紫千红，是个美丽的季节；秋天，果实累累，又是个丰收的季节。秋天的田野，沉甸甸的稻谷翻腾着滚滚波浪，飘散着醉人的芳香，好似灿烂的彩霞抖落田间。秋天多种新鲜蔬菜和水果都成熟了，带给幼儿的是斑斓的色彩、各异的形态、鲜美的味道、丰富的营养。这样的季节特征引发了中班幼儿的好奇与关注，尤其是颜色、形态各异的树叶宝宝，更是激起了幼儿的兴趣，所以本主题选择了“树叶飘飘”作为切入点，帮助幼儿梳理关于秋天落叶的经验，引发幼儿主动探索的兴趣，帮助幼儿根据自己的观察进行归类，总结秋天树叶的不同之处，并能初步讨论树叶的用途，引发对树叶进一步探究的兴趣。

在本主题中，借助文学作品、科学探究、艺术表现等方式来建构有关树叶的认知经验，让中班幼儿在多种形式的活动中习得初步的观察方法和科学的探究态度，感受到秋天落叶美的意境，表现树叶飘落的舞动感。

二、主题目标

语言领域：学习与秋天或树叶相关的儿歌、故事等文学作品，感受秋天的季节特征，并尝试仿编儿歌，乐意在众人面前大胆发言，喜欢玩语言游戏。

科学领域：初步感受秋天来临时的气候变化，感知秋天许多树叶发生了变化，了解它们的颜色、形状和大小。

健康领域：知道天气逐渐变凉，学会及时增减衣物保护自己，提高幼儿对天气变化的适应能力；并练习投掷、触物跳跃，增强手臂肌肉和腿部肌肉的力量。

艺术领域：学习用树叶拓印作画，感受手工活动的乐趣。能以自己喜欢的方式运用各种各样的树叶以及工具材料，进行美术创造活动。能用自然的声音学唱秋天的歌曲，并愿意用模仿动作表现音乐的内容和节奏，表现树叶飘落的舞动感。

社会领域：乐意与他人交流，表达自己关于秋天的所感所想，享受在集体中的快乐。

三、主题框架及内容

（一）框架

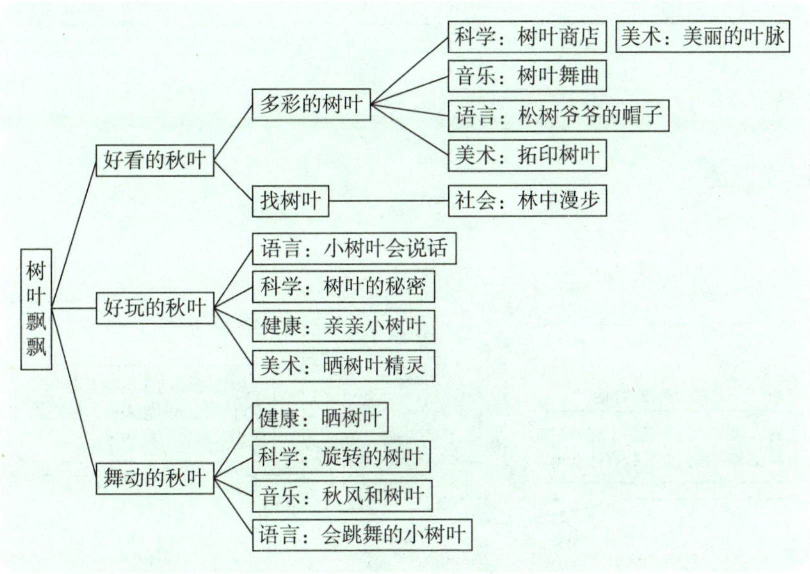

（二）内容

思　路	领域	内　容	资　源
好看的秋叶	社会	林中漫步	户外场地
	语言	松树爷爷的帽子	录音机、课件
	科学	树叶商店	课件、数字卡片
	美术	美丽的叶脉	美术工具材料
	美术	拓印树叶	拓印材料、清晰树叶纹路若干
	音乐	树叶舞曲	课件、图谱

续表

思　路	领域	内　容	资　源
好玩的秋叶	语言	小树叶会说话	故事课件
	美术	树叶精灵	棉签添画
	健康	亲亲小树叶	树叶贴纸、户外场地
	科学	树叶的秘密	课件
舞动的秋叶	音乐	秋风和落叶	各类树叶若干
	健康	晒树叶	道具、场地
	科学	旋转的树叶	各类风的头饰
	语言	会跳舞的小树叶	情境表演

四、主题墙

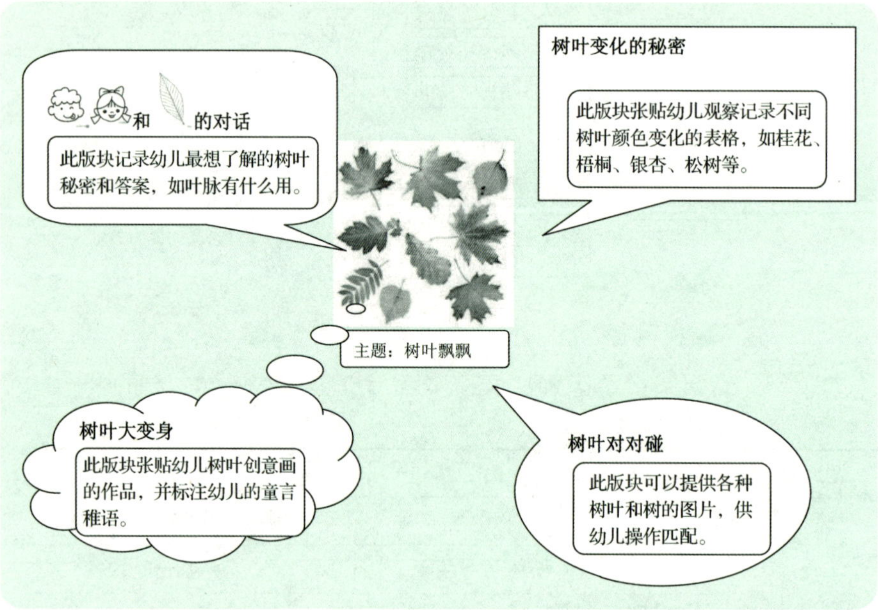

五、致家长的一封信

亲爱的家长朋友：

您好！

秋风起，树叶飘，主题活动“树叶飘飘”将带着幼儿与树叶进行一场有趣、有意义的发现之旅——用眼睛观察各种各样的树叶；用耳朵聆听小树叶“说话”；用身体表现树叶的飘零；用小手收集制作好看的树叶作品……幼儿将在动手操作和表达中产生探究树叶的欲望，体验发现、创造的乐趣。

本主题从“舞动的树叶”“好看的树叶”“好玩的树叶”三方面展开，为了更好地开展活动，我们诚邀您一起参与到活动中来，为幼儿的成长提供有力的支持，以下是需要您配合的事项：

1. 与幼儿共同收集各种树叶，在收集的过程中与幼儿探讨树叶的名称，进行简单的分类，将树叶擦拭干净后带到幼儿园，供活动使用。

2. 与幼儿一起尝试用不同的树叶拼贴出一些人物和动物的造型，为亲子活动做准备。

3. 与幼儿共同观察树叶颜色的变化，填写“树叶变化记录表”。

4. 邀请您与幼儿一起参加“树叶秀”亲子活动。

如果期间您对我们的主题活动有什么建议和意见，也欢迎随时和我们沟通，让我们一起努力，让幼儿更好地成长！

__________班老师

日期：__________

六、活动设计

社会：林中漫步

活动目标

1. 运用多种感官感受秋天的特征，发现秋天树林的美丽和多姿多彩。

2. 大胆表达自己对小树林的感受与发现。

活动准备

1. 选择一处有多种树木的小树林，幼儿人手一个小筐。

2. 有集体散步的经验。

活动过程

1. 林中漫步，感受树林的秋色。

(1) 师：秋天到了，小树林会有哪些变化呢？我们一起到小树林里去看看吧。

(2) 师幼共同在小树林中漫步、玩耍、自由交谈。

师幼共同在小树林中看看、听听、闻闻、摸摸，运用多种感官感受小树林的气息和秋天给小树林带来的变化。鼓励幼儿边自由漫步观察边与同伴交谈。

2. 林中讨论，交流对小树林的感受。

(1) 师幼共同围坐在小树林中，交流自己的发现。

师：秋天到了，小树林在悄悄地变化，谁来说说自己发现了什么，又是怎样发现的。(请个别幼儿讲述)

(2) 用多种感官再次感受秋的气息。

师：让我们深吸一口气，你闻到了什么味道？

师：闭上眼睛，让我们静静地听，你听到了什么声音？

师：用脚踩一踩落叶，你听到了什么？轻轻地踩，声音有什么不一样？让我们仔细地看，你还看到了什么变化？

3. 用肢体动作学一学树叶漂亮的样子。

语言：松树爷爷的帽子

活动目标

1. 理解故事主要内容，了解落叶树和常青树的不同。

2. 能大胆进行故事表演，体验同伴交往的乐趣，愿意关心帮助他人。

活动准备

1. 课件《松树爷爷的帽子》。

2. 梧桐树、水杉树、松树道具各一个，小鸟挂牌一个。

活动过程

1. 情境导入。

师：今天我们班来了一位小客人。（出示难过的小鸟图片）你们瞧，小鸟这是怎么了？（小鸟在伤心）

师：请你们来猜一猜，小鸟为什么会伤心。

2. 分段欣赏故事，初步理解故事内容。

（1）教师讲述故事。（开始——“你能帮助我吗？”）

师：看见梧桐树爷爷后，小鸟是怎么请求梧桐树爷爷帮助的？说了些什么？（幼儿自由回答）

师：那让我们再来听一听。（播放课件录音：梧桐树爷爷，您好，北风把我的家吹走了，我想有个家，您能帮帮我吗？）

师：那我们来看看梧桐树爷爷到底有没有帮助它。（播放课件录音“梧桐树爷爷的话”）

小结：原来梧桐树爷爷没有帮助小鸟，为什么？（幼儿回答后再学说树爷爷的话）它对小鸟说了些什么？（学习用无奈的口吻模仿梧桐树爷爷的话：“北风把我的帽子吹走了，我帮不了你！”）

（2）教师讲述故事。（“飞呀飞”——“你能帮助我吗？”）

师：水杉树爷爷能帮助小鸟吗？为什么？（幼儿猜测）

师：为什么水杉树不能帮助小鸟？（一起学说水杉树爷爷的话，体验水杉树爷爷的无奈）

师：水杉树爷爷对小鸟说自己的帽子被北风吹走了。你知道它们的帽子指的是什么吗？（树叶）

师：原来它们的帽子是树叶呀。原来，梧桐树和水杉树都没了树叶，就不能给小鸟挡风遮雨了，所以水杉树爷爷不能帮助小鸟。我们可怜的小鸟两次都没有找到家，可是它依然不放弃，继续往前飞啦。你们来猜猜看，它又会碰到谁？

（3）教师讲述故事。（“小鸟继续飞呀飞”——“你帮帮我好吗？”）

师：松树爷爷帮助小鸟了吗？它怎么帮助小鸟的？说了些什么？（幼儿学说）

（4）教师讲述故事。（“于是”——“最后”）

师：最后是谁帮助了小鸟呀？

小结：为什么梧桐树爷爷和水杉树爷爷的树叶都会被北风吹走，松树爷爷的叶子却没有被吹走呢？有谁知道？（幼儿猜测）

像梧桐树和水杉树这样在春天、夏天树叶茂盛，在冬天叶子凋落，只剩下光秃秃的树干的树有一个很好听的名字，叫落叶树。我们来看看大自然中还有哪些树也属于落叶树。那像松树爷爷这样冬天没有掉叶子的，也有一个很好听的名字，叫常青树，常青树在春季和夏季长出新的叶子后，老的叶子才慢慢地掉落，所以一年四季枝叶都是很茂盛的。那我们再来看看还有哪些树属于常青树。

3. 完整欣赏故事。

师：那如果有人碰到了困难，我们该怎么做？

小结：我们小朋友也要像故事中的松树爷爷一样尽自己最大的能力去帮助有困难的人，这样我们也会感到很快乐。

4. 分角色进行故事表演。

教师指导幼儿分组进行情境表演。

5. 活动延伸。

师：小鸟们，我们找到家了开心吗？我们一起谢谢松树爷爷吧，现在跟着妈妈到外面去玩吧。

科学：树叶商店

活动目标

1. 喜欢用常见的树叶玩游戏，发现它们的特点。

2. 在游戏中感知6以内数与量的对应关系。

活动准备

1. 教具：柳树、梧桐、枫树、银杏、松树的树叶图片，树叶图卡（每种树叶各6片），1—6点卡，1—6数字卡片，6种动物的图卡。

2. 家长与幼儿一起收集的树叶，幼儿人手2—3种树叶，每种树叶6片。

活动过程

1. 小动物捡树叶。

（1）情境导入，认识几种常见的树叶。

师：小动物们到树林里玩，捡了一些树叶，它们不认识。你认识这些树叶吗？你知道它们叫什么名字吗？它们的形状像什么？

（2）小结：枫树叶子像鸡爪，柳树叶子像眉毛，松树叶子像尖刺，银杏叶子像小扇，梧桐树叶像手掌，鹅掌树叶像衣裳。

2. 幼儿点数树叶有几片。

提问：小动物们捡了几片什么叶子？（教师分别在每个动物图卡后贴不同数量、不同品种的树叶，引导幼儿点数。说出总数后，请个别幼儿匹配相应的点卡与数字卡）

3. 买卖树叶。

（1）幼儿给自己收集来的树叶归类，进行点数。

（2）教师和幼儿玩“买卖树叶”的游戏。

师：小松鼠想买4片银杏叶。

教师说出自己想买的树叶的名称和数量，幼儿尽快拿出相应的树叶。熟悉玩法后，教师不直接说出树叶名称，而是说出树叶的主要特征，引导幼儿准确找出树叶。

（3）幼儿两两分组玩“买卖树叶”的游戏。

4. 活动延伸。

在角色游戏中玩“买卖树叶”的游戏。

美术：美丽的叶脉

活动目标

1. 能大胆地给水果涂上相应的颜色，继续学习朝一个方向涂的技能。

2. 进一步感知水果的某些特征。

活动准备

1. 各类树叶的标本，树叶的图片，树叶范画《美丽的叶脉》。

2. 知道树叶的叶脉有许多条。

活动过程

1. 通过与幼儿的交流，引起幼儿的兴趣。

师:孩子们,你们有没有见过树叶呢?树叶都是什么形状的?有什么颜色呢?

2. 出示各种树叶,让幼儿观察其形状和组成结构,激发幼儿的乐趣。

(1) 师:孩子们,我这里有好多树叶,它们啊,都有自己独特的衣服,每片树叶穿的衣服都是不同的,不过都很漂亮,你们看一看。

(2) 通过提问,引导幼儿认识叶脉。

师:孩子们,你们看它们的衣服都有好多条条,就像我们自己的衣服一样,有的有花边,有的是褶皱似的,也有的有好多漂亮的图案,孩子们,你们看,这些树叶的衣服有哪些图案呢?我们找一找吧!

3. 再次通过提问,让幼儿对叶脉的认识更深。

师:孩子们,你们发现了没有,这些树叶穿的衣服都有什么特点呢?(幼儿作答:找到了)这些树叶衣服上是不是都有一条一条的,而且还有的分开了好几个路口,你们知道那是什么吗?那叫叶脉。如果树叶没有叶脉,那它就不漂亮了。

4. 出示各种没有叶脉的树叶图片,引导幼儿创造。

师:孩子们,你们看,这些树叶都没有叶脉,是不是不漂亮啊!那你们想让树叶变漂亮吗?今天,老师就教你们如何画叶脉。

(1) 教师做示范,教幼儿如何画叶脉,以及如何用正确的姿势握笔。

发放白纸和画笔,指导幼儿作画,鼓励幼儿大胆作画。

(2) 出示幼儿作品,激发幼儿作画的动力。

美术:拓印树叶

活动目标

1. 通过观察,了解树叶的奇妙以及树叶的外形和叶脉的不同之处。

2. 了解拓印的方法,乐意与同伴探索交流。

活动准备

1. 各式各样的树叶若干,厚薄画纸人手一张,蜡笔若干,胶水若干,教学挂图。

2. 初步接触拓印,知道能用材料拓印出不一样的图案。

活动过程

1. 幼儿自由介绍各种奇妙的树叶。

师:你们搜集的树叶都是什么样的,有谁愿意和大家介绍下自己带来的树叶。

幼儿自由介绍搜集来的树叶,大家欣赏交流树叶的特点。

2. 欣赏教学挂图中“奇妙的树叶”,感受树叶、叶脉的奇特之处。

师:请大家欣赏一些奇妙漂亮的树叶(引导幼儿自由想象)。小朋友看到图中的这些树叶,像什么?大家想到了什么?与平时我们见到的树叶一样吗?有什么不一样呢?这些树叶是什么形状的?中间一条一条的线(叶脉)是什么,谁能告诉我?

小结:秋天到了,小树叶们都换上了新衣服,离开了自己的妈妈,它们都到哪去了?树妈妈看见自己的孩子不见了会着急吗?小树叶离开了妈妈,还会回家找妈妈吗?什么时候还会去找妈妈呢?(当春天来了小树叶就会回来找妈妈了)

3. 出示拓印画,引发幼儿对拓印画的兴趣。

师:这里有一幅奇怪的画,从这幅画里面,小朋友们能看到些什么呢?画里面又藏着些什么呢?谁能看出来?

(1) 引导幼儿观察拓印画,讨论怎样进行拓印。

师:画里面的树叶是怎样画进去的?请小朋友们猜一猜。(激发幼儿对拓印画的兴趣)

(2) 了解拓印树叶的方法和注意事项。

① 先选好树叶,可以选一种或者两种。

② 然后把树叶用胶水贴在厚纸上固定住作为底板,把薄纸铺在上面固定好。

③ 再选择自己喜欢的颜色的蜡笔均匀地涂在薄纸上,进行拓印。

师:大家想用什么样的树叶拓印呢?想怎么样拓印呢?

4. 互相交流各自拓印的过程,并讨论,分析拓印成功与否的原因。

师:请大家说说自己刚才是怎么拓印树叶的,拓印出来了吗?为什么?

小结:引导幼儿探索发现只有画面产生凹凸不平时才能拓印,拓印的时候,要把上下两张纸固定好。

音乐:秋风和落叶

活动目标

1. 喜欢乐曲欢快的风格,感受落叶缤纷带来的美好感受。

2. 听辨乐曲,乐意用多种方式体验与表现风和落叶。

活动重难点

重点:听辨乐曲,用肢体动作表现风和落叶。

难点:把握 * * | * * * | 节奏,表现 A1 乐段的 AAB 结构与 A2 乐段的渐快变化。

活动准备

1. 幼儿有捡落叶、观察落叶的经验。

2. 小纱巾幼儿人手一块,教师用纱巾一块,大纱巾一块(上面粘贴有树叶)。

3. 风吹落叶的视频,电脑。

4. 音乐 CD《以色列乐曲》。

活动过程

1. 风吹树叶落下来。

(1) 播放风吹树叶的视频(配 A1 乐段),感受情境。

师:你觉得来到了哪里? 为什么?

(2) 讲述风与树叶的故事,引出乐曲。

师:秋天到了,好多树叶在秋风中飞来飞去,有时树叶随风跳舞……

(3) 完整倾听 A1 乐段,初步感受乐曲的结构。

师:哪里是“风儿吹落叶”? 哪里是“树叶落落落下来”?

(4) 再次倾听 A1 乐段,引导幼儿在座位上自由表现。

2. 秋风秋叶跳个舞。

(1) 师幼互动,重点感受与表现 A1 乐段 a 句的风。

——我的手变成一阵风。(教师边唱乐曲,边表现风的动作)

——你的小手变成一阵风,有不一样的风吗?(教师哼唱乐曲,幼儿尝试用肢体动作表现风儿)

（2）纱巾游戏，重点感受与表现 A1 乐段 b 句的落叶。

——听到“风来了”，把脖子伸得长长的，听到“落落落下来”，把手伸出来，看树叶有没有落下来。（A1 乐段 a 句：教师在幼儿头上挥舞纱巾；A1 乐段 b 句：教师用纱巾按节奏点幼儿手心或点幼儿身体的不同部位，引导幼儿完整欣赏乐曲 A1，说说风吹来时有什么感觉）

——树叶落到你哪里了？（幼儿回答，教师用“落到手心里”等歌词梳理）

——找一片你最喜欢的落叶，你想让它落在你身上的哪个位置？（幼儿拿小纱巾表现 XX | XXX | 节奏）

（3）纱巾表演，幼儿听音乐，自主感受与表现 A1 乐段。

3. 神奇的秋风吹来了。

（1）完整倾听乐曲，感受乐曲速度的变化。

（2）“大地毯”游戏，完整表现音乐。

——风儿带来了更多的落叶。（幼儿手执小纱巾站在地毯边上准备，A1 乐段 a 句：绕着大地毯走，挥舞纱巾表现风；A1 乐段 b 句：面向圆心，挥舞纱巾表现落叶；间奏处把小纱巾放在地毯上；A2 乐段部分随乐曲的速度抖动地毯）

健康：晒树叶

活动目标

1. 尝试用夹子夹树叶玩，提高手指灵活性与手臂力量。

2. 在高低、宽窄不同的平衡木上行走与停留，保持身体的平衡。

活动重难点

重点：在平衡木上调整身体重心，保持平衡不掉落。

难点：用夹子夹树叶玩，提高手指灵活性与手臂力量。

活动准备

事先将树叶撒在操场的四个角落（树叶比幼儿人数多一些），夹子（幼儿人数的两倍），分别放在高低、宽窄不同的平衡木上，起点线、终点线各一条，终点线处悬挂细绳，轻快的背景音乐。

活动过程

1. 找树叶。

(1) 幼儿听音乐跟着教师找树叶：绕操场走跑交替一到两圈，每到一个堆放树叶的地方，幼儿捡一片树叶。

(2) 听音乐，幼儿进行热身运动。

2. 飞树叶。

(1) 自主尝试单手投掷树叶。

① 看谁能让树叶飞得远。

② 给树叶装个小尾巴，看这次树叶能不能飞远。(幼儿用夹子夹住树叶，站成一横排，向一个方向扔树叶)

③ 个别幼儿分享投掷树叶的经验。

④ 再次尝试投掷树叶，比比谁投得远。

3. 晒树叶。

(1) 给树叶洗澡，进行放松。

师：树叶玩累了，我们给它洗个澡，按摩一下吧。(引导幼儿拿掉夹子，来回摸摸树叶，按按树叶，拿着树叶转动手臂)

(2) 放置三块高低、宽窄不同的平衡木，鼓励幼儿自主选择不同难度的桥大胆尝试。

师：我们要把树叶晾到河对岸去，河上有三座桥，你们去走一走吧。(幼儿自主练习)

师：怎样才能不让自己从桥上掉下来呢？(请个别幼儿进行动作示范后其他幼儿再次练习，提醒幼儿走的时候，双脚踩在平衡木中间交替前进，双手张开保持身体平衡)

4. 晒树叶游戏。

(1) 师：我们送树叶到河对岸晒太阳吧。拿好自己的树叶和你需要的夹子，听着音乐走过桥，去晒树叶。要是音乐突然停下了，说明前方可能有危险，请立刻站住不动。音乐响起再继续走。

(2) 播放音乐，幼儿游戏两次。

师：我们也来做风中的小树叶吧。(引导幼儿用身体动作模仿迎风飘动的树叶，放松身体)

科学：旋转的树叶

活动目标

1. 用身体尝试多种转动，提高平衡能力。

2. 体验在“微风、小风、大风”中旋转的乐趣。

活动重难点

重点：用身体尝试多种转动。

难点：根据信号改变转动方式，保持身体平衡。

活动准备

找一片地面比较平整且有较多树木的小树林，音乐 CD(轻快的游戏音乐)。

活动过程

1. 热身运动：树妈妈在哪里。

听音乐绕着大树跑一到两圈后做各种走的动作，如踮着脚走、脚后跟着地走、跨大步走、半蹲走等。

2. 树叶转呀转。

(1) 探索围着大树转动的多种动作。

师：树妈妈喜欢热闹，落叶宝宝围着它转起来吧，我们可以怎么转呢？(幼儿自由结伴探索，教师巡回观察)

(2) 个别幼儿展示自己的玩法。

师：刚才你们是怎么转的？(请个别幼儿展示，教师用形象的语言简单总结动作，如双手伸开让自己的身体转起来；像小陀螺一样一只手当叶柄摸着“树妈妈”，大家朝着同一个方向绕着“树妈妈”跑；像无敌风火轮……)

(3) 教师提取其中的动作，以游戏的方式引导幼儿集体练习，根据幼儿游戏的情况进行讨论。

师：我们像小陀螺一样转起来吧。(幼儿用自己喜欢的方式转动，如单脚支撑旋

转或双脚交替旋转）

师：你们在转的时候，有没有遇到什么问题？（引导幼儿说说转动的感觉，如时间长了会头晕）

师：有什么办法解决吗？（时间短一点，换个方向转转）

师：我说“小陀螺小陀螺换方向”，你们赶快转身，换个方向转。（幼儿听教师信号顺时针转、逆时针转）

3. 落叶风中转。

根据不同的信号进行身体的转动。

4. 亲亲树妈妈。

（1）幼儿自由结伴背靠着树干听音乐，身体贴着树干向同一个方向转。音乐停，静止不动；音乐起，继续向前转。教师提醒幼儿上身贴着树干转。

（2）教师与幼儿一起进行放松活动，如拍拍树干、抱抱树干。

语言：会跳舞的小树叶

活动目标

1. 欣赏诗歌，感受树叶飘落的情趣。

2. 尝试仿编诗句，表达树叶飘落的形态。

活动重难点

重点：欣赏诗歌，感受诗歌的情趣。

难点：仿编诗句，表现树叶飘落的形态。

活动准备

不同形状的树叶，如梧桐树、香樟树、洋槐树的树叶等，蜻蜓、花伞的简笔画，白纸，记号笔，柔和的轻音乐。

活动过程

1. 树叶落下来。

描述树叶飘落的形态。

师：秋天到，树叶飘，树叶飘落下来时像什么？

2. 小树叶会跳舞。

（1）教师配乐朗诵诗歌《会跳舞的小树叶》。

（2）熟悉、理解诗歌内容。

师：你听到了什么？最喜欢哪一句？小树叶飘落下来时像什么？（教师根据幼儿回答出示简笔画）

（3）跟念诗歌3—4次，边念诗歌边做动作。

3. 小树叶爱跳什么舞。

（1）抛撒不同形状的树叶，观察树叶飘落的形态。

师：树叶飘落时除了像飞舞的小蜻蜓、美丽的小花伞，还像什么呢？我们一起玩一玩、看一看、想一想。

（2）仿编有关树叶飘落形态的诗句。

师：你觉得树叶飘落下来时还像什么？（幼儿尝试仿编"树叶像……"，教师用简笔画记录幼儿的仿编内容）

（3）教师对幼儿的仿编进行整理归纳，朗诵仿编后的诗歌。

用简笔画进行图谱的学习。

（4）用肢体动作表现诗歌。

附：

会跳舞的小树叶

小小落叶，轻又轻；
风儿一吹，摇不停；
像飞舞的小蜻蜓，
像美丽的小花伞，
……
飘在美丽的秋天里。

七、特色活动

(一) 秋分节气活动——秋日印象周

❖ 树叶时装秀

准备:各色树叶,颜料、胶水、剪刀。

内容:幼儿装扮树叶礼服,大胆走秀。

❖ 树叶变变变

准备:树叶若干,油画棒、水粉颜料、水粉笔、橡皮泥、纸。

内容:利用美工材料对各种树叶进行装饰。

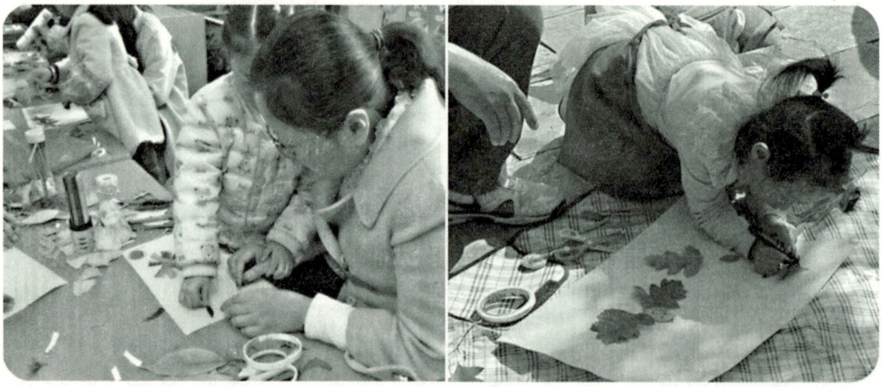

✣ 探寻树叶之秘

准备：各式树叶，放大镜。

内容：利用放大镜观察各种树叶的脉络等，并进行记录。

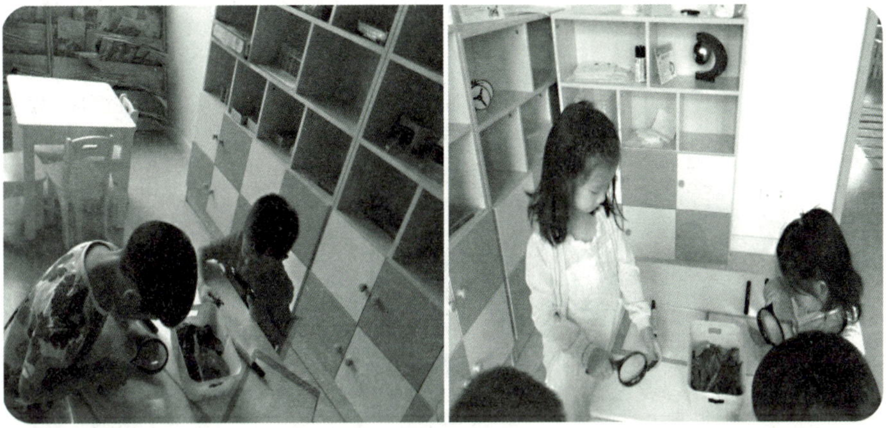

（二）蜗牛考察队——小树叶变变变

时间维度为一个月，自由开展考察，考察表如下。

小树叶变变变					
我和谁去考察?					
时间 名称	第一周	第二周	第三周	第四周	第五周
落叶树					
常青树					
备注：记录落叶树和常青树树叶颜色的变化，可由家长帮助幼儿一起绘画、拍摄照片并配合文字说明。					

八、儿童工作室

区域名称	新增活动内容	新增材料投放	观察与指导
语言区	编一编关于树叶的故事	与树叶相关的书。自然科学类《自然百科——各种各样的树叶》;绘本类《叶子小屋》《爱心树》等;制作类绘本《落叶跳舞》	提醒幼儿一页页翻阅,逐步养成良好的阅读习惯;鼓励幼儿大胆表述关于树叶的故事,尝试用剪贴的方式制作树叶主题故事书
益智区	有趣的叶脉和能吃的树叶	放大镜、各种叶子、叶脉记录本、铅笔、白纸(铅笔涂抹拓印)、茶叶、冷热水、杯子、冲泡记录本	鼓励幼儿用多种方式记录叶脉的样子;用冷热水冲泡茶叶,观察其不同的变化并记录
角色区	树叶贴画小卖部	如有小超市,在里面上架美工区树叶贴画作品,没有则可以开辟小卖部	引导幼儿定价、进货和售卖,初步感知差价和盈利
美工区	树叶贴画 树叶宝宝制作	各种各样的树叶、双面胶、剪刀、水彩笔、记号笔、塑料眼睛、小木夹	引导幼儿尝试用树叶元素进行创意制作,先构思再行动
表演区	音乐表演《旋转的树叶》 故事表演《松树爷爷的帽子》	轻快的游戏音乐,各种不同的树叶头饰,《松树爷爷的帽子》角色头饰	引导幼儿表现不同树叶在风中自由舞蹈的样子,动作舒展,节奏合拍;能完成故事角色表演,声音响亮、吐字清晰

九、执行参考

1. 在主题中可以提醒家长注意引导幼儿观察、收集各种各样的树叶,丰富他们关于树叶的经验。

2. 幼儿园可以组织一次“相约小树林”的假日亲子活动。地点选在附近的树林里,可以开展与树叶相关的亲子类游戏,如“采集树叶”“制作树叶标本”等。

3. 家庭户外活动时,可以鼓励幼儿收集自己喜欢的各种树叶,夹在书本里,将树叶做成书签送给教师和家长。

主题二：冬至——植物过冬

一、主题生发

天气一天天变冷，幼儿已经发现，随着冬天的到来周遭的一切都在发生着变化。人们的衣着从风衣、毛衫逐渐换成了棉袄、大衣，马路上、公园里的大树有的掉光了叶子，只剩光秃秃的枝丫。有幼儿惊喜地发现不知什么时候，树干的底部被涂上了白白的颜料或是被稻草裹了起来，他们满是疑问，树干上的白色颜料是什么，它有什么作用？为什么要给大树裹上稻草，难道它们也怕冷吗……

幼儿对人类如何过冬已经积累了一定的经验，但是对植物如何过冬，却知之甚少，身边的大树、小花小草是幼儿生活环境中的一部分，和人们生活有着密切的关系。因此，本次主题的实施从幼儿感知身边的树开始，观察冬天里树的各种变化，探究、找寻这些变化背后的原因，了解植物过冬的各种方式和方法……

二、主题目标

语言领域：学习故事《小蜗牛》，乐于和同伴交流冬天里植物的变化，分享关于植物过冬的各种发现和秘密。

科学领域：能在考察、对比、观察、体验中，了解感知植物过冬的不同方式和方法；并尝试种植水仙花，制作观察记录册。

健康领域：感知冬季气候的变化，在帮助幼儿园小树过冬的同时习得各种防寒保暖的方法，增强运动锻炼。

艺术领域：尝试运用多种艺术表现形式表现冬天里不怕冷的植物——蜡梅、水仙花；学唱歌曲《给小桃树穿件新棉袄》，欣赏《水仙花圆舞曲》，感受音乐活动的乐趣。

社会领域：探究植物和人们生活的密切关系，并能用实际行动给幼儿园的小树做好过冬保暖工作，感受互助的快乐。

三、主题框架及内容

（一）框架

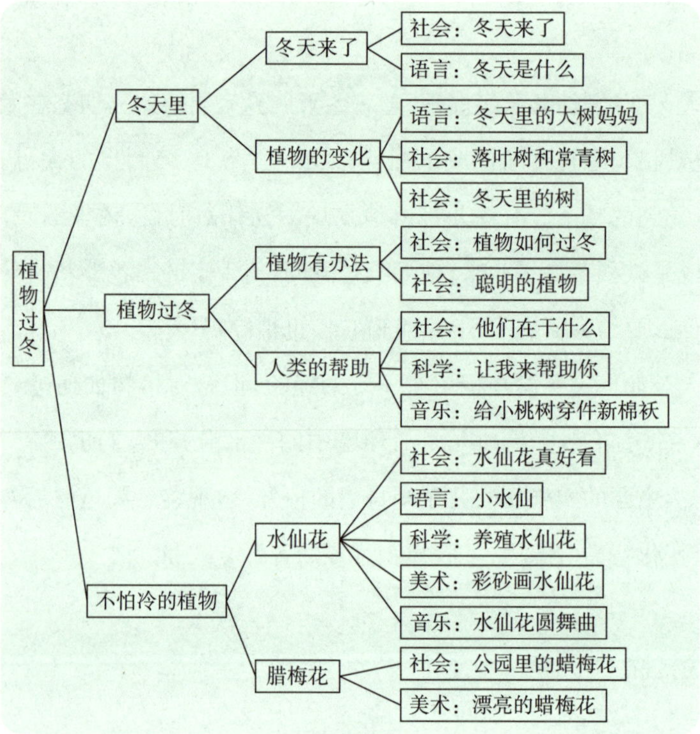

（二）内容

思　路	领域	内　容	资　源
冬天里	社会	冬天来了	图片
	语言	冬天是什么	故事课件
	语言	冬天里的大树妈妈	图片、头饰
	社会	落叶树和常青树	图片、树叶实物
	美术	冬天里的树	美术工具材料

续表

思　路	领域	内　容	资　源
植物过冬	社会	植物如何过冬	考察表
	社会	聪明的植物	课件、图片
	社会	他们在干什么	图片
	科学	让我来帮助你	操作材料
	音乐	给小桃树穿件新棉袄	歌曲音乐
不怕冷的植物	社会	水仙花真好看	图片、实物
	语言	小水仙	儿歌
	科学	养殖水仙花	种植记录表、水仙花
	美术	彩砂画水仙花	彩砂画工具
	音乐	水仙花圆舞曲	歌曲音乐
	社会	公园里的蜡梅花	公园观察
	美术	漂亮的蜡梅花	美术材料与工具

四、主题墙

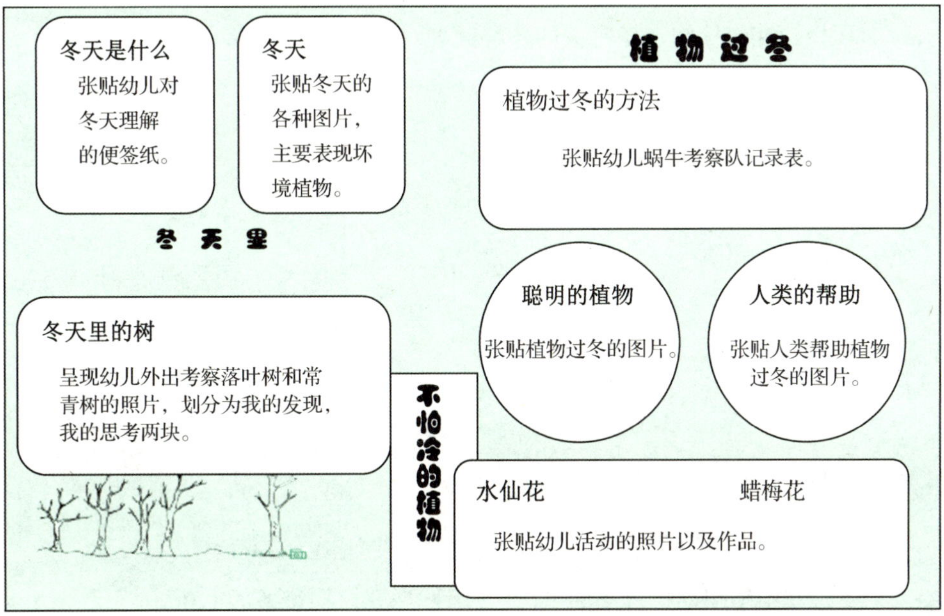

五、致家长的一封信

亲爱的家长朋友：

您好！

本周起，我们将和孩子们一同进入“植物过冬”的主题活动。在这一阶段的活动中，孩子们将要感知观察冬天里身边植物的变化，了解常见植物过冬所特有的方式和方法，并体验感受人类对植物过冬给予的帮助，认识植物与人类生活的密切关系，从而对身边的植物有更持续的关注；还要欣赏并表现冬天里不怕冷的蜡梅花和水仙花……

为了顺利开展活动，丰富孩子们的经验，我们希望您在家庭生活中配合我们做好以下工作：

1. 利用周末的时间带孩子去公园或森林中漫步，认识常见的植物。
2. 和孩子共同收集有关植物过冬的资料，丰富孩子相关经验。
3. 协助孩子完成“蜗牛考察记录表”，要求图文结合。
4. 和孩子一同养一盆水仙，督促孩子及时养护并完成记录。

感谢您的支持和协作！也希望您能给我们出谋划策，让孩子们能够更主动地参与活动，积极探究与植物过冬有关的各种问题，使孩子们有更多的收获。

__________班老师

日期：__________

六、活动设计

社会：冬天来了

活动目标

1. 了解人类、动植物和周围环境的变化，感知冬天的季节特征。
2. 在游戏中感知动物过冬的方法，并引发探究植物过冬的欲望。

活动准备

小动物过冬情景的图片若干、操作图卡。

活动过程

1. 谈话导入，激发兴趣。

师：孩子们，你们知道现在是什么季节吗？

2. 分组讨论，集体共享。

(1) 提问：你们怎么知道现在是冬天呢？

人类的生活：我们穿上了厚厚的棉袄……

天气：变冷了……

环境：大树的叶子快掉光了……

(2) 分组讨论

小朋友们分成三组，分别从人类的生活、天气、环境讨论冬天里的变化，委任组长记录。

(3) 组长分享小组讨论结果。

(4) 小结：重点关注冬天人们衣着、天气、植物等方面的变化。(冬天人们换上了厚厚的冬衣，戴上了棉帽……)

3. 游戏介入，深入感知。

(1) 游戏：找冬天。

师：冬天还会在哪里呢？让我们一起来找一找。

(2) 在众多图片中找出冬天里小动物过冬情景的图片，并说一说为什么。

(3) 小结提升。

4. 提问设疑，拓展延伸。

师：冬天里，植物又是怎么过冬的呢？

请孩子们带着这个问题，和爸爸妈妈一起找找资料。

语言：冬天是什么

活动目标

1. 欣赏散文，感受冬天是一个非常美的季节，激发喜爱冬天的情感。

2. 通过不同方式的阅读、欣赏理解画面内容，感受散文优美的意境。

活动准备

背景音乐、课件《冬天是什么》。

活动过程

1. 提问引入，激发兴趣。

师：你们喜欢冬天吗？冬天是什么样的？

2. 分段欣赏，理解内容。

(1) 教师分段朗诵散文，提问：

① 散文的题目是什么？

② 青蛙、小熊和蛇说冬天是什么，为什么？

③ 燕子、杜鹃和大雁说冬天是什么？

④ 松鼠、兔子和绵羊说冬天是什么？

⑤ 在小朋友的眼里，冬天是什么呢？

3. 整体欣赏，感受意境。

(1) 教师整体朗诵散文。

(2) 提问：这些动物和小朋友喜欢冬天吗？你是从哪里看出来的？

(3) 师幼共读散文。

4. 再次欣赏，拓展延伸。

(1) 结合音乐课件完整欣赏散文。

(2) 延伸：投放相关图片、头饰在语言角和表演区，供幼儿复习巩固。

附：

冬天是什么

青蛙、小熊和蛇说："冬天呀，就是在树洞里美美地睡上一觉，等到春风吹来的时候，再醒来找东西吃……"

燕子、杜鹃和大雁说："冬天呀，就是飞到温暖的南方，度过一个舒适的冬天，等到春暖花开的时候，再飞回北方……"

松鼠、兔子和绵羊说："冬天呀，就是换上一件厚厚的毛大衣，暖暖和和地过日子……"

小蚂蚁说："冬天呀，洞里有秋天搬回来的好多好食物，可以美美地吃……"

小朋友们说："冬天呀，就是穿上棉袄，戴上棉帽，高高兴兴地坐在雪橇上，堆雪人、打雪仗，冬天呀，就是我们快乐的时光。"

语言：冬天里的大树妈妈

活动目标

1. 欣赏和感受散文所表现的美妙意境，懂得关心、疼爱大树妈妈。

2. 乐意用完整的语言大胆表达自己的想法。

活动准备

图片（大树妈妈、小鸟、星星等），角色头饰。

活动过程

1. 媒介导入，激发兴趣。

（1）出示大树妈妈图片。

提问：大树妈妈怎么了？

（2）伤心的大树妈妈。

原来，冬天到，大树妈妈的孩子一个个都离开了它，大树妈妈感到很伤心，很孤单，你有办法让大树妈妈开心起来吗？（幼儿自由大胆表达）

2. 欣赏和感受。

（1）初步欣赏，理解内容。

提问：谁愿意来做大树妈妈的娃娃？它们是怎么对大树妈妈说的？

（2）再次欣赏，深入感知。

① 你觉得娃娃们喜欢大树妈妈吗？从哪些话里可以听出它们很爱大树妈妈？

② 小鸟会唱歌吗？为什么诗歌里说小鸟会唱歌？（引导幼儿理解小鸟的叫声很动听，好像在唱歌）

③ 小松鼠为什么说"我给你跳舞"？（理解松鼠的大尾巴摆动起来的姿态很美，好像在跳舞）

④ 小星星会说话吗？为什么小星星说"晚上陪你说悄悄话"？（理解星星只有晚上才看得见，一闪一闪的，好像在说话）

夜晚的天空，星星闪亮，小鸟和小松鼠在树上休息，树枝随风轻轻地摇摆，好像大树妈妈在给娃娃们讲故事，娃娃们给妈妈唱歌、跳舞、说悄悄话。

3. 拓展延伸。

幼儿戴上头饰分角色表演，活动后头饰可投放至语言区和表演区。

附：

大树妈妈

大树妈妈，喜欢娃娃。

冬天，娃娃都离开了大树妈妈，大树妈妈好伤心。

小鸟说："我来当您的娃娃，给您唱歌。"

大树妈妈说："好哇，好哇！"

小松鼠说："我来当您的娃娃，给您跳舞。"

大树妈妈说："好哇，好哇！"

小星星说："我来当您的娃娃，晚上陪您说悄悄话。"

大树妈妈说："好哇，好哇！"

大树妈妈有了很多娃娃，

有小鸟娃娃、小松鼠娃娃，还有许多小星星娃娃。

大树妈妈给娃娃们讲故事。

娃娃们给大树妈妈唱歌、跳舞、说悄悄话。

社会：落叶树和常青树

活动目标

1. 了解树有落叶树和常青树，观察、比较它们的不同。

2. 认识几种落叶树和常青树，知道它们的名称。

活动准备

各种各样的树叶，落叶树和常青树的图片。

活动过程

1. 带领幼儿到户外观察，捡落叶。

(1) 利用幼儿散步的时间，带领幼儿去捡落叶。

(2) 引导幼儿认真观察树叶,同时说一说自己看到的树叶。

提问:你捡的树叶是什么颜色?

2. 交流观察结果。

(1) 提问:捡树叶的时候你发现了什么?大树上的叶子都掉了吗?哪些树没掉叶子?为什么有些树的树叶掉的很多,有些树的叶子掉的很少,甚至不掉呢?

(2) 落叶树与常青树。

小结:原来呀,有的树是落叶树,每年的秋天树叶就会开始变黄,渐渐落下,到了春天的时候才会长出新的树叶。有的树是常青树,树叶一年四季都是绿色的。

3. 对比感知,深入了解。

(1) 出示落叶树(梧桐树)的树叶,常青树(桂花树)的树叶,让幼儿比较。

提问:两种树叶有什么不一样?

(2) 幼儿分享自己的观察结果,教师记录。

(3) 小结:落叶树的叶子是软软的、粗糙的、薄薄的、没有水分。常青树的叶子是硬硬的、光滑的、厚厚的、有水分,表面有蜡质。

4. 图片欣赏,户外延伸。

(1) 生活中常见的落叶树和常青树。

(2) 活动结束带领幼儿去幼儿园室外或者公园指认相应的树。

美术:冬天里的树

活动目标

1. 尝试用曲直、长短、粗细不同的线条表现冬天里的树,探索树枝由粗变细的表现方法。

2. 感受大树在深冬的变化,并愿意用画笔表现。

活动准备

小号水粉笔,水粉颜料(黑色、咖啡色、灰色、褐色),抹布,洗笔筒,画纸。

活动过程

1. 谈话导入。

提问:

① 冬天到了，大树妈妈发生了什么变化呢？

② 树叶都掉光了，剩下了什么呢？

2. 欣赏感受。

(1) 引导幼儿欣赏树的图片，整体感受树干和树枝的不同造型。

提问：

① 光秃秃的大树给你什么感觉呢？让你想到了什么？

② 你喜欢哪棵树？它是什么样子的？它像什么？

(2) 引导幼儿对比观察树干和树枝的不同特征。

提问：

① 现在我们来找一找，树干在哪里？树枝在哪里？树干是什么样子的？树枝呢？

② 这棵树上的树枝有什么不一样呢？（引导幼儿用手臂动作表现树枝的不同）

(3) 师：用什么方法可以画出由粗变细的树枝呢？

3. 要点提示。

(1) 在探索树枝由粗变细的表现方法时，教师可以引导幼儿用笔的侧面进行作画，或用笔的力度由重到轻，类似于“提”的感觉。

(2) 引导幼儿画大树时一定要从下往上，按生长的方向进行绘画。

4. 幼儿绘画。

提问：你想画一棵什么样的树呢？像什么？树干是什么样子的？树枝呢？

5. 作品赏析。

提问：找一找，你最喜欢哪一棵树？为什么？

6. 活动延伸。

(1) 带领幼儿到户外对落叶树或者常青树进行写生活动，感受大树的丰富造型。

(2) 带领幼儿到公园里观察大树的树皮和树结等并尝试表现这些特征。

社会：植物如何过冬

活动目标

1. 能根据表格内容，和爸爸妈妈一起搜寻资料。

2. 在查一查、做一做、说一说的过程中了解植物过冬的各种方式。

活动准备

蜗牛考察队——植物过冬记录表。

活动过程

1. 根据主题内容制定考察记录表。

2. 将考察表发给幼儿。

3. 幼儿和爸爸妈妈一起收集资料完成考察任务。

4. 带着考察表和同伴一起分享自己的考察结果。

社会:聪明的植物

活动目标

1. 了解柳树、小草、向日葵等几种常见的植物过冬的方式。

2. 能关注周围花草树木的季节变化,并用自己喜欢的方式进行表达。

活动准备

课件《聪明的植物》、科普视频《植物是怎样过冬的》。

活动过程

1. 引出话题,激发兴趣。

提问:植物没有棉衣、帽子,它们冬天怕冷吗?那么植物是怎么过冬的呢?

2. 媒体导入,感知了解。

(1) 请幼儿互相交流自己知道的植物过冬的方法。

(2) 观看课件《聪明的植物》。

提问:植物有哪些过冬的好方法?

柳树、杨树等:落叶休眠过冬,来年春天再长出新叶子。

小草:草叶干枯,让根过冬,来年春天再发芽长大。

向日葵等:根茎叶全部死掉,让种子过冬。

3. 游戏闯关,深入感知。

(1) 连线游戏:将常见的各种植物(梧桐树、玉兰树、大豆等)和它的过冬方式连线。

(2) 我问你答:教师说出幼儿常见植物的名称,请幼儿说出过冬的方式和方法。

4. 观看视频，提升经验。

观看科普视频《植物是怎样过冬的》，全面了解植物过冬的相关知识。

社会：他们在干什么

活动目标

1. 了解人们帮助植物过冬的各种方法，感知人与植物的密切关系。

2. 能大胆讨论帮助班级里、幼儿园里的植物过冬的好方法。

活动准备

树木过冬的图片。

活动过程

1. 谈话导入，激发兴趣。

提问：冬天，如果我们不穿厚厚的棉袄会怎么样啊？冬天的时候，大树也要穿衣服呢？你们知道大树穿什么样的衣服吗？

请幼儿谈谈自己的已有经验。

2. 观看图片，初步感知。

(1) 提问：每天早上来幼儿园的时候要经过马路，你发现马路上的树木有哪些变化？

幼儿根据自己的已有经验回答。

(2) 今天老师带来了很多图片，我们一起来看看图上有什么。

① 出示图一：园林叔叔给大树涂石灰水。

提问：园林叔叔在干什么？大树怎么样了？为什么要给树木刷上白白的颜料？白色的颜料又是什么呢？（引导幼儿说出刷白白的石灰水是为了防虫、御寒）

② 出示图二：园林叔叔给大树扎草绳。

提问：这幅图上的大树怎么了？树干上有什么？（稻草绳）为什么要给树木扎上稻草绳呢？

小结：原来这些都是人们帮树木过冬的方法。

(3) 你们在马路上、广场上，还看到过怎样过冬的树木？

3. 集体讨论，解决问题。

(1) 天气转寒了，我们周围还有哪些植物需要我们的帮助过冬呢？

(2) 如何帮助生态角的花草顺利过冬呢？

(3) 幼儿将想法画在便签纸上。

(4) 交流讨论。

4. 活动延伸。

在入园和离园的路上观察马路上的树木有什么变化。

科学：让我来帮助你

活动目标

1. 尝试小组合作，运用各种材料给幼儿园里的大树穿上新衣，帮助它们顺利过冬。

2. 体验小组协作的快乐。

活动准备

1. 麻绳、布块、棉花、毛线团等。

2. 幼儿园里的大树图片。

活动过程

1. 图片导入，引发讨论。

(1) 出示幼儿园里的大树图片。

(2) 师：幼儿园里的大树要过冬了，你们有什么好办法吗？

2. 集体讨论，拟订方案。

(1) 我们可以怎么做？

(2) 我们要准备些什么？

3. 分组协作，动手实践。

七个幼儿一组，委任组长负责，每一小组选一棵树，用各种材料给大树穿上"棉袄"，帮大树做好御寒工作。

4. 小组签名，合影留念。

"棉袄"包扎完毕，小组制作名字卡片，拍照留影。

音乐:给小桃树穿件新棉袄

活动目标

1. 学唱歌曲,初步把握乐曲中切分音的时值。

2. 理解歌词内容,感受关爱小桃树的美好情感。

活动准备

图片,歌曲《给小桃树穿件新棉袄》。

活动过程

1. 图片导入,观察理解图片。

提问:图片上有什么?他们在干什么?

2. 完整欣赏,理解歌词内容。

(1) 完整播放歌曲《给小桃树穿件新棉袄》。

(2) 提问:你听到了什么?天气怎么样?我们和小动物是怎么过冬的?小朋友们为小桃树做了什么?小桃树穿上棉袄会怎么样?

(3) 完整跟念歌词数遍。

3. 学唱歌曲,重点唱好切分音。

(1) 练习切分音 | 1 1 2 | 3 3 5 |。

(2) 幼儿跟唱、轮流唱、分小组唱。

4. 歌曲表演。

幼儿可以两两合作,也可以小组合作表演歌唱。

附:

给小桃树穿件新棉袄

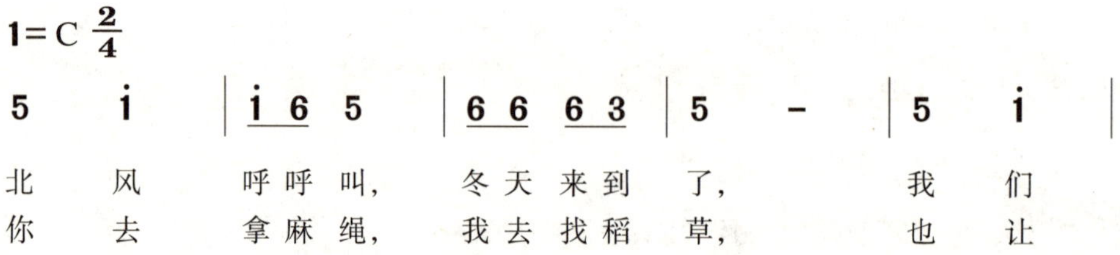

社会：水仙花真好看

活动目标

1. 知道水仙花的名称、外形特征以及生长特点。

2. 知道水仙花是冬天里不怕冷的植物，乐意探究水仙花。

活动准备

水仙花一盆，水仙花挂图一张，视频《水仙花》。

活动过程

1. 谈话引题。

提问：小朋友，你们有没有发现我们教室里多了什么。（引导幼儿根据香味找到水仙花）你们知道它叫什么吗？这叫水仙花，是在冬天生长的一种花。你们以前有见过吗？在哪里见过？

2. 认识水仙花。

（1）水仙花的根。

提问：植物的根一般都长在它的底部，用来吸收水分及营养的。那我们来找找看，水仙花的根在哪里啊？它长什么样子？是什么颜色？它有什么作用？

小结：水仙花的根可以吸收水分及水分中的营养，这样它才能快快长大，开出美丽的鲜花。

（2）水仙花的茎。

提问:这个圆圆的部分你们知道它叫什么吗?那它有什么作用呢?

小结:它叫“水仙头”,是水仙花的茎。它本领可大了,除了可以储存水分和营养之外,它还会输送水分和营养到水仙花的各个部分。

(3) 水仙花的叶子。

提问:叶子是什么颜色的?它的形状是怎么样的?像什么?

小结:水仙花的叶子是绿绿的、长长的,像大蒜的叶子。

(4) 水仙花的花朵。

提问:水仙花的花是什么颜色,是什么形状的,有香味吗?

小结:水仙花的花是白色的,有 6 片纺锤形的花瓣,花心是黄色的,花朵有淡淡的清香。

3. 欣赏视频《水仙花》。

观看科普片《水仙花》,全面了解水仙花。

4. 活动延伸。

可在班里组织幼儿每人养殖一盆水仙,并制作水仙花成长记录册,记录水仙花的成长过程。

语言:小水仙

活动目标

1. 在观察了解水仙花外形特征的基础上,理解儿歌内容,并能有感情地朗诵儿歌。

2. 感受水仙花的美,知道水仙花的养护方法并乐意照料水仙花。

活动准备

图片、课件、水仙花实物。

活动过程

1. 观看课件。(引导幼儿观察水仙花的外形特征、生长条件)

(1) 引导幼儿在观看课件的过程中仔细观察水仙花的外形特征。

提问:水仙花长什么样,像什么?

小结:花茎像个球,又像大蒜头,一层一层包在一起;根是白色的,细细长长像胡须;绿色的叶子又宽又长,像大蒜叶子;花是白色的,真像一位美丽的花仙子。

(2) 你喜欢水仙花吗,为什么?

2. 欣赏儿歌,理解儿歌内容。

师:今天老师带来了一首儿歌,儿歌的名字叫《小水仙》,听听儿歌中的水仙花是不是跟你们说的一样。

(1) 教师完整念儿歌1—2遍。

提问:

① 儿歌中的水仙花长什么样?(下面像洋葱、上面像韭菜)

② 我们应该怎样来照顾小水仙呢?

(2) 幼儿跟随教师朗诵儿歌。

要求:能有感情地朗诵儿歌,并念准"葱、韭、菜"的正确发音。

(3) 集体——分组——个别朗诵儿歌。

教师鼓励幼儿大胆自信地朗诵儿歌。能力较强的幼儿可配上一些肢体动作进行表现。

小结:水仙花真漂亮,就像冬天里的花仙子,我们要经常给它们浇水、晒太阳,让它们绽放美丽的花朵。

3. 活动延伸。

师:今天老师带来了一些照顾水仙花的照片,看看生活中我们应该怎样来照顾水仙花。(介绍一些照料水仙花的方法)

小结:原来有这么多的好办法来照顾水仙花,我们也要学会多观察、多照料,让水仙花茁壮成长!

附:

小水仙

小水仙,真好看

下面像蒜头,

上面像韭菜,

天天浇水爱护它,

好看的花朵慢慢开出来。

科学:养殖水仙花

活动目标

1. 知道水仙花的养殖方法,乐意每人养一盆水仙并坚持照料它。

2. 学习用简单的记录方式记录水仙花的成长过程。

活动准备

花盆、水仙头、种植记录卡。

活动过程

1. 家委会采购水仙头、花盆。

2. 幼儿装饰花盆。

3. 幼儿亲自动手将水仙头放进花盆接水。

4. 完成“水仙花成长记”种植记录本。

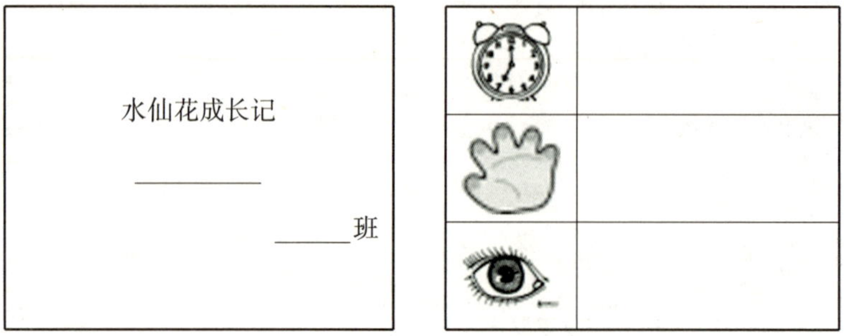

美术:彩砂画水仙花

活动目标

1. 感知水仙花枝、叶的形态特点,尝试运用长线条表现并初步了解学习遮挡关系的绘画方法。

2. 感受彩砂纸的质感,体验不同艺术创作的快乐。

活动准备

黑色砂纸、油画棒、砂纸画《水仙花》。

活动过程

1. 欣赏成品,引发兴趣。

(1) 出示砂纸画《水仙花》，引导幼儿观察。

(2) 提问：这幅画和我们以前的画有什么不一样？

2. 认识砂纸，感知遮挡关系。

(1) 认识特殊的纸——砂纸。

可以让幼儿看一看、摸一摸，用多种感官认识新事物。

(2) 理解遮挡关系。

提问：这幅水仙花画好看吗？为什么有些叶子的一部分不见了？

(3) 教师示范讲解遮挡关系的画法。

3. 幼儿作画，教师巡回指导。

重点指导幼儿遮挡关系的处理方法。

4. 作品赏析。

音乐：水仙花圆舞曲

活动目标

1. 感受三拍子圆舞曲优雅轻松、富有流动性的特点，了解乐曲 ABA 的曲式。

2. 学习身体动作总谱，看懂图谱，并体验三拍子带来的轻松、俏皮的趣味。

活动准备

三角铁、圆舞板、铃鼓若干、大鼓、音乐。

活动过程

1. 听《水仙花圆舞曲》自由舞蹈。

(1) 师：冬天来了，你们知道有什么花开了吗？

(2) 师：今天我们一起来做水仙花，听着音乐跳起来吧。

(3) 带领幼儿听音乐自由舞蹈，重点提醒幼儿把握三拍子的节奏。

2. 学习身体动作总谱。

(1) 听音乐自己拍三拍子节奏。

(2) 师：三拍子节奏还可以用什么动作表示？

(3) 幼儿做三拍子动作，教师引导让幼儿集体尝试。

3. 学习看图谱拍节奏。

（1）出示图谱，理解图谱的节奏。

（2）幼儿一起根据图谱拍手。

（3）分组根据图谱拍手。

（4）看指挥拍手。

4. 乐器演奏。

（1）每个幼儿拿一件乐器，并看教师的指挥演奏。（2—3 遍）

（2）交换演奏。

（3）加入大鼓演奏，掌握强拍。

（4）请个别幼儿即兴指挥，提醒幼儿看指挥演奏。

社会：公园里的蜡梅花

活动目标

1. 观察蜡梅，感知蜡梅花的特征，并能用较形象的语言描述自己的观察发现。

2. 知道蜡梅花是冬天里的花，感受蜡梅花不畏寒冷的品质。

活动准备

到公园欣赏蜡梅花，多媒体蜡梅花儿歌。

活动过程

1. 公园赏梅，观察发现。

（1）教师把幼儿带到公园并引导幼儿找到蜡梅花。

（2）幼儿自由观察蜡梅花。

引导幼儿观察蜡梅花的颜色、形状；用鼻子闻一闻，蜡梅花香不香；可以捡起落在地上的蜡梅花，仔细观察蜡梅花的花瓣。可以和好朋友一起看看，并说说你的发现。

2. 集体说梅，经验分享。

（1）回到活动室，教师出示刚刚拍下的蜡梅花照片。

提问：蜡梅花是什么颜色的？它是什么形状的？

（2）幼儿畅所欲言表达自己的发现。

（3）小结：蜡梅花骨朵是黄色的，形状是椭圆形的，有一股淡淡的香味；开放的蜡梅花有许多花瓣，一层一层的。

3. 媒介导入，拓展延伸。

（1）播放多媒体“蜡梅花”。

（2）提问：蜡梅花在什么季节开？它怕冷吗？

（3）小结提升。

（4）幼儿跟念儿歌。

附：

蜡梅花

蜡梅花，朵朵黄。迎着冬雪开得旺。

待到春暖花开时，蜡梅悄悄躲一旁。

美术：漂亮的蜡梅花

活动目标

1. 学习吹画的基本方法，能运用手指点画、彩笔添画等辅助手段表现蜡梅花的基本特征。

2. 感受不一样的艺术表现形式，体验点吹画的乐趣。

活动准备

墨汁、图画纸、红色颜料、吸管、抹布、旧报纸、蜡梅图片。

活动过程

1. 欣赏图片，引发兴趣。

提问：小朋友们，你们看这是什么花？（蜡梅）我们一块来看看蜡梅花都有什么颜色、什么形状？蜡梅花是在什么时候开放呢？（冬天）

2. 出示范画，学习方法。

（1）出示成品点吹画《蜡梅花》。

提问：请幼儿仔细观察范画与平时的画有什么不同，猜猜它们是用什么材料、什么方法完成的。

（2）教师向幼儿介绍点吹蜡梅花的步骤、方法并示范作画。

第一步：吹出树干、树枝。先用毛笔蘸墨汁滴在纸的下半部分，然后用嘴或吸管对着墨汁向前吹、改变方向吹，慢慢吹出树干、树枝的形状。吹时用力要适度，主干粗，吹时用力小一些；树枝细，吹时用力大一些。

第二步：手指点画、画花瓣。用右手食指蘸红色颜料，在树枝的适当部位点蜡梅花的花瓣。点画前先看好位置，注意花瓣要错落有致，点画后及时擦手。

第三步：彩笔添画勾出花蕊。选用黄色彩笔，在每朵花的中心位置勾画出花蕊。

3. 幼儿作画，教师巡回指导。

请幼儿先在废旧报纸上尝试作画，慢慢掌握其点吹技巧。

提醒幼儿树干与树枝要用强弱不同的方式吹，注意不能出现花瓣。

七、特色活动

（一）蜗牛考察队——植物过冬的方法

亲爱的小朋友们，冬天来了，天气寒冷，我们可以创造环境过冬；而我们熟悉的动物例如猫、狗会长好多厚厚的绒毛度过寒冷的冬天，那么大自然中的植物是怎么过冬的呢？请小朋友们和爸爸妈妈一起将你考察到的内容记录在表格里吧！（图文结合）

植物过冬记录表

班级：________ 姓名：__________

时间		考察人	

（二）种植活动——养水仙花

可以班级集体或者幼儿每人养一盆水仙花，设计观察记录表，记录水仙花的成长过程。

封面

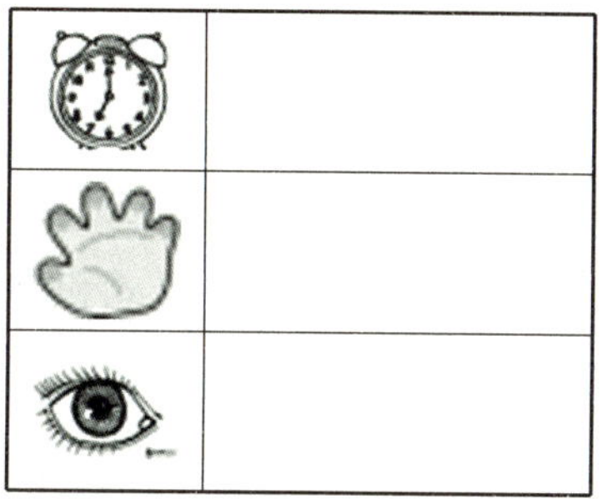

记录页

八、儿童工作室

区域名称	新增活动内容	新增材料投放	观察与指导
语言区	散文诗创编《冬天是什么》、儿歌《小水仙》以及冬天里的各种植物的绘本	散文诗图卡、儿歌图卡、冬天图卡及相关绘本	鼓励幼儿在区角中大胆地进行散文诗创编，对幼儿的作品进行及时表征
美工区	《冬天里的树》《水仙花》《蜡梅花》	各种干树枝、毛根、砂纸、墨汁、吸管等	鼓励幼儿尝试运用多种艺术表现形式，表现冬天里植物的各种形态
科学区	养殖水仙花	花盆、水仙头、观察记录本、放大镜、尺子	引导幼儿参与水仙花养殖的过程，并乐意观察探究水仙花的成长过程并做记录
表演区	《给小桃树穿件新棉袄》、《水仙花圆舞曲》欣赏及打击乐	相关音乐、服饰、打击乐器（三角铁、圆舞板、铃鼓、大鼓）	鼓励幼儿大胆地用自己喜欢的方式表现歌曲，并尝试合作演奏打击乐
编织区	给小树穿新棉袄	毛线、碎布条、毛根、麻绳	引导幼儿学习缠绕的编织方法，体验编织活动的乐趣

九、执行参考

1. 在本主题中，幼儿通过对植物过冬的探究知道了大自然中植物过冬的各种方式和方法，进而了解了我们与周围环境的密切关系。在主题开展过程中，可以多借助家长资源，例如组织一些亲子活动，带幼儿参观大棚蔬菜基地、花卉暖房等，以帮助幼儿了解更多植物过冬的方式和方法，促进经验的整合和提升。

2. 养殖水仙花是一个持续的过程，既可以让幼儿在养护中习得水仙花成长的过程，也可以培养幼儿的耐心和持久性。教师可以放手让每个孩子养殖一盆属于自己的水仙花，并制作富有个性的《水仙花成长记》，其中会有大量精彩的课程故事出现。

主题三：节日——浓浓年味

一、主题生发

寒冷的冬天给我们带来了新年的气息。随着元旦、新年的临近，马路边、商场内张灯结彩、琳琅满目，幼儿对身边这些过年前的事物和现象产生了兴趣和探究欲望。新年，是我们中国重要的传统节日之一。过年的传统习俗，有趣的传说故事，这一切使幼儿对过新年越来越向往了，所以根据幼儿的需求，本主题选择了“年味”作为切入口，从幼儿的角度诠释感受年味，帮助幼儿更多地了解、感受我国新年的传统文化和民间习俗。

在本主题中，借助文学作品、园本活动、艺术表现、环境创设、家长资源等方式来建构以“浓浓年味”为核心的体验、感受、认知活动，让幼儿通过一系列活动获得收获，感受浓浓年味里的快乐，也使幼儿懂得新的一年自己又长大了，应该更能干。

二、主题目标

语言领域：学习与新年相关的儿歌、故事等文学作品，感受中国新年的文化底蕴。乐意在众人面前大胆表达自己的新年愿望等。

科学领域：初步感受新年来临时的气候变化，以及人们穿着的变化，观察身边有年味的活动，尝试做科学的调查和记录，并能对调查的内容进行分享、交流，在反馈中学习。

健康领域：知道冬季运动的重要作用，喜欢参加迎新慢跑，增强意志力；初步了解人类保暖的方法，掌握冬季有关自我保护的知识。

艺术领域：欣赏新年年画，感受艺术作品的表现方式，运用画、剪、粘贴等方法，一起布置新年环境；感受新年音乐欢快的节奏，并用肢体动作表现；大胆参与亲子新年时装秀的活动。

社会领域：乐意与同伴、教师一起参与浓浓年味中的传统习俗活动，分享节日里愉快的、开心的事，并能以饱满的精神和愉快的心情迎接新的一年。

三、主题框架及内容

（一）框架

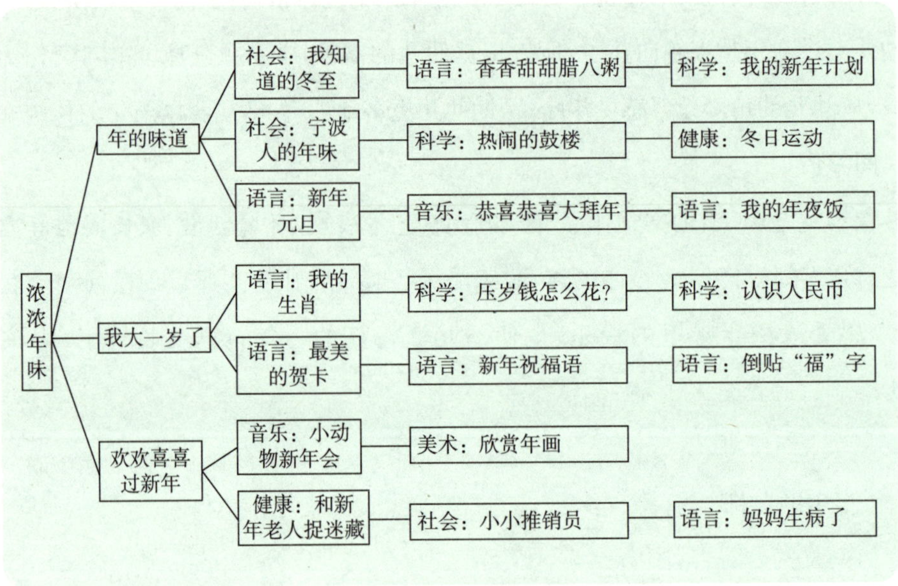

（二）内容

思　路	领域	内　容	资　源
年的味道	科学	热闹的鼓楼 我的新年计划	考察表、工具材料
	社会	宁波人的年味 我知道的冬至	收集资料、课件

续表

思路	领域	内容	资源
年的味道	语言	新年元旦 我的年夜饭 香香甜甜腊八粥	故事课件
	音乐	恭喜恭喜大拜年	歌曲音乐
	健康	冬日运动	各种运动器械
我大一岁了	语言	我的生肖 新年祝福语 倒贴“福”字的来历 最美的贺卡	故事课件
	科学	压岁钱怎么花 认识人民币	观察记录工具
欢欢喜喜过新年	社会	小小推销员	收集资料、课件
	语言	妈妈生病了	图文结合
	美术	小动物新年会 亲子新年服装秀	背景音乐、动物服装道具等
	美术	欣赏年画	年画若干
	健康	和新年老人捉迷藏	新年老人道具一套

四、主题墙

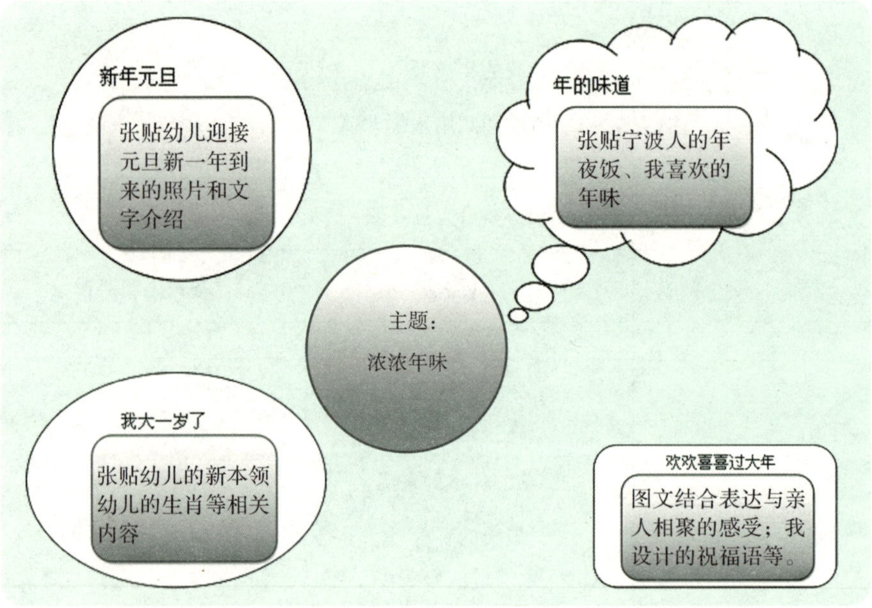

五、致家长的一封信

亲爱的家长朋友：

元旦的到来让幼儿园变得热闹不已，班级里面的环境创设成了我们开展此活动前的准备，孩子们提供的各种材料如彩带、小挂件等都让教室变得特别漂亮，为新年的到来营造了浓浓的气氛，教室变得格外漂亮，孩子们也显得格外有精神气儿。

以上准备为主题"浓浓年味"做好了前期的铺垫，我们挖掘民族特色，与新行为课程相互渗透，将通过各种行为活动让孩子们感知过年的热闹景象，喜欢参加各种形式的节日活动，体会过新年的欢乐；了解春节在中国人心里的重要性，知道我国过年时南北方的不同习俗；了解有关新春的民俗，比如春节的习俗、年的由来等民族的风俗，让孩子们感受中国传统文化的精髓。

在主题进行时，我们也邀请您一起参与到活动中来，为孩子的成长提供有力的支持，以下是需要您配合的事项。

1. 与孩子共同收集有关新年的图片、照片、实物、年画等，用于布置与主题相关的环境，充分享受迎接新年、欢度新年的快乐。

2. 引导观察、了解今年的属相及过新年时人们举行的一些活动和穿着打扮等。

3. 鼓励孩子关注周围的环境，观察马路边的商店等，以及人们迎接新年、庆祝新年的方式。

4. 与孩子一起制作新年家乡的美食，参与园内组织的迎新美食活动，与孩子共同感受节日的快乐。

5. 和孩子一起收集各种年历(旧的和新的)，感知一年已经过去了，做窗花、挂红灯笼，感受新年已经来到的喜悦。

如果期间您对我们的主题活动有什么建议和意见，也欢迎随时和我们沟通，让我们一起努力，帮助孩子更好地成长！

__________班老师

日期：__________

六、活动设计

科学：热闹的鼓楼

活动目标

1. 通过看、说、体验，了解人们购年货过春节的习俗。

2. 尝试用8元钱购买年货，体验购年货的快乐，并进一步激发幼儿对新年的期盼。

活动准备

之前和父母有在超市购物的经历，购物袋、10元现金。

活动过程

1. 谈话引出话题。

师：很快就要迎来我们中国人民最重视、最隆重、最热闹的传统节日，请大家说说是什么节日？

2. 出示鼓楼照片，引起幼儿讨论。

(1) 师：新年快到了，看看人们在忙什么呢？

(2) 小结：买新年里需要的东西叫作“买年货”，购买年货是我们中国人过春节的习俗。

(3) 师：想不想学大人们买年货？

3. 置办地点。

(1) 两名幼儿一组一起去热闹的鼓楼选择年货。

(2) 个别幼儿介绍自己所买的年货。

(3) 幼儿自由交流。

4. 活动延伸。

下次跟爸爸妈妈一起到鼓楼置办20元的年货。

科学：我的新年计划

活动目标

1. 知道新年即将来临，通过讨论，知道如何合理安排自己的新年计划。

2. 尝试以图等形式记录自己的计划安排。

3. 感知有序做事和珍惜时间的意识。

活动准备

去年计划表和实施的记录，新年计划表、彩色卡纸、彩笔。

活动过程

1. 去年的计划。

(1) 师：马上到新年了，小朋友们，去年的计划你们完成了吗？（引导幼儿回忆去年的新年计划）

(2) 说说自己的打算。

2. 安排今年的新年计划。

(1) 引导幼儿安排事情的先后顺序。

小结：这些事我们不可能同时去做，我们不能左手写字，右手吃饭啊。所以我们要先完成一件事，再去做另一件事。但是，我们怎么能知道先做哪件事情会比较好呢？小朋友们你们觉得这些事里我们先做哪一件呢？

（2）引导幼儿明确要做事情的具体时间。

小结：小朋友们真棒，将事情都排好了。但是我们到底什么时间该做这些事呢？这个时候，就需要一个法宝来帮助我们啦！（出示日历）

（3）师：小朋友们，你们看这是什么？你们会看日历吗？

（教师和幼儿一起探讨计划的具体时间，教师记录在相应图片上）

（4）完善整个计划。

3. 我的新年计划表。

（1）师：现在，小朋友们都知道了怎么去安排新的一年想做的事情了吗？

（2）师：老师想留着这些东西，想要做什么事了，看一下，就不会忘记啦！但是，我们这样一张张地看，实在是太麻烦了，小朋友们有没有办法能够将每件事情都记录得很清楚呢？

（3）完善计划表。

引导幼儿互相观察计划表：计划表有几列，第一列写什么，第二列写什么，按什么顺序写的。

4. 活动延伸。

（1）展示幼儿的新年计划表。一日活动结束后，请幼儿将自己的计划表带回家向家长介绍。

（2）设计主题墙展示幼儿的新年计划表。

社会：宁波人的年味

活动目标

1. 知道新年的含义，初步了解宁波人过新年的一些习俗。

2. 体验和教师、同伴一起在宁波过新年的乐趣。

活动准备

1. 各种过年场景的图片。（吃团圆饭、放烟花、放鞭炮、包饺子等）

2. 宁波人贺岁歌曲。

活动过程

1. 谈话引入主题。

(1) 师:小朋友们,新年快到了,你们知道新年的含义吗?

(2) 幼儿讲述自己的看法。

(3) 师:新年是我们传统的节日,也是一个团圆的节日,过新年就是要迎接新的一年。

2. 出示宁波人过新年的场景照片。

(1) 请幼儿观看图片。

(2) 引导幼儿说说照片里的内容。

师:小朋友,你们看这张图里有谁,他们在干什么呢?

(3) 师幼共同讨论:我们在宁波过新年的风俗习惯有哪些?

(4) 小结:新年是新的一年的开始,宁波人会贴春联、挂灯笼,放开门炮,祭祖拜年,除夕夜包饺子吃团圆饭,拍全家福,还要去拜年等,不同的地方都会有不同的习俗。

(5) 请幼儿说一说自己家乡是怎么过新年的。

附:

腌 腊 肉

一到腊月,就可以准备腌腊肉了,宁波人去市场选肉、买调料、腌制、风干,每一样都是自己亲自动手。

这样腌制出来的腊肉透明鲜亮,色泽鲜艳,黄里透红,吃起来肥不腻口,瘦不塞牙。

挂在阳台、屋檐下或者弄堂里，路过的行人都要流口水，一直到除夕和春节团圆饭，这道腊肉都是不可多得的美味！

晒 鳗 鲞

宁波人对鳗鲞情有独钟，民间有“新风鳗鲞味胜鸡”的说法。晒鳗鲞，也自然成为宁波人备年货过程中不可或缺的一环。

别的地方的鳗鲞，是“晒”出来的，宁波的鳗鲞，是用自然风吹干的，所以也叫“新风鳗鲞”。每年春节前的个把月，是风干鳗鲞的最好时机，主妇们也开始忙碌起来。

做 年 糕

在宁波，年糕是过年必备之品。宁波人爱吃年糕，那是从小吃到大，怎么也吃不腻的美味和情怀。

每年入冬后，不少村镇的村民们就开始忙着做年糕了。

腌 咸 蟹

宁波人过年餐桌上的红膏炝蟹，就像是传统戏曲的保留剧目，没它不行。

市面上卖红膏炝蟹的很多，但都没有自家腌出来的够味！挑几只膏红肉肥的梭子蟹，用各种调料加水腌制。一两天后即可食用。

宁波话过年儿歌

十二月廿三祭灶君，无色灶过摆当中，
荠菜马兰炒年糕，灶君菩萨也馋唠，
糯米搭白酒，要吃自家有，
三十年夜下饭多，还差一碗割蛳螺，
汁水年糕汤一镬，吃嘞小舌头鲜落。

社会：我知道的冬至

活动目标

1. 了解冬至的来源，知道冬至是我国一个非常重要的节气，也是一个传统节日。

2. 感受传统文化的滋养和先人们用智慧传递的生机与希望，感受因季节变化而带来的心灵悸动。

活动准备

冬至故事课件、《节气歌》等。

活动过程

1. 交流信息，自然引入。

(1) 欣赏《节气歌》。

师：春雨惊春清谷天，夏满芒夏暑相连，秋处露秋寒霜降，冬雪雪冬小大寒。这朗朗上口的节气歌不仅韵律优美，而且包含了劳动人民的智慧。你知道它的含义吗？

(2) 交流关于节气的信息。

预设:冬至是二十四节气之一,并且是很重要的一个节气。冬至这天,白昼最短,黑夜最长。冬至是冬天最冷的时候,过了冬至开始“数九”,九九八十一天后,就真正感受到了春天。

2. 说冬至由来。

通过故事课件了解冬至的由来。

3. 说冬至传说、习俗。

师:为什么古代的节日还能保留至今?让我们一起用传说和习俗来说冬至吧!

(1) 用传说说冬至。

传说一:冬至馄饨夏至面。

传说二:全家共吃赤豆糯米饭。

传说三:冬至吃饺子。

附:

冬至的由来

冬至是北半球全年中白天最短、黑夜最长的一天,过了冬至,白天就会一天天变长,黑夜会慢慢变短。冬至过后,各地气候都进入一个最寒冷的阶段,也就是人们常说的“进九”,中国民间有“冷在三九,热在三伏”的说法。我国古代对冬至很重视,早在2500多年前的春秋时代,我国已经用土圭观测太阳测定出冬至来了;它是二十四节气中最早制定出的一个,时间在每年的阳历12月22日或者23日之间,冬至前是大雪,冬至后是小寒,因为冬至并没有固定于特定一日,所以被称为“活节”;冬至过节源于汉代,盛于唐宋,相沿至今;冬至十天阳历年。冬至被当作一个较大节日,曾有“冬至大如年”的说法,而且有庆贺冬至的习俗。冬至又称为“冬节”。

语言:新年元旦

活动目标

1. 知道元旦是新的一年的开始,愿意和他人分享自己的新年愿望。

2. 学习用图画制作心愿卡并用简单的语言表述,感受新的一年到来时的喜悦心情。

活动准备

新旧挂历，蜡笔，心愿卡一份。

活动过程

1. 导入活动。

(1) 师：小朋友，你们知道今天是几月几日吗？再过几天，今年就过完了，新的一年就要开始了。

(2) 师：那你们知道1月1日是什么日子吗？(元旦)对了，1月1日就是每一年的第一天，也就是元旦。

(3) 小结：每年的1月1日都是一年的开始，新年的第一天，也是每一年的元旦。

2. 引导幼儿讲述自己的愿望。

(1) 师：新年到了，你觉得这几个小朋友在干什么呢？(请幼儿根据自己的想法自由猜一猜)

(2) 师：你们觉得这几个小朋友是在×××，他们还在讲述自己的新年愿望呢。小朋友，你们在新年开始的时候有什么心愿呢？

(3) 请幼儿讨论交流，并大胆说出自己的各种新年愿望。

(4) 小结：新的一年刚开始，人们都会对未来的这一年有很多的期待，所以会有许多的愿望或是计划，像刚才我们小朋友说的一样。有了愿望或计划就要努力去实现它哦！

3. 把愿望画出来。

(1) 师：相信每个小朋友都有自己的新年愿望，刚才很多小朋友也说了自己的新年愿望，如果用图画表示出来，该怎么画呢？(请幼儿进行思考，并请部分幼儿简单讲述自己对绘画的构思)

(2) 师：现在老师为每个小朋友准备了一张心愿卡，那就请你们把自己的新年愿望画在这个大心形中吧！

(3) 请画好的小朋友找一个好朋友讲述自己的心愿。

(4) 小结：愿望是小朋友的美好的想法，希望你们都能通过自己的努力，实现自己的愿望。

4. 讨论怎样过元旦。

（1）师：元旦马上就要到来了，你想怎样过元旦呢？（请幼儿讨论，并说说自己的想法）

（2）小结：我们要让生活变得有意义，也可以自己去设想，按自己的想法去过一个有意义的元旦。

5. 活动延伸。

在《新年快乐》的音乐声中自由舞蹈，感受新年欢乐气氛。

（1）师：新年就要到来了，祝大家的心愿都能实现，我们一起来跳“新年快乐”舞吧！

（2）播放音乐，请幼儿自由舞蹈。

语言：我的年夜饭

活动目标

1. 感受吃年夜饭时合家团圆、喜庆、热闹的气氛，萌发热爱中国传统文化的情感。

2. 了解中国吃年夜饭的习俗和年夜饭文化。

3. 尝试围绕主题安排画面，能表现出上下、左右的位置关系。

活动准备

1. 知道每年的除夕夜家人汇聚在一起吃年夜饭象征着全家团团圆圆。

2. 收集全家吃年夜饭的照片。

活动过程

1. 情境导入：出示“年夜饭”。

师：你们看到了什么，想一想你们家是怎样吃年夜饭的，有哪些菜肴。

小结：吃年夜饭是我国传统的庆祝新年的习俗之一。全家老少相聚一起团团圆圆、热热闹闹。吃年夜饭时每个家庭都会准备丰盛的菜肴，如：鱼象征年年有余，圆子象征团团圆圆，火锅象征红红火火。

2. 探索发现，请幼儿观赏自己吃年夜饭的照片。

（1）回忆以往全家人吃年夜饭热闹的场面。

（2）重点讲述年夜饭上丰盛的菜肴的颜色、形状。

（3）欣赏“创意坊”中的作品，激发幼儿创作的乐趣。

3. 创作表现：幼儿制作“年夜饭”。

4. 欣赏评议。

（1）鼓励幼儿相互参观“年夜饭”并交流、分享创作的经验和感受。

（2）教师针对有独特创意的幼儿作品给予鼓励并在展示台上展示所有幼儿作品。

5. 结束活动。

师幼一起收拾整理物品，结束活动。

语言：香香甜甜腊八粥

活动目标

1. 知道腊八节的时间、来历和风俗习惯，感受传统民俗节日的气氛。

2. 了解认识各种粗粮的名称，感知它们的外形和营养价值。

3. 主动邀请爷爷奶奶来幼儿园共度节日，给爷爷奶奶送上腊八粥。

活动准备

1. 收集各种粗粮实物，放在科学区，让幼儿观察认识，并了解其营养价值。

2. 收集腊八节饮食习俗的图片和古诗图片让幼儿大胆讲述。

3. 腊八粥相关绘本。

活动过程

1. 回忆学做腊八粥的过程，了解制作腊八粥的流程。

（1）谈话导入。

师：小朋友，你们知道每年的腊月初八这一天，大家要做什么呢？

师：为了熬出香香甜甜的腊八粥，嫣儿（绘本中孩子的名字）、奶奶、妈妈都做了哪些事情？

（2）根据幼儿回答的内容，依次翻阅绘本相应的画面。

① 准备熬粥的东西（大米、高粱、玉米、小米、栗子、核桃、红枣……）；

② 洗好食材；

③ 准备锅；

④ 煮腊八粥。

小结：为了熬出香香甜甜的腊八粥，嫣儿、奶奶、妈妈做了不少事情呢！

2. 探究制作流程，绘制腊八粥制作序列表。

(1) 邀请助教家长，介绍食材。

师：今天我们班请来了两位熬制腊八粥的高手，瞧瞧她们是谁？（请两位奶奶出场）两位奶奶带来了许多东西，一起来看看吧。

幼儿围在桌子旁，家长引导幼儿说出食材、准备的用具。

(2) 引导幼儿大胆表述制作腊八粥的方法。

师：准备这些东西是要干什么呀？你们会煮吗？看来小朋友都学会煮腊八粥啦！火帽子和跳跳蛙特别打来电话吵着要学煮腊八粥，你愿意教教它们吗？

师：怎样才能熬出香香甜甜的腊八粥呢？先放什么，再放什么……

（3）幼儿分组合作，探究制作流程，尝试在序列表中画出熬制腊八粥的步骤。

师：你们说得都很棒！下面我们分组煮一次，并且把制作腊八粥的方法按顺序画下来，好不好？

① 幼儿分两组讨论。

师：要先商量好谁负责煮腊八粥，谁负责观察记录。

② 幼儿边煮腊八粥，边观察、记录。

（4）请幼儿分享熬制腊八粥的方法。

师：谁能根据记录的步骤图，说一说怎么熬制腊八粥？

小结：看来要想熬制出香香甜甜的腊八粥，首先要给事情排排队，先放什么，后放什么，排好队后，再按照这个顺序来做，一定能完成得很好。

附：

腊八粥

小孩小孩你别馋，过了腊八就是年。

腊八粥，喝几天？哩哩啦啦二十三。

二十三，糖瓜粘。二十四，扫房子。

二十五，炸豆腐。二十六，炖羊肉。

二十七，杀只鸡。二十八，把面发。

二十九，煮馒头。三十晚上熬一宿。

大年初一扭一扭。

音乐：恭喜恭喜大拜年

活动目标

1. 熟悉歌曲旋律，感受新年音乐的气氛。
2. 用声音来表现新年的欢乐。
3. 体会分享节日祝福的喜悦，能大胆与人交往。

活动准备

1. 钢琴乐谱。

2. 音乐《恭喜恭喜大拜年》。

活动过程

1. 激发幼儿兴趣。

(1) 出示关于新年的图片。师：小朋友们，你们知道这是什么节日吗？（过年）它还有一个好听的名字：春节。

(2) 师：我们可以怎样庆祝春节的到来？（唱歌、跳舞、做游戏）

2. 学唱歌曲《恭喜恭喜大拜年》。

(1) 教师边弹琴边范唱歌曲一遍。师：小朋友你们听听老师是怎样来庆祝新年的。

(2) 轻轻哼唱歌曲《新年好》，熟悉歌曲旋律。

师：过年的时候你们的心情是怎么样的？（开心、快乐）

(3) 有表情地演唱。（面带笑容）

(4) 用不同形式学唱歌。（请幼儿分男、女演唱）

3. 创编动作，边唱歌曲边做动作。

(1) 师：开心的时候，我们除了会唱歌，还会做什么呢？（跳舞）

(2) 师：我们可以怎么跳？（请个别幼儿示范）

(3) 鼓励幼儿边唱歌曲边做动作。

4. 活动延伸。

师：新的一年里小朋友们应该怎么做呢？（鼓励幼儿大胆表达）

健康：冬日运动

活动目标

1. 学习投和挥臂的动作。

2. 热爱集体，积极参与活动。

活动准备

废纸做成的报纸团。

活动过程

1. 做游戏,幼儿练习肢体动作。

如:“风爷爷来了,看见小鸡啄虫吃”,引导幼儿练习用嘴啄的动作;“风爷爷来了,看见小兔蹦蹦跳”,引导幼儿学习小白兔的跳法,两腿并拢,向上跳;“风爷爷来了,看见树枝弯弯腰”,引导幼儿练习弯腰的动作;“风爷爷来了,看见小猴踢踢腿”,引导幼儿踢腿的动作;“风爷爷来了,看见小鸟飞呀飞”,引导幼儿做飞翔的动作,两只胳膊平伸,然后挥动。

2. 做投掷的游戏。

(1) 师:小朋友们,热完了身,我们就开始学习其他的动作了,今天主要学习投掷的动作,我这里有一团纸,我想问假如你们拿了这张纸,你们会怎么玩呢?

(2) 请个别幼儿大胆尝试玩纸的方法。

(3) 小结:这张纸可以给我们带来很多的乐趣,我们可以把纸夹在两腿中间,学小白兔跳,也可以把纸抛向另外一个小朋友,也可以互相传给对方,还可以用力地往外扔,是不是很有趣呢?今天还有更有趣的玩法,叫“打雪仗”,我们可以将纸团成球状,然后单手握住后高举,眼睛看着远方,然后用力地往远处投掷。当然小朋友们一定要注意,不要投向同伴的头部,尽量往远处扔。

(4) 幼儿分组,练习投掷。

(5) 总结:这一节课我们学会了打雪仗的玩法,也学会了投掷的动作,所以我希望小朋友们无论在什么样的游戏中都要遵守规则、注意安全,你们记住了吗?

语言:我的生肖

活动目标

1. 知道每个人都有自己的属相,感受十二生肖是我国特有的传统民族文化。

2. 通过阅读活动,了解十二生肖的由来,知道十二生肖的排列顺序。

活动准备

十二生肖的动物卡片,调查表。

活动过程

1. 以“老师的生肖”为话题导入活动。

(1) 师:你们想不想知道我的生肖呢?(教师出示自己的生肖挂件)

(2) 师:请小朋友猜一猜,这是什么属相?

(3) 师:小朋友你知道自己的属相是什么吗?你还知道家里哪些人的属相?

2. 欣赏故事,了解十二生肖的由来和排列顺序。

(1) 教师:十二生肖是怎么排队的?谁在前,谁在后呢?我们一起来听听故事《十二生肖传说》。

(2) 教师讲述故事,幼儿倾听。

(3) 故事中的十二生肖是根据什么来排列的呢?(引导幼儿了解动物们相约比赛,以最终的名次来决定排列顺序)

(4) 教师与幼儿一起把动物图片按照十二生肖的顺序排列好。

(5) 幼儿分组进行十二生肖排列认识比赛,赢的那组给予表扬,输的给予鼓励。

3. 调查:我好朋友的生肖。

4. 活动延伸。

在美工区提供各种制作材料,幼儿可自制生肖挂件等。

语言:新年祝福语

活动目标

1. 根据物品特征与谐音学说祝福语,体验人们互相关心的美好情感。

2. 能按1—6的数量选择卡片并学说相对应的祝福语。

活动准备

1. 幼儿在区域活动中制作的灯笼、汤圆、糕、鱼和糖果等。

2. 卡片:一—六、1—6。

3. 幼儿根据祝福语所画的祝福画。

活动过程

1. 回忆交流春节的祝福。

(1) 看着祝福图画,说说拜年的话。

① 教师任意挑选祝福画,幼儿说出祝福语。

② 个别幼儿自由选择祝福画,其余幼儿说出不同的祝福语。

(2) 谈论:用图画表示祝福,还可以有其他祝福方式。

① 可以自己动手做做玩玩,用物品来表示祝福。

围绕各种物品说说祝福的意义。

灯笼——红红火火　　糕——高高兴兴　　汤圆——团团圆圆

糖果——甜甜蜜蜜　　鱼——年年有余　　甘蔗——节节高升

② 可以互相送送红包,表达对朋友的祝福。

2. 找找祝福语中的数字。

(1) 围绕祝福语中的数字展开搜索、讨论、匹配。

① 从祝福语中,找找有哪些不同的数字。

② 用摸一摸、找一找、配一配的方法,玩玩 1—6 与一—六的数字配对游戏。

(2) 找出与汉字"一—六"所表示的数量相对应的祝福画。

① 出示卡片"一—六",交流用这些汉字表示的祝福语,并寻找相应的祝福画。

② 讨论:还有哪些祝福话语中也躲着数字?

(3) 试着用带数字的祝福语来互相祝福。

3. 向大家拜年。

(1) 讨论:可以用怎样的祝福语向别人祝福。

(2) 用各种"甜甜的话"向其他老师、家长拜年。

4. 活动结束。

(1) 评价。

(2) 总结。

附:

数字祝福语

一帆风顺　两全其美　三阳开泰　四季平安　五福临门

六六大顺　七星高照　八面玲珑　九九归一　十全十美

语言:倒贴"福"字的来历

活动目标

1. 了解倒贴"福"字的来历,并对春节的其他传统习俗产生兴趣。

2. 理解故事的主要内容及其所蕴涵的意义，并能概括地复述故事的主要内容。

活动准备

1. 有相关生活经验。

2. 电脑，印有“福”字的贴纸。

活动过程

1. 引起兴趣。

出示印有“福”字的贴纸并提问：

① 这个是什么字，你们在哪里见过？

② 你看到的“福”字是怎么贴的？为什么这样贴？

2. 欣赏故事《倒贴“福”字的来历》。

(1) 教师讲述故事。

(2) 提问：

① 倒贴“福”字的习俗是从什么时候开始的？

② 老百姓为什么要把“福”字倒贴？

(3) 再次讲述故事，进一步理解故事内容。

(4) 师：现在的人们为什么还要倒贴“福”字？

3. 春节的其他习俗。

附：

倒贴“福”字的来历

春节，在许多家庭院落的门窗上，往往会看到一些倒贴着的大红“福”字，这可算得上是中国人民的一个传统习俗了。据《梦粱录》记载：“士庶家不论大小，俱洒扫门闾，去尘秽，净庭户，换门神，挂钟馗，钉桃符，贴春牌，祭祀祖宗。”文中的“贴春牌”即是写在红纸上的“福”字。

“福”字倒贴在中国民间还有一则传说。明太祖朱元璋当年用“福”字作暗记准备杀人。好心的马皇后为消除这场灾祸，令全城老百姓必须在天明之前都在自家门上贴上一个“福”字。马皇后的旨意自然没人敢违抗，于是家家门上都贴了“福”字。其中有户人家不识字，竟把“福”字贴倒了。第二天，皇帝派人上街查看，发现家家都贴了“福”字，还有一家把“福”字贴倒了。皇帝听了禀报大怒，立即命令御林军把那家满门抄斩。马皇后一看事情不好，忙对朱元璋说："那家人知道您今日来访，故意把'福'字贴倒了，这不是'福到'的意思吗？"皇帝一听有道理，便下令放人，一场大祸终于消除了。从此，人们便将"福"字倒贴起来，一求吉利，二为纪念马皇后。

语言：最美的贺卡

活动目标

1. 认真倾听故事，理解故事的主要情节，并从中感悟出这种贺卡的最美所在。

2. 尝试与同伴合作绘制新年贺卡，初步学会根据他人的设计意图合理添画。

活动准备

小动物图片、白纸、水彩笔等。

活动过程

1. 故事引题。

(1) 一只青蛙住在很穷的乡下，快过新年了，它开始想念远方的蛤蟆老弟，于是就寄了一张自己制作的贺卡给蛤蟆(教师出示卡片)，当蛤蟆兄弟收到这张贺卡时，他高兴地说："天哪，这是我见过的最美的卡片。"(教师出示另外一张贺卡)这是怎么回事呢？

(2) 教师完整地讲述故事，边逐幅添画。

2. 幼儿制作贺卡。

幼儿人手一张白纸，开始以小组为单位绘制贺卡，当音乐响起时，幼儿以顺时针方向移动一个座位(图画纸不移动)，根据其他幼儿的图画内容添画相关图案，当轮换一圈后，活动结束，贺卡也就画完了。

3. 欣赏，讲评。

科学：压岁钱怎么花

活动目标

1. 正确理解压岁钱，愿意合理使用压岁钱，形成初步的消费观。

2. 尝试合理安排使用自己的压岁钱。

✣ 活动准备

运用手偶排练情景故事表演，统计表。

✣ 活动过程

1. 以小木偶形象引出话题。

师：小木偶过年时收到爷爷奶奶、叔叔阿姨送的压岁钱，平时，爸爸妈妈从不让他接受大人给的钱，可这回却让他收下了，他不明白这是为什么。

2. 压岁钱的来历及含义。

（1）讲述压岁钱的来历——表示吉利。

（2）含义：代表着一种长辈对晚辈的美好祝福，它是长辈送给孩子的护身符，保佑孩子在新的一年里健康、吉祥。

3. 压岁钱该怎么花。

师：收下压岁钱后你们准备干什么用？

（可有针对性地请个别幼儿说说自己的想法，还可分组讨论，及时肯定好的、有意义的、值得推广的做法）

4. 蜗牛考察队：我的压岁钱。

5. 讨论：谁的压岁钱计划更合理？

附：

压岁钱的传说

每到除夕之夜，小孩子将会得到长辈给的压岁钱。为什么过春节的时候要给孩子压岁钱呢？

这里有一个流传很广的故事。传说，古时候有一种身黑手白的小妖，名字叫“祟”，每年的年三十夜里就出来害人，它如果用手在熟睡的孩子头上摸三下，孩子就会吓得哭起来，然后发烧，讲呓语而从此得病，几天后热退病去，孩子却变成了痴呆疯癫的傻子了。人们怕祟来害孩子，就点亮灯火团坐不睡，称为“守祟”。

在嘉兴府有一户姓管的人家，夫妻俩老来得子，视为掌上明珠。到了年三十夜晚，他们怕祟来害孩子，就逼着孩子玩。孩子用红纸包了八枚铜钱，拆开包上，包上又拆开，一直玩到睡下，包着的八枚铜钱就放到枕头边。夫妻俩不敢合眼，挨着孩子长夜守祟。半夜里，一阵巨风吹开了房门，吹灭了灯火，黑矮的小人用它的白手摸孩子的头时，孩子的枕边竟裂出一道亮光，祟急忙缩回手尖叫着逃跑了。管氏夫妇把用红纸包八枚铜钱吓退祟的事告诉了大家，大家也都学着在年夜饭后用红纸包上八枚铜钱交给孩子放在枕边，果然祟就再也不敢来害小孩子了。原来，这八枚铜钱是由“八仙”变的，在暗中帮助孩子把祟吓跑，因而，人们把这钱叫“压祟钱”，又因“祟”与“岁”谐音，随着岁月的流逝，就被称为“压岁钱”了。

科学：认识人民币

活动目标

1. 认识面值10元以内以“元”为计量单位的人民币，能说出它们的单位名称。

2. 知道人民币有纸币和硬币，并有不同的面值。

3. 初步了解人民币的用途和如何使用人民币。

活动准备

1. 1元、2元、5元、10元的纸币及1元的硬币若干。

2. 装有纸币的信封若干份。

活动过程

1. 认识人民币。

(1) 出示纸币和硬币，教师介绍我国的钱币有纸币和硬币两种。（概括：我们今天以认识纸币为主）

(2) 师：你们认识这些钱吗？它们是一样的吗？（引导幼儿观察）它们是多少钱呢？你们怎么知道是1元、5元、10元呢？（通过观察钱币上的数字，让幼儿认识它们不同的面值）

师：这些钱上面都印有什么？你们知道这些钱的共同名称吗？（人民币）

(3) 介绍认识人民币单位“元”。

(4) 将装有纸币的信封发给每一位小朋友。

师：小朋友打开信封看看里边有什么东西呀？（钱）那你们说说你们手中拿的是多少钱？（引导小朋友正确运用单位“元”）

(5) 让幼儿了解钱的用途。（钱可以用来买衣服、买菜、买水果、交学费等等，还可以用来捐助有困难的人）

(6) 教幼儿合理使用钱。

2. 活动延伸。

教师激发幼儿的爱心，鼓励幼儿捐助有困难的人。

社会：小小推销员

活动目标

1. 了解推销员的工作特点和意义。

2. 能根据商品的不同特点和用途，大胆宣传、推销自己的商品。

活动准备

收集各类商品的宣传海报或宣传单，幼儿各自准备推销的产品。

活动过程

1. 宣传海报展。

(1) 幼儿观察新年超市里的各种海报、宣传单，讨论并了解它们的用途。

(2) 互相介绍这些宣传海报的来源，从而引出推销员。

2. 了解推销员的工作。

(1) 师：你在什么地方看见过推销员，他们在那儿干什么？

(2) 师：你喜欢这项工作吗？为什么？

3. 学做推销员。

(1) 教师演示推销新年巧克力，请幼儿注意教师的表情、动作以及如何介绍自己的产品。

(2) 幼儿准备，可以是单独推销，也可以是两三人合作。

(3) 轮流推销新年产品。

(4) 集体评选出 10 名最佳推销员。

语言：妈妈生病了

活动目标

1. 知道自己又长大一岁了，愿意帮助爸爸妈妈做一些简单的家务活。

2. 理解故事的主要情节，分析故事中所发生的问题，并想出各种解决的办法。

活动准备

故事《妈妈生病了》。

活动过程

1. 设置悬念，激发兴趣。

师：露露和嘻嘻是一对姐妹，她们有非常爱她们的爸爸和妈妈。可是，有一天早上，她们家突然发生了一件不好的事情，是什么事呢？

2. 倾听故事，寻找答案。

教师采取边讲故事边提问，边和幼儿一起讨论的方式，帮助他们理解故事内容。

倾听片段一。

师：她们家里发生了什么事情？

师：听到妈妈生病了，不能照顾她们了，她们心情会怎么样？又会怎么办呢？

倾听片段二。

师：这一天，露露和嘻嘻都帮妈妈做了什么？

师：中午，爸爸打电话回家，露露对爸爸说了些什么？

倾听片段三。

师：晚上，妈妈的身体怎么了，妈妈为什么会舒服多了呢？

师：经历了一天没有妈妈的日子，露露和嘻嘻有什么变化呢？

3. 结合自己，谈谈感想。

师：如果你的妈妈或其他人身体不舒服，你会怎么做呢？

师：平时，你会帮助爸爸妈妈做哪些家务活呢？

附：

妈妈生病了

露露和嘻嘻生活在幸福的大家庭里，妈妈爱，爸爸疼，什么事情都不用做，可是有一天，妈妈生病了躺在床上起不来，这可急坏了姐妹俩。嘻嘻说："爸爸在上班，我们自己来照顾妈妈吧。"于是，露露去拿药，嘻嘻去倒水，陪在妈妈身边看她吃药，妈妈说："你们真是我的乖孩子。"中午爸爸打电话回家问妈妈的情况，露露和嘻嘻说："爸爸您放心吧，我们会照顾好妈妈的。"晚上，妈妈的身体好多了，爸爸回到家开心地说："孩子们，你们长大啦。"

音乐:小动物新年会

活动目标

1. 尝试正确使用打击乐器打节奏,给歌曲《过新年》配上打击乐。

2. 体验过新年时的喜悦之情。

活动准备

1. 图谱、相关图片。

2. 打击乐器:双响筒、小铃、铃鼓,(数量各三分之一)锣,乐器放在椅子下。

活动过程

1. 复习歌曲《恭喜恭喜大拜年》。

(1) 幼儿跟着音乐边拍手边唱歌,把过新年时高兴的心情表现出来。

(2) 幼儿尝试用拍手、跺脚等身体动作为歌曲配伴奏。

2. 学习打击乐。

师:过新年敲锣打鼓真热闹,今天我们一起来到了森林,和小动物们一起开新年会。尝试用好听的乐器来敲敲打打,把这首《过新年》的歌曲表演得更快乐。

(1) 徒手练习。

幼儿创编表演动作。

(2) 尝试配乐器演奏。

提示:刚才我们一共用了两个动作(幼儿的动作):拍腿代表两种乐器一起演奏,拍手表示铃鼓演奏。

(3) 幼儿使用乐器尝试演奏相应的节奏。(根据幼儿的实际情况让幼儿熟悉演奏方法)

幼儿跟着音乐用打击乐器演奏。(练习 1—2 遍,根据实际情况进行重点指导)

(4) 幼儿交换座位(打击乐器)为小动物们演奏。

3. 整理乐器。

幼儿听打击乐《过新年》,边踏步边把乐器轻轻放入指定的筐中。

美术:欣赏年画

活动目标

1. 对年画产生兴趣,初步了解中国民间美术作品的艺术特点。

2. 愿意大胆表述对作品的理解。

活动准备

年画若干幅。

活动过程

1. 参观画展,初步感受年画。

比较这些画与平时所见的画有什么不同。

2. 了解年画。

介绍年画的来历。师:年画什么时候贴,有什么用?

3. 欣赏年画。

(1) 观看《娃娃抱鱼图》。

(2) 师:这幅画看上去是怎样的?用的什么色调?为什么?你觉得这幅画想表达什么意思?

(3) 幼儿自由表达。

4. 活动延伸。

画年画。

附:

年　画

美术:亲子新年服装秀

活动目标

1. 亲子合作发挥想象设计新年服装。

2. 大胆、自信地穿自己设计的服装进行表演。

活动准备

各种制作材料,时装表演录像。

活动过程

1. 欣赏表演,激发兴趣。

(1) 观看一段时装表演录像。

(2) 谈谈说说:说说其中你最喜欢的新年服装名称及喜爱它的理由。

(3) 师:还有哪一种款式在你心中留下美好印象?

2. 亲子创意设计时装。

(1) 激发亲子设计服装的愿望。

师:这些漂亮的衣服都是设计师设计的,我们也来做设计师设计一套漂亮的时装吧!

(2) 亲子构想交流:以小组为单位,教师介入指导。

3. 亲子动手设计时装。

(1) 利用面积较大的旧报纸、旧包花纸、旧挂历纸及各色塑料袋进行时装构造与设计。(教师进行示范)

(2) 讲解辅助材料的运用。

(3) 幼儿动手制作。

(4) 教师有针对性地进行指导:重点协助能力差的幼儿,给予言语与动作指导;并提醒能力强的幼儿利用废旧物进行装饰。

4. 造型服装秀。

(1) 亲子相互帮助穿好自己设计的时装。

(2) 展示自己设计的时装。

(3) 听音乐走时装秀。

健康:和新年老人捉迷藏

活动目标

1. 喜欢参加体育游戏,体验集体游戏的乐趣。

2. 练习在一定范围内自由地追逐跑,跌倒了能勇敢地站起来。

活动准备

圈定场地,新年老人服装,丝巾一条。

活动过程

1. 准备部分。

(1) 教师做小火车头,幼儿双手拉住前方小伙伴的衣角排成长队成车厢状,跑步入场。

(2) 幼儿听音乐,与教师共同做动作。

2. 教学与练习部分。

(1) 教师请幼儿四散站在地面围绕在新年老人周围,介绍新朋友“新年老人”。教师和小朋友一起玩“和新年老人捉迷藏”游戏。

(2) 教师念儿歌:“新年老人真有趣,我来和它做游戏,快快快,走到新年老人身上去。”说完后教师拍三下手,幼儿很快走到新年老人的身上去。

(3) 教师请小朋友想一想,怎样按要求和新年老人做游戏。师:小耳朵仔细听信号,眼睛看着信号所指地方,按要求到达目的地。

(4) 变化信号,幼儿分小组依次走(或跑或跳)到新年老人的头部、身体、腿部等地方。

(5) 教师加快速度,改变信号目标,鼓励幼儿加快反应,遵守规则,在一定时间到达。同时教育幼儿在游戏中不撞到别人身体,注意保护自己。

3. 结束部分。

(1) 小结:今天我们和新年老人玩捉迷藏的游戏,你们表现很棒,反应很快。(表扬听到信号后反应快动作对的幼儿)

(2) 韵律活动:幼儿围着新年老人跳舞找到自己的好朋友,然后和自己的好朋友快乐地跳舞。

附：

今天天气真正好，太阳公公眯眯笑。
小朋友们真高兴，伸伸懒腰起得早。
洗洗脸，洗洗脸，刷刷牙，刷刷牙。
穿好衣裳真漂亮，我们一起来做操。
伸伸手，伸伸手，弯弯腰，弯弯腰。
踢踢腿，踢踢腿，蹦蹦跳，蹦蹦跳。
天天锻炼身体好，做个健康的乖宝宝！

七、特色活动

（一）新年特色活动——喜气洋洋过新年

❖ 祈愿

准备：

许愿瓶、星星纸条若干。

内容：

1. 入园许愿。

放学时将长条纸（园方购买）发给每个幼儿，幼儿带回家后让家长在纸条上写上自己的新年愿望，并折成星星状，第二天早上入园时放进每个班的玻璃心愿瓶中。

2. 上午各年龄段特色冬至集体活动。

大班：画冬至梦或冬至愿望；

中班：搓圆子切番薯；

小班：听冬至故事、体验搓圆子。

3. 下午点心。

品尝冬至美食。

寻味

准备：

各班各自准备。

内容：

1. 迎新仪式。

9点先在操场集中，后分散到各个教室活动。

环节一：大班集体诗朗诵，每班一位幼儿上台拿话筒领诵。

环节二：每班一位教师或幼儿介绍自己班级的美食和活动。

环节三：热场舞。

建议：当天幼儿和教师身上都要有红色的中国元素。

2. 幼儿分散到各班尝冬至美食，品冬至文化。

（每班将迎新海报放在教室门口的画架上，海报体现中国风）

各班活动：

满天星班——包饺子，家长表演甬剧。

紫丁香班——吃烤菜年糕，唱冬至歌谣。

向日葵班——品年糕干，观赏冬至影片。

蒲公英班——喝丸子汤，欣赏窗花。

蜻蜓班——品番薯干，冬至祈福写“福”字。

蜜蜂班——吃油赞子，玩印章画。

蝴蝶班——吃麻糍，看做麻糍。

萤火虫班——喝柠檬茶，现场制作柠檬茶。

香蕉班——吃水塔糕，送福卡。

樱桃班——吃酒酿蛋花圆子，欣赏宁波童谣乐。

蜜桃班——喝番薯红枣汤，欣赏年画。

苹果班——吃羊肉细粉，听唱雪花歌曲。

❖ 迎新

准备：红包、祝福。

内容：开学迎新第一天，园长妈妈们给来园的每个幼儿送上一个红包，一份祝福；大班的哥哥姐姐们在阶梯上扮演新年娃娃，给来园的弟弟妹妹和家长们送祝福。幼儿在福字板上签名。

❖ 元宵

准备：面粉等。

内容：包元宵，表演节目。

(二) 蜗牛考察队——喜气洋洋过新年

以亲子活动的形式进行考察，考察表如下。

喜气洋洋过新年	
我的新衣 	
我的祝福语 	
我的年夜饭 	
我的趣事 	

考察者：

八、儿童工作室

区域名称	新增活动内容	新增材料投放	观察与指导
语言区	1. 认识福字 2. 自制对联 3.《十二生肖》儿歌	1. 祝福语大汇总 2. 过新年吉祥的四字成语,水彩笔、纸	尝试让幼儿用吉祥的话来创编对联,并发挥想象,结合图画向同伴讲述自己的创作寓意
益智区	1. 挂鞭炮(数物匹配) 2. 分糖果(颜色形状分类) 3. 灯笼排排队(排序) 4. 小动物吃汤圆(不同数字的盘子,盛不同个数的汤圆) 5. 找礼物(迷宫活动)	匹配新增内容的材料投放,例如:制作好的鞭炮、灯笼、汤圆等	启发幼儿根据要求,扩展思路来完成每个小任务,体验成功的同时获得智力上的开发
角色区	超市	提供推销员的服装及幼儿自制的各种海报	引导幼儿尝试开展推销买卖游戏,推销员能尝试吆喝,客人能准确地说出“买什么年货”
美工区	1. 红鞭炮(在画好的线条上贴长方形的鞭炮) 2. 美丽的烟火(棉签绘画) 3. 彩色汤圆(泥工活动) 4. 美丽的花灯(灯笼纸胚上彩色水粉等装饰)	彩泥、棉签、双面胶、剪刀、水彩笔、记号笔	启发幼儿能用不同的材料对半成品或原件进行创造,相信自己的作品是最棒的
表演区	1. 新年里的本领 2. 歌曲表演:卷炮仗 3. 打击乐:过新年	在节奏型中增加四分附点音符节奏(X . $\underline{X}$)	鼓励幼儿倾听音乐,扮演表演者的同时也能作为观众给予表演者鼓励,根据音乐节奏进行新年走秀活动

九、执行参考

1. 主题活动挖掘民族特色，与行为教学相互渗透。

辞旧迎新的主题活动中，幼儿了解了许多有关新春的民俗风情，比如春节的习俗、年的由来等等民俗，在教学活动中让幼儿感受中国传统文化的精髓。

2. 注重动手创造能力，激发幼儿创造性想象。

在主题活动中环境的创设都是幼儿的优秀作品。在教室里可以看到制作的对联画、小灯笼、我的生肖等等，把动手的主动权给予幼儿，让他们在主动行为中获得发展。

主题四：春分——昆虫的秘密

一、主题生发

当迎春花把春天来了的讯息告诉大地时，春姑娘就悄悄地唤醒了冬眠的小动物，喊来了背着剪刀的小燕子，敲开了花妈妈的家门……正逢春天万物复苏的时节，无论是从气候的变化、动植物的生长，还是人们自身，都真切地感受到春天的特征。中班幼儿对这样的季节特征十分好奇，形态各异的昆虫宝宝更是激起了幼儿的兴趣：蚂蚁整天爬来爬去在干什么？蜜蜂会蜇人为什么叫它益虫……于是本期的主题我们聚焦昆虫，引导幼儿去观察、去发现、去感受，了解常见昆虫的秘密，让大自然的小昆虫们成为幼儿喜欢并愿意探究的对象。

本主题从“昆虫初印象”“昆虫本领大”“昆虫大集合”三方面层层递进展开，借助文学作品、科学探究、艺术表现等方式来建构有关昆虫的认识经验，在多种形式的活动中让中班幼儿获得初步的观察方法和科学的探究态度，亲近大自然，观察和感知大自然的美好现象。

二、主题目标

语言领域：学习与春天或昆虫相关的儿歌、故事等文学作品，感受春天到来的季节特征。能够倾听同伴的讲述，增进对昆虫宝宝的认识，大胆讲述认识的昆虫。

科学领域：认识常见的昆虫，了解昆虫与植物、人类的关系，并能初步学会捕捉、饲养昆虫，做简单的观察记录，有初步的保护益虫、消灭害虫的意识。

健康领域：了解昆虫的生长环境，增进预防疾病的意识。掌握不同的运球方法，尝试与同伴合作运球。

艺术领域：感受大自然中昆虫宝宝的美，学会用肢体语言表达对昆虫的认识和感受，并尝试用不同的艺术表现形式表达对春天的情感。

社会领域：乐意与同伴交流、分享有关昆虫的信息。体验参与寻找昆虫的乐趣，学习与同伴互相帮忙、协作完成任务。

三、主题框架及内容

（一）框架

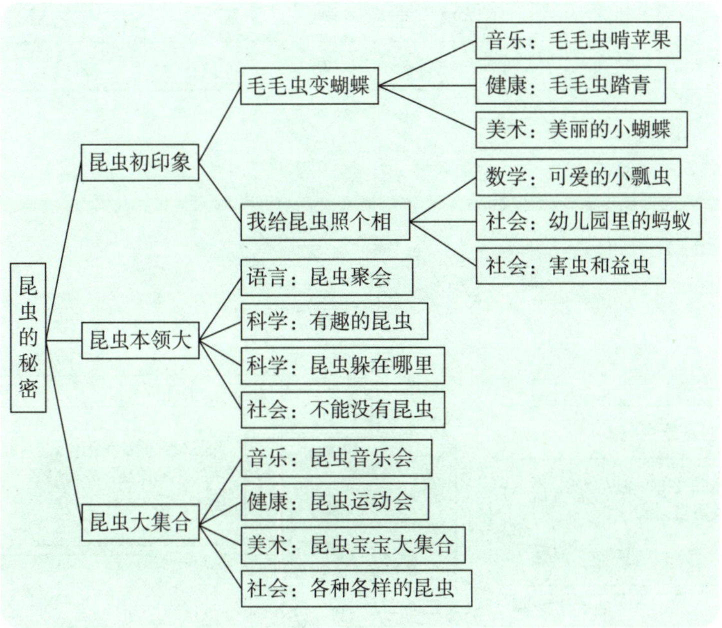

（二）内容

思　路	领域	内　容	资　源
昆虫初印象	社会	幼儿园里的蚂蚁	户外场地
	社会	害虫和益虫	科普知识、课件
	健康	毛毛虫踏青	户外场地、毛毛虫头饰
	数学	可爱的小瓢虫	瓢虫头饰、森林场景布置
	音乐	毛毛虫啃苹果	音乐伴奏
	美术	美丽的小蝴蝶	彩色笔、模型

续表

思　路	领域	内　容	资　源
昆虫本领大	语言	昆虫聚会	故事、课件
	科学	有趣的昆虫	昆虫模板若干
	科学	昆虫躲在哪里	食物链空白模型
	社会	不能没有昆虫	课件
昆虫大集合	音乐	昆虫音乐会	课件、图谱
	健康	昆虫运动会	道具、场地
	美术	昆虫宝宝大集合	昆虫宝宝材料若干
	社会	各种各样的昆虫	课件

四、主题墙

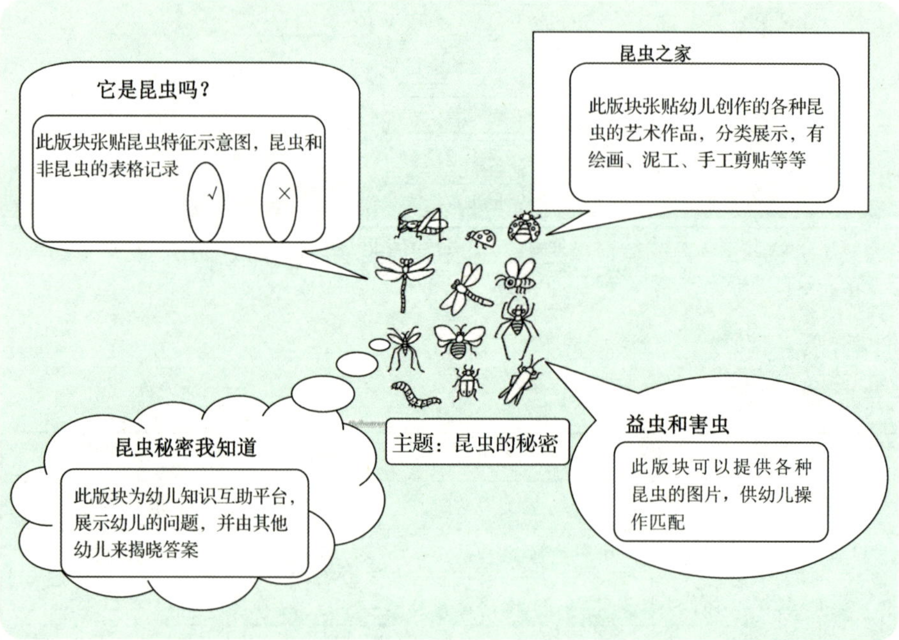

五、致家长的一封信

亲爱的家长朋友：

您好！

美丽而充满生机的春天来了，大树抽芽、小草返绿、鲜花盛开、蝴蝶蹁跹，鲜活的生命力让孩子们得到美感的同时也开启了一扇探究之门。中班的孩子对春天已经有了零散而感性的认知，现在的他们对昆虫有更多想探究的欲望：蚂蚁整天爬来爬去在干什么？蜜蜂会蜇人为什么叫它益虫？……于是本期的主题我们聚焦昆虫，引导孩子们去观察、去发现、去感受，了解常见昆虫的秘密，让大自然的小昆虫们成为孩子们喜欢并愿意探究的对象。

本主题从“昆虫初印象”“昆虫本领大”“昆虫大集合”三方面层层递进展开，为了更好地开展活动，我们诚邀您一起参与到活动中来，为孩子的成长提供有力的支持，以下是需要您配合的事项：

1. 寻找春天里的小昆虫（如蚯蚓、蜜蜂、蝴蝶等），引导孩子发现它们的特征和区别。

2. 收集各种关于昆虫的图片和资料。

3. 利用废旧材料亲子制作昆虫服饰，为年级段昆虫派对做好准备。

4. 周末多带孩子外出踏春，感受春天的季节特征，体验和大自然接触的快乐。

如果期间您对我们的主题活动有什么建议和意见，也欢迎随时和我们沟通，让我们一起努力，让孩子更好地成长！

__________班老师

日期：__________

六、活动设计

社会：幼儿园里的蚂蚁

活动目标

1. 认识蚂蚁的外形特征，探索了解其生活习性和生活环境。

2. 尝试用多种方式研究蚂蚁，体验发现的快乐。

3. 萌发热爱生命、热爱自然的美好情感。

活动准备

1. 幼儿与家长共同完成“观察蚂蚁调查表”，共同捕捉蚂蚁并将其带回放在昆虫盒里。

2. 视频《蚂蚁王国》。

3. 蚂蚁的食物、水、树叶等，蚂蚁迷宫、笔、记录卡、放大镜等。

活动过程

1. 已有经验导入，引出主题。

师：前两天你们是不是和爸爸妈妈一起捉过蚂蚁呀？你们了解蚂蚁吗？谁愿意说给大家听一听？

2. 认识蚂蚁的外形特征。

(1) 幼儿自由观察。

师：你们想仔细看看蚂蚁长得什么样子吗？我们一起来看看养在昆虫盒里的蚂蚁。

(2) 用放大镜观察蚂蚁。

① 师：蚂蚁的头和身体是什么样的？

② 小结：蚂蚁的头上有两根触角，蚂蚁用它来和朋友说话，告诉朋友什么地方有好吃的东西。我们也来学一学小蚂蚁，用触角互相说说话。

3. 观看视频，了解各种各样的蚂蚁。

(1) 师：你们知道蚂蚁家都有谁吗？我们一起来看看吧。幼儿观看视频《蚂蚁王国》。

（2）探索活动。

师：刚才我们看了这么多的蚂蚁，大家想不想和蚂蚁玩一玩？老师准备了三组小实验，分别是：喂小蚂蚁、帮小蚂蚁过河、看小蚂蚁走迷宫，请小朋友自己选一组游戏，不过小实验做完后别忘了在记录卡上圈出观察结果。

（3）幼儿自选小实验，教师分组指导。

（4）展示各组的观察记录，引导幼儿自由交流探索结果。

社会：害虫和益虫

活动目标

1. 区别益虫和害虫，知道昆虫与人们的关系。

2. 了解一些保护益虫、防治害虫的方法。

活动准备

1.《害虫和益虫》背景、挂图各一幅。

2. 蜜蜂、蜻蜓、蜘蛛、蟑螂、蚊子、苍蝇、蝗虫等图片。

活动过程

1. 出示图片，引出主题。

（1）出示背景、图片，让幼儿带着问题观察、思考。

（2）逐一出示蜜蜂、蜻蜓等昆虫图片，引导幼儿说出其名称、外形特征、生活习性等。

（3）小结：对我们人类生产、生活有用的被我们称为益虫。相反，对我们人类生产、生活有害的昆虫被称为害虫。

2. 区分害虫和益虫。

（1）区别、分类：请幼儿将昆虫图片分别摆放在两个贴有益虫和害虫标签的方框内。

（2）请幼儿说说自己区分的害虫和益虫，然后再由大家检查归类是否正确。

3. 益虫保护。

（1）师：如果遇到害虫和益虫，我们应该如何做？

（2）保护益虫，消灭害虫。

① 师：当我们看到益虫的时候应该怎么做？有什么方法能保护益虫？

② 师：发现害虫应该怎么办？还有什么办法能消灭害虫？

③ 互动：教师反复说出昆虫名称和出示昆虫图片，引导幼儿用动作、表情来判断益虫和害虫。

4. 讨论。

人们喜欢哪些昆虫？讨厌哪些昆虫？为什么？

健康：毛毛虫踏青

活动目标

1. 尝试屈身爬，锻炼上下肢力量，提高身体协调性。

2. 体验模仿毛毛虫动作的乐趣。

活动准备

圈、地垫、音乐。

活动过程

1. 毛毛虫醒来了。

(1) 教师介绍角色。

师：我是毛毛虫妈妈，你们是毛毛虫宝宝，我们一早醒来，先来做做运动吧。

(2) 做准备操。

头部运动——上肢运动——下肢运动——腰部运动等。

2. 毛毛虫怎么爬。

教师提出问题引导幼儿自由探索屈身爬的基本动作。

(1) 师：春天来了，毛毛虫姐姐要带毛毛虫宝宝去游玩，毛毛虫怎么爬？你们来试试看。

请幼儿分散自由练习蜗牛爬，教师巡回观察。

(2) 师：××毛毛虫爬得很稳，我们来看看他是怎么爬的。（教师根据观察，请2—3名动作接近屈身爬的幼儿进行示范，教师讲解屈身爬的动作要领：手脚依次前移，使身体屈身前进，屈身时手脚尽量靠拢）

3. 毛毛虫爬呀爬。

（1）全体幼儿一起练习，边爬边念儿歌。

毛毛虫们一起出发吧：快乐毛毛虫呀，爬呀爬呀爬呀，一起出去玩呀。

（2）分组练习。

（3）爬行比赛。

师：毛毛虫弟弟和毛毛虫妹妹来比一比，看谁先追上谁。（先女孩子爬，男孩子去追，再交换）

4. 毛毛虫踏青。

（1）击鼓爬行。

师：大鼓也来参加我们的游戏，让我们来听听他想请我们这么做。

师：毛毛虫听鼓声鱼贯出发，大鼓敲得慢，毛毛虫慢慢爬，大鼓敲得快，毛毛虫快快爬，大鼓停下来，毛毛虫也原地休息。

（2）花园历险。

师：春天来了，河对岸的菜园里长出了卷心菜，姐姐带你们去菜园里吃卷心菜吧。

欢快的音乐起，毛毛虫跟着姐姐，钻过山洞，爬过小桥。音乐停，表示黄鹂鸟来了，毛毛虫们快躲起来，音乐起，表示黄鹂鸟走了，毛毛虫继续去菜园里吃卷心菜。

5. 毛毛虫回家。

（1）放松，活动评价。

师：毛毛虫们真能干，不仅爬过了这么陡的小桥，还躲过了黄鹂鸟。

（2）听音乐做放松运动。

做上肢、腰部、下肢放松运动，走出场地。

数学：可爱的小瓢虫

活动目标

1. 巩固幼儿对 10 以内数的认识。

2. 培养幼儿按数量分类的能力。

3. 培养幼儿对数学的兴趣。

活动准备

1. 画有4个点、5个点、6个点、7个点、8个点的纸制瓢虫若干。

2. 一棵有4个点、5个点、6个点、7个点、8个点的树叶的大树。

活动过程

1. 设置悬念，出示主题。

(1) 师：今天，老师邀请了一个非常可爱的朋友来我们班里，猜猜它是谁？

(2) 教师与幼儿共同玩手指游戏“小瓢虫”，引起幼儿游戏的兴趣。

小瓢虫，小瓢虫，(上下弯曲手指)

爬来爬去的小瓢虫，(四指做爬行状)

紧紧追上大害虫，(加快爬行速度)

一口把它吃干净。(停下，做吃状)

2. 领养瓢虫。

(1) 师：那么多小瓢虫，让我们来找只小瓢虫做朋友吧。(每个幼儿领养一只小瓢虫)。

(2) 师：我们一起来看看可爱的小瓢虫们，看看它们有什么不同？引导幼儿数数瓢虫身上有几个点，用这个方法来确定是几星瓢虫。

3. 帮助瓢虫。

(1) 师：小瓢虫刚刚和我说，它们很希望小朋友帮它们一个忙，它们最近造了5幢漂亮的房子。可是只有5幢房子，却有那么多小瓢虫，怎么办呢？(引导幼儿说出按瓢虫背上点的多少进行分类)请幼儿帮助小瓢虫分家。

(2) 师：小瓢虫开心极了，有了自己的家，它们还希望请小朋友能帮它们找到它们自己的小树叶。(请幼儿找到相应的有相同点数的树叶，并将瓢虫放到相应的数字树叶上)

4. 活动结束。

师：让我们和可爱的小瓢虫一起玩吧！

音乐：毛毛虫啃苹果

活动目标

1. 熟悉歌曲的旋律，感受音乐中的节奏：X X XXX 和 XXXX X。

2. 能用肢体动作表现歌曲，激发幼儿的想象力。

3. 在活动情境中体验音乐游戏的乐趣。

活动准备

多媒体课件、音乐、节奏图谱、盘子四只、毛毛虫玩偶。

活动过程

1. 情境导入，大胆想象猜测。

(1) 师：今天老师带来了一个好朋友，会是谁呢？（出示毛毛虫）这就是我的好朋友毛毛虫，来跟它打声招呼吧！

(2) 师：今天毛毛虫想让小朋友来猜一猜它在干什么。播放毛毛虫啃苹果的音效。

(3) 师：让我们一起来看看它到底在吃什么呢。

2. 图谱练习，感知音乐节奏。

(1) 师：毛毛虫最喜欢吃苹果了，那让我们来听一听，它是怎么吃苹果的。

学习节奏 1：X X XXX。

学习节奏 2：XXXX X。

(2) 师：毛毛虫吃了什么样的苹果呢？依次出示图谱。

(3) 分段练习。

(4) 完整练习。

3. 创编动作，体验游戏乐趣。

(1) 师：毛毛虫特别喜欢吃苹果，让我们也来做一个苹果送给它。

(2) 师：真棒，毛毛虫非常喜欢你们的苹果！于是它也要来啃一啃你们的苹果，谁来试一试？

(3) 个别幼儿尝试扮演苹果后，全体幼儿一起尝试扮演。

(4) 利用盘子，完成游戏。

4. 结束活动。

美术:美丽的小蝴蝶

活动目标

1. 引导幼儿学习用搓、团圆、捏和镶嵌的技能塑造蝴蝶的基本特征。

2. 培养幼儿认真细致做事的习惯。

3. 丰富幼儿的想象力和创造力。

活动准备

蝴蝶图片若干、制作示意图一张、橡皮泥、泥工板等。

活动过程

1. 导入活动,引起幼儿兴趣。

师:小蝴蝶长什么样子?请先跟旁边的好朋友轻轻地说一说。

2. 教师和幼儿共同探索按示意图塑造蝴蝶。

请幼儿上来说,教师示范,让幼儿了解基本方法和步骤。

3. 交代要求,幼儿操作,教师指导。

(1) 师:请每个小朋友给小蝴蝶捏一个好朋友,要捏塑出各式各样的蝴蝶。捏好后让它去找好朋友一起玩。也可以欣赏一下其他小朋友捏的小蝴蝶,看看哪只蝴蝶最漂亮。

(2) 幼儿操作,教师巡回指导。

(3) 放音乐《郊游》安定幼儿的情绪,组织幼儿回到座位上。

4. 总结评价,结束活动。

(1) 组织幼儿参观作品,表扬有创意的幼儿作品。

请小朋友找出最喜欢的小蝴蝶,说一说为什么喜欢它。

(2) 教师与幼儿合作把作品安放在展示栏中,感受成功的快乐。

语言:昆虫聚会

活动目标

1. 通过二次分类,学习认识昆虫的各种外形和生活特征。

2. 大胆表达自己的想法和判断的理由。

活动准备

1. 多媒体课件。

2. 蝴蝶、七星瓢虫、蚯蚓、蜜蜂、蜻蜓、螳螂、蜘蛛、苍蝇、蚊子大图片各一张，小图片每组一张。

3. 操作大表格一张、小表格每组一张。

活动过程

1. 介绍招聘会内容，引发活动兴趣。

(1) 师：森林里贴了一张大纸，我们一起来看看。

(2) 共同认读招聘内容。

(3) 小结：原来是森林里要招聘警察队员，请昆虫来报名。

(4) 师：昆虫是怎么样的？

2. 认识各种参聘动物。

(1) 师：今天，我们这里也来了好多的小动物，都有谁？

(2) 出示并认识各种动物。

(3) 师：那么多的动物都想当警察，就请你们来当小考官，看看它们是不是都符合我们的招聘要求。

3. 熟悉游戏规则。

教师出示操作表格进行规则讲解。

4. 推理游戏。

第一次推理——昆虫。

(1) 请从所有的动物中找出昆虫放在第一格里。

(2) 集体讲述：你觉得谁能进入第一关，为什么？

(3) 课件验证。

(4) 小结：第一关淘汰了谁。

第二次推理——益昆虫。

(1) 请从所有的动物中找出益昆虫放在第二格里。

(2) 集体讲述：你觉得谁能进入第二关，为什么？

(3) 课件验证。

（4）小结：第二关淘汰了谁？

第三次推理——能捕捉害虫的昆虫。

（1）请从所有的动物中找出能捕捉害虫的昆虫放在第三格里。

（2）集体讲述：你觉得谁能进入第三关，为什么？

（3）课件验证。

（4）小结：第三关淘汰了谁，最后谁获得了胜利？

（5）佩戴勋章。

科学：有趣的昆虫

活动目标

1. 了解蝴蝶、蜻蜓、蜜蜂等昆虫的基本特征和生活习性。

2. 对观察昆虫产生兴趣，知道要爱护益虫。

活动准备

实物展示仪一台；昆虫挂图一张；事先捕捉到的昆虫，或者是收集的昆虫标本若干。

活动过程

1. 猜谜语，引出昆虫的活动主题。

教师念蜜蜂的谜语儿歌，提问：这是什么动物？

幼儿猜谜语，激起对昆虫的兴趣。

2. 出示昆虫，用实物展示仪放大昆虫标本，感知昆虫主要特征。

师：这是什么？叫什么名字？

师：它是什么样子的？头上有什么？身体下面有什么？有多少对翅膀和脚？

师：你知道它生活在什么地方？爱吃什么吗？

（教师启发幼儿按照“动物名称——身体特征——生活习性”讲述）

小结：标本上的这些虫子有一个共同的名字叫“昆虫”。昆虫的身体分成头、胸、腹三部分。头上有触角、嘴和眼睛；胸部长着三对脚，背上一般长着两对翅膀；腹部一节一节的，两侧还有气孔，是呼吸用的。有的昆虫，例如七星瓢虫，有两层翅膀，外面一层变成硬壳起保护作用，下面一层很薄的用于飞翔；还有一些昆虫只有一对翅膀,例如蚊子。

3. 初步感知益虫和害虫。

师:在昆虫的大家庭里,对我们人类来说,哪些是益虫哪些是害虫?

师:你知道蝴蝶是益虫还是害虫吗? 为什么?

小结:蝴蝶在幼虫时爱吃嫩菜是害虫,但在变成蝴蝶后有传播花粉和观赏的益处。

引导幼儿讨论:我们应该怎么对待昆虫?

小结:我们要注意环境卫生,不乱倒垃圾,让害虫无法生存。同时,我们也要保护益虫,不随意捕杀益虫。

4. 活动延伸。

周末空余时间,和爸爸妈妈一起去环境中发现不同的昆虫,用照片、绘画等方式记录下来,带回班级和同伴分享。

科学:昆虫躲在哪里

活动目标

1. 了解昆虫的几种保护色,知道昆虫可以通过保护色来保护自己的方法。

2. 感受探究昆虫的乐趣,激发进一步探究昆虫的兴趣。

活动准备

课件《昆虫躲在哪里》,视频《昆虫的保护色》。

活动过程

1. 出示课件《昆虫躲在哪里》,激发幼儿探索的兴趣。

师:你们见到过哪些昆虫,它们都是什么样子的?

师:今天,老师带来了许多神秘的昆虫,它们在和我们玩捉迷藏的游戏呢! 看你能不能一下子就把它们找出来?

2. 了解昆虫的保护色,知道昆虫保护自己的方法。

(1) 了解保护色的含义以及保护色对昆虫的作用。

师:你们的眼睛真亮,把刚才藏起来的小昆虫都找出来了,那么昆虫为什么要躲起来呢?(请个别幼儿回答)

教师带领幼儿讨论：昆虫为什么要有保护色？如果没有保护色，它们将会怎样？

小结：昆虫是利用保护色来伪装自己，目的就是为了不被敌人发现，躲避危险。

(2) 认识常见的昆虫保护色。

师：现在，我们知道了什么是保护色，也知道了昆虫利用保护色来保护自己，驱除危险。那谁能来说一说你看到或听过的这种类似的昆虫呢？(引导幼儿讨论，发表自己的看法)

师：现在，我们来揭开神秘昆虫的面纱，看看它们躲在哪里，它们的保护色是什么颜色的，是如何保护自己的。

(播放视频，了解常见的昆虫保护色)

① 身体颜色与周围环境颜色相同的昆虫，如：螳螂、枯叶蝶；

② 身体颜色随着周围环境颜色而变化的昆虫，如：蝗虫；

③ 身体颜色鲜艳，警告对方自己有毒，不要伤害自己，如：瓢虫。

3. 游戏活动。

"昆虫躲在哪"，巩固对把保护色的理解。

师：我们刚才学习了保护色，知道了昆虫保护自己的一些方法。现在，昆虫也要和我们一起来做游戏了。看看谁能把它们找出来？

介绍游戏规则：现在，我们分组进行比赛。分成两组，男生一组，女生一组，找出一个藏起来的昆虫奖励一颗红心，看哪组找出的小昆虫多。

社会：不能没有昆虫

✣ 活动目标

1. 初步认识生物链，知道昆虫在其中扮演的重要角色。

2. 了解昆虫的重要性，会从自身做起，保护益虫。

✣ 活动准备

各种昆虫的图片，青蛙、蛇、老鹰等图片，各种昆虫的头饰。

✣ 活动过程

1. 谈话导入，激起幼儿兴趣。

师：你们知道世界上什么动物数量最多吗？

师：假如世界上没有昆虫会怎么样呢？

2. 了解昆虫的重要性。

师：你们认识哪些昆虫？它们在大自然中有什么作用？

（1）幼儿自由发言讨论，讲述自己的所思所想。

（2）认识常见几种昆虫的作用。

① 蜜蜂、蝴蝶：它们是传播花粉的使者，假如没有蜜蜂和蝴蝶，有些花儿可能无法开花结果。

② 七星瓢虫、蜻蜓：它们可以捕食农作物和树木上的害虫。

③ 屎壳郎：它会分解动物的粪便，帮我们美化环境。

小结：昆虫为我们的生活生产提供了很多的帮助，我们不能没有它们。另外，昆虫也是许多动物的美食，是食物链中的重要一环。

3. 初步认识生物链，知道昆虫在其中扮演的重要角色。

（1）出示图片：青蛙、蛇、老鹰等图片，初步认识食物链。

师：它们是什么？假如没有了它们，会怎么样？

鸟类、青蛙等以昆虫为食物，假如没有昆虫，它们可能会缺乏食物。青蛙是蛇的食物，蛇是老鹰的食物，它们构成了一条食物链，在整条食物链中，少了任何一个环节，都会破坏自然生态平衡。

小结：昆虫的种类很多，它们为我们的生活提供了很大的帮助，在我们的生活中不能没有昆虫。

（2）区分益虫和害虫。

教师引导幼儿区别常见的益虫和害虫，让幼儿从身边做起保护那些对人类有益的益虫。

音乐：昆虫音乐会

活动目标

1. 初步学习看图谱表现简单的节奏型。

2. 尝试通过倾听、模仿等创编出节奏型，能注意看指挥进行演奏。

3. 对器乐演奏活动产生兴趣，喜欢进行演奏。

✣ 活动准备

1. 幼儿认识各种昆虫，并已经了解部分昆虫的声音；已初步掌握乐器的正确使用方法。

2. 课件《昆虫音乐会》，蟋蟀、螳螂、知了的图片，节奏图谱，碰铃、串铃、单响筒人手一个，并统一放在贴有乐器图片的筐子里。

✣ 活动过程

1. 音乐导入，激起学习兴趣。

(1) 播放音乐，感受音乐的旋律。

师：今天我带来了一首好听的音乐，我们一起来听听吧。

你们听了这首音乐有什么感受呀？

(2) 请幼儿随音乐做动作，感受音乐的节奏特点。

(3) 介绍乐曲名称，请幼儿猜猜都有什么小昆虫来参加音乐会了。

师：其实这首乐曲的名字叫《昆虫音乐会》，从音乐中你们听出有哪些昆虫了吗？它们是怎样演唱或演奏的？

(请幼儿说一说有哪种昆虫，学一学这种昆虫的叫声)

2. 出示蟋蟀、知了、螳螂的图片及音效，尝试表现节奏型。

(1) 出示蟋蟀的图片，并播放其叫声，尝试创编出蟋蟀的节奏型。

师：这是什么昆虫呀？你知道它是怎样叫的吗？我们来听听它的叫声吧。你能用嘴巴来学一学吗？你能用拍手的方式来拍出刚才的叫声节奏吗？

(出示节奏图谱 XX X XX X |)

师：我们一起听着音乐来拍一拍刚才蟋蟀叫声的节奏吧。

(2) 出示知了的图片，播放其叫声，尝试比较知了和蟋蟀叫声的区别，并创编出知了的叫声节奏。

师：这又是什么昆虫呀？你会学知了的叫声吗？我们来听听它是怎样唱歌的吧。你觉得和刚才的蟋蟀叫声有什么不同？我们也来用拍手的方式表示一下节奏吧。(出示节奏图谱 X — X — |)

师：我们再一起听着音乐来拍拍知了的节奏吧。

(3) 出示螳螂的图片，尝试创编螳螂的节奏型。

师：螳螂听到蟋蟀和知了都唱出了好听的声音，它也挥舞着自己的大刀敲起了木筒为它们伴奏，你觉得它敲木筒的节奏是什么样子的？

3. 出示乐器，根据乐器音色选择配乐器，尝试合奏最后的两个小节。

(1) 根据碰铃、串铃、单响筒这三种乐器的声音，匹配合适的小昆虫。

师：我这里有碰铃、串铃、响筒，我们分别来听听它们的声音，你觉得它们分别可以和哪种小昆虫一起演奏音乐最好听、最合适。(请个别幼儿听音乐用乐器来尝试演奏)

(2) 选择自己喜欢的乐器分三组来演奏。

师：请小朋友们选择自己喜欢的乐器，分别代表“蟋蟀、螳螂、知了”组来演奏。

(3) 看图谱，分组演奏乐句。

师：除了刚才我们单一乐器的演奏，其实我还有更好玩、更好听的演奏方法，你们想和我一起来试一试吗？

4. 一起听音乐，共同演奏。

(1) 看图谱演奏 2—3 遍，不断改善。

(2) 看教师指挥，与同伴一同演奏 1—2 遍。

教师提醒幼儿看指挥的手势进行有节奏地演奏。

(3) 交换乐器再次进行演奏。

5. 送乐器回家。

师：音乐会结束了，小昆虫们回家了，我们也把小乐器们送回家休息吧。

健康：昆虫运动会

活动目标

1. 了解昆虫移动的方式，模仿昆虫的动作进行活动。

2. 体验模仿昆虫的乐趣，提高身体的灵活性。

活动准备

音乐、昆虫的图片、昆虫头套、椅子。

活动过程

1. 前期准备，了解昆虫及其移动方式。

(1) 教师出示各种昆虫的图片,认识各种昆虫。

师:这是什么昆虫?

(2) 了解各种昆虫特别的地方和其移动方式。

师:这些昆虫有什么特别的地方?它们是怎么活动的呢?

(引导幼儿自由发言,表达想法:蝴蝶有漂亮的翅膀,蚱蜢的后腿很长,螳螂有像镰刀的前臂……)

小结:昆虫的种类很多,它们活动的方式也各不相同,有的飞,有的跳,有的走……如蝴蝶是飞行的,蚱蜢是跳的,螳螂是挥舞前臂大摇大摆地走等,模仿昆虫时我们要抓住昆虫的特点进行模仿。

2. 听音乐,模仿昆虫进行活动。

(1) 播放一段音乐,请幼儿想象自己是一种昆虫,模拟其动作,大跳昆虫舞;当音乐停止时,像木头人一样,静止不动,让大家猜猜是哪一种昆虫。

(2) 展示昆虫头套,请幼儿挑选喜欢的昆虫,带上头套模仿昆虫移动的方式。

教师指导幼儿按照昆虫的特点进行模仿。

3. 游戏:进行昆虫运动会。

(1) 飞行比赛:由飞行昆虫(蝴蝶、蜜蜂、瓢虫等)进行竞赛,从起点以“S”形的方式绕过椅子到达终点。

(2) 跳远比赛:由善于跳跃的昆虫(蚱蜢、螽斯等)进行竞赛,从起点跳到终点。

(3) 竞走比赛:以快速行走的昆虫(蚂蚁)进行竞走比赛。

幼儿可交换角色,反复进行游戏。

4. 活动结束。

教师带领幼儿以昆虫的一种活动方式——飞的形式,放松地“飞”回教室。

美术:昆虫宝宝大集合

活动目标

1. 尝试用多种材料制作和装饰自己喜欢的昆虫。

2. 乐意扮演会飞的昆虫,体验昆虫飞舞的快乐。

活动准备

1. 活动开展前可与家长配合，利用散步、远足等活动引导幼儿观察各种昆虫。

2. 废弃的碟片、各色卡纸、剪刀、双面胶、范例作品。

活动过程

1. 会飞舞的昆虫翅膀。

师：你知道哪些会飞的昆虫？这些昆虫的翅膀是什么样的？

师：你们想和昆虫一样有对会飞的翅膀吗？幼儿模仿某一种昆虫，自由地展翅飞舞。

2. 制作翅膀。

(1) 师：翅膀可以用什么材料做？

幼儿可以独自制作，也可与同伴一起制作。引导幼儿注意翅膀的对称。

师：怎样把翅膀装饰得更美丽？

(2) 介绍自己制作的翅膀，请幼儿相互猜猜这是什么昆虫。

教师请幼儿想办法将翅膀固定在身上。

3. 在教师的帮助下穿戴好美丽的翅膀，扮演某种昆虫在户外边念“虫虫飞虫虫飞”，边翩翩起舞，并模仿昆虫的行动。如蜜蜂飞到花丛中吮吸花蜜，围着花儿舞蹈等。

4. 尝试做自己喜欢的昆虫宝宝。

规则：先构思做什么昆虫，接着画出昆虫的五官，然后剪下来粘贴在碟片的相应位置上，最后说说昆虫的基本特征。

社会：各种各样的昆虫

活动目标

1. 初步了解一些昆虫的名称，引导幼儿观察发现昆虫的共同外形特征。

2. 理解故事内容，根据昆虫的关键特征，学会辨别昆虫和非昆虫，初步形成昆虫概念。

活动准备

1. 活动开展前可与家长配合，利用散步、远足等活动引导幼儿观察各种昆虫，使幼儿积累一些经验。

2. 各种各样的昆虫图片。

3. 故事《小蚂蚁的生日会》。

活动过程

1. 出示图片。

通过猜谜语，激发幼儿探索昆虫的兴趣，了解昆虫的名称。

(1) 教师读谜面，幼儿猜谜，在幼儿猜出谜底时教师依次出示谜底昆虫对应的图片。

(2) 蝴蝶、蚂蚁、蜻蜓、螳螂、蚊子、萤火虫、瓢虫等。

2. 引导幼儿观察发现昆虫的共同外形特征。

(1) 观察每种昆虫的外形特征。

(2) 引导幼儿用对比的方法，找出这些昆虫在外形、习性上的共同之处。

(3) 与同伴交流自己的发现。(昆虫的身体有头、胸、腹三部分，有六条腿，头上有触角，身上有翅膀等)

3. 听故事《小蚂蚁的生日会》，学会区分昆虫和非昆虫。

(1) 师：小蚂蚁要过生日了，它邀请了很多好朋友一起庆祝。请说一说小蚂蚁请了哪些客人。

(2) 说一说小蚂蚁请的客人哪些地方和小蚂蚁长得一样。为什么小蚂蚁要请蜘蛛与蜈蚣回去?

(3) 蚕宝宝为什么能参加小蚂蚁的生日会?

(4) 归纳昆虫的关键特征。

4. 邀请小客人。

利用各种各样的昆虫图片，对画面中的昆虫图片进行分辨，说出名称，进一步巩固对各种昆虫的认识。

七、特色活动

(一) 春分节气特色活动——虫虫大观园

昆虫拼拼拼

准备：分解的各种昆虫图片。

内容：幼儿在操场寻找各种昆虫的身体，拼在一起，寻找宝藏。

❖ 昆虫知多少

准备：各种昆虫的前期认知经验。

内容：开展昆虫知识大赛，比比谁知道的最多。

❖ 昆虫总动员

准备：好看的昆虫服装。

内容：幼儿穿好看的昆虫服装进行话剧演出。

（二）蜗牛考察队——农庄里的小虫

在农庄进行考察，考察表如下。

农庄里的小虫		
我发现 	喜欢吃 	益虫/害虫  

八、儿童工作室

区域名称	新增活动内容	新增材料投放	观察与指导
语言区	《昆虫聚会》看图讲述及昆虫绘本阅读	《昆虫聚会》讲述图卡，《毛毛虫列车》《昆虫记》等与昆虫相关的绘本和故事书	鼓励幼儿在阅读中积累有关昆虫的认知经验，大胆表述《昆虫聚会》等故事
益智区	昆虫大探秘	各种昆虫图片、昆虫标本、放大镜	熟悉各种常见昆虫的基本特征，并能准确说出它们的名字，尝试用放大镜观察昆虫
建构区	昆虫王国	雪花片、乐高、积木、各种昆虫图片	引导幼儿仔细观察各种昆虫图片，尝试用雪花片、乐高等建构材料拼搭出不同类型的昆虫
美工区	昆虫联盟	毛根条、双面胶、剪刀、水彩笔、记号笔、轻黏土、纸盘	引导幼儿尝试用各种材料制作出不同种类的昆虫，如用纸盘做瓢虫，轻黏土做毛毛虫等
表演区	昆虫秀秀	各种昆虫服装以及关于昆虫的歌曲和音乐	鼓励幼儿倾听音乐，并扮演昆虫宝宝，根据音乐节奏进行昆虫宝宝走秀活动

九、执行参考

1. 有条件可带幼儿到大自然中去寻找昆虫，捕捉昆虫，知道树木上、水边及水草阴面、石头下、落叶上均可能是昆虫生活的地方。

2. 教师可参照相关书籍，带领幼儿一起制作蜻蜓、蝴蝶等标本。

3. 与家长进行沟通，鼓励家长在家中与幼儿一起饲养采集的昆虫，引导幼儿细心照料它们，持之以恒。一段时间后，带幼儿将昆虫放归大自然，培养幼儿爱小动物的情感。

主题五:立夏——“蛋蛋”相传

一、主题生发

宁波人注重立夏节气,常常把立夏当成节日来过,编蛋套、拄蛋、吃茶叶蛋、吃蚕豆饭、称重……每到立夏,人们就会怀念茶叶蛋的味道:圆润的蛋与醇厚的茶叶在锅中焖煮,不时传递出阵阵幽香,也默默地承载着历史和家乡的味道……为了传承民间文化,让孩子们了解更多有关“立夏”节气的民俗文化,“蛋蛋”相传主题应运而生,我们希望借由此主题的开展,让幼儿全方位多角度了解立夏,进一步丰富对各种蛋的认知。

二、主题目标

语言领域:知道有关“立夏”节气的知识,如立夏的来历,立夏的意义以及立夏的食俗、民俗文化。尝试阅读有关立夏的绘本并讲述。

科学领域:通过实验了解蛋壳与醋宝宝做朋友的神奇现象,认识各种各样的蛋。比较 10 以内数字的多少,了解一样多,学会相邻数、二次分类。

健康领域:天气冷暖变化大,知道及时增减衣物保护自己。练习投掷、跨跳等基本动作,加强手部与腿部肌肉的力量。

艺术领域:能欣赏有关立夏的作品,会画出或做出有关立夏习俗的服饰和用品等。尝试用歌声或演奏表达自己的感受。

社会领域:培养幼儿积极向上、健康的心理,激发幼儿对传统文化和对家乡的热爱之情。知道自己所在地区立夏节气的风俗习惯。

三、主题框架及内容

（一）框架

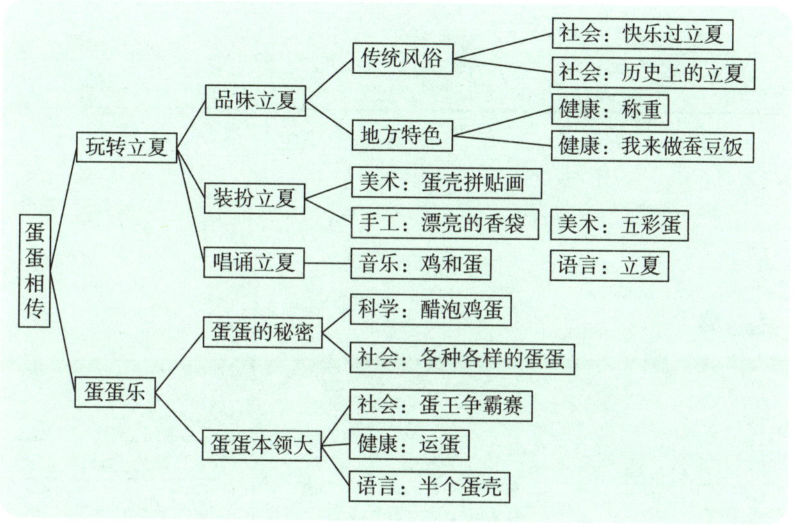

（二）内容

思　路	领域	内　容	资　源
玩转立夏	社会	快乐过立夏	课件
	语言	立夏	儿歌、图谱
	健康	称重	称重材料、箩筐
	社会	历史上的立夏	课件
	健康	我来做蚕豆饭	蚕豆饭材料、美味下饭工作室
	美术	漂亮的香袋	手工
	音乐	鸡和蛋	歌曲图谱、伴奏
	美术	蛋壳拼贴画	蛋壳若干
	美术	五彩蛋	工作室

续表

思　路	领域	内　容	资　源
蛋蛋乐	社会	蛋王大赛	领奖台、奖杯
	社会	各种各样的蛋	课件
	健康	运蛋	户外场地
	科学	醋泡鸡蛋	材料若干
	语言	半个蛋壳	课件

四、主题墙

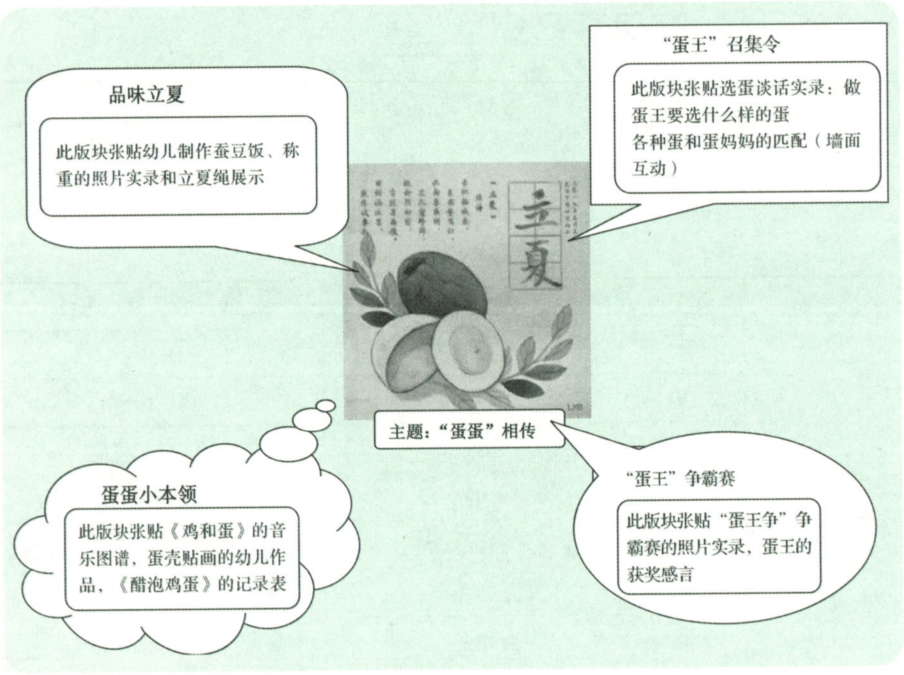

五、致家长的一封信

亲爱的家长朋友：

您好！

立夏的脚步渐渐近了，您是否已经开始嘴馋茶叶蛋的味道：圆润的蛋与醇厚的茶叶在锅中焖煮，不时传递出阵阵幽香，也默默地承载着历史和家乡的味道……宁波历来把立夏当成节日来过，有着丰富的民俗活动，如编蛋套、拄蛋、吃茶叶蛋、蚕豆饭、称重等等，热热闹闹的背后蕴含着丰富的教育元素，所以借“立夏”之际，开展“‘蛋蛋’相传”主题活动，让幼儿全方位多角度玩转立夏，进一步丰富对各种蛋的认知。

在本主题中，为了让幼儿了解立夏的习俗、明白立夏是夏天的开始，将通过聆听、感受、分享等体验形式让幼儿熟悉民间的风俗习惯，感受风土人情。

本主题从“玩转立夏”“蛋蛋乐”两方面展开，为了更好地开展活动，我们诚邀您一起参与到活动中来，为幼儿的成长提供有力的支持，以下是需要您配合的事项：

1. 与孩子一起聊一聊立夏，分享立夏的习俗，丰富立夏经验。

2. 收集生蛋蛋壳，请帮助我们清洗干净再带到幼儿园。

3. 与幼儿一起挑选参赛的蛋，研究拄蛋制胜技巧，并和幼儿做个性化的参赛蛋装饰。

4. 征集有做蚕豆饭、编蛋套经验的家长，诚邀您担任家长助教，和我们一起来园参加相关活动。

如果期间您对我们的主题活动有什么建议和意见，也欢迎随时和我们沟通，让我们一起努力，让幼儿更好地成长！

__________班老师

日期：__________

六、活动设计

社会:快乐过立夏

活动目标

1. 知道有关立夏的知识,如立夏的来历,立夏的意义以及立夏的习俗。

2. 在活动中,感受到传统立夏活动带来的乐趣。

活动准备

图片、蛋、五色绳、视频《立夏》、箩筐、杆秤。

活动过程

1. 出示图片,引发兴趣。

(1) 幼儿观看图片,说说五月五日是什么节日。

(2) 你知道立夏当天我们会做什么吗?

2. 了解立夏来历。

(1) 观看视频《立夏》,请幼儿说说立夏的来历。

(2) 在立夏那天,我们会有哪些习俗?

(3) 教师总结。

3. 立夏活动。

(1) 斗蛋。

幼儿从家中带来各种各样的蛋,然后与其他小朋友一起进行碰蛋活动。

(2) 编五色绳。

准备五色绳的材料,教师示范,幼儿进行操作。

(3) 称重。

将幼儿放于箩筐内,称出幼儿的体重。

4. 活动延伸。

你还知道哪些传统节日的习俗?

语言：立夏

活动目标

1. 知道了有关立夏的知识，如立夏的来历，立夏的意义以及立夏的食俗。

2. 培养积极向上、健康的心理，成为一名快乐的孩子。

3. 对传统文化和对家乡的热爱之情。

活动准备

蛋、有关立夏食俗的内容等。

活动过程

1. 主题渗透阶段。

通过图片的展示，让幼儿知道立夏的知识，如立夏的来历，立夏的意义及立夏的食俗。

2. 经验积累阶段。

(1) 了解什么时候是立夏节。五月五日是什么节日？（立夏）

(2) 了解立夏的来历。你们知道立夏的来历吗？

3. 活动实施阶段。

教师生动地讲述有关立夏的知识及宁波人过立夏的传统习俗。

(1) 清明过后一个月，就是立夏。这时春去夏来，天气渐暖，越冬小麦已成熟收割，菜园里一片新绿，江浙一带有“立夏尝新”的风俗。这时也是水产品捕捞季节，海鲜、河鲜自然也在“尝新”之列。

(2) 苏州有“立夏见三新”的谚语。“三新”指新熟的樱桃、青梅和麦子。人们先“三新”祭祖，然后活人尝食。苏州立夏还要吃海螺、面筋、白笋、荠菜、咸鸭蛋、青蚕豆。各家酒店立夏这天对进店的老顾客奉送酒酿、烧酒，不取分文，把立夏叫作“馈节”。镇江地方有“立夏尝八新”的食风。这“八新”就是樱桃、新笋、新茶、新麦、嫩蚕豆、杨花萝卜、鲥鱼和石首鱼。头潮鲥鱼是送往朝廷的贡物，寻常人家尝鲜吃鲥鱼已是三潮过后的鲥鱼了。常熟地方人们立夏尝新，食品丰盛，有“九荤十三素”的说法。

健康:称重

活动目标

1. 初步了解杆秤的使用方法。

2. 探索不同秤在买卖活动中的作用。

活动准备

各种秤的图片,一把杆秤、几本书、几种水果等。

活动过程

1. 通过提问,引发幼儿对买卖活动中计量工具的讨论。

(1) 师:你们和家人去超市或者去菜市场买菜的时候,怎么知道你的菜要付多少钱呢?

(2) 师:这些工具怎么用?它们是测量什么的工具?

2. 教师出示杆秤,用它可以帮助我们测量要购买东西的重量,这样就可以计算出钱数了。

(1) 师:这个秤由几部分组成?它们分别叫什么?

(2) 师:怎么操作杆秤呢?谁愿意来试一试?

(3) 师:挂上物体后,杆秤的另一端要怎样才表示称好了?怎么控制这一端是翘起来的还是低下去的呢?

(4) 师:这本书与那本书,谁更重?真的是这样吗?我们来称一称。

(5) 是这些水果重还是这几本书重?先猜一猜,我们再来验证一下。

3. 出示各种秤的图片,帮助幼儿认识更多测量重量的工具。

(1) 师:还有哪些工具也可以用来测量重量呢?他们用在什么地方呢?

(2) 师:为什么我们常用的杆秤这么大?而中药铺里用的杆秤这么小呢?

(3) 师:猜一猜哪些秤是电子的,哪些秤不是电子的。你是根据什么判断的呢?

(4) 师:天平是怎么称重的?天平一侧托盘里的金属是什么东西?根据什么知道东西的重量?

社会:历史上的立夏

活动目标

1. 知道立夏的传统文化:称重、斗蛋、编五色绳等。

2. 对中国传统文化感兴趣,喜欢节气这种特色时节。

3. 能表达自己,大胆说出完整的句子。

活动准备

1. 有关立夏的故事。

2. 立夏的特别物品。

活动过程

1. 激发幼儿活动兴趣。

(1) 师:小朋友们,你们知道立夏么? 你们在立夏这天都干什么?

(2) 幼儿大胆猜测、交流。

2. 立夏的故事。

(1) 提问:立夏是中国传统的节气,从很久很久以前就有了,那么你们知道立夏的故事吗?

(2) 幼儿表达自己的想法。

(3) 师:那我们就来听听立夏发生了什么故事?

3. 理解故事,表达想法。

(1) 师:你们从故事里听到了什么? 为什么立夏要"称人"? 和谁有很大的关系?

(2) 幼儿交流,发表自己的看法,教师更正和补充。

4. 拓展。

师:其实,立夏也有很多传说,不止这一个,希望大家回去好好找一找,还有什么样的传说。

附:

有关立夏的故事

立夏之日,我国民间有很多的习俗,其中之一就是"称人"。所谓"称人"就是大人拿来一杆大秤，秤钩上挂一只大筐，小孩则坐到筐里称体重。

“称人”的由来有多种传说。其中之一是说元末朱元璋起兵时，手下大将常遇春在一次战斗中不幸被元军活捉了去。朱元璋得知这一消息后心急如焚，后经多方打探才得知常遇春被关进了监牢。

朱元璋为了保住常遇春的性命，他一面差人买通元军将领，一面通过朋友贿赂牢头禁子，让他们好生对待常遇春，好让他不要遭罪。俗话说“有钱能使鬼推磨”，“吃了人家的嘴软，拿了人家的手软”，再加上元军将领和那牢头禁子早就看出元朝气数已尽，正愁没门路巴结朱元璋，哪还敢让常遇春罪受呢？可是怎么才能让朱元璋知道常遇春在牢中得到了厚待呢？

牢头禁子的老婆见丈夫一连几天愁眉不展、唉声叹气的，就问丈夫何故。听丈夫说了常遇春的事后，她哈哈一笑说：“这事还不好办，你先称一下常遇春有多重，再好酒好肉的养着他，只要他不瘦不就说明他在牢里没遭罪吗？”

第二天，牢头禁子真的按老婆说的给常遇春称了体重，这天刚好是立夏。打这以后牢头禁子每天好酒好菜地侍候着常遇春，生怕他瘦了一星半点。

一年后，朱元璋率军攻克了那座城池，从牢里救出常遇春，牢头禁子为了表功，竟当着朱元璋的面叫人又称了一下常遇春的体重，常遇春不仅没瘦反而比去年重了十来斤。而巧合的是这一天也是立夏。朱元璋大喜，笑着说：“好，好，立夏，立夏，称人，称人。”打这以后立夏称人的习俗便在民间流传了起来。

健康：我来做蚕豆饭

活动目标

1. 了解蚕豆种子构造，知道蚕豆的种子是绿色的，知道怎样种植与收获。
2. 对自己制作的蚕豆饭有喜爱之情，体验劳动收获的快乐。

活动准备

蚕豆、糯米。

活动过程

1. 导入。

师：小朋友，你们吃过蚕豆吗？好吃吗？它是什么样子的？

2. 观察蚕豆种子。

（1）师：蚕豆宝宝是什么形状的？它的外衣是什么颜色的？（绿色的，头上面有一条黑色的线）

（2）教师用刀把蚕豆切开，请幼儿观察。

师：切开后的蚕豆是什么样子的？像什么？

（3）教师把蚕豆的皮拨开，请幼儿观察。

师：拨开后的蚕豆是什么样子的？是什么颜色？

（4）请幼儿摸一摸用水泡过的蚕豆。

师：与没泡过水的蚕豆有什么不一样？

（5）将颗粒饱满的种子选出备用。

3. 制作蚕豆饭。

（1）幼儿自己剥蚕豆。

（2）将剥好的蚕豆和糯米送至厨房烹饪。

（3）分享蚕豆饭。

美术：漂亮的香袋

活动目标

1. 乐意参与活动，体会制作的快乐。

2. 尝试制作香袋，学习缠绕的方法。

活动准备

1. 操作图若干、音乐片段。

2. 香粉、香棉絮、金丝、干菊花、橘子皮若干。

3. 香袋成品、香袋半成品装饰花若干，木架、塑料筐若干。

活动过程

1. 欣赏香袋，引出主题。

（1）师：今天，老师要带大家去逛一逛工艺坊，那里有很多香袋，我们去看一看，闻一闻。（配上音乐）

(2) 请幼儿介绍自己的香袋,引导幼儿从香袋的颜色、形状以及气味来介绍。

师:你可以选择一个自己喜欢的香袋,并和小朋友们说一说。

(3) 师:香袋有各种形状,有很多的颜色还有各种不同的气味。我们的香袋真漂亮,你们想不想动手来做一做。

(4) 请幼儿把手中的香袋放入椅背后的袋子。

2. 出示材料,了解制作过程。

(1) 师:老师给你们带来了几种不同气味的材料,请幼儿看一看、闻一闻、猜一猜。

(2)(出示香袋半成品)师:还有各种颜色的香袋半成品和一根金丝。引导幼儿说说金丝有什么用。

(3) 师:老师这里有一张操作图,我们一起来看看。(引导幼儿自主观察并说说每幅图是做什么的,逐一出示)

(4) 出示绕金丝的图,告诉幼儿这个步骤特别难。请个别幼儿说一说、做一做。

(5) 教师边念儿歌边操作。

3. 幼儿自由操作,教师巡回指导。

(1) 请幼儿选择一种自己喜欢的材料做香袋。

(2) 请幼儿轻轻拿着椅子找个位置,自己动手做一做。

(3) 对于做得快的幼儿可以让他们装饰香袋。

4. 结束部分。

(1) 请做好香袋的幼儿互相欣赏并介绍自己的香袋;可以让老师闻闻、猜猜自己的香袋是什么气味的。

(2) 师:宝贝们,我们一起把这么漂亮的香袋带到班里让其他小朋友也来闻一闻、猜一猜。

音乐:鸡和蛋

活动目标

1. 学唱歌曲,了解鸡蛋数量的变化。

2. 理解、感受不同节奏的小鸡叫声,在游戏中感应小节末拍节奏。

3. 能用(轻、慢)和洪亮的声音表现歌曲中害羞、自信的情绪。

活动准备

1. 歌曲《母鸡孵蛋》,鸡蛋三个,三种不同形象小鸡的图片(棒棒鸡、打嗝鸡、害羞鸡),笔。

2. 铃鼓、丝巾每个幼儿一份。

活动过程

1.《母鸡叫咯咯》音乐律动进场。

2. 熟悉歌曲《母鸡孵蛋》。

(1) 教师用彩蛋示范歌曲。

① 师:听听这是什么声音?(母鸡的叫声)

② 师:今天母鸡要孵蛋了,我们来看看母鸡孵了几个蛋。

(2) 幼儿学唱并用动作表现。

师:母鸡孵了几个蛋?

3. 认识三种不同特征的小鸡宝宝,并能模仿各种小鸡的叫声。

师:你们看看母鸡的蛋都一样吗?

(1) 棒棒的小鸡——感受小鸡的叫声,能用洪亮、有力的声音表现自信。

① 你觉得这是一只怎样的小鸡?为什么?

② 倾听棒棒小鸡的叫声,教师用简单图示表示,幼儿模仿。

③ 用大鼓帮助幼儿唱出有力的声音。

④ 想象自己是身体很棒的小鸡并演唱。

师:你们平时怎样做身体才会很棒?可以吃什么?

(2) 打嗝的小鸡——感应小节末拍节奏。

① 听出打嗝小鸡在小节末拍打嗝的规律,教师用笔画出打嗝鸡的叫声。

师：听，它在干什么？（打嗝的声音）谁来给它取个名字？

② 幼儿学会在结尾处做打嗝动作。

（3）害羞的小鸡——用轻、慢的声音进行，表现害羞。

① 用拖小尾巴的图示表示害羞小鸡的慢。

② 师：害羞的小鸡在介绍自己的时候是怎么样的？它的声音呢？

（4）集体歌唱，模仿三种小鸡的叫声。

4. 介绍铃鼓和丝巾的特点，用铃鼓和丝巾表现各种特征的小鸡叫声。

（1）师：你们觉得丝巾可以用来表示什么小鸡？铃鼓呢？

（2）幼儿熟悉道具。

5. 借助乐器、道具表现歌曲《母鸡孵蛋》。

6. 给三种小鸡分组，结合乐器进行歌曲游戏。

（1）幼儿选择自己喜欢的小鸡来进行表演。

（2）合音乐演唱并表演。

美术：蛋壳拼贴画

活动目标

1. 尝试用废弃的蛋壳进行拼贴，并且用排刷均匀涂色，学习印画的技能。

2. 感受蛋壳粘贴画特殊的花纹，操作时保持桌面的整洁。

活动准备

蛋壳、水粉颜料、双面胶、抹布、画好的各种图案。

活动过程

1. 出示盒子，激发幼儿兴趣。

（1）师：老师今天带来了一个盒子，猜猜里面是什么，哇！原来是蛋壳。

（2）师：蛋壳能做什么呢？

小结：蛋壳可以用来装饰画呢，你们看！

2. 出示范例，师幼一起欣赏。

（1）师：用蛋壳装饰了什么画？蛋壳藏在哪里？请你来找一找。过渡：蛋壳画还会变魔术呢。闭上你的小眼睛——变啦。

(2) 师:一个葫芦变成了两个葫芦,这个葫芦是怎么变上去的。

(3) 师:这个蛋壳印的画和我们平时印的画是不是一样呢?

小结:蛋壳印的画的花纹很特殊,是一块一块的,有空隙。

3. 引导幼儿了解蛋壳印画的制作方法和过程。

导语:蛋壳画,真神奇,让我们也来试一试。

(1) 示范蛋壳画,讲解要求并配儿歌。

(2) 请一位幼儿示范,教师配儿歌。

过程:选择一幅画,撕去上面的双面胶,将蛋壳的里面贴上去,用手压一压,贴满这幅画。注意蛋壳只能贴在画的轮廓里,不能叠在一起,画面上没有贴住的蛋壳请抖一抖放进箩筐里。

(3) 蛋壳画做好了,我们来玩"变变变"的游戏。

师:用排刷刷上颜料,颜料刷均匀,最后把白纸对折,用手掌抹抹平,这样一幅画变成了两幅画。你们想不想来试试?

(4) 师:后面还有许多的画需要你们做成蛋壳画,不要忘了要求哦。

(5) 教师再次强调制作要求时,请幼儿来说。

4. 幼儿操作,教师巡回指导。

提醒幼儿将蛋壳粘贴在轮廓线里,不能叠在一起,刷颜料要少一点且均匀。

5. 展示幼儿作品。

(1) 幼儿交流。

(2) 小结:我们今天用了废旧的蛋壳来装饰了一幅幅漂亮的画,生活中还有很多废旧的材料,像开心果壳、瓜子壳都可以用作装饰,希望小朋友去收集,下次我们再来尝试。

美术:五彩蛋

活动目标

1. 学习选择自己喜欢的材料大胆地进行装饰活动。

2. 感受参与创造性艺术活动的乐趣。

活动准备

1. 鸡蛋若干、记号笔、油画棒、橡皮泥、彩纸、胶水、剪刀、底座等。

2. 装饰好的五彩蛋。

3. 故事《五彩蛋》。

活动过程

1. 由故事导入活动，引起幼儿兴趣。

师：小朋友们，你们喜欢吃蛋吗？（引导幼儿回忆蛋的形状、颜色）

森林里的动物们非常喜欢吃鸭蛋。（引出故事《五彩蛋》）

教师完整地讲述故事《五彩蛋》。

提问：你觉得黑鸦妈妈的蛋哪里漂亮呢？（幼儿大胆猜想）

2. 欣赏五彩蛋，了解各种装饰方法。

（1）出示各种方法装饰的五彩蛋，引导幼儿注意观察。

师：黑鸦妈妈的蛋那么受欢迎，我也去瞧了瞧，顺便买了一些回来，带给我们的小朋友看看。

提问：黑鸦妈妈的蛋是什么样子的啊？（彩色）

它是怎样打扮自己的蛋宝宝的呢？

（2）小结：黑鸦妈妈给自己的蛋宝宝穿上了漂亮的衣服，有的宝宝衣服的颜色漂亮，有的衣服上有好看的花纹，还有的有各种各样的图案，所以啊，大家把黑鸦妈妈的蛋叫作“五彩蛋”。

3. 幼儿自己动手装饰。

（1）师：你们喜欢这些五彩蛋吗？

大家都喜欢漂亮的五彩蛋，白鸭妈妈也想把它的蛋变成五彩蛋，你们能不能帮帮它呢？

（2）引导幼儿用不同的材料，把蛋宝宝变成五彩蛋。

师：我把白鸭妈妈的蛋都带来了，它说请你们帮它把蛋宝宝都打扮得漂漂亮亮的，可以画、可以贴……但是有一个要求：蛋宝宝很脆弱，不能弄伤它，打扮好了以后要将它轻轻地放在蛋箱里。（提醒幼儿操作时要小心）

（3）幼儿自主选择材料操作，教师巡视并给予个别指导。

4. 欣赏、评价。

师:你们的表现真棒,白鸭妈妈看到这么漂亮的蛋宝宝一定会很开心,买的人一定特别多。小朋友们,我们一起把五彩蛋送给白鸭妈妈吧。

社会:蛋王大赛

活动目标

1. 初步了解有关立夏的相关知识,知道立夏拄蛋的习俗。

2. 学会正确握蛋和拄蛋的方法,体验胜利的喜悦。

活动准备

人手两个熟蛋,拄蛋的相关视频,领奖台、奖杯。

活动过程

1. 立夏节气知识的介绍。(课前准备)

师:小朋友们,你们知道什么是立夏吗?(立夏是农历二十四节气中的第七个节气,又是夏季的第一个节气,表示盛夏时节的正式开始,太阳到达黄经45度时为立夏节气)

2. 观看拄蛋的相关视频,知道拄蛋的传统习俗。

师:你们知道立夏的时候我们要干什么吗?(拄蛋)对,你们说对了,今天我们就来比一比谁带来的蛋最厉害。在比赛之前,我们先来看一段拄蛋的视频吧。

3. 教师示范。

(1) 教师握蛋姿势的示范。(握蛋的姿势、方法)

(2) 教师示范拄蛋,注意小头对小头,大头对大头。(讲解)

(3) 请两位幼儿上来示范拄蛋。

4. 幼儿自由分组,进行比赛。

(1) 幼儿自己组队,与好朋友进行拄蛋活动。

(2) 决出"蛋王"。

(3) "蛋王"心得介绍。

师:经过几轮激烈的比赛,我们终于决出了一名"蛋王",接下来我们用热烈的掌声来欢迎我们的"蛋王",请"蛋王"来发表一下获奖感言吧。

5. 活动结束。

为“蛋王”颁发奖杯，拍照，比赛结束。

社会：各种各样的蛋

活动目标

1. 能用多种方法对蛋的特征进行观察，获得探索的乐趣。

2. 能在感知观察的基础上用简单的方式进行记录，并能用语言大胆表达自己的发现。

3. 知道许多动物都能生蛋，有些蛋能被人们食用。

活动准备

1. 记录表格及相应图标若干。

2. 生鸡蛋、鹌鹑蛋、鸭蛋、鹅蛋，熟鸡蛋、鹌鹑蛋、鸭蛋、鹅蛋各 4 只，碗 16 只。

3. 图片课件、展示的网架。

活动过程

1. 出示鸡蛋，激发幼儿探索兴趣。

师：看，今天老师给大家带来了什么？（鸡蛋）今天我们要来认识鸡蛋和其他许多可爱的蛋宝宝，你们喜欢吗？

2. 引导幼儿用看、摸、滚、掂等多种方式感知鸡蛋的基本外形特征。

(1) 教师提出要求，幼儿运用多种方式进行观察。（轻拿轻放，轮流观察）

(2) 组织幼儿讨论交流：你发现鸡蛋都长什么样？

(3) 教师小结：鸡蛋圆溜溜的，外面有光滑的壳，颜色有的是白的、有的偏肉色或红色，掂一掂有点分量，轻轻一推还会滚动或转动呢。

3. 出示鸭蛋、鹅蛋、鹌鹑蛋，让幼儿学习运用对比观察的方法发现蛋外形的异同。

(1) 出示鸭蛋、鹅蛋、鹌鹑蛋，结合图片幼儿认识。

师：今天还带来了好几种蛋，它们都是谁生的蛋呢？（结合图片认识蛋妈妈）

(2) 出示记录卡并引导观察，幼儿边观察边记录，教师巡回指导。

提示：它们长得跟鸡蛋一样吗？哪些地方一样？哪些地方不一样？

(3) 幼儿展示记录卡并自由交流。

（4）引导幼儿大胆交流自己发现的蛋的异同。

（5）小结：我们刚才通过对比观察，知道了不同蛋的大小、颜色、分量不一样，它的妈妈也不一样。但这几种蛋也有共同点，它们都是圆溜溜的，外壳都是光滑的。

4. 由表及里，引导幼儿进一步探究蛋的内部结构。

（1）提问：蛋的外面是什么？里面有什么？有什么办法看到里面？（敲破蛋壳，把蛋敲开）

（2）敲开鸡蛋，引导幼儿认识蛋黄和蛋清。

① 提问：鸡蛋里面有什么？你们知道这黄黄的是什么吗？这白白的、黏黏的是什么？

② 小结：哦，鸡蛋里面有蛋黄和蛋清，那么其他蛋里面是不是也一样呢？

（3）出示敲开的其他几种蛋，让幼儿自主观察与交流。

小结：蛋的大小虽然不一样，但里面都有蛋黄与蛋清。只是大的蛋蛋黄就大些，蛋清也多，小的蛋蛋黄也相对较小，蛋清也比较少。

（4）引导幼儿观察熟蛋的内部结构。

① 对熟蛋的特征进行观察探索。引导提问：生的蛋煮熟以后，里面会有什么变化呢？蛋黄和蛋清还在吗？

② 观察熟蛋，让幼儿表达自己的发现。

提问：蛋煮熟后里面是什么样子的？请大家来看看。（出示熟蛋的横切面）

小结：煮熟的蛋里面仍旧有蛋黄和蛋清，但它们都有了一些变化。你们想尝一尝它们的味道有什么不一样吗？今天中午，食堂的阿姨们会把这些蛋都煮熟让大家品尝，好不好？

5. 活动延伸。

请小朋友回去找找看哪些动物也会生蛋，找到了告诉大家。

健康：运蛋

活动目标

1. 学习玩纸板，尝试用纸板拖物走，发展身体控制能力。

2. 体验与教师、同伴共同参与运蛋游戏的快乐。

活动准备

1. 人手一块纸板，有红、黄、绿色；用报纸做的红、黄、绿色纸蛋若干；系有绳子的小夹子人手一个。

2. 录音机、音乐磁带。

3. 情境创设：红、黄、绿三条不同颜色的路。

活动过程

1. 热身活动：师幼听音乐共同做纸板操。

请大家做纸板游戏。每个小朋友拿一块自己喜欢的纸板，我们先来锻炼一下身体吧！

2. 幼儿自由玩纸板。

(1) 自由探索玩纸板。

师：纸板不光好看还好玩呢！请你们玩一玩，看谁想出的玩法多。

(2) 交流、分享玩纸板的方法。

① 师：你们刚才是怎么玩的？（幼儿每说一种玩法，教师就引导其他幼儿一起做一做）

② 教师将幼儿的玩法进行总结：将纸板放在地上，双脚并拢从上面跳过去；轻轻把纸板向上抛，然后接住；将纸板顶在头上，慢慢往前走等。

3. 幼儿多人合作玩纸板。

(1) 师：刚才我们每个人都只玩了自己的纸板。现在请你们把纸板合起来一起玩，可以怎么玩呢？

(2) 请幼儿自由探索合作玩纸板。

(3) 师：刚才有的小朋友是将一块纸板放在地上当小沟，然后从上面跳过去。要是我们把两块、三块、四块……纸板隔一段距离放在地上做成许多小沟，你们能跳过去吗？

(4) 师：现在请你们按红、黄、绿色纸板分成 3 组，把纸板间隔放在地上做小沟，然后从许多小沟上跳过去。（跳 2—3 次）

科学:醋泡鸡蛋

活动目标

1. 能利用多种材料进行醋泡鸡蛋的实验操作并记录。

2. 初步知道醋泡鸡蛋的原理。

3. 感受醋泡鸡蛋实验带来的乐趣,乐意科学操作。

活动准备

醋、宽口瓶子、鸡蛋若干、记录表、水、可乐、雪碧。

活动过程

1. 出示材料,引出主题。

(1) 观察材料,请幼儿说说这些材料的名称。

(2) 教师小结:我们利用这些材料,可以制造出一个有趣的科学现象,我们一起来看看吧。

2. 实验操作:醋泡鸡蛋。

(1) 出示瓶子、鸡蛋,教师说明操作规则。

(2) 幼儿操作。

(3) 分享交流实验结果:一开始,鸡蛋壳很硬,没有发现鸡蛋有任何变化。但是时间长了,我们发现鸡蛋真的变软了。

3. 变换材料,进行操作。

(1) 用醋泡鸡蛋能够使蛋壳变软,如果用别的东西泡能不能变软呢?

(2) 实验前请幼儿进行猜想:哪种液体和醋一样,能够让鸡蛋变软?将幼儿的猜想记录下来。

(3) 实验操作。

(4) 结果交流:发现其他与醋一样的酸性物质也能使鸡蛋变软。

4. 提升。

(1) 为什么只有放在醋里的鸡蛋才会变软呢?

(2) 翻阅科普图书,请教学问达人,知道了原来是因为醋里含有大量的“酸”物质,“酸”具有腐蚀作用,所以鸡蛋壳才能变软。

语言:半个蛋壳

活动目标

1. 理解故事内容,在故事情境中对半个蛋壳进行大胆猜测和想象,并乐意表达。

2. 在帮助小老鼠解决困难的过程中体验蛋壳变化带来的快乐,了解蛋壳易碎的特点,萌发保护蛋壳的愿望。

活动重难点

重点:根据故事情节大胆推测半个蛋壳的变化,并乐意表达。

难点:联系生活经验想象出半个蛋壳的各种变化。

活动准备

半个蛋壳图片、教学课件图片、半个蛋壳变化的简笔画若干。

活动过程

1. 半个蛋壳变变变。

引导幼儿观察半个蛋壳,并运用生活经验大胆想象。(难点前置,为突破重点目标进行铺垫)

(1) 师:孩子们,你们看,这是什么?(蛋壳)对,是半个蛋壳。你们觉得这半个蛋壳像什么呢?

(能力弱的幼儿可能会模仿别人的说法,教师可以适当启发幼儿拓展思路。对于能力强的幼儿,可以引导他们说出这样想的原因)

(2) 根据幼儿的回答教师在半个蛋壳上进行添画,以简笔画的形式让孩子们直观察看半个蛋壳的变化带来的发现。

(幼儿:像船、像球、像伞、像半圆……)

小结:哇,小朋友们想出了那么多有趣的东西。看来这半个蛋壳的作用还真不少。有一只小老鼠皮皮也有半个蛋壳,你们想知道小老鼠皮皮会拿蛋壳当什么吗?我们一起来看看吧。

2. 分段理解,大胆猜测。

(1) 出示场景一:小老鼠皮皮要去旅行,它来到了什么地方?看到了什么?它把蛋壳当成什么了？为什么？（鼓励幼儿结合图片进行大胆猜测与讲述）皮皮会跟你们想的一样吗？

小结：哇，你们跟皮皮想的一样，原来小老鼠把半个蛋壳当成了太阳帽来遮挡阳光。大家都开动了小脑筋啦，真棒！

（2）出示场景二：走着走着，前面一条小河挡住了去路，没有桥没有船，皮皮会想什么办法呢？皮皮会把蛋壳当成什么呢？（幼儿分享交流，肯定每个幼儿的想法）

小结：皮皮真聪明，它一下子就想到头上的蛋壳，拿下来放到河里，蛋壳轻飘飘，一艘小船开动了！

（3）出示场景三：小船划呀划，一会划到河对岸。前面有座小山坡，小老鼠皮皮爬呀，爬呀，上山好累啊！下山怎么办？它会把蛋壳当成什么呢？（根据幼儿的回答情况可以进行相关提示：要是有辆小车多好呀）

小结：后来皮皮把半个蛋壳当成了一辆小汽车，皮皮坐上蛋壳车，划下高山坡，皮皮心里真快活！

（4）出示场景四：蛋壳破碎。皮皮玩累了，回到家，它会把蛋壳当成什么？（鼓励幼儿说说自己的想法并猜测的原因）

师：你们看蛋壳怎么了？为什么会这样呢？（幼儿交流，回答）

3. 完整欣赏，悬疑解难。

完整听故事一遍。

（1）师：皮皮把这半个蛋壳分别当成了什么？蛋壳最后怎么了？为什么会碎？

小结：原来皮皮把半个蛋壳当作帽子、小船、车子和凳子，但是因为蛋壳很薄易碎，我们拿蛋的时候要轻轻的，用力了就会把蛋壳弄碎。

（2）我们应怎样保护蛋壳？（幼：放在口袋里、放在袋子里、放在筐子里、把它抱住、放在盒子里……）

4. 生活拓展，经验延伸。

师：你觉得小老鼠皮皮聪明吗？

师：如果你有半个蛋壳，你会把它当成什么？为什么？

结束：今天小朋友为小老鼠皮皮想出了很多好办法，小老鼠皮皮邀请大家一起去旅行。带着蛋壳宝宝，一起出发吧！

七、特色活动

（一）立夏节气活动——立夏印象周

❖ 立夏称重

准备：框、老式手秤。

内容：立夏称重，幼儿在这个特别的节气用古老的方式称自己的体重。

❖ 蛋王争霸

准备：人手一枚熟鸡蛋。

内容：幼儿用自己带来的茶叶蛋进行斗蛋比赛。

❖ 蚕豆饭

准备：蚕豆、糯米。

内容：幼儿在农庄自己采摘蚕豆，制作糯米饭，进行售卖。

（二）蜗牛考察队——立夏“蛋蛋”知多少

以亲子活动的形式进行考察，考察表如下。

<table>
<tr><th colspan="3">立夏“蛋蛋”知多少</th></tr>
<tr><td>我认识的蛋蛋
</td><td>我不认识的蛋蛋
</td><td>守护蛋宝宝
（打）</td></tr>
<tr><td>（　）
（　）
（　）</td><td></td><td>
（　）</td></tr>
</table>

八、儿童工作室

区域名称	新增活动内容	新增材料投放	观察与指导
语言区	《最奇妙的蛋》绘本	《最奇妙的蛋》教学课件，绘本中三只母鸡的图片及对应蛋宝宝的图盘	鼓励幼儿大胆猜测《最奇妙的蛋》中的有趣情节，积累有关蛋宝宝的经验
益智区	蛋宝宝找妈妈	鸡、鸭、鹅、鹌鹑等图片及其蛋宝宝图片，记录表一本，笔	指导幼儿把蛋宝宝及其妈妈正确匹配起来，并能用画的方式将各种蛋宝宝的不同记录下来
角色区	蚕豆饭小卖部	绿色和白色的轻质泥，制作的步骤图	引导幼儿尝试开展买卖游戏，尝试编一句恰当的广告词来推销蚕豆饭，提高幼儿的语言表达能力
美工区	美丽五彩绳	五彩的毛线，编五彩绳的模板工具，编五彩绳示意图	引导幼儿学会利用模板，按一个方向边旋转边编织的方式制作五彩绳，提高手眼协调能力
表演区	母鸡下蛋	母鸡妈妈头饰，蛋道具，音乐《下蛋啰》	鼓励幼儿认真听音乐，能合着音乐节奏表现母鸡下蛋的场景

九、执行参考

1. 在主题中，教师可以用多种方式让幼儿观看、聆听、感受，明白立夏是夏天的开始，标志着夏天来临。同时也让幼儿认识到在立夏的时候，民间的风俗习惯，感受风土人情。

2. 可以请有资源的家长到园内来介绍自己家乡的立夏习俗，让幼儿有更加直观的感受。

大班主题活动教案

主题一:秋分——粮食丰收

一、主题生发

秋季是丰收的季节,收获的各种蔬菜、瓜果、粮食对城市的孩子来说既熟悉又陌生,本次主题给孩子们提供了探索、发现、表达、操作的空间,广阔的田野是孩子们活动的一方土地、一个世界。他们亲自采摘的瓜果、蔬菜等又是很好玩的操作材料,当我们专注于它时,会发现它们蕴含着丰富的教育资源,将通过蔬菜、瓜果、粮食等教育资源渗透幼儿园教学的五大领域中,贯穿整个主题教学活动,在活动中让孩子体验农民秋季收获的喜悦,感受农民伯伯种植、培育、采摘的辛苦。

在本次主题中,通过让孩子实地参观、感受田野丰收的美景,体验农民丰收的喜悦之情,通过考察了解农作物从发芽到结果的成长周期,同时也通过肢体活动、艺术表现等方式让孩子们认识了玉米、番薯等农作物,在多种形式的活动中让大班孩子进一步感受秋季粮食丰收的喜悦。

二、主题目标

语言领域:理解故事内容,能根据故事情节进行合理大胆的想象。对猜谜活动产生兴趣,学猜有关秋天农作物的谜语。知道每年的10月16日是世界粮食日,了解今年世界粮食日的宣传标语。

科学领域:知道秋季丰收的粮食,了解各种粮食的不同种类、形态特征和食用方法。感知玉米的双数环形排列方式,学习用合适的方法标识并正确计数,感受生活中数量有序出现的神奇现象。

健康领域:愿意吃粗粮,知道食用粗粮有益身体健康;练习跨越、钻爬、原地纵跳触物等动作,增强动作的协调性和灵活性。

艺术领域：欣赏名作，感受画面构图、内容及色调。尝试写生画，能用线描方式表现物体组合的形态特征；感受乐曲性质，在“稻田丰收”的情景中创编割稻、捆稻、运稻的动作，并尝试运用表情、动作、姿态来表现丰收的喜悦。

社会领域：体验劳动的乐趣与辛苦，懂得要爱惜粮食和尊重别人的劳动成果。

三、主题框架及内容

（一）框架

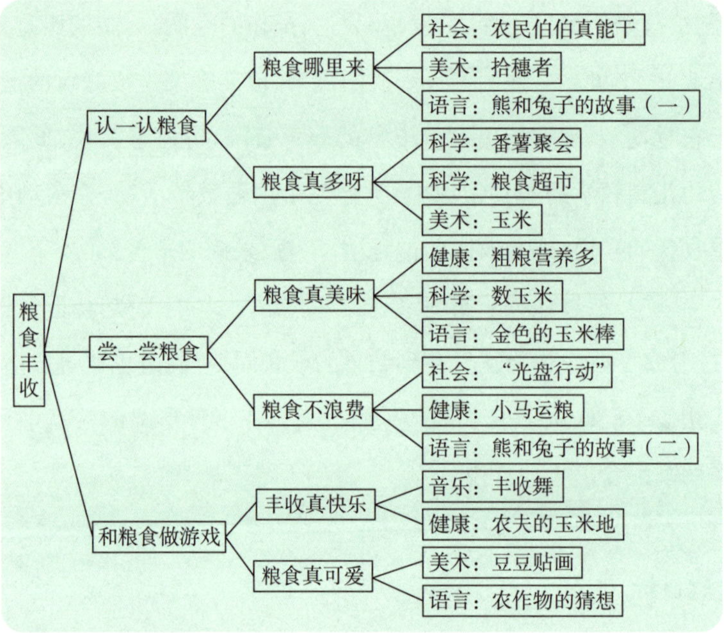

（二）内容

思　路	领域	内　容	资　源
认一认粮食	社会	农民伯伯真能干	课件
	美术	拾穗者	《拾穗者》图片、秋天风景图
	语言	熊和兔子的故事(一)	故事图片、音频
	科学	番薯聚会	图片、视频、操作材料
	科学	粮食超市	幼儿自带一种粮食
	美术	玉米	玉米、纸、笔

续表

思　路	领域	内　容	资　源
尝一尝粮食	健康	粗粮营养多	各种粗粮、调查表
	科学	数玉米	玉米、调查表
	语言	金色的玉米棒	故事图片、音频、头饰
	社会	“光盘”行动	视频、课件
	健康	小马运粮	沙袋、障碍物
	语言	熊和兔子的故事(二)	故事图片、音频
和粮食做游戏	音乐	丰收舞	图片、音频
	健康	农夫的玉米地	丝线、操作材料
	美术	豆豆贴画	各色豆子、彩泥
	语言	农作物的猜想	谜语、图片

四、主题墙

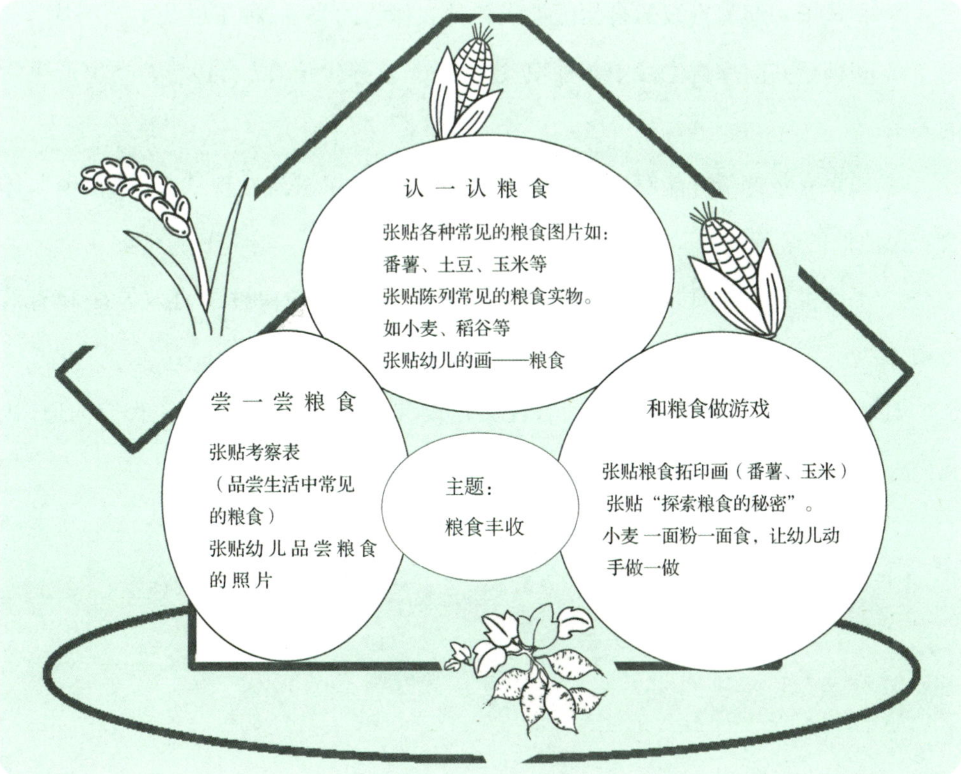

五、致家长的一封信

亲爱的家长朋友：

您好！

秋天，是丰收的季节。我们吃的米饭、玉米、番薯都是长在哪儿的？是长在地面上的？还是埋在地面下的？孩子们对这些充满了好奇心。对此，幼儿园将在这金秋时光里开展“粮食丰收了”的主题活动，和孩子们一起通过“认认粮食”“尝尝粮食”“和粮食做游戏”三个话题展开我们探究之旅。为了让孩子们在行动中激发兴趣、获得经验和收获知识，引发孩子主动投入到观察、猜想与验证的科学探索活动中，帮助孩子根据观察到的事实建构属于自己的鲜活的新经验，我们邀请您参与到幼儿园的活动中来，以下是需要您配合的事项：

1. 在日常生活中有意识地带领孩子认识一些农作物，引导孩子发现并关注身边常见的粮食。

2. 和孩子一起为班级的自然区提供各种农作物的实物、种子以及生长图片等。

3. 和孩子共同探讨生活中各种粮食的作用、营养价值，以及其与人类生产生活的关系。

4. 如果有条件最好能够直接带着孩子到田野中探索与发现秋天的“秘密”，体会农民伯伯的辛苦劳动。

5. 了解世界粮食日，和孩子共同探讨珍惜粮食、爱护粮食的有效方法和有效行动。

如果期间您对我们的主题活动有什么建议和意见，也欢迎随时和我们沟通，让我们一起努力，让孩子更好地成长！

__________班老师

日期：__________

六、活动设计

社会:农民伯伯真能干

活动目标

1. 懂得要爱惜粮食,尊重农民伯伯的劳动成果。

2. 了解农民的劳动和劳动环境。

3. 能结合自己的体验大胆讲述。

活动准备

农民劳动画面课件,在小农人试验田体验过锄地种植。

活动过程

1. 回忆在小农人试验田锄地种植的情景。

提问:

(1) 小农人试验田有什么农作物?

(2) 是谁在小农人试验田劳动?他们在干什么?

2. 看幻灯片。

提问:

(1) 画面上有些什么?

(2) 他们在干什么?

3. 回忆体验过锄地种植。

(1) 谈谈自己的感受。

(2) 表达自己对农民的情感。

(3) 说说如何爱惜粮食。

4. 集体游戏。

(1) 游戏“插秧忙”。

(2) 模仿农民伯伯劳动的场面。

美术:拾穗者

活动目标

1. 欣赏《拾穗者》,感受画面内容以及浓重的黄色调给人的视觉冲击,尝试用各种材料与黄色系的变化来呈现秋天的美。

2. 能大胆用色表现主题。

活动准备

1. 图片《拾穗者》。

2. 秋天风景图课件。

3. 收集深浅不同的黄色实物(橘子、柚子皮 、黄豆、胡萝卜)透明容器,可上色的废旧材料(牛奶盒、塑料花盆),深浅不同的黄色水粉颜料、水粉笔。

活动过程

1. 欣赏课件,寻找秋天的颜色。

(1) 提问:你眼中的秋天是什么颜色的? 自由表达对秋天颜色的感受。

(2) 小结:我们眼中的秋天是五颜六色的。

2. 初步赏析,感受画面。

提问:在这幅画中看到了什么? 远处有什么? 近处有什么? 她们是谁? 她们在干什么?

3. 深入赏析,感受作品中色彩与光线带来的不同体验。

(1) 感受色彩。

师:画面中人物的衣服是什么颜色的? 帽子是什么颜色的? 这些颜色给你什么样的感觉。

(2) 感受远近。

师:你在画面的近处看到的是什么? 远处又看到了什么?(引导幼儿说出近处的人物比较大,远处的景物比较小)

(3) 感受光线明暗。

师:找一下最亮的地方是哪里? 为什么比较亮? 最暗的地方是哪里? 为什么比较暗?(知道背光处画面暗)

3. 自由选择，分别尝试用不同的方法表现秋天的色彩。

第一组：用各色的果皮、豆子、胡萝卜丁制作蔬果瓶。

第二组：用各种黄色碎纸装饰黑白构线画。

第三组：用不同的黄色装饰瓶瓶罐罐。

4. 展示作品，体验黄色系带给我们的美感。

语言：熊和兔子的故事(一)

活动目标

1. 初步听懂故事，感受故事的幽默与诙谐，理解贫困、赋予、勤劳、懒惰的词义。

2. 知道农作物的果实长在不同部位。

活动准备

磁带、幼儿用书、录音机、挂图。

活动过程

1. 提问带入，引出故事。

(1) 提问：小朋友知道花生、玉米生长在哪里吗？

(2) 有一头熊和兔子各自在自家地里种了好多的东西，我们来听听发生了什么事。

2. 完整欣赏，了解故事概要。

(1) 幼儿完整欣赏一遍故事。

(2) 提问：这是讲谁的故事？熊是一头怎样的熊？兔子呢？它们之间发生了一些什么事？

3. 分段欣赏故，理解内容。

(1) 第一段讲述至“大熊，就这样，说定了”。

提问：

① 为什么兔子一家要向大熊借地耕种？（学词：贫困）

② 大熊的性格是怎样的？（学词：懒惰）

③ 可以用什么词来形容大熊的生活状况和兔子一家的个性呢？（学词：富裕，知道“富裕”与“贫困”是反义词；学词：勤劳，知道“勤劳”与“懒惰”是反义词）

④ 兔子想到用什么方法度过贫困的生活？

⑤ 兔子是怎么跟大熊说的？

⑥ 大熊第一次选择农作物哪个部位？（上面）

（2）第二段讲述至“好吧，就这样说定了”。

提问：

① 大熊看到自己拿到的东西怎么了？

② 为什么？（帮助幼儿理解萝卜、番薯、土豆、花生的果实都是在地下的，上面只有些茎和叶子）

③ 第二次大熊选择要农作物的哪个部位？（下面）

④ 你觉得它会得到什么呢？

（3）第三段讲述至“下次收成的上下两半都给你，就这么说定了”。

提问：

① 大熊这一次得到了什么？

② 这次兔子种植了什么？

③ 你猜第三次大熊会选择什么呢？这次会如愿以偿吗？为什么？

（4）第四段讲述至最后。

提问：

① 大熊这一次得到了什么？

② 这次兔子种植了什么？

③ 大熊变得怎样了？

④ 它和兔子一家的生活最后是怎样的？（学词：幸福）

4. 完整欣赏，师幼讨论。

（1）幼儿安静倾听故事。

（2）提问：

① 大熊一共选择了三次，第一次选择了什么？第二次选择了什么？第三次选择了什么？

② 第一次选择大熊拿到收成了吗？为什么？你知道有哪些植物的果实是长在地下的？

③ 第二次选择大熊拿到收成了吗？为什么？你知道有哪些植物的果实是长在地上的？

④ 第三次选择大熊又怎么样了？为什么？

⑤ 你觉得这是怎样的兔子和小熊？听了故事你有什么想法？

(3) 小结：勤劳的兔子一家我们都喜欢，但是懒惰的大熊变得勤劳了，有错就改的大熊我们也喜欢。我们也要向它们学习，自己的事情尽量自己做，做个勤劳的人。

科学：番薯聚会

活动目标

1. 了解番薯的多种形态以及番薯含有白色汁液(淀粉)的现象。

2. 尝试将观察信息转化为口头语言，并较为连贯地表达自己的发现。

3. 知道秋天是番薯丰收的季节，萌发对秋天的喜爱之情。

活动准备

1. 抽拉式番薯植株图、两筐番薯、大图表 1 份、视频(番薯的营养)、展板架。

2. 人手一份操作材料(盘子、小擦布、小工具)，黑色卡纸若干与小工具同置于箩筐里，工具使用提示图 6 张，绘有番薯吃法的图贴若干。

活动过程

1. 设疑导入，引发兴趣。

(1) 教师呈现番薯植株图。(被遮盖)

师：老师带来一张图片，猜猜这是什么花？

(2) 呈现叶子，继续猜想。

师：这是它的叶子。是什么形状的呢？你在哪里看到过它吗？能猜出来埋在地底下的是什么吗？

(3) 呈现番薯，验证猜想。

师：真的是番薯吗？我们一起来看看。

2. 实体观察，认识形态。

(1) 展示丰收的番薯。

师：秋天到了，番薯丰收啦！瞧，箩筐都堆满啦！

（2）幼儿挑选自己喜欢的番薯进行观察。

师：等会儿，你可以挑选一个自己喜欢的番薯仔细地瞧瞧，看看它的形状是怎样的，像什么？它的颜色又是怎样的？番薯皮上还有什么秘密？

幼儿逐一上来挑选番薯，并进行观察。

（3）幼儿讲述自己的番薯。

师：来，向大家介绍下你的番薯长什么样？

幼儿向同伴介绍手中的番薯。

（4）小结：不看不知道，一看真奇妙。有的番薯圆圆像皮球，有的弯弯像月亮，有的个子大，有的个子小，有的穿紫衣裳，有的穿淡红衣裳、粉白衣裳。但不管它们长成什么模样，都有一个共同的名字叫番薯。

3. 猜测验证，习得经验。

（1）教师抛出问题引发猜测。

师：今天，番薯一家来聚会，还想和我们玩"猜猜猜"的游戏呢。

紫薯：我的皮是紫的，请你猜猜我的肉是什么颜色？（教师根据幼儿的回答在图表上涂上相应颜色）

红薯：猜猜我的肉是什么颜色？（同上记录）

白薯：我也想让大家猜一猜。（同上记录）

师：小朋友们，怎样才能知道我们猜得对不对？是的，我们动手做做就知道了。老师为大家准备了小工具——刨刀和切刀，大家可以刨一刨、切一切，看看番薯里面到底藏着什么小秘密。（提醒幼儿操作过程中注意用刀安全，强调注意事项）

（2）幼儿选择工具，并进行操作验证。

（3）交流操作结果。

师：番薯里面都藏着什么秘密呀？谁来告诉大家？

4. 交流信息，获取经验。

（1）了解番薯的吃法。

① 说一说番薯的吃法。

② 幼儿自由挑选图片。

③ 幼儿在集体面前进行交流。

(2) 交流番薯的营养。

师:番薯有那么多吃法,吃了番薯对我们身体有什么帮助啊?

师:大家讲得是不是对呢?我们一起听听营养老师的介绍。

5. 轻松时刻,再激兴趣。

师:小朋友们,在这个美好的秋天里,我们也来学做小农人,去幼儿园的种植园地挖番薯,尝尝自己亲手挖的番薯的味道,好不好?

科学:粮食超市

活动目标

1. 在买一买、分一分的过程中进一步形成粮食的概念,知道粮食的种类。

2. 懂得珍惜粮食。

活动准备

1. 幼儿自带一种粮食(米、面、玉米、番薯)及一种粮食制品,教师准备不同种类的蔬菜、水果、粮食若干。

2. 每人一个碗、一双筷子。

活动过程

1. 为超市进货。

(1) 引出主题:今天我们要开一家粮食超市,请大家先为超市进货。

(2) 幼儿自由采购,教师观察幼儿采购的东西,了解幼儿对粮食的已有认识。

(3) 交流讨论采购的物品,形成对粮食的概念。

师:你采购了哪些东西?它们可以放在粮食超市吗?为什么?

哪些是粮食?哪些不是粮食?为什么?

小结:粮食可以填饱肚子,人的一日三餐离不开它;粮食是人生存的必需品;粮食一般煮熟后才能吃;现代人把粮食加工制作成了各种各样的粮食制品,供不同需要的人享用……允许幼儿重新进货,再次把粮食送进粮食超市。

思考剩余的物品属于什么类别,帮助幼儿形成蔬菜、水果等类别概念。

2. 整理超市货物。

请幼儿将采购的粮食及粮食制品,根据吃的部位的不同,进行分类摆放。帮助幼儿了解有的粮食是吃根茎的(如:马铃薯、番薯等);有的粮食是吃果实的(如:黄黄豆、玉米、大米、面粉等)。

3. 快乐自助餐。

(1) 讨论粮食的作用。提问:如果我们没有粮食吃会怎样?

(2) 教师小结:人类离不开粮食,所以把每年的 10 月 16 日定为“世界粮食日”,就是要让全世界的人们都爱惜粮食、节约粮食。

(3) 自助餐活动。今天超市里准备了许多粮食制品,请大家来品尝。品尝后说说你吃的东西是用什么粮食做的。

美术:玉米

活动目标

1. 感知玉米的前后遮挡关系,尝试用线描表现玉米组合的形态特征。

2. 学习细致观察,体验写生画带来的快乐和成就感。

活动准备

玉米若干、粗细记号笔、纸、背景音乐。

活动过程

1. 猜谜引题。

师:有个老头子,头上长胡子,脱下绿袍子,露出黄珠子,猜猜这是什么?(出示实物玉米)

2. 观察实物玉米,探索画法。

(1) 出示单个实物玉米。

提问:

① 玉米长什么样子?

② 这是什么?苞衣上你还看到了什么?

③ 这是什么呀?玉米须像什么?

④ 苞衣里包裹着什么呀?玉米粒是怎么排列的?(通过动作,体验玉米粒一颗颗紧紧挨着)

小结:苞衣有长长的脉状纹理,剥开苞衣露出里面的颗粒,它从根部至顶端每粒玉米都整齐地排成一行行，且由大到小紧紧挨着头部还有须。

(2) 出示一组实物玉米，感知前后遮挡关系。

① 师：这两个玉米它们是怎么摆放在我们面前的？两个玉米你都能看到吗？为什么有个玉米被遮挡了一部分？

小结：因为摆放的时候，有一个玉米在前面，有一个玉米在后面，后面的被前面给挡住了，这叫遮挡。

② 师：那被挡住的这部分应该怎么画呢？

(3) 讨论一组玉米写生的步骤和方法。

先画什么？后画什么？

① 整个玉米→后面的玉米。

② 玉米外轮廓→轮廓里的细节。(比如玉米苞衣的纹理)

3. 幼儿作画。

(1) 根据自己所坐的方位进行观察绘画。

(2) 按步骤绘画。

(3) 对绘画感到困难且无从下手的幼儿可给予具体指导。

(4) 对于写生能力强的幼儿，教师应要求他们能画出更多的细节来。

4. 展示作品，相互交流。

5. 活动延伸。

将玉米放在美术工作室中，运用多种表现形式绘画装饰。

健康：粗粮营养多

活动目标

1. 愿意吃粗粮，了解粗粮有益身体健康。

2. 熟悉生活中常见的粗粮，知道它们的外形特征。

3. 主动参与粗粮的观察与操作活动，合作完成操作任务。

活动准备

1. 各种粗粮(玉米、高粱、小米等)若干，粗粮大图谱，各种粗粮制品图片及实物，小筐子、小盆子若干。

2. 粗粮制品调查表。

活动过程

1. 品尝粗粮，谈话引出。

(1) 请幼儿品尝几种粗粮，感受粗粮与平时吃的细粮（稻米、小麦）的不同。

(2) 教师简单总结粗粮和细粮的区别。

2. 观察粗粮，发现特征。

(1) 幼儿以小组为单位观察和交流，教师巡回参与。

(2) 集体交流，教师出示粗粮大图谱，根据幼儿介绍顺序，将相应的袋装粗粮宝宝贴到图谱上，幼儿将相应的袋装粗粮放进中间的小框中。

(3) 比较这些粗粮外形的不同。

(4) 丰富其他粗粮品种，如红薯、南瓜。

3. 分享调查表，交流粗粮制品。

(1) 根据幼儿的调查表格，请幼儿逐一观看图片，如点心类的玉米窝窝头、大煎饼、黑麦馒头、黑麦花卷、黑麦锅贴等，以及实物或者图片的粥，如玉米粥、小米粥、高粱粥、黑米粥、玉米面糊糊等，巩固对粗粮食物名称的认识。

(2) 教师请幼儿品尝食物，如玉米窝窝头、黑麦吐司、小米粥，启发幼儿说说吃这些食物的感受。

(3) 教师引导幼儿讨论粗粮的营养价值，知道吃粗粮对健康的益处。

4. 活动延伸。

在儿童工作室中，通过“粗粮小吃店”的游戏，进一步巩固幼儿对粗粮的认识。

科学：数玉米

活动目标

1. 感知玉米种子的环形排列方式，学习用合适的方法标识并记录正确计数。

2. 学习分析记录结果，发现玉米排列是双数的规律。感受大自然中数量有序出现的神奇现象。

活动准备

1. 有条件的幼儿园可事先带幼儿去玉米地观察玉米。

2. 小段玉米若干，大头针、橡皮泥、发夹、笔、竹签等若干。

3. 笔、记录表(如下)。

玉米列数记录表

第一段玉米		第二段玉米	第三段玉米
第一次数	第二次数		

活动过程

1. 幼儿用自己的方法数玉米。

(1) 出示玉米，观察玉米种子是怎样排列的。师：请小朋友帮助老师来数一数，玉米有几列？

(2) 幼儿尝试用自己的方法数玉米列数并记录结果。

(3) 交流：玉米有几列？你是怎么数的？请把你用的好办法告诉大家。

(玉米种子的排列是封闭的环状，数玉米列数的关键是弄清数数的起点和终点，以防重复数数。交流中要及时肯定幼儿标识起点的各种方法，以便其他幼儿学习)

(4) 请幼儿用新讨论的方法(标识起点的方法)再数一次玉米，验证之前自己有没有数错。若有错误，修改记录结果。

2. 给幼儿提供新的玉米段，再次数玉米的排数，并记录结果。

(1) 幼儿数玉米。

(2) 交流：你们数数有几排？有没有新的发现？(教师关注幼儿数时有没有找准起点、有没有数错、用了什么办法来数。引导幼儿关注记录结果，发现每排玉米种子粒数都是一样或相近的，如 16 粒、18 粒、20 粒等)

3. 对玉米的记录结果进行分析，得出玉米种子每排数量是双数的规律。

(1) 把每个幼儿的记录结果汇总到大记录表上。

(2) 引导幼儿观察记录结果。

提问:看了大记录表,你们有没有发现玉米的小秘密?(每一排玉米种子的数量都是双数)

(3) 再次数第三段玉米,验证发现玉米种子双数排列的规律。

语言:金色的玉米棒

活动目标

1. 乐意猜想故事情节,理解故事内容。

2. 通过排图,感受故事中语词的变化,学习完整讲述故事。

活动准备

挂图、幼儿用书、磁带、录音机、表演头饰。

活动过程

1. 出示实物,问题导入。

提问:看看老师给你们带来了什么?是什么颜色的?它有一个好听的名字叫"金色玉米棒"。在玉米宝宝身上发生了一件有趣的事,我们一起来看一看吧!

2. 猜想画面,理解情节。

(1) 讲述第一段至"它送给小刺猬两根红萝卜"。

提问:

① 小松鼠、松鸡、小刺猬怎么向小兔子借玉米棒的?

② 小兔子会借吗?为什么?

③ 幼儿猜想并验证。

(2) 讲述第二段故事至"大家过了一个快快乐乐的冬天"。

提问:春天小兔子做了什么?它是怎么做的?

(3) 讲述故事最后一句。

提问:小松鼠、松鸡、小刺猬也挑了三根玉米棒,猜猜是为什么?

3. 幼儿排图,感受语词。

(1) 完整欣赏故事一遍,提问:什么时候?小松鼠、松鸡、小刺猬是怎么向小兔去借玉米棒的?小兔子是怎么做的?

(2) 幼儿根据故事将图片排序。

(3) 再次讲述“冬天”到“它送给小刺猬两根红萝卜”的段落，幼儿感受故事中用不同的词语描述冬天的景象。

(4) 提问：你们觉得这是一只怎样的兔子？

4. 角色扮演，表演故事。

(1) 倾听录音故事，部分幼儿进行表演活动。

(2) 将材料投放到语言区，鼓励幼儿参与表演。

社会：“光盘”行动

活动目标

1. 初步了解“光盘”行动的意义，知道“光盘”行动，人人有责。

2. 知道粮食是怎么来的，并能珍惜他人的劳动成果。

3. 培养勤俭节约、不铺张浪费的好习惯。

活动准备

1. “光盘”行动公益广告视频。

2. 课件一(体现孩子进餐浪费及各行各业浪费的情况)，课件二(粮食是怎么来的)。

3. 可粘贴“光盘”标志若干。

活动过程

1. 播放“光盘”公益广告，引导幼儿初步理解“光盘”概念。

(1) 教师播放“光盘”公益广告。

(2) 提问：这段广告告诉我们什么？(引出词语：光盘)

什么叫“光盘”？(“光盘”行动，倡导人们就餐时不浪费粮食，吃光盘子里的东西，打包吃不完的饭菜)

2. 播放课件一。

(1) 教师边播放图片，边提问。

师：除了我们刚刚在视频里看到的那些浪费食物的现象，其实，这种浪费现象在我们身边随处可见。

(2) 提问：这是哪里？你在图片中看到了什么？图片中有谁？他们在干吗？

3. 播放课件二。

(1) 教师边播放图片，边进行讲解。

师：我们刚刚看到了这么多浪费粮食的现象，那你知道这些粮食是怎么来的吗？(农民伯伯种出来的)

(2) 提问：图上的人在干吗？

我们刚刚看了图片，那你现在知道粮食是怎么来的了吗？

4. 小结：我们大家都知道了粮食是农民伯伯辛辛苦苦种出来的，它们得来不易，所以我们都要珍惜农民伯伯的劳动成果，不能浪费粮食。那我们应该怎样爱惜粮食呢？(如果在外面有吃不完的饭菜可以打包带走，要做好“光盘”行动)

5. 粘贴“光盘”标志。

师：今天不光是我们小朋友知道了“光盘”行动，我们还可以向自己的朋友、家人宣传“光盘”行动。老师这里有一个倡议“光盘”行动的标志，现在，请我们的小朋友边说出“光盘”行动的口号，边粘贴上“光盘”标志，好吗？

健康：小马运粮

活动目标

1. 练习在平衡木上两臂侧平举拿东西走。

2. 发展钻、爬、平衡的能力以及动作的协调性和灵活性。

3. 感受粮食丰收带来的喜悦。

活动准备

1. 多于幼儿人数的沙袋(粮食)。

2. 小篮子、贴有房子图案的椅子、平衡木、山洞、软垫。

活动过程

1. 畅玩沙袋，激发兴趣。

热身后教师带领幼儿进入场地，引导幼儿创造性地玩沙袋。

师：这是什么？你们有什么好玩法吗？快去试试吧。(教师发现好的玩法及时向幼儿介绍。如抛接、跳、投掷、顶等)

2. 创设情境，引出游戏。

(1) 介绍游戏场地。

师:小马要把粮食运到河对岸的外婆家,一袋袋的粮食(沙袋)放在仓库里,小马要先拿一袋粮食放在篮子里,走过独木桥,钻过山洞,越过沼泽,然后把粮食运到外婆家里。

(2) 教师讲解并示范动作要领,重点在于平稳地走过独木桥,保持粮食不掉落。

(3) 幼儿练习,教师巡回指导。

3. 比赛游戏"小马运粮"。

师:每只小马每次只能运一袋粮食,过平衡木时不能跑,要注意安全。运完粮食把篮子交给下一位小马后要站到队伍的最后面,运粮食最快的一队为胜。

语言:熊和兔子的故事(二)

活动目标

1. 学习完整、连贯地讲述故事。

2. 学习有表情地朗诵对话部分。

活动准备

磁带、幼儿用书《熊和兔子的故事》、录音机、故事人物头饰、白云朵、统计表、笔。

活动过程

1. 回忆故事情节。

(1) 幼儿用书人手一本,提问:还记得故事的名字吗?

(2) 回忆故事情节,请幼儿看图概括出每张画面的内容。

2. 丰富故事词语。

(1) 引导幼儿说出故事的几个关键词:贫困、勤劳、富裕、懒惰、幸福。

(2) 幼儿讲述它们的词义。

3. 分析角色心理。

(1) 教师扮演大熊,幼儿扮演兔子,师幼进行对话练习,重复几次。

(2) 提问:你们扮演兔子的时候心情如何?

(3) 幼儿将心情符号绘画在云朵上,贴在相应的熊和兔子下面。

(4) 教师出示云朵符号,分别放在大熊和兔子的旁边,请小朋友想想它们心里是怎么想?

4. 师幼合作复述。

(1) 教师连贯讲述故事的叙述部分,对话部分由幼儿分组扮演。

(2) 幼儿分组扮演角色复述故事。

音乐:丰收舞

活动目标

1. 感受乐曲的欢快、活泼,在“稻田丰收”的情景中创编割稻、捆稻、运稻的动作。

2. 尝试运用表情、动作、姿态表现稻田丰收的喜悦。

活动准备

1. 课前有欣赏收割稻田的经验,初步知道收稻的步骤。

2. 场地布置:贴上红、黄、蓝、绿四条线条作为表演割稻时的田埂。

3. 稻田的不同景象的图片,音乐。

活动过程

1. 回忆生活中收割稻谷的经验。

师:你们看见过收割稻谷的情景吗? 是怎么样的呢?

2. 完整欣赏音乐,并讲述劳动的情景。

(1) 师:这首乐曲给你的感受是怎么样的?

(2) 边感受乐曲,边用身体动作来表现劳动时的样子。

3. 在创设的情境下,讨论并学习动作的表演。(出示相应的图片)

结合图片,鼓励幼儿用不同的方式(背、扛、挑、推等)来进行表现。

(1) 割稻。

(2) 捆稻。

(3) 运稻。

4. 有表情地完成表演。

(1) 从表演好的幼儿中提升其增加表演动作时用力、脸部带有微笑等。

(2) 从和同伴的互动中帮助幼儿来提升动作表现。

5. 交流劳动的感受,体验劳动的辛苦与幸福。

健康:农夫的玉米地

活动目标

1. 练习跨越、钻爬、原地纵跳触物等动作,增强动作协调性。

2. 愿意参与“玉米地”的场景创设,具备一定的团队协作能力。

3. 感受玉米丰收的快乐。

活动准备

1. 丝线(用于制作蜘蛛网)、贴有害虫图案的夹子、任务卡、仿真玉米、小篮子。

活动过程

1. 热身运动,进入角色。

幼儿围成圆圈,随教师一起做农夫健身操。

师:农夫们,在田间劳动累了,我们一起来做健身操吧。

2. 介绍任务,共创情境。

(1) 教师介绍活动任务,激发幼儿参与兴趣。

师:在农夫们的辛勤劳作下,玉米地里的玉米快要丰收了。可是有许多害虫盯上了玉米,我们一起做个蜘蛛网防止害虫吃玉米吧。

(2) 幼儿讨论如何设置蜘蛛网,分工合作。

(3) 师幼欣赏共创的情境,检查评价。

师:我们来试试蜘蛛网牢不牢固。

(4) 共同探索穿越蜘蛛网时跨越、钻爬的技能。

师:蜘蛛网经过农夫们的加固后变得很牢了,可是我们农夫进入玉米地时也要小心,不能触碰蜘蛛网,可以选择跨越或钻爬的方式穿行哦。记得抓住害虫,摘下玉米放进篮子。

3. 分组游戏:农夫的玉米地。

(1) 幼儿分组进行游戏,教师提醒幼儿看懂任务卡上的害虫图案。幼儿在蜘蛛网中穿行,抓住对应的害虫。

师:游戏开始前,请大家看看你拿到的任务卡上是什么害虫?记得要抓住它哦。

(2) 探讨在遇到困难时如何应对。

师:这块蜘蛛网太小了,农夫们有什么好办法吗?

(3) 鼓励幼儿大胆小心地穿过蜘蛛网,并根据自己的纵跳能力选择合适高度的玉米摘下。

师:农夫们,玉米有的高有的低,怎么样可以摘得更多呢?

4. 分享成果,感受丰收。

(1) 请幼儿数一数自己组合作摘到的玉米数量,体验粮食丰收的喜悦。

(2) 播放《丰收舞曲》,幼儿共舞结束游戏。

美术:豆豆贴画

活动目标

1. 能利用不同颜色、大小的豆豆,进行贴画,练习排列拼贴的技能。

2. 体验豆子粘贴画的独特乐趣。

活动准备

1. 黄豆、绿豆、赤豆、黑豆、芸豆、彩泥每组各一份。

2. 豆豆粘贴范画若干。

活动过程

1. 范画激趣。

(1) 出示已压贴好的豆贴作品。

(2) 这些作品都是用什么做成的呀?

2. 感受各种豆子的异同。

这些豆子长得一样吗?(感受颜色、大小、形状的异同)

3. 教师示范操作。

操作步骤:

(1) 勾画好作品的轮廓。

(2) 需要粘贴的部位,涂抹好白胶。

(3) 选好豆豆,一颗挨着一颗贴。

4. 幼儿操作,教师巡回指导。

强调粘贴技巧:紧密、按压。

5. 展示幼儿作品。

同伴欣赏后互评。

6. 活动延伸。

将各种豆子投放到美术工作室中，供幼儿后续进行创意粘贴画。

语言：农作物的猜想

活动目标

1. 知道每年的10月16日是世界粮食日，了解今年世界粮食日的宣传标语和珍惜粮食的重要性。

2. 学猜有关秋天农作物的谜语，学说谜面，对猜谜语活动感兴趣并能积极进行猜谜活动。

3. 激发幼儿爱粮、惜粮的情感，懂得如何节粮。

活动准备

收集农作物的谜语，课件《缺粮的非洲》，各种农作物图片资料。

活动过程

1. 引出节日话题。

提问：你知道10月16日是什么节日吗？

2. 了解宣传标语。

(1) 请幼儿观看课件《缺粮的非洲》，懂得爱粮、惜粮的重要性。

(2) 说说今年世界粮食日的宣传标语。

3. 幼儿猜谜游戏。

(1) 提问：今天小朋友带来了很多的谜语，接下来让我们来个猜谜大PK吧。

(2) 师生一起进行猜谜游戏。

(3) (出示猜谜箱)师幼摸谜语题进行小组竞猜游戏。

4. 探讨节约方法。

(1) 提问：怎么做才是节约粮食的行为呢？

(2) 小结：小朋友说的对，在日常生活中我们可以这么做，吃饭时吃多少盛多少，不扔剩饭剩菜；做节约宣传员，向家人、亲戚、朋友宣传浪费的可怕后果；不偏食，不挑食；到饭店吃饭时，点饭、点菜不浪费，若有剩余的要带回家等，这些都是节约粮食的行为。

附：

① 有个矮将军，身上挂满刀，刀鞘外长毛，里面藏宝宝。（大豆）

② 脱去黄金袍，露出白玉体，身子比豆小，名字有三尺。（大米）

③ 青枝绿叶颗颗桃，外面骨头里面毛，待到一天桃子老，外面骨头里面毛。（棉花）

④ 农民春天种上它，夏天它就开了花。秋天结果像个桃，桃子裂了开白花。（棉花）

⑤ 幼时不怕冰霜，长大露出锋芒，老来粉身碎骨，仍然洁白无双。（麦子）

⑥ 春穿绿衣秋黄袍，头儿弯弯垂珠宝，从幼到老难离水，不洗澡来只泡脚。（水稻）

⑦ 生在山里，死在锅里，藏在瓶里，活在杯里。（茶叶）

⑧ 皮儿薄，壳儿脆，四姐妹，隔墙睡，从小到大背靠背，裹着一层疙瘩被。（蓖麻）

⑨ 一团幽香口难言，色如丹桂味如莲，真身已归西天去，十指尖尖在人间。（佛手）

⑩ 去年秋天撒下种，长出绿苗过一冬。开春它还接着长，等到夏天黄澄澄。（冬小麦）

⑪ 奇怪奇怪真奇怪，头顶长出胡子来。解开衣服看一看，颗颗珍珠露出来。（玉米）

⑫ 一物生得真奇怪，腰里长出胡子来，拔掉胡子剥开看，露出牙齿一排排。（玉米）

⑬ 节是甘蔗节，叶是碧绿色，胡子是丝线，珍珠做颗粒。（玉米）

⑭ 小时青，老来黄，金色屋里小姑藏。（谷子）

⑮ 把把绿伞土里插，条条紫藤地上爬，地上长叶不开花，地下结串大甜瓜。（番薯）

⑯ 身体足有丈二高，瘦长身节不长毛，下身穿条绿绸裤，头戴珍珠红绒帽。（高粱）

⑰ 青枝绿叶长得高，砍了压在水里泡，剥皮晒干供人用，留下骨头当柴烧。

（麻）

⑱ 高高个儿一身青，金黄圆脸喜盈盈，天天对着太阳笑，结的果实数不清。（向日葵）

⑲ 身体长又长，开花黄又黄，脸蛋像太阳，籽儿香又香。（向日葵）

⑳ 青枝绿叶不是菜，有的烤来有的晒，腾云驾雾烧着吃，不能锅里煮熟卖。（烟叶）

㉑ 有个老头子，头上长胡子。脱下绿帽子，满身是珠子。（玉米）

㉒ 麻屋子，红帐子，里面住个白胖子。（花生）

㉓ 像桃不是桃，桃里长白毛。秋天咧嘴笑，白毛向外冒。（棉花）

㉔ 青青藤儿长又长，绿绿叶子上边长。藤在土中扎了根，一群红娃围根上。（番薯）

㉕ 小时青青像棵草，老来金黄是珠宝。珠宝脱下金黄衣，用它做饭吃个饱。（玉米）

㉖ 身体长又长，开花黄又黄。脸蛋像太阳，籽儿香又香。（向日葵）

七、特色活动

（一）秋分节气活动——“稻谷金黄、瓜果飘香”丰收节

❖ 金色的幼儿园

准备：土豆、番薯、玉米、稻谷、小麦等各种粮食，牙签、丝带、铅丝、彩纸等。

内容：幼儿、家长和教师用各种粮食材料共同制作装饰品，布置幼儿园环境。

印象丰收

准备：用各种瓜果、粮食制作的项链、头环、手链等装饰品。

内容：用自制的装饰品装扮自己，在音乐的伴奏下进行“印象丰收”的走秀展示。

瓜果萌娃

准备：各种瓜果、粮食等，牙签、彩泥、彩纸、剪刀等。

内容：幼儿和家长一起用各种瓜果、粮食等材料制作娃娃。

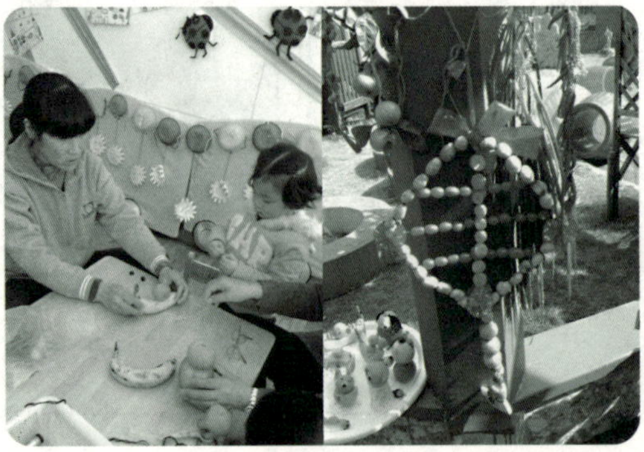

❖ 秋意贴画

准备：各种树叶、树枝、果皮、果壳等材料，胶水、剪刀、彩纸等工具。

内容：用幼儿和家长一起用收集的自然材料制作创意贴画。

❖ 稻草人 DIY

准备：稻草、麻绳、旧衣、木架。

内容：幼儿、家长和教师用稻草制作稻草人，装扮稻草人，把制作好的稻草人放置在各班的小农人试验田里。

(二)蜗牛考察队——秋天的粮食

以亲子活动的形式进行考察,考察表如下。

<table>
<tr><td colspan="4">秋天的粮食</td></tr>
<tr><td colspan="2">我和谁去考察?</td><td colspan="2"></td></tr>
<tr><td colspan="2">时间:</td><td colspan="2">地点:</td></tr>
<tr><td colspan="4">秋天里,哪些粮食丰收了?(用绘画或图片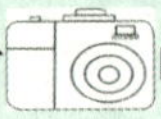的形式予以记录)</td></tr>
<tr><td colspan="2">哪些农作物的果实长在地上? ↑</td><td colspan="2">哪些农作物的果实长在地下? ↓</td></tr>
</table>

八、儿童工作室

区域名称	新增活动内容	新增材料投放	观察与指导
语言区	自制图书《丰收的小农人》	纸、订书机、彩笔、展示板	指导幼儿制作有关《丰收的小农人》的图书,并进行仿编讲述,使幼儿乐意表达自己对小农人的观察和想象

续表

区域名称	新增活动内容	新增材料投放	观察与指导
益智区	剥豆子	一碗没剥过的豆子、分类盒、记录表、笔	指导幼儿有计划、有条理地进行剥豆子和做相应的记录(符号记录法)
表演区	韵律:丰收舞	舞台布置、自制表演服装、音乐播放设备	鼓励幼儿小组合作,根据丰收的喜庆音乐模仿创编表演动作,有韵律感地表现农耕动作、体现丰收的快乐
美工区	制作:彩色面团	彩色面团、牙签、珠子	引导幼儿用搓、捏、盘等方法塑型,大胆用彩色面团塑造出自己喜欢的形象
建构区	秋天的幼儿园	雪花片、积木、纸盒、幼儿自制辅助材料、建构图纸、笔	鼓励幼儿用自己的想象及图纸搭建秋天的幼儿园,引导幼儿用多种方式记录自己的搭建过程和成果

九、执行参考

1. 在本期主题中鼓励家长带孩子去菜场、超市逛逛,找一找常见的粮食,家长要有意识地引导幼儿观察、收集关于粮食的知识,丰富幼儿关于粮食的经验。

2. 制作面食、糕点、五谷杂粮等,和幼儿一起品尝食物的美味。

3. 组织“假日小分队”活动,带幼儿去田间、农场、农庄等地与粮食有个亲密接触,摸一摸,看一看,亲近大自然。

4. 幼儿园布置粮食丰收的环境,可以组织“丰收节”的主题活动,让幼儿感受丰收的喜悦。

5. 加强食品卫生安全教育,以免造成幼儿身体不适。

主题二:冬至——动物过冬

一、主题生发

动物是幼儿成长中的亲密伙伴,与幼儿有着奇妙的不解之缘,关于动物的故事、动物的玩具、动物的图书等等总是能吸引幼儿的目光,引发他们的兴趣。

当冬至来临,天气逐渐变冷,孩子们发现可爱的小动物们也悄悄地发生了变化,如孩子们饲养的小乌龟变得懒洋洋不怎么爱动了,鸟儿们在天上成群结队地飞等等。然而这些偶然的发现和零散的经验还不足以满足大班小朋友的需求,他们需要对冬天里的动物进行更主动的探究与更全面的了解:为什么这些小动物会发生变化?小动物过冬的方式有哪些?是不是所有的小动物都要冬眠呢?……

因此,在本次"动物过冬"的主题活动中,幼儿将调动原有经验,以动物如何过冬为中心展开交流,并从三个方面进行探讨,即冬天里的动物、动物过冬方式和不怕冷的动物。让幼儿在探讨与交流的过程中,将各种信息进行梳理、归纳和分享,从而整合动物过冬的经验,提高认知水平、表达能力等。

二、主题目标

语言领域:尝试用正确的语言表述自己的想法,对未知领域大胆提问,在好奇、好问中增强语言表述能力。

科学领域:学习用查阅资料、观察比较、讨论等方式探索动物过冬的方式,并积累相关经验,对冬天里的动物感兴趣,激发进一步探究动物奥秘的兴趣。

健康领域:了解冬季的自我保健常识,逐步养成运动的习惯,在体育活动中动作协调、灵活,有耐力,增强合作和竞争意识。

艺术领域:尝试与同伴合作,运用多种艺术形式表达自己对动物过冬的认识与感受。

社会领域：在各种游戏活动和表现活动中，尝试同伴合作，学习关爱他人；开始关注动物与环境的关系。

三、主题框架及内容

（一）框架

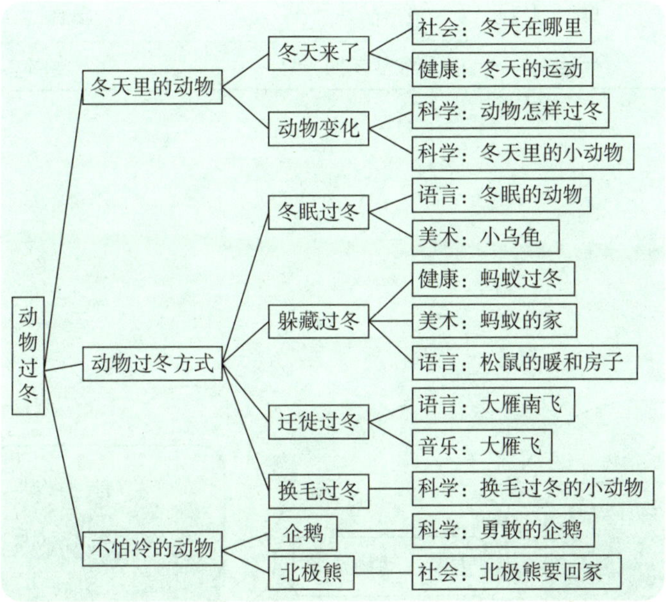

（二）内容

思路	领域	内容	资源
冬天里的动物	社会	冬天在哪里	自然环境
	健康	冬天的运动	户外场地
	科学	动物怎样过冬	动物图片与背景图
	科学	冬天里的小动物	操作图卡
动物过冬方式	语言	冬眠的动物	绘本
	美术	小乌龟	各色黏土
	健康	蚂蚁过冬	情境创设

续表

思　路	领域	内　容	资　源
动物过冬方式	美术	蚂蚁的家	美术工具材料
	语言	松鼠的暖和房子	故事图片、视频资料
	语言	大雁南飞	故事课件、图片
	音乐	大雁飞	音乐
	科学	换毛过冬的小动物	调查资料
不怕冷的动物	科学	勇敢的企鹅	视频、音乐
	社会	北极熊要回家	绘本

四、主题墙

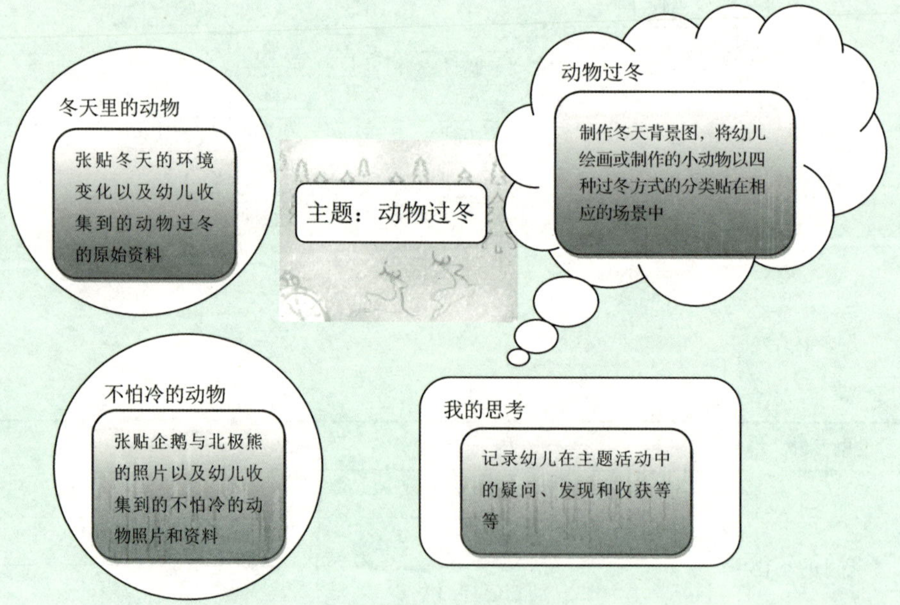

五、致家长的一封信

亲爱的家长朋友：

您好！

冬至来临，天气变得越来越寒冷了。在小班和中班阶段，我们通过主题活动让孩子们了解了冬季人们的御寒措施以及植物的过冬方式。到了大班，孩子们对冬天的知识经验有了进一步的积累，观察能力也有了很大的提升，他们发现冬天到了，小乌龟不爱动了，发现小鸟都飞走了，他们还冒出了许多疑问：冬天来了，小动物会不会感到冷呢？它们是怎样度过寒冷的冬天的呢？……带着这些发现和疑问，我们将和孩子一起走进本期主题“动物过冬”。在活动中，我们将和孩子们一起观察动物和周围的环境，感受冬天的季节特征与动物之间的关系；一起收集资料，探索动物过冬的不同方式……

在主题开展的过程中，我们希望获得您的支持与配合，以便孩子能获得更丰富的经验。建议您可以做这样一些事情：

1. 和孩子们一起通过查找图书、浏览网页等方式收集有关动物过冬方式的资料，并用图片、照片、绘画或文字记录孩子的发现和收获。

2. 和孩子一起观察身边的小动物，如蚂蚁、小狗、乌龟等，通过观察获得动物过冬的直接经验。

3. 和孩子一起了解不怕冷的动物，可以带他们去海洋世界看企鹅、北极熊等。

欢迎您向我们提出宝贵的意见和建议！

__________班老师

日期：__________

六、活动设计

社会:冬天在哪里

活动目标

1. 寻找并感知冬天的主要特征,学习以小组合作的方式进行记录。

2. 学习用清晰连贯的语言表述自己观察到的冬景。

活动准备

纸、笔等记录工具。

活动过程

1. 谈话引出,唤醒经验。

(1) 提问:小朋友在来幼儿园的路上,有没有发现马路上的人和植物有了什么变化?为什么会有这样的变化?

(2) 提问:冬天马路上的景色是怎么样的?

(马路两旁的树叶都落下来了;有些树干用草包起来保暖;人们穿棉衣,戴帽子、手套、口罩、围巾等;北风呼呼吹,吹在脸上身上是冷的……)

2. 寻找冬天,直接感知。

(1) 师:冬天也把秘密悄悄藏在幼儿园里了,你找到了吗?

(2) 师幼共同在幼儿园里寻找冬天里的变化。

(3) 小结:小草枯黄了,落叶树的叶子都掉光了,光秃秃的。蜡梅花开了,小河里的水冷了,结冰了,等等。

3. 户外游戏,享受暖阳。

组织幼儿在室外活动,感受冬天里的阳光的温暖。

健康:冬天的运动

活动目标

1. 在游戏的情景中练习钻、爬、跳、平衡、投掷等身体动作。

2. 体验小组接力运动的快乐,培养合作精神。

活动准备

垫子 4 块,橡皮筋 4 根,圈若干,平衡木 4 座,长绳 1 根,纸球若干。

活动过程

1. 热身运动。

(1) 师:冬天到了,天气很冷! 我们一起来做运动,让身体暖和起来吧!

(模仿各种动物做运动:上肢运动—下肢运动—体侧运动—体转运动—腹背运动—跳跃运动—放松运动)

(2) 幼儿跟着教师进行身体运动。

2. 游戏体验。

(1) 师:做运动真开心! 我们举行一场冬季运动会,我做裁判,大家做运动员。快来看看,都有哪些项目吧!

(2) 幼儿尝试进行身体活动练习。

场地上划分四个区域:爬山洞,走独木桥,跳圈,投球过障碍。幼儿自由选择区域练习。

① 请幼儿谈谈玩的感受。(比如你最喜欢玩哪个? 哪个最难? 你要注意什么)

② 幼儿再次体验各个区域活动。(提醒幼儿每个区域都要尝试)

(3) 游戏“小小运动会”。

① 请幼儿拿球站立:相同颜色的接成一排。

② 教师和幼儿共同布置活动场景。(教师放好布袋,请幼儿将器械一个个放在后面)

③ 教师介绍游戏的玩法与规则:人手拿一个球,分别钻过山洞(垫子)—走过独木桥(平衡木)— 跳圈(圆环),到达地垫后将手中的皮球投过场地上的绳子,跑回原地与下一个小朋友进行接力。最先跑完的一组获胜。

④ 幼儿进行游戏竞赛。合作要求：怎么样才能快快地跑完呢？就要请一组里的小朋友配合好，大家都快快完成，这样你们这组才会胜利！

(4) 教师宣布比赛结果。

3. 整理放松。

结束活动，幼儿模仿小动物做放松运动。

科学：动物怎样过冬

活动目标

1. 初步了解动物会采用不同的过冬方式度过冬天。

2. 对动物的过冬方式感兴趣，愿意进一步探索。

活动准备

课件、各种动物头饰、视频《动物过冬》、歌曲。

活动过程

1. 谈话导入，引出主题。

(1) 师：现在是什么季节？冬天的天气怎么样？

(2) 师：小朋友是用什么方法让自己变暖和的呢？猜一猜动物们是怎样过冬的？

2. 播放课件，初步了解。

(1) 认识冬眠的动物。

① 出示青蛙图片，师：谁来了？青蛙是怎样过冬的？（鼓励幼儿大胆猜想）

② 播放录音，师：还有哪些动物和青蛙一样是通过冬眠过冬的呢？（出示相应的动物图片：乌龟、蝙蝠、刺猬等）

③ 小结：它们在冬天来临之前吃大量的食物，而整个冬天都在睡觉，这是动物过冬的一种方式，叫作冬眠。

(2) 认识贮存食物的动物。

① 出示蜜蜂图片。提问：谁来了？蜜蜂是怎样过冬的呢？（放录音）

② 提问：还有哪些小动物和蜜蜂一样？（蚂蚁、松鼠）

③ 小结：在冬天蚂蚁、松鼠、蜜蜂它们的食物很少，所以它们都得提前把整个冬

天的食物准备好在自己洞里以备过冬，这就是动物的第二种过冬方式，叫贮存食物。

（3）认识迁徙过冬的动物。

① 出示小燕子图片。提问：谁来了？小燕子是怎样过冬的？（播放录音）

② 提问：还有谁也和燕子一样迁徙到南方过冬？出示相应的动物。（大雁、天鹅、丹顶鹤）

③ 小结：冬天的时候燕子、大雁、天鹅、丹顶鹤都会迁徙到比较温暖的南方，这是动物过冬的第三种方式，叫迁徙过冬。

（4）认识加厚皮毛过冬的动物。

① 播放课件。提问：这是谁啊？小白兔是怎样过冬的？还有谁和它一样呢？（鹿、狐狸、狮子、麻雀）

② 小结：在秋天它们长出又密又长的新毛，穿上新的皮袄准备过冬，这是动物过冬的第四种方式，叫加厚身上的皮毛。

（5）认识靠卵安全过冬的方式。

① 播放课件，出示螳螂和蝗虫的图片。提问：它俩是怎样过冬的？

② 小结：螳螂和蝗虫是靠卵度过寒冷的冬天的，这是动物过冬的第五种方式，叫靠卵过冬。

③ 小结：很多害虫飞进人们暖和的屋里过冬，所以在家里看到这些东西，要赶快消灭它们。

3. 观看视频，游戏巩固。

（1）观看视频《动物过冬》，进一步了解动物过冬的方式，教师进行总结。

（2）以课件的形式播放图片，玩“找朋友”的游戏进行连线。

科学：冬天里的小动物

活动目标

1. 在寻找和计算不同动物过冬方式的过程中，逐步理解 5 以内的加法。

2. 认识“＋”号和“＝”号，知道名称和读法，学习看图列算式。

3. 萌发对动物过冬方式的兴趣和探究愿望。

活动准备

1. 动物过冬背景画一幅，蛇、狗熊、松鼠、蚂蚁、燕子、大雁等分别为2—5个。

2. 5以内的数字卡和“＋”“＝”号卡若干。

活动过程

1. 谈话引出，集体分类。

(1) 谈话了解不同小动物过冬的不同方式。

(2) 出示动物过冬的图片，引导幼儿仔细观察图片内容，寻找不同动物的各种过冬方式并分类。

2. 认识符号，看图列算式。

(1) 提问：泥土里有几条蛇在过冬？这几条蛇有什么不一样？（一大一小）

教师分别在一条大蛇和两条小蛇下面放数字卡“1”和“2”。

(2) 教师出示“＋”号和“＝”号，放在数字中间，组成一个完整的算式。

(3) 教师解释算式题的意思：这道题表示泥土里有1条大蛇和2条小蛇，加起来一共有3条蛇在冬眠。

(4) 幼儿跟读算式题：1＋2＝3。

3. 分组操作，看图列算式。

(1) 幼儿分组讨论，每组选出一种动物列算式。

(2) 每组派一名幼儿做代表，根据图中不同过冬方式的动物数量在黑板上用数字卡、符号卡列出算式，并大胆表述算式题所表达的意思。

语言：冬眠的动物

活动目标

1. 认真阅读绘本，进一步了解严寒天气来临时动物冬眠的习性和规律。

2. 通过图片认识各种冬眠的动物，并用语言大胆描述绘本的画面。

活动准备

《冬眠的动物》绘本人手一本。

活动过程

1. 出示绘本，观察封面。

(1) 教师出示绘本,集体观察封面。

(2) 提问:你看到了哪些小动物? 你认识这些小动物吗? 它们在干什么?

2. 阅读绘本,大胆表述。

(1) 教师播放绘本课件,幼儿集体阅读第一页。

提问:现在是什么季节? 鸟儿要去哪里? 松鼠在做什么事?

(2) 幼儿自主阅读。

提问:还有哪些动物也冬眠?

(3) 分享交流,幼儿用连贯的语言表述相应画面

3. 完整阅读,巩固经验。

师幼一起完整阅读绘本。

美术:小乌龟

活动目标

1. 学会用水滴形、扁圆形制作乌龟造型;尝试运用材料和工具大胆装饰出各种花纹的乌龟。

2. 知道乌龟是用冬眠的方式过冬的,愿意与同伴分享制作乌龟造型的经验。

活动准备

泥工板、泥工工具、泥块,乌龟冬眠录像。

活动过程

1. 观看视频图片,了解乌龟的身体特征。

(1) 播放乌龟过冬的录像,幼儿仔细观察。

提问:乌龟是怎么过冬的?

(2) 再次欣赏录像,重点观察乌龟的形态特点。

提问:乌龟是什么样子的?

2. 学习制作小乌龟。

(1) 鼓励幼儿尝试说说制作乌龟需要哪些造型。(水滴形、扁圆形等)

(2) 教师讲解制作要求。

重点指导乌龟四肢和头部均匀分泥的方法,乌龟壳和四条腿的连接方法(把壳

和头、尾巴、腿稍微用力地按上去)。

(3) 幼儿动手操作,教师指导。

① 提醒幼儿可以利用工具在乌龟的背、脚划出相应的花纹,也可以制作圆点花纹。

② 指导动手能力较弱的幼儿制作出简单的动物形象,指导能力强的幼儿表现出有情节的性的画面。通过制作,水纹波及草等使画面更加完整。

3. 作品交流与分享。

(1) 幼儿自由欣赏同伴作品。

(2) 鼓励幼儿相互评价同伴作品。

健康:蚂蚁过冬

活动目标

1. 通过互相配合练习多人齐步走,努力协作完成游戏。

2. 在活动中感受互相合作的快乐,体验成功的喜悦。

活动准备

1. 蚂蚁搬运食物的场景,蚂蚁过冬的食物;平衡木若干,大型活动器械。

2. 知道蚂蚁在秋天搬运粮食准备过冬的自然现象。

活动过程

1. 情境导入,激发兴趣。

(1) 创设情境:小蚂蚁们,天气越来越冷了,今天要和妈妈一起出去找粮食准备过冬,你们准备好了吗?我们要出发了。

2. 团结协作,一起运粮。

提问:小蚂蚁是怎么走路的?

(1) 初步探索蚂蚁走路。

① 幼儿2—3人一组自由组合练习多人齐步走,各身体部位不分离。

② 提问:刚才我们在学蚂蚁走路的过程中遇到了麻烦,想一想这是为什么呢?(幼儿自由讨论)

③ 追问:有没有什么好办法,谁来试一试?(幼儿示范)

④ 小结：小蚂蚁走路的时候每个人都要方向一致，并保持相同的速度才能成功。

（2）再次尝试。

① 提问：刚才的好方法你们学会了吗，我们再来试试看。

② 绕过障碍物。幼儿自主选择路线练习障碍式多人齐步走，教师参与并鼓励幼儿积极尝试各条路线。

③ 小结：在绕过障碍物的时候要保持相同的速度才能成功。

（3）团结协作，一起运粮。

① 搬运路线。

② 运粮：幼儿按照自身经验可自由选择搬运路线，到达目的地后按照图片标记将“粮食”归类。

③ 游戏过程中教师注意幼儿出汗情况；并时刻提醒幼儿注意安全，鼓励幼儿不怕困难，勇往直前。

④ 要求：一组组的“蚂蚁”排好队行走，注意互相配合，不摔跤，不碰撞，不踩到别人。

3. 运粮成功，体验快乐。

（1）师：我们运了满满一大堆的“粮食”，这下可以安安心心过冬了，大家一起美美地睡个午觉休息一会儿吧。

（2）收整衣物。

美术：蚂蚁的家

活动目标

1. 练习画小蚂蚁，并学习用单线将蚂蚁的家连接起来。

2. 体验共同作画的乐趣。

活动准备

记号笔、纸、剪刀。

活动过程

1. 引入主题。

师：蚂蚁过冬需要大大的房子，请你们来帮帮忙。

2. 幼儿作画。

(1) 先画好各种房子的形状,在房子里添画小蚂蚁。

(2) 将幼儿分成两组,将蚂蚁的房子剪下来,粘贴到大纸上。

(3) 师幼共同学习用单线将蚂蚁的家连接起来。

3. 蚂蚁旅行。

幼儿扮演小蚂蚁沿着画好的路线旅行。

语言:松鼠的暖和房子

活动目标

1. 理解故事内容,并尝试根据故事图片完整复述故事。

2. 知道松鼠过冬的方式是躲藏。

活动准备

故事图片课件、松鼠过冬视频、松鼠手偶。

活动过程

1. 认识小松鼠,引出故事。

教师出示小松鼠手偶,提问:这是谁?你知道小松鼠的哪些特点?你喜欢小松鼠吗?

2. 自主阅读故事画面,猜测故事内容。

(1) 幼儿自主阅读。

(2) 提问:故事里是什么季节?发生了什么事?

3. 倾听故事,理解故事内容。

教师播放课件,幼儿完整欣赏故事,进一步理解故事内容。

4. 小组阅读,复述故事。

幼儿分成小组,根据故事图片相互复述故事。

5. 播放视频,了解松鼠过冬的方式。

幼儿观看松鼠过冬的视频,了解松鼠过冬的方式:躲藏。

语言:大雁南飞

活动目标

1. 理解散文内容,感受散文的意境。

2. 知道大雁是候鸟,每年冬天飞到南方去过冬,春天再飞回来。

活动准备

大雁图片、课件。

活动过程

1. 谈话导入,回顾经验。

提问:现在是什么季节?大自然有哪些变化呢?

2. 倾听散文,感受意境。

(1) 提问:冬天到了,大雁都到哪里去了呢?

(2) 教师朗读散文,幼儿倾听。提问:大雁为什么去南方了?

(3) 小结:因为到了冬天,天气变冷了,大雁是候鸟,适应不了北方寒冷的天气,所以就飞去温暖的南方。等到来年春天,大雁就会从南方飞回来了。

(4) 幼儿分角色表演故事内容。

3. 延伸思考,观看视频。

(1) 提问:还有哪些鸟是候鸟呢?

(2) 幼儿观看鸟儿迁徙的视频资料。

音乐:大雁飞

活动目标

1. 感受乐曲的结构特征,会用小碎步、手臂挥大波浪等动作表演大雁飞的姿态。

2. 根据大雁队形的特征编排舞蹈队形,体验与同伴合作表演的快乐。

活动准备

大雁头饰、纱巾披肩、红黄手腕花、音乐、动画课件。

活动过程

1. 情境导入:大雁飞。

(1) 在音乐声中师幼扮演大雁飞入活动场地。

(2) 随着音乐自由飞翔。

(3) 尝试在乐曲句末创造性造型。

2. 欣赏动画课件:大雁飞。

根据动画课件情节进行提问,帮助幼儿理解乐曲结构特征。

3. 感受不同乐段,尝试创造表演。

(1) 尝试群雁飞行,整齐地飞。引导幼儿排列出“人”字形和“一”字形。

(2) 遭遇暴风雨,勇敢地飞。

① 出示情境画面:暴风雨,引导幼儿用语言表达大雁遭遇暴风雨时的状态。

② 大胆想象大雁此时飞翔的状态,并尝试进行创造性的表现。

③ 雁群回家,快乐地飞。巩固练习“人”字形和“一”字形。

4. 教师舞蹈:大雁飞。

(1) 提出欣赏要求。

(2) 教师表演舞蹈《大雁飞》,提问:看了大雁妈妈表演的舞蹈,你们想不想也表演一下呢?

5. 幼儿舞蹈:大雁飞。

幼儿听音乐,完整表演大雁飞的舞蹈,情绪饱满。

科学:换毛过冬的小动物

活动目标

1. 根据自己收集的资料,和同伴分享交流自己的调查结果。

2. 初步了解动物换毛过冬的方式,知道兔子、山羊、梅花鹿等动物是换毛过冬的。

活动准备

视频资料,幼儿收集的各种资料。

活动过程

1. 查阅收集的资料。

幼儿将事先收集的有关动物换毛过冬的资料放在桌上，大家一起浏览，自主查阅。

2. 交流分享新发现。

（1）集中分享自己的发现和收获。

（2）教师将幼儿的讨论结果张贴在黑板上，罗列出换毛过冬的动物。

3. 看视频丰富经验。

（1）提问：还有哪些动物是换毛过冬的？它们为什么要换毛过冬？换毛的具体方式是怎样的？

（2）幼儿观看视频资料，丰富相关经验。

科学：勇敢的企鹅

活动目标

1. 通过观察了解企鹅的主要特征和生活习性。

2. 探索和了解企鹅不怕冷的原因。

活动准备

企鹅视频、企鹅图片。

活动过程

1. 出示企鹅图片，激发兴趣。

师：今天我们班来了一位小客人，你们看它是谁啊？（出示企鹅图片）看看，我们的客人企鹅长什么样子呢？（幼儿自由讲述）

2. 引导幼儿观察企鹅的外形特征。

（1）观察企鹅的头部。

提问：企鹅的头长什么样呢？企鹅圆圆的头上有什么呢？

小结企鹅的头部特征。

（2）观察企鹅的身子。

提问：企鹅的身子是怎么样的？身子两边有什么？企鹅的身体下面有什么？脚

是什么样的？身体后面有什么呢？

小结企鹅的身体特征。

（3）观察企鹅的羽毛。

提问：企鹅全身长满了什么呢？企鹅身上的羽毛一样吗？哪里不一样呢？

小结企鹅的羽毛特征。

3. 讨论分享，了解企鹅的生活习性和不怕冷的原因。

（1）提问：企鹅生活在哪里呢？你在哪里看到过企鹅？企鹅生活的地方是一个什么样的地方？它们为什么不怕冷？企鹅有哪些本领？

（2）观看录像，寻找企鹅不怕冷的原因：企鹅全身长满了又厚又密的羽毛，就像穿了厚厚的羽绒大衣，又防水，又保暖。企鹅身上还有厚厚的脂肪，并且企鹅成群结队地生活在一起也可以预防寒冷。所以企鹅是世界上不怕冷的动物之一。

4. 活动延伸。

讨论：还有哪些动物也不怕冷。

社会：北极熊要回家

活动目标

1. 知道北极熊是不怕冷的动物，讨论环境对北极熊生活的重要性。

2. 初步了解自然环境与人类、动物之间的重要性，产生环保意识。

活动准备

故事《北极熊要回家》。

活动过程

1. 故事导入。

（1）提问：你们知道北极熊吗？北极熊生活在哪里？它怕冷吗？

（2）幼儿倾听《北极熊要回家》的故事，了解故事内容。

（3）提问：故事中发生了什么？

（4）提问：北极熊刚开始游累了就从水里出来躺在大海的浮冰上睡觉，后来它有一次想躺在浮冰上睡觉，但是没有成功是为什么呢？

2. 寻找原因。

(1) 观察故事图片。

(2) 师:为什么北极会变热呢? 让我们来看看这一张图。(放大的地球)

(3) 幼儿根据图片进行讨论。

(4) 小结:由于人们排放了太多的废气,使得地面温度越来越高,所以冰山和浮冰都融化了。

3. 商讨对策。

(1) 师:我们的地球越来越热了,你们有什么好办法来帮地球降降温吗?

(2) 分组讨论。

(3) 幼儿分享讨论的结果。

(4) 总结:让爸爸妈妈少开车、不破坏植物、少开空调、爱护小动物,从自己做起,这样我们的地球才不会越来越热。

七、特色活动

(一) 冬至节气活动

❖ 亲子活动:包动物汤团

准备:彩色糯米团、芝麻馅等包汤团所需食材和工具,邀请家长参加活动。

内容:亲子合作,制作各种动物头像造型的汤团并品尝。

(二) 蜗牛考察队——小动物怎样过冬

以亲子活动的方式进行考察,考察表如下。

<table>
<tr><td colspan="3">
</td></tr>
<tr><td colspan="2">时间</td><td></td></tr>
<tr><td colspan="2">考察方式： </td><td></td></tr>
<tr><td>过冬方式</td><td colspan="2">有哪些动物？</td></tr>
<tr><td></td><td colspan="2"></td></tr>
<tr><td></td><td colspan="2"></td></tr>
<tr><td></td><td colspan="2"></td></tr>
<tr><td></td><td colspan="2"></td></tr>
<tr><td></td><td colspan="2"></td></tr>
</table>

八、儿童工作室

区域名称	新增活动内容	新增材料投放	观察与指导
语言区	《松鼠的暖和房子》复述及《冬眠的动物》等绘本阅读	《松鼠的暖和房子》故事图片,《冬眠的动物》《北极熊要回家》等与动物过冬相关的绘本和故事书	支持幼儿在阅读中仔细观察画面、大胆表述内容,进一步积累有关动物过冬的知识经验,鼓励幼儿做阅读记录,萌发前书写兴趣
益智区	观看动物过冬视频资料,根据动物的不同过冬方式进行连线分类,看图列算式	动物过冬的视频资料;动物过冬操作卡,看图列算式操作卡	鼓励幼儿探索动物过冬的不同方式,支持幼儿主动和同伴分享交流探索结果
建构区	搭建蚂蚁、松鼠等动物的家	树枝、树叶、泥土等自然材料	可与幼儿利用自然材料合作搭建躲藏过冬的小动物的家,提醒幼儿注意安全
美工区	冬天里的小动物	彩色黏土、树枝等	鼓励幼儿大胆想象,利用各种材料创作小动物过冬的场景
表演区	《大雁飞》舞蹈	《大雁飞》等歌曲音乐,纱巾披肩、手腕花等道具	给幼儿拍摄表演的视频和照片

九、执行参考

1. 可以建议有条件的家长和幼儿一起饲养小动物,帮助幼儿积累直接经验;鼓励家长采用多种方式和幼儿一起探索动物过冬的方式,如上网搜索资料、图书馆查阅资料、参观动物园等。

2. 可以邀请动物园的工作人员到幼儿园上课,给幼儿普及专业的动物知识。

主题三:春节——特色年俗

一、主题生发

寒假期间,孩子们肯定都过得很开心,因为在这期间有着我们中国最热闹的传统节日——春节,春节是最富有中国特色的传统节日,民间俗称“过年”。孩子们会在过年期间碰到许多的开心事,而且彼此分别了 20 多天,孩子们期待着在开学后将所有的开心事都告诉自己的老师和同伴们。本次主题选择“特色年俗”作为切入点,帮助幼儿了解春节的传统习俗,学习春节走亲访友的必要礼仪,引导幼儿感受春节这个中华民族几千年来最隆重的节日,激发幼儿作为中国人的民族自豪感。

在本次主题中,通过实践体验、肢体活动、艺术表现等方式加深大班幼儿对过年的感性经验,在多种形式的活动中让大班幼儿进一步感受过年热闹、喜庆、祥和的节日氛围。

二、主题目标

语言领域:理解故事内容,了解“年”的来历及特色年俗,对相关的民间习俗产生兴趣,感受故事中浓浓的中国情、中国味。能大胆分享自己的春节趣事,并能认真倾听同伴的介绍。

科学领域:解读月历,感受月历在日常生活中的含义和运用。复习 6 以内的加法运算,尝试合理使用钱币,在日常购物活动中积累经验,感知钱币的换算关系。

社会领域:知道元宵节是我国特有的传统节日,了解主要习俗,并与同伴一同玩赏花灯,感受节日气氛。知道要合理使用压岁钱,并尝试制订计划,体会长辈们对自己的爱。

艺术领域:欣赏民间特色年画及手工艺品,尝试折、剪出不同形状的各色窗花。

对字体的艺术变形产生一定的创作兴趣，尝试进行合理添画和装饰；能用身体动作表现欢快的音乐情绪和节奏，感受韵律活动的乐趣。

健康领域：知道要均衡饮食，尝试进行合理配餐；练习侧身翻滚、推、拉等基本动作并学走螺旋队形。

三、主题框架及内容

（一）框架

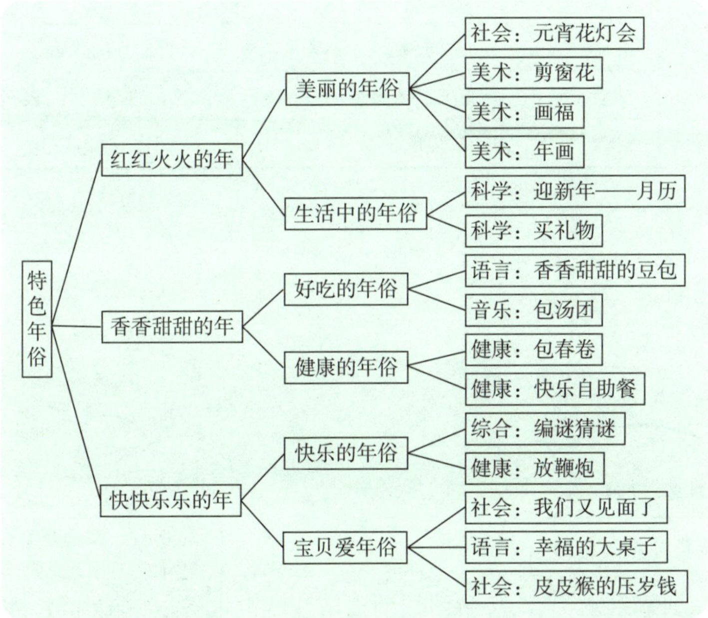

（二）内容

思　路	领域	内　容	资　源
红红火火的年	科学	买礼物	幼儿用书、游戏币
	语言	年	故事图片
	科学	迎新年——月历	挂历
	社会	元宵花灯会	各种灯笼
	美术	剪窗花	红纸、剪刀

续表

思　路	领域	内　容	资　源
红红火火的年	美术	画“福”	墨汁、红纸
	美术	年画	年画、颜料
香香甜甜的年	语言	香香甜甜的豆包	故事图片
	音乐	包汤团	图片、音乐《喜洋洋》
	健康	包春卷	大浴巾、步骤图
	健康	快乐自助餐	各种食物、视频
快快乐乐的年	社会	我们又见面了	幼儿春节拍的照片
	综合	编谜猜谜	看图识字卡片
	健康	放鞭炮	彩纸
	社会	皮皮猴的压岁钱	故事图片、表格
	语言	幸福的大桌子	故事图片

四、主题墙

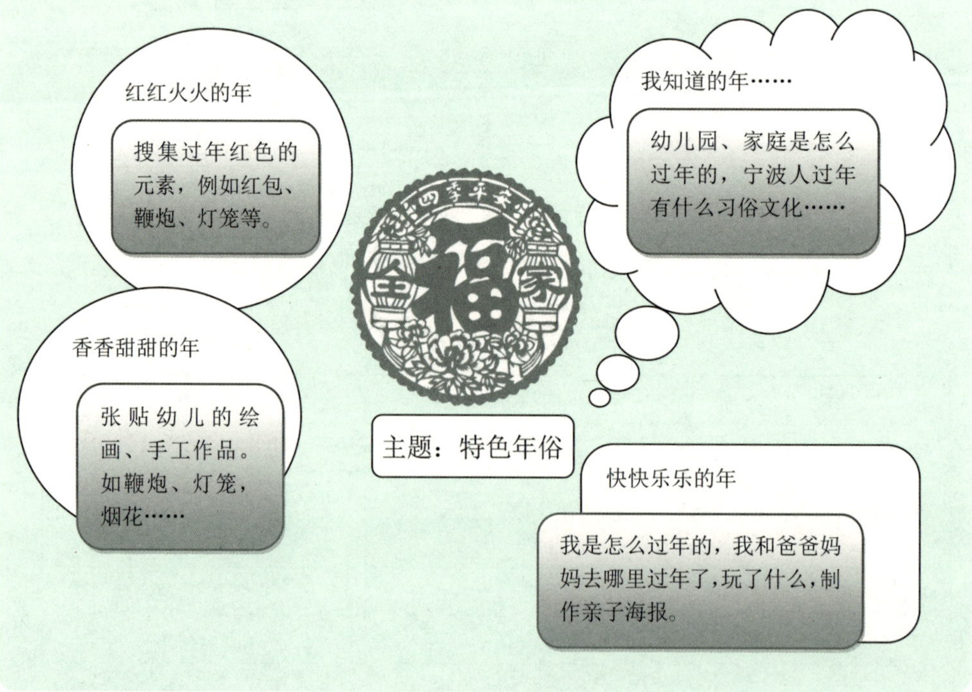

五、致家长的一封信

亲爱的家长朋友：

您好！

春节是中华民族几千年来最隆重的节日，对于每一个中国人来说，更是我们举家团圆、感受中华文化之根的传统佳节。春节前夕，父母们除了自己忙碌外，不妨也让我们的孩子加入进来，适当给孩子一些仪式感，你会发现孩子可以从春节里得到很多意想不到的收获！

在“特色年俗”这个主题中，我们将通过活动体验、互动谈话、、调查访问等多种活动形式让孩子对中国年里的民俗文化有更具体和清晰的了解，在交流与分享中，在品味和感悟中萌发幼儿热爱中国传统节日的美好情感。为传承中华民族的优秀文化，我们邀请您参与到幼儿园的活动中来，以下是需要您配合的事项。

1. 请让孩子在“年味儿”中重温 6 个中国传统礼仪：拜年礼仪、红包礼仪、问候礼仪、待客礼仪、做客礼仪、餐桌礼仪。

2. 请在元宵节的活动中，为孩子提供一盏小灯笼，准备几条灯谜，走进社会在实践体验中感受和了解元宵节的主要风俗习惯。

3. 在团圆欢聚、走亲访友的时候积极丰富孩子对中国年的认识，收集与年有关的图片与照片，有意识地引导孩子去品味“红红的、甜甜的、热闹的”中国年。

4. 为让孩子体验中国年的特色民俗，建议和孩子共同做几件事情：贴对联、剪窗花、写福字、做汤圆、看花灯、猜灯谜等，激发孩子的兴趣和愿望。

如果期间您对我们的主题活动有什么建议和意见，也欢迎随时和我们沟通，让我们一起努力，让孩子更好地成长！

__________班老师

日期：__________

六、活动设计

科学:买礼物

活动目标

1. 复习 6 以内的加法运算,学列算式题。

2. 初步尝试合理使用钱币。

活动准备

1. 1 元、5 元面值的纸币若干。

2. 1 元、2 元、5 元的游戏币若干,按照 3 元、4 元、5 元、6 元不同的总数装入小钱袋,每个幼儿人手一份。

3. 布置小超市:收集学习用品,铅笔、本子、橡皮、卷笔刀等按照价格分类摆放在同一个货架上,并在货架上标好物品价格。

活动过程

1. 谈话引出主题。

(1) 师:新年到了,今天老师带大家到超市买礼物送给你们的朋友。礼物都是我们需要的学习用具。

(2) 请你想想,你要给你的朋友买什么?

2. 取钱。

(1) 认识 1 元、5 元面值的纸币和 1 元、2 元、5 元面值的游戏币。

(2) 每个幼儿领一个小钱袋,数一数钱袋里一共有多少钱。

3. 购买礼物。

(1) 用自己的钱购买两件商品,要求正好把钱花完。

(2) 幼儿自由购买,买好后在"小票"(纸)上列出加法算式题,然后拿着"小票"去收银台付款,教师以超市收银员的身份,检验幼儿买的物品的价钱和"小票"上的数额是否相等,核对正确后在"小票"上面盖个印章。如数额不一致,教师引导幼儿仔细检查购买物品的数额,重新购买。

4. 交流分享经验。

师:你一共用了多少钱买了两样东西,正好把钱花完?

小结:我们在买东西的时候,一定要合理安排,有多少钱用多少钱,不要超支。

5. 分一分,数一数。

(1) 将买到的学习用品以小组的形式进行分类,数一数每类物品有几份。

(2) 请幼儿将物品按照类别重新摆放在货架上。

语言:年

活动目标

1. 通过阅读故事,了解"年"的来历,知道过年的几种习俗。

2. 懂得在过年时,要关心寂寞、孤独的人,感受故事中表现的友善、宽容与温情。

活动准备

挂图、幼儿用书《年的故事》、录音故事、各种年俗风情课件。

活动过程

1. 引出故事。

(1) 提问:小朋友,我们刚过完年,你知道年是什么吗?

(2) 幼儿自由阅读《年的故事》。

(3) 提问:有谁看懂了,能告诉大家年是什么吗?

2. 倾听理解。

(1) 教师讲述故事,幼儿边听故事边阅读相应的画面。

(2)(出示挂图)幼儿讨论、分享和理解故事。

① 你觉得"年"是一个怎样的怪兽?你喜欢"年"吗?为什么?

② 人们用了哪些办法让"年"再也不敢吓人了?

③ 但是,怎么样的人还会被"年"吞掉呢?

④ 怎样才能从"年"的手中逃脱?

⑤ "年"是怎样变成"新年"的?

⑥ 你愿意和"年"做朋友吗?为什么?

(3) 幼儿倾听录音故事。

3. 讨论交流。

(1) 现在你知道过年了,为什么到处都有红色了吗?

(2) 说说自己正月里参加了哪些有趣活动?

(3) 播放课件,了解和感受春节各种民俗风情。

科学:迎新年——月历

活动目标

1. 幼儿解读月历,了解数在实际生活中所表达的含义和运用。

2. 回忆美好生活,激发幼儿与同伴分享快乐的积极情感。

活动准备

月历、活动室中迎新的环境、台历若干。

活动过程

1. 月历上的数字。

(1) 导入活动。

师:今天是几号?星期几?离新年还有几天?

(2) 提出问题。

师:这张月历上有没有看不懂的地方?请提出你们的问题。

(3) 数字的实际意义。

师:有这么多的数字在月历上,到底有什么用?可以告诉我们什么?

(4) 小结:数字出现在月历的不同地方,它所表达的意思也是不同的。我们能通过这么多的数字知道年、月、日和星期。

(5) 一个月有几天,12月有几天?每个月的天数都一样多吗?幼儿通过翻看台历来验证自己的想法。统计每个月的天数,相互借鉴。

(6) 民间游戏——记住大小月。

2. 月历上的文字。

(1) 找找除了数字还有什么?

(2) 幼儿寻找“元旦”。

3. 理解“元旦”的含义——一年中的第一天。

(1) 寻找“国庆节”。

(2) 寻找“中秋节”。

(3) 小结:真不错!这些数字还能告诉我们这一天是一年中第几个月的第几天。文字还能告诉我们中国人自己的节日。

4. 开心的日子。

(1) 一年中哪一天你是最开心的?

(2) 幼儿圈画出自己最开心的日子。

(3) 分享快乐。

社会:元宵花灯会

活动目标

1. 了解元宵节的意义及民族的习惯,共享集体活动的快乐。

2. 培养幼儿互相关心、友好相处的良好品质。

活动准备

1. 把幼儿带的花灯布置在教室,教师准备一些新式的灯。

2. 准备几个简单的谜语。

3. 欢快的音乐一首、视频一段。

活动过程

1. 与幼儿谈话。

(1) 让幼儿了解元宵节是中国的传统节日。

(2) 在元宵节人们可以做元宵、吃元宵,赏花灯。

(3) 元宵节有家人团聚的寓意。

2. 让幼儿赏灯。

(1) 教师提出观灯的要求。

要求幼儿观察灯的种类、颜色、形态。

(2) 幼儿自由结伴欣赏花灯,并向同伴介绍自己的花灯的名称及主要特点。

(3) 通过视频,观看做灯的过程,让幼儿知道扎灯是一门民间的手艺,是中国特有的民俗技艺。

3. 请幼儿讲灯。

(1) 幼儿介绍自己所带的花灯的名称、外形特征及制作的材料，也可以讲述买灯时的情景。注意引导幼儿用完整、连贯的语言进行表述。

(2) 请幼儿说说自己最喜欢的灯。

4. 组织幼儿玩灯。

(1) 在音乐声中，带领幼儿到户外玩灯。在玩灯的过程中要求幼儿使用礼貌用语与同伴交换。

(2) 与幼儿一同用收集的纸盒、小棒等废旧材料制作花灯。

(3) 用幼儿做好的花灯举行“小小灯展”。

美术：剪窗花

活动目标

1. 欣赏各色窗花，了解其精致、逼真的造型和充满喜庆的剪纸内容。

2. 尝试折、剪不同形状的窗花，体验创作活动的乐趣。

活动准备

1. 窗花由来的视频、各色窗花若干。

2. 剪刀、各色正方形剪纸人手一份。

活动过程

1. 引题激趣。

为什么过年要剪窗花？(结合视频，了解窗花的由来)

2. 欣赏各色窗花。

(1) 窗花美吗？美在哪里？(窗花独特的造型特点及色彩运用)。

(2) 你最喜欢哪幅剪纸作品，为什么？

3. 讲解示范制作的基本步骤。

(1) 折叠的技巧：对称性。

(2) 剪纸的技巧：不能剪断或从一条边一直剪到另一条边。

(3) 自由设计花纹。

4. 幼儿尝试制作窗花，教师指导。

5. 作品装扮班级，相互欣赏。

美术：画“福”

活动目标

1. 在了解“福”字含义的基础上，对“福”字进行合理添加和装饰。

2. 感受对字体进行艺术变形及装饰的乐趣。

活动准备

1. 教具：“福”字图片及资料、范例作品。

2. 学具：空心“福”字、油画棒、水彩笔、各色彩色卡纸、剪刀人手一份。

活动过程

1. 谈话导入。

(1) 过年时，哪个字出现最多？

(2) 说到“福”字你们会想到什么？

(3) 人们为什么要把“福”字贴在门上？

2. 欣赏各种“福”字图片，了解“福”字的含义。

(1) “福”字什么颜色？ 为什么？

(2) “福”字周围有什么图案？(鱼、喜鹊、铜钱、梅花等)

(3) 为什么“福”字周围有这些图案？

3. 幼儿装饰“福”。

鼓励幼儿运用各种材料进行大胆装饰和添画。

4. 送“福”。

将完成的作品送给园里的伙伴。

美术：年画

活动目标

1. 欣赏年画浓重的色彩特点，大胆学画中国娃娃。

2. 体验水粉排水法的乐趣。

活动准备

各种年画、红色水粉颜料、作画工具等。

活动过程

1. 谈话引题。

师：你们看到过年画吗？是怎么样的？

2. 欣赏年画，大胆讲述。

(1) 你发现年画的色彩有什么特色了吗？

(2) 在构图上有什么特点？

3. 教师示范。

(1) 中国娃娃的画法。

(2) 色彩的运用、排水法的画法。

4. 幼儿作画，教师指导。

添画背景，体验排水法。

5. 作品展示，交流。

语言：甜甜的豆包

活动目标

1. 理解故事内容，感受大家团团圆圆、热热闹闹过年的快乐。

2. 回忆和交流过年的时候家里要准备的传统食品。

活动准备

挂图《甜甜的豆包》、幼儿用书、录音故事。

活动过程

1. 讨论引出。

(1)（出示挂图）提问：他们在干什么？

(2) 你从哪里看出来的？

2. 欣赏故事。

提问：

(1) 你喜欢故事里的谁？为什么？

（2）老奶奶为什么要做豆包？谁最爱吃老奶奶做的豆包？为什么？

（3）小狗要吃豆包，杨杨是怎么做的？

（4）小猫要吃豆包，杨杨是怎么做的？

（5）柳柳来了，发生了什么事？

3. 自主阅读。

（1）幼儿自主阅读《甜甜的豆包》故事。

（2）观察画面并提问：

① 老奶奶、杨杨、柳柳住的院子是什么样的？你从哪些地方看出来了？

② 谁到老奶奶家来了，老奶奶是怎么招呼她的？

③ 杨杨刚出院子，碰到了谁？杨杨怎么做？

④ 杨杨走出院子，又碰到了谁？杨杨又是怎么做的？

⑤ 柳柳来了，老奶奶是怎么招呼大家的？

4. 回忆年味。

提问：

（1）小朋友，我们回忆一下，过年的时候家里都做了什么好吃的？

（2）你最喜欢吃什么？

（3）你和家人有分享过美食吗？来说说邻居、亲戚，还有爸爸妈妈的朋友之间分享美食的故事。

（4）小结：过年的时候，有许多好吃的东西，大家热热闹闹聊天，分享美食，从嘴里甜到心里呢！

音乐：包汤团

活动目标

1. 根据音乐分段，有节奏地进行韵律表演。

2. 尝试用身体动作创编捏汤团皮、包汤团、煮汤团的动作。

3. 表现音乐欢快的情绪，感受音乐表演的乐趣。

活动准备

1. 已有包汤团的生活经验。

2. 汤团图片、音乐《喜洋洋》。

活动过程

1. 图片引题。

(1) 这是什么?

(2) 怎样包汤团呢?

2. 整体欣赏音乐。

(1) 师:音乐有几段?(ABA 三段体)

(2) 师:乐曲在哪里发生了变化?(引导幼儿用身体动作予以区分表现)

(3) 分段学习并创编动作。

① 乐曲 A 段:捏汤团皮。

前两个乐句把自己变成小面团,后两个乐句把身体舒展开来和汤团皮一样变得又薄又大。

结合教师动作示范,鼓励幼儿创编表演。

② 乐曲 B 段:包汤团。

前两个乐句放馅儿,后两个乐句让身体做团起来的动作。

鼓励创编两人及多人组合动作。

③ 乐曲 A 段:煮汤团。

将汤团放在锅里上下翻腾的动作。

教师演示,幼儿模仿,并自由创编表演。

4. 整体欣赏并创意表演。

能根据音乐的变换及时调整身体动作。

健康:包春卷

活动目标

1. 练习侧身翻滚、推、拉等基本动作。

2. 体验同伴合作的快乐。

3. 知道包春卷是我国的春节习俗。

活动准备

1. 会看简单图示，乐意与同伴合作；运动前半小时保持空腹。

2. 大浴巾、泡沫垫、游戏步骤图、充气棒槌、大篮筐、黑板。

活动过程

1. 热身操。

师：孩子们，老师要和你们玩一个“包春卷”的游戏，我们现在就出发，去菜场买需要的材料吧。

2. 合作“包春卷”。

(1) 两人组合。

师：请你和你的好朋友合作，拿一张泡沫垫做好准备，我们要开始“包春卷”了。

(2) 观察步骤图。

师：仔细看看，需要几个步骤？

儿歌：皮子铺一铺，肉馅滚一滚，厨师推一推，厨师拉一拉，春卷包好咯。

师：包的时候，还需要注意什么？（出示提示卡）

(3) 教师观察指导。

观察幼儿包的步骤是否正确，提醒幼儿包春卷时注意安全，在垫子的区域里包。

(4) 集中指导。

师：都成功了吗？请你们坐在垫子上，我们一起来看看怎么包得又快又好？（请个别幼儿在中间示范）

小结：原来肉馅连续滚动，厨师用力推，春卷就包得又快又好。

3. “炸春卷”比赛。

(1) 介绍规则。

师：现在我们要进行炸春卷比赛了。小朋友们分成两组，每组 8 人，请你们到各自的区域去看规则图，记得带上你们的垫子，去指定的地方先练习一下，比赛等一下就开始。

(2) 幼儿在指定区域看比赛示意图并练习。

(3) 集中比赛，（教师和幼儿一起调整场地）互换角色再玩一次。

4. 放松活动。

健康：快乐自助餐

活动目标

1. 积极主动参与自助和合作配餐，知道一餐饭要荤素搭配，有菜有主食。

2. 知道健康配餐对身体有益，纠正挑食的不良习惯。

3. 学会在春节期间合理饮食，不暴饮暴食。

活动准备

1. 盛在筐中的各种蔬菜、荤菜、海产品、豆制品、主食等；盛菜的筐、夹子、餐盘若干；“小不点餐厅”背景布置。

2. 实物投影仪、录像机、电视机。

3. 患有营养不良性疾病的人或偏胖幼儿的录像；课前幼儿对食物金字塔有所了解。

活动过程

1. 设置情境，引出活动主题。

(1) 教师以“小不点餐厅”经理的身份邀请幼儿到餐厅自助配餐，引起幼儿兴趣。

师：春节到了，我们餐厅邀请小朋友们来就餐，你们吃过自助餐吗？

(2) 引导幼儿观察各种菜品，并按荤菜和素菜分类。

师：这里有哪些菜？你们知道哪些是荤菜，哪些是素菜吗？

2. 幼儿初次自己配餐，初步讨论如何健康配餐。

(1) 幼儿第一次自选食物搭配，提出配餐要求和秩序。

师：吃自助餐时我们一般怎么取菜？如果许多人都挤在一起该怎么办呢？

(2) 幼儿介绍自己的配餐，讨论如何配菜对我们的身体有益。

师：为什么你要这么搭配？这样有什么好处？

3. 观看录像和实物投影仪引导幼儿了解偏食习惯的危害，懂得合理搭配食物。

(1) 结合录像，引导幼儿了解人体所需营养与食物的关系，知道不正确饮食产生的危害。

(2) 运用实物投影仪，针对幼儿选菜中的偏食现象，引发幼儿讨论。

(3) 小结：荤菜与素菜搭配，主食和菜搭配，这样吃才健康，对身体有益。

4. 幼儿再次配餐。

(1) 评价自己的配餐多了什么？少了什么？

(2) 调整自助餐的搭配，巩固对合理配餐的认识。

(3) 评出健康配餐师。

5. 引导幼儿分小组自助合作配餐。

6. 活动延伸。

请厨房的师傅根据幼儿的配餐做菜，幼儿品尝。

社会：我们又见面了

活动目标

1. 能大胆地与同伴交流自己在春节期间的趣事。

2. 喜欢与同伴交谈，并能认真倾听他人的表述，感受同伴之间又见面的快乐。

活动准备

1. 幼儿过春节的照片。

2. 彩色卡纸、水彩笔、剪刀、胶水。

3. 投影仪。

活动过程

1. 互相认识。

(1) 游戏：猜猜我是谁。

游戏规则：请幼儿闭上眼睛，教师悄悄指定一位幼儿，被指定的幼儿说“猜猜我是谁”后，其他幼儿根据其声音说出该幼儿的名字。猜出名字后幼儿间互相叫名字，并拥抱。

(2) 游戏循环进行。

2. 互诉情感。

(1) 请幼儿拿出自己的照片分小组自由交流。

(2) 教师请幼儿说说自己过春节时的趣事。

(3) 投影仪播放幼儿的照片。

3. 互赠祝福语。

（1）师：新学期你有什么愿望，又有什么祝愿要送给你的同伴？

（2）请你把自己过春节的照片做成贺卡。

（3）布置主题墙——“有趣的年”。

综合：编谜猜谜

活动目标

1. 了解谜面与谜底的关系，学习用通顺的语句编谜语。

2. 乐意猜谜、编谜，感受其中的快乐情趣。

活动准备

1. 灯谜若干、看图识字卡片若干。

2. 每位幼儿准备几个谜语。

活动过程

1. 猜谜语，发现谜面与谜底的关系。

（1）拿出准备好的“挂彩灯猜灯谜”，教师逐个读谜面，幼儿猜谜底。

（2）师：今天，我们班举办一个谜语大会，最终要评出“猜谜大王”和“出谜大王”。

（3）幼儿分组相互出谜语、猜谜语。

（4）提问：你发现了谜面与谜底的关系了吗？（谜面的内容是谜底的明显特征，但不直接说出这个事物的名称）

2. 编谜语。

（1）教师示范。出示花生卡片，想一想：花生米住在哪里？花生壳是什么样子的？花生的颜色又是怎么样？编出谜面“麻房子，红被子，里面住着白胖子”。

提问：“麻房子”“红被子”“白胖子”代表什么？（花生形状、颜色特征等）

每句结束都有一个什么字？有什么作用呢？（好听，顺口）

（2）每个幼儿选一张看图识字卡片，尝试编谜语。

（3）幼儿逐一说出新编的谜语，大家猜谜。

（4）教师要帮助个别幼儿酌情修改，确定谜面。

3. 通过幼儿自荐和互荐，产生几名“猜谜大王”和“出谜大王”。

健康:放鞭炮

活动目标

1. 练习走螺旋队形,培养敏捷反应及快跑能力。

2. 能及时调整自己的位置与步幅,保持一定的队形。

3. 知道放鞭炮是我国节日的习俗,体验游戏"放鞭炮"的快乐。

活动准备

1. 彩纸。

2. 幼儿已了解放鞭炮这一习俗或有放鞭炮的经验。

活动过程

1. 由卷鞭炮的操作导入,激发幼儿兴趣。

(1) 教师将彩纸分发给幼儿,请幼儿尝试将彩纸卷成鞭炮。

(2) 师:鞭炮卷起来了吗? 你用了怎么样的方法?

2. 引出卷鞭炮的游戏,引发幼儿尝试。

(1) 幼儿分小组活动(分成 4—6 个小组),引导幼儿探索卷成一个"鞭炮"的方法。

师:刚才我们用彩纸卷了鞭炮,其实我们小朋友也可以变成一个更大的"鞭炮",想不想试一试?

(2) 幼儿集中交流卷"鞭炮"的方法,教师引导幼儿重点讨论:全组幼儿要站成一横队,须以排头幼儿为轴心,排尾幼儿带领全队按螺旋形围绕排头幼儿走,这样"鞭炮"会卷得又快又好。

(3) 幼儿再次练习卷"鞭炮"。

3. 游戏:放"鞭炮"。

(1) 幼儿卷成"鞭炮"后由教师"点火",幼儿一个接一个发出"刺刺"声,不能间断,直至排头幼儿发出"嘭"的声音后,幼儿四散跑开,排头幼儿去追,捉住一幼儿后游戏结束。更换排头再重新游戏。

(2) 全体幼儿分两组轮流玩"放鞭炮"游戏。

教师注意提醒幼儿遵守游戏规则:点燃后依次发出"刺刺"声,当排头幼儿发出

"嘭"的声音后再跑开。

4. 听音乐做放松活动。

社会:皮皮猴的压岁钱

活动目标

1. 懂得合理安排自己的压岁钱,产生初步的消费意识。

2. 学习运用图表的形式对自己的需求进行计划。

活动准备

1. 皮皮猴玩偶一个。

2. 彩色手工纸、记号笔。

活动过程

1. 故事引出:皮皮猴的压岁钱。

提问:

(1) 什么是压岁钱?

(2) 你有压岁钱吗?

(3) 是谁给你的压岁钱?

2. 集体讨论:帮皮皮猴安排压岁钱。

(1) 皮皮猴是怎样用压岁钱的?

(2) 你觉得它这样好吗? 为什么?

(3) 应该怎样用?

(4) 帮皮皮猴列出自己的购物清单(图表式)。

(5) 共同帮助皮皮猴进行计划。

3. 自由操作:自己的压岁钱预算表。

(1) 请个别幼儿说一说。

(2) 设计一张自己的压岁钱预算表。

4. 延伸至区域活动。

(1) 社会区:购物游戏。

(2) 科学区:认识钱币。

语言：幸福的大桌子

活动目标

1. 仔细观察挂图，学习用通顺简洁的语言表达自己的见解。

2. 了解吃年夜饭是过年重要的习俗，体会兔奶奶一家乐融融的亲情。

活动准备

挂图《幸福的大桌子》、录音故事。

活动过程

1. 出示挂图，观察挂图，谈话导入。

(1) 这是家里的什么地方？

(2) 餐厅里放着一样很大的东西，我们叫它什么？

(3) 大桌子能坐几个人？大桌子前坐着谁？

(4) 大年三十兔奶奶在等谁？等他们干什么？

(5) 孩子们会回家团圆吗？

2. 了解兔奶奶的孩子的职业，并结合自己的生活经验，讲讲自己对这些职业的了解。

(1) 老大是做什么的？你从哪里看出来？你在哪里看到过厨师？

(2) 老二是做什么的？你从哪里看出来？你还知道哪些音乐家的名字？

(3) 老三是海员，海员是做什么的？他拎着什么东西？

3. 继续讲述，体验亲情。

(1) 兔姐姐带谁一起来看兔奶奶？兔宝宝会对兔奶奶说什么祝福的话？

(2) 兔妹妹会给兔奶奶带来一件什么礼物？

4. 为故事取名字。

(1) 数一数大桌子前坐了几个人？他们都是谁？

(2) 兔奶奶抱着谁？兔宝宝说了什么让兔奶奶高兴得合不拢嘴？

(3) 老大做了一桌年夜饭，有些什么好吃的？

(4) 就在这时有一件东西也变得很幸福，你们知道是什么吗？为什么？

(5) 我们为故事取名字。

(6) 完整听一遍故事。

(7) 说一说:我们家的年夜饭。

七、特色活动

(一) 春节节日活动——特色年俗周

❖ 逛灯会、猜灯谜

准备:各种自制彩色花灯、灯谜纸条若干。

内容:幼儿、家长和教师共同制作花灯,张贴灯谜,一起逛灯会、猜灯谜。

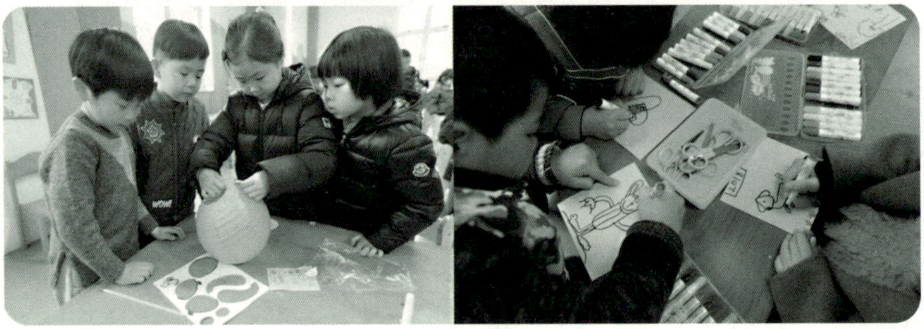

❖ 新年祝福

准备:幸运星、糖果、红包袋、红色卡纸、剪刀、胶水。

内容:教师送糖果和幸运星给幼儿;幼儿签名,画上自己的新年祝福。

❖ 舞龙舞狮

准备:长条条幅、纸箱、彩色卡纸、双面胶、剪刀。

内容：幼儿和教师共同制作长龙和彩狮。

❖ 迎新美食节

准备：各种食品、餐盘、刀叉、勺子。

内容：各班设立美食摊点，全园师生品尝美食。

❖ 做元宵

准备：米粉、糯米粉、松花粉、白糖、猪油馅。

内容：请家长协助教师打年糕；请幼儿尝试做元宵。

（二）蜗牛考察队——家乡特色年俗

以亲子活动的形式进行考察，考察表如下。

家乡特色年俗 	
我的家乡在？ 	
怎样考察？（考察途径） 	
特色年俗  包含寓意	

续表

家乡特色年俗 
⇨
⇨
⇨
⇨

八、儿童工作室

区域名称	新增活动内容	新增材料投放	观察与指导
语言区	制作春节图画书	收集关于春节的故事、绘本空白影集、彩笔、纸	帮助幼儿收集有关春节的故事并自制春节图书，使幼儿乐意表达自己对春节的认识
益智区	压岁钱	有面额的压岁红包若干、自制1元、5元、10元游戏币若干、记录本	引导幼儿用不同的方法放入与红包面额一致的压岁钱，探索不同的凑数方法
表演区	歌曲《新年好》	舞台布置、各种动物头饰、音乐播放设备	鼓励幼儿两两合作，根据音乐模仿创编表演动作，大胆表演
美工区	剪纸、美丽的窗花	各种窗花图片及成品、废旧广告纸、剪刀	引导幼儿用折、画、剪制作美丽的窗花，发展幼儿的动手能力，激发幼儿对中国传统工艺的兴趣
建构区	亭子	亭子图片，块状、条状、小颗粒积木，辅助物	鼓励幼儿大胆运用架空、围合、排列等积木建构方法创造性地表现亭子的外形特征

九、执行参考

1. 在本期主题中家长事先要了解并熟悉传承了几千年的春节“老规矩”，例如：如何待客，如何拜年，如何用餐，如何接红包等。可以在家创设情境，进行角色扮演，提前演练，通过游戏掌握一些必要的礼仪。

2. 燃放烟花时要注意安全，春节期间要适量饮食，注意卫生，以免造成身体不适。

主题四:春分——春日播种

一、主题生发

春天是一个美丽的季节,万物复苏,草木峥嵘,到处是一片春意盎然的景色,当孩子们在小农人试验田散步时,他们惊奇地发现,泥土里的蚯蚓钻出来了、种子发芽了等等,几乎每一次散步都会有新的发现。与此同时,孩子也产生了许多的疑问:“为什么春天一直会下雨?”“为什么小草、柳树到了春天就发芽了?”“为什么有的青菜长得快,有的长得慢?”这些问题时常围绕着他们,孩子们渴望在大自然中找到答案。为了培养幼儿的观察能力,发现问题、解决问题的能力,以及表达表现的能力,结合小农人特色活动,我们设计了“春日播种”这个主题活动。

本主题由“种子的秘密”“一起来播种”“我们长啊长”三个小主题构成,体现了播种的过程和成长的快乐。活动中幼儿通过观察、记录、发现、体验开展活动,在走进大自然的过程中亲自“播种春天”。了解种子是怎样生长的,探究它们的生长过程,由此引发幼儿的好奇心和探究的欲望,发展他们细致的观察能力和记录表达能力。让幼儿在播种的特色活动中感受到春天不仅是美丽的,更是充满生机和活力的。

二、主题目标

语言领域:理解诗歌内容,仿编诗歌,感受春天美好的自然景象。学习用较连贯的语句讲述或表达故事内容及生活中的事。

社会领域:喜欢为集体收集与种子有关的资料,并主动和同伴一起观察、交流,爱护、保护环境。

健康领域:重点练习跳绳和平衡感,能够根据气温和自己的身体情况穿适量的衣服。

科学领域:认识生活中常见的种子,用合适的方式记录自己观察到的植物生长变化，学习正确的种植和养护方式。

艺术领域：学习有关春天的歌曲，安静地欣赏乐曲，感知乐曲的风格，并能用适当的方式表达。运用绘画、撕贴、泥工等技能表现春天的特征。

三、主题框架及内容

（一）框架

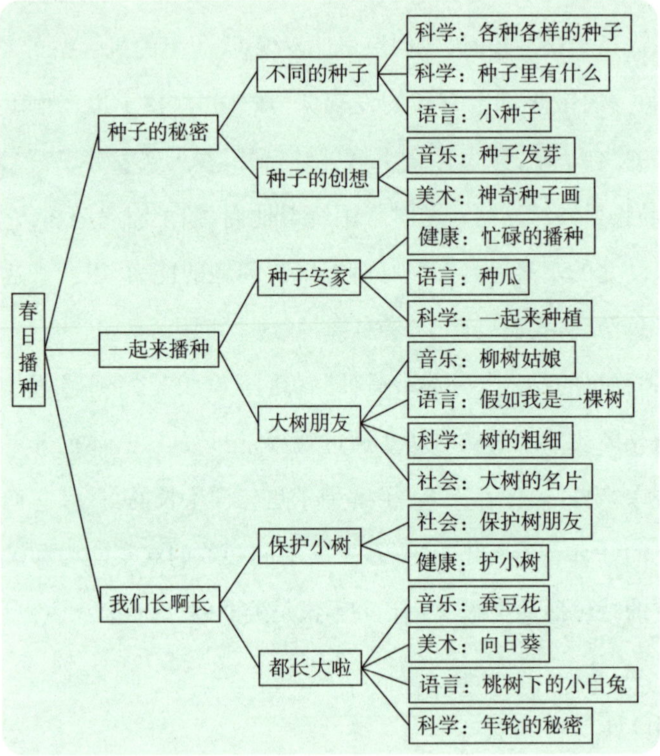

（二）内容

思　路	领域	内　容	资　源
种子的秘密	科学	各种各样的种子	照片和实物
	科学	种子里有什么	操作工具

续表

思　路	领域	内　容	资　源
种子的秘密	语言	小种子	故事课件
	音乐	种子发芽	音乐、图片
	美术	神奇种子画	各种豆子
一起来播种	健康	忙碌的播种	体育器械
	语言	种瓜	故事课件
	科学	一起来种植	种植工具与材料
	音乐	柳树姑娘	挂图
	语言	假如我是一棵树	图片
	科学	树的粗细	测量工具
	社会	大树的名片	相关资料收集
我们长啊长	社会	保护树朋友	课件以及废旧材料
	健康	护小树	竹竿
	音乐	蚕豆花	节奏图
	美术	向日葵	图片
	语言	桃树下的小白兔	音乐和花瓣
	科学	年轮的秘密	课件

四、主题墙

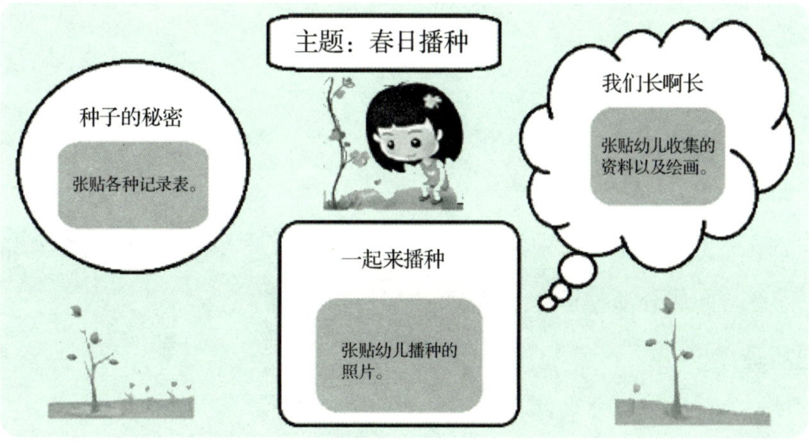

五、致家长的一封信

亲爱的家长朋友：

您好！

我们将和孩子们一同进入"春日播种"的主题活动。在这一阶段活动中，孩子们要感知生活中各种种子，探索种植与人们生活的密切关系，还要种植春天的种子，探索播种的秘密。

为了顺利开展活动，丰富孩子的经验，我们希望您在家庭生活中配合我们做好以下工作：

1. 和孩子共同收集有关种子的图片，丰富孩子有关种子的知识。
2. 利用周末的时间带孩子去植物园或者森林中漫步。
3. 参加亲子远足活动。
4. 和孩子共同参与我们的播种活动。

如果期间您对我们的主题活动有什么建议和意见，也欢迎随时和我们沟通，让我们一起努力，让孩子更好地成长！

__________班老师

日期：__________

六、活动设计

科学：各种各样的种子

活动目标

1. 了解种子在人们生活中的作用，知道种子食品是人们食物的主要来源。
2. 乐意与同伴分享种子食品，体验分享的乐趣。

活动准备

1. 花生、玉米、豆子等的照片。

2. 请幼儿带各种种子食品。

活动过程

1. 交流谈话，激发幼儿对种子的兴趣。

(1) 小朋友知道这是什么种子吗？种子主要有什么用？

(2) 你知道哪些种子可以食用吗？

引导幼儿说出可以食用的种子种类，如稻、麦、豆、花生、瓜子、玉米、核桃等。

(3) 小朋友们想一想，如果没有种子会怎么样？

教师引导幼儿讨论得出种子是人们食物的主要来源，如果没有了种子，就没有了植物，人类就很难生存下去，我们每天都在食用种子。

2. 让幼儿了解各种各样的种子食品。

(1) 了解种子食品的含义。

种子可以吃，那么用种子做成的食品就叫作种子食品。

(2) 说说这种子食品是哪种植物的种子？又是怎样制作成的？

幼儿讨论后，说出通过对种子的炒、煮、爆等加工方法可以制成种子食品。

（花生、瓜子、爆米花、香豆、松子、核桃、栗子等）

小结：种子食品可真多呀！有的是炒着吃的，有的是煮着吃的，有的是爆着吃的，还有许多其他的加工方法呢。

3. 组织幼儿品尝种子食品。

请小朋友来品尝各种各样的种子食品。

4. 品尝交流。

你最喜欢吃的种子食品是什么？为什么？

鼓励幼儿用完整的语言描述自己品尝种子食品的感觉。

科学：种子里有什么

活动目标

1. 通过让幼儿观察、操作，了解种子的内部特征。

2. 能大胆表达自己的发现，并进行探索。

活动准备

各种种子、放大镜、纸、记号笔、录像。

活动过程

1. 引起兴趣。

出示各种各样的种子，进行提问：它们是什么？

2. 操作探索。

(1) 教师提问：请你们猜猜种子里面有什么？

(幼儿将自己的答案以绘画的形式记录在纸上)

(2) 幼儿介绍自己猜测的答案。

(3) 幼儿解剖各类种子，用放大镜进行观察，再次将自己的答案以绘画的形式记录在纸上。

(4) 幼儿介绍自己观察的结果。

3. 观赏结束。

(1) 幼儿观赏录像，验证自己的答案。

(2) 教师总结。

语言：小种子

活动目标

1. 理解古诗内容，知道种子生长的过程。

2. 感受生命循环往复的过程。

活动准备

故事课件。

活动过程

1. 观察封面。

师：小种子藏在哪里？秋风一吹，种子们离开了妈妈，它们要飞到哪里去呢？它们到那里去做什么呢？

2. 分段讲述故事。

(1) 讲述第一部分。

问题:种子们在飞行的过程中会遇到哪些困难?除了这些困难,种子们还可能遇到哪些危险?那粒小小的种子为什么能安然无恙?猜猜剩下的这些种子能顺利地长大吗?

(2)讲述第二部分内容。

师:种子们是如何长成植物的?植物在生长过程中又会遇到哪些不幸的事?

(3)讲述第三部分内容。

师:这颗小小的种子为什么能长成巨型花?

(4)讲述第四部分内容。

师:这些种子又将飞到哪里去?又将经受些什么考验呢?

3. 完整讲述。

(1)生命的成长容易吗?我们应该怎么做?

(2)我们可能会遇到哪些挫折,我们该怎么做?

音乐:种子发芽

活动目标

1. 愿意跟着音乐玩种子发芽、开花、结瓜的游戏,感受歌曲优美的旋律、欢快的意境。

2. 能借助故事情境创编种子发芽、开花、结瓜的手指游戏及身体动作。

活动准备

魔法师帽子,种子、小芽、小花的小图卡,南瓜、黄瓜、西瓜实物。

活动过程

1. 创设游戏情境,熟悉歌曲内容。

(1)教师扮魔法师边唱歌边操作实物,幼儿欣赏歌曲并观察南瓜、黄瓜的外形特点。

(2)教师带领幼儿回顾歌曲内容,理解种子发芽、开花、结瓜的过程。

在幼儿回忆的过程中,教师摆放小图卡帮助幼儿回忆并理解歌曲内容。

2. 进一步理解歌曲的内容,感受歌曲的旋律。

(1)教师示范手指游戏的基本动作。

(2) 幼儿尝试用手指游戏表现种子宝宝发芽的过程。

(3) 幼儿尝试用手指游戏来表现种子宝宝开花的过程。

(4) 幼儿创编结瓜的手指游戏动作。

(5) 幼儿完整玩手指游戏两遍。

3. 玩种子宝宝的身体游戏，创编、表现歌曲。

(1) 幼儿用身体自由创编发芽、开花、结瓜的动作。

(2) 两两结对完整玩游戏两遍。

(3) 全班幼儿手牵手，拉个大圆圈变成一个“大瓜”边唱边游戏。

美术：神奇种子画

活动目标

1. 能利用种子进行粘贴作画，根据种子不同的外形特征表现一定的物体形象。

2. 发现自然材料的美，体验成功的乐趣。

活动准备

1. 收集不同种类的种子如瓜子、芝麻、绿豆、黑米、大红豆等，每组提供一份。

2. 不同颜色卡纸画、胶水、棉签、卫生纸若干。

活动过程

1. 出示导入活动，激发幼儿兴趣。

(1) 教师摇动盒子，请幼儿根据声音来猜测盒子里装的是什么。猜完之后，倒入透明盒子里请幼儿看一看都有哪些种子。

(2) 师：小朋友想一想种子可以用来做什么？

(3) 小结：小朋友刚才说了种子可以发芽，可以做粥，等等。今天老师带来了许多好看的图片，我们一起请它们出来好不好？

2. 播放课件，边看边讲解操作。

(1) 出示种子示范画，引导幼儿欣赏观察。

师：小朋友们，种子宝宝们可真厉害啊，这些图画可真漂亮啊！由各种各样颜色和形状的种子宝宝组成的图画就叫作种子粘贴画。

(2) 教师边示范边讲解。

师：首先，用棉签沾上胶水涂在图画里，不能涂的太多哦！然后选择你喜欢的种子宝宝粘在胶水上面，粘上后用嘴巴吹一吹。如果是小米可以直接撒在上面。拿种子的时候要互相谦让。保持画面的干净，这样我们的图画就会变的漂亮了。

3. 展示作品、进行点评。

健康：忙碌的播种

活动目标

1. 运用体育材料创造性地进行锻炼活动，提高攀爬、跳、平衡、钻等基本动作的协调性、灵活性。

2. 在游戏与竞赛中能坚持克服困难，与同伴一道体验合作与胜利的快乐。

活动准备

高跷、铁罐、圆圈等。

活动过程

1. 开始部分。

教师带领幼儿做一些劳动的模仿动作。如锄地、播种、施肥、插秧、浇水等等。

2. 基本部分。

(1) 游戏：春种忙。

师：农民伯伯想请你们帮个忙，他们在忙着插秧，需要人手帮忙，你们愿意去帮他们吗？

(2) 游戏规则。

一个跟着一个，走过小河，跳过山沟，钻进山洞，到达田地。种好菜后从场地边跑回来。

(3) 竞赛活动。

将幼儿分成4组，通过竞赛形式选出胜利方。

3. 结束部分。

整理场地，放松运动。

语言：种瓜

活动目标

1. 理解故事，感知胖和瘦、又大又圆和又长又细。

2. 比较故事画面中的异同，感知黄瓜和西瓜的生长过程和外形特征。

活动准备

1. 幼儿已会玩“瓜瓜蹲”的游戏。

2. 课件《种瓜》。

3. 胖奶奶和瘦爷爷指偶各一个。

活动过程

1. 通过情景对话引出故事。

师：胖奶奶和瘦爷爷种的是什么瓜呢？他们的瓜是怎样长大的呢？

2. 初步感知故事内容。

(1) 播放课件讲述故事。

(2) 请幼儿根据图片说说胖奶奶和瘦爷爷种的分别是什么瓜。

出示实物西瓜和黄瓜，请幼儿观察后说说西瓜和黄瓜的外形特征有什么不一样。

(3) 教师讲述第二遍故事。

边讲边提问并在黑板上用简单的图示表示西瓜和黄瓜的生长过程。

提问：西瓜和黄瓜的生长过程中有什么地方是一样的？什么地方是不一样的？

3. “瓜瓜蹲”游戏。

(1) 请男生当黄瓜，女生当西瓜，玩“瓜瓜蹲”游戏。

(2) 男女生互换角色进行第二次游戏。

科学：一起来种植

活动目标

1. 了解种植的过程与种子生长所需要的基本条件。

2. 幼儿能独自种植，掌握正确的种植方法，并积极参与讨论，大胆发表自己的见解。

3. 感受种子生长的神奇，体验种植劳动带来的快乐。

✣ 活动准备

1. 幼儿每人一个空的容器（瓶子、花盆、饮料瓶等），做好标签；各种农作物（小麦、大豆、花生、玉米）种子若干。

2. 活动前准备大盆的细碎土壤。

3. 种子发芽的视频。

4. 活动前请家长引导幼儿了解种植的方法。

✣ 活动过程

1. 请幼儿观看种子发芽的录像，引发幼儿兴趣。

师：小朋友，种子是怎么长大的？你觉得神奇吗？你们想不想也来亲自动手种植一盆植物，看看种子是怎样发芽、长大的？

2. 调动幼儿已有的经验，和幼儿一起讨论种植的方法。

（1）引导幼儿互相讨论，讲述种子的种植过程。

师：谁知道怎样把种子种到瓶子里？种子种好以后，需要做哪些事情？

（2）教师和幼儿共同梳理经验，明确种植方法。

种植过程：在容器里放入三分之二的细碎土壤，将种子均匀地撒在土壤表面（种子不能放得太多），再用细土将种子完全覆盖，最后给种子浇适量的水（水要将容器内的土壤全部润透）。

3. 幼儿分组进行种植活动。

（1）幼儿按照正确的步骤进行种植。

（2）教师引导幼儿在种植的过程中思考：种子种在土壤的什么位置最合适？

（3）引导幼儿给种植好的植物插上标签，选择合适的地方放置，了解种子发芽所需要的基本条件。

师：种子放在什么地方最有助于它的成长？（窗台上、植物角）为什么？（这些地方空气流通好，阳光充足，浇水方便）

4. 分享交流“我的种植宝贝”。

（1）教师组织幼儿分享种植后的感受。

（2）教师鼓励幼儿给自己种植的作物取名字。

（3）教师引导幼儿对自己种植的宝贝说一句悄悄话，使幼儿对自己种植的宝贝日后的成长充满期待。

音乐：柳树姑娘

活动目标

1. 在感受三拍子歌曲节奏特点的基础上用连贯、优美和活泼轻快的歌声演唱。

2. 组织引导幼儿表演歌曲，用肢体动作表现柳树。

活动准备

1. 带领幼儿观察春天景色，观察柳树被风吹的动态，引导幼儿展开想象。

2. 挂图《柳树》。

活动过程

1. 提问导入活动。

师：孩子们知道现在是什么季节吗？春天有好多的小秘密，你发现什么了呢？

2. 基本部分。

（1）出示柳树挂图。

师：孩子们听是谁的脚步声，轻轻的、柔柔的，让我们一起来听一听。

（2）教师范唱。

师：柳树姑娘还把小朋友赞美它的话编了一首歌曲送给你们，我们一起来听一听吧。

（3）幼儿再次欣赏。

感知歌曲的旋律和歌曲的内容幼儿可以自己根据乐曲旋律打节奏。

3. 出示图谱学唱歌曲。

师：这首歌曲是几拍子的？3/4 的特点是什么？

4. 再次欣赏歌曲，发现歌曲的不同旋律。

教师带领幼儿有表情地演唱，提醒幼儿是怎么唱的，讨论前面和后面唱的一样吗？

提示语：（1）开头两句柳树姑娘，辫儿长长怎样唱（优美的）；（2）洗洗干净，多么漂亮怎样唱(活泼轻快)。

5. 学习简单的二声部演唱。

(1) 师:有一个办法可以把这首歌唱得更好听,一部分小朋友唱歌词,另一部分小朋友跟着歌曲哼唱,最后一句“洗洗干净”一起唱。

(2) 和幼儿一起想象,柳树姑娘会发出什么声音?(沙沙沙)柳树姑娘唱歌什么声音?(啦啦啦)

(3) 练习,教师指导幼儿演唱。

6. 鼓励幼儿用肢体动作来表现歌曲的优美舒缓。

语言:假如我是一棵树

活动目标

1. 感受儿童诗的意境和韵味。

2. 能大胆创编儿童诗。

活动准备

各种树的贴纸,挂图,诗歌《假如我是一棵树》。

活动过程

1. 欣赏儿童诗《假如我是一棵树》,体验诗的意境。

(1) 教师出示挂图,以诗人的角色朗诵诗歌。

(2) 提问:你听到了什么?看到了什么?想到了什么?

2. 欣赏与朗诵。

(1) 在优美的背景音乐中,教师有感情地朗诵诗歌。

(2) 出示图谱,幼儿跟着朗诵。

3. 儿童诗的创编。

(1) 讨论:假如你是一棵树,你愿意做什么树?做些什么事情?

(2) 鼓励幼儿根据自己的想象自由创编儿童诗。

(3) 当幼儿想象自己是某一棵树的时候,教师就将这棵树的贴纸贴到他(她)的身上,以激起幼儿的创编兴趣。

科学：树的粗细

活动目标

1. 探究测量树围的工具和方法。

2. 尝试使用测量工具，并能进行简单的记录和比较。

活动准备

课件、绳子、皮尺、布条、记号笔、记录表等。

活动过程

1. 观察树的外形特征，初步了解树干的粗细。

(1) 播放课件。师：今天，老师请来了几个朋友，你们看，它们是谁呀？

(2) 师：它们有什么地方不同？（引导幼儿观察树干、树枝的粗细）

2. 自由探索树干、树枝的粗细，初步学习使用测量工具。

(1) 幼儿初步探索使用测量工具。

师：有的树干很粗，有的很细，那么怎样才能知道树有多粗或多细呢？今天，老师为大家准备一些测量工具。

(2) 幼儿说一说自己使用的测量工具及方法。

(3) 教师引导幼儿使用正确的方法进行测量。

请你拿着布条的一端绕树干一圈，布条接口的地方请你做个记号。

(4) 幼儿第二次学习测量。

3. 用皮尺进行测量，并在记录表上做记录。

(1) 出示皮尺，引导幼儿观察皮尺上的刻度和数字，量的时候要从数字 1 开始量。

(2) 幼儿学习使用皮尺的测量方法并把测量的结果在表格上记录下来。

4. 游戏：大树小树。

(1) 幼儿感受树干的粗细。

(2) 游戏：大树小树。

社会:大树的名片

活动目标

1. 喜爱周围的树,愿意认养树木。

2. 能初步收集和整理有关树木的资料。

活动准备

请爸爸妈妈帮助查找树的资料,并与幼儿共同整理资料。

活动过程

1. 我喜欢的树。

(1) 欣赏照片,自由交流。

师:看看这些小朋友们收集的树的照片。你认识什么树? 喜欢什么树?

(2) 说说我最爱的树。

幼儿说一说自己喜欢的树,并交流喜欢它的理由。

2. 给树做名片。

(1) 讨论名片内容。

给树做一张名片,上面要写上什么呢?(幼儿讨论,梳理出包括树的名称、模样、年龄、生长环境、喜欢它的理由、对它的希望、对行人说的话等等)

(2) 设计名片样式。

你想设计一张怎样的名片?(讨论名片的形状、图案,将有关的各项内容合理安排在名片上,并探讨如何制作)

3. 幼儿制作名片。

选择你喜欢的一棵树,为它制作一张名片。

4. 给大树送名片。

幼儿将制作好的名片挂在户外相应的大树上,并与同伴欣赏作品。

社会:保护树朋友

活动目标

1. 萌发爱护树木,热爱大自然的情感。

2. 能运用已积累的知识经验设计环保标志。

活动准备

布置“郊外”场景,音乐《郊游》,多媒体课件《小鸟和大树》,绘画工具及一些废旧材料。

活动过程

1. 教师以游戏的形式,组织幼儿到活动场地。

(1) 放音乐《郊游》,幼儿同教师一起唱着歌去“郊外”。

(2) 幼儿观看配班教师的表演“小鸟找家”。

师:小鸟在干什么?

2. 教师使用多媒体课件讲述故事《小鸟和大树》。

(1) 提问:小鸟喜欢生活在什么地方?当小鸟从南方飞回来的时候发生了什么事?它的树朋友到哪里去了?树木被砍伐了会带来什么危害?

(2) 小结:树木被砍伐就不能净化空气,空气就不新鲜了,小鸟们也就没有家了。同时,容易发生水灾、旱灾,也可能会出现沙尘暴。

3. 怎样保护我们的树朋友。

(1) 组织幼儿互相讨论。

(2) 小结:树木是人类的朋友,保护树木要靠大家来完成,为了增强大家的环保意识,人们将每年的3月12日定为“植树节”。

4. 分组设计环保标志,教师巡回指导。

鼓励幼儿利用已有的废旧材料制作立体的环保标志。结束后把设计好的标志投放到需要的地方。

健康:护小树

活动目标

1. 提升快跑能力和动作的灵敏性。

2. 学会专注倾听指令,快速协调地接力护树。

活动准备

小竹竿。

活动过程

1. 开始部分。

小鸟飞,飞啊飞,拍拍翅膀飞啊飞。(上肢运动)

小鸭走,走啊走,摇摇摆摆走啊走。(下蹲运动)

小象走,走啊走,甩甩鼻子走啊走。(腹背运动)

小马跑,跑啊跑,嗒嗒嗒嗒跑啊跑。(跳跃运动)

2. 基本部分。

(1) 游戏"接竹竿"。

教师出示竹竿,两人一组,一人扶,一人接,当听到"放"时,扶的幼儿赶快放掉,接的幼儿马上扶住,然后交换。

(2) 游戏"护小树"。

游戏方法及规则:幼儿围成一个大圈,教师请一个幼儿站在圈中心护小树,大家一起说"点兵点将点到谁",教师说出一个幼儿的名字,圈中心的幼儿马上放手跑到圈上,圈上点到名字的幼儿快速跑到圈中心去接住小树,要求是不能让小树倒在地上。

(3) 幼儿示范游戏。

(4) 幼儿分成三组,各自围成圆圈游戏,教师根据幼儿出现的问题进行指导。

3. 结束部分。

听音乐做放松运动,整理好场地。

音乐:蚕豆花

活动目标

1. 感知蚕豆花的外形特征,学唱歌曲。

2. 掌握附点、顿音的唱法,感受歌曲的欢快情绪,学习用动作表现歌曲。

活动准备

蚕豆花图片,歌曲《蚕豆花》,节奏图。

活动过程

1. 出示图片,认识蚕豆花。

通过观察画面,和幼儿共同观察蚕豆花的外形特征,引导幼儿仔细观察,激发幼儿学唱歌曲的兴趣。

2. 欣赏歌曲。

(1) 教师清唱歌曲《蚕豆花》,让幼儿感受歌曲欢快的旋律和优美的歌词。

师:你听到歌曲里面都唱了什么?

(2) 教师再次清唱歌曲一遍,并根据幼儿回答唱相应的歌词。

(3) 感受附点音符和顿音的唱法,按节奏唱念歌词。

教师出示第一句的节奏图,请幼儿感受并掌握第一句中的附点并按歌曲节奏念一念歌词。

师:你们还发现什么地方不一样?(引出顿音)

学一学带有顿音的歌词。

3. 学唱歌曲。

(1) 幼儿和教师一起按节奏来朗诵歌词。

(2) 幼儿学唱,并在跳音部分唱准有附点的部分。

(3) 请幼儿完整地跟教师学唱歌曲。

4. 表演歌曲。

(1) 幼儿用自己设想的动作表演此歌曲。

(2) 幼儿边演唱边表演,表现出蚕豆花像蝴蝶一样在风中飞舞的美感。

美术:向日葵

活动目标

1. 掌握线描画的方法及特征,学会处理遮挡关系。

2. 感受绘画的乐趣。

活动准备

1. 图片《向日葵》。

2. 每人一支黑色水彩笔、油画棒。

活动过程

1. 活动导入。

(1) 出示图片《向日葵》。

引导幼儿观察向日葵的特征、颜色。

(2) 出示范画,比较观察。说一说这幅画用了哪些画法。(线描和与油画棒相结合)

2. 展开。

(1) 通过提问复习线描画的特征,分别找出画面中点、线、面的运用。

① 我们画过哪些线描画? 它是由什么组成的画?

线描画没有丰富的色彩,却有丰富的线条,通过点、线、面来完成绘画作品,装饰味浓,小朋友们可以根据自己的想象,在轮廓内随意添画图案。

② 你能找到《向日葵》中点、线、面的运用吗?

(2) 教师示范。

引导幼儿观察向日葵的画法,重点示范向日葵的遮挡关系。

① 帮助幼儿分析向日葵的遮挡关系,找准第一朵花的入笔处。

② 按照被遮挡的先后顺序和层次,一步步地完成向日葵的轮廓。

③ 分别运用点、线、面进行添画与装饰。

④ 最后可用两种相近色的油画棒轻涂背景。

(3) 幼儿作画。

① 有针对性地指导个别幼儿把握线条画法。

② 涂背景色时,可将油画棒压平,轻轻涂色。

③ 指导幼儿注意色彩的饱和度，能够体现出向日葵的层次。

3. 结束。

作品展示，对完成较好的作品进行适当点评。

语言：桃树下的小白兔

活动目标

1. 倾听理解故事内容，感受作品的美，并能复述故事的简单情节。

2. 大胆地想象桃花瓣可以做什么。

活动准备

多媒体课件《桃树下的小白兔》、音频、花瓣。

活动过程

1. 导入：兴趣吸引。

师：我昨天收到动物朋友小白兔寄来的一封信，我们一起来看看这封信里都有什么。是桃花瓣啊，可是小白兔为什么给我寄桃花瓣呢？听说小白兔也给其他的朋友们寄了桃花瓣，这是为什么呢？让我们一起去看一看吧。

2. 欣赏故事。

(1) 教师讲述故事。

提问：

① 小白兔住的地方美吗？为什么春风吹过，好像下了一场粉红色的雪？引导幼儿从语言上感受作品描绘的美丽的景色。

② 小白兔捡到这些桃花瓣后，首先想到了什么？是怎么做的？

③ 故事里都提到了哪些小动物呢？

④ 还有哪些朋友也收到了小白兔寄来的花瓣？

⑤ 它为什么要把花瓣寄给它的朋友？（启发引导幼儿知道小白兔很会关心朋友，自己有好的东西就会想到别人，让朋友与自己一起分享快乐）

⑥ 它们都将桃花瓣当作什么？

(2) 讨论。

师：如果老山羊把花瓣当船，小蚂蚁把花瓣当书签，行不行？为什么？（知道小

花瓣对于不同大小的动物有着不同的用途）

3. 再次欣赏故事。

（1）提问：故事的名字叫什么？你喜欢这只小白兔吗？为什么？

（2）迁移：如果你是小白兔，你会把桃花瓣送给谁，你希望他把花瓣当作什么？

（3）思考：如果你有一片桃花瓣，你想用它来做什么？

（4）小结。

4. 活动延伸。

请幼儿自己制作一片桃花瓣，把想法画出来。

科学：年轮的秘密

活动目标

1. 了解树龄和年轮的关系。

2. 感受我们的生活离不开树，乐意和树做朋友。

活动准备

1. 观察过各种树，测量过幼儿园里的树。

2. 有年轮的大树桩模型，课件《年轮的秘密》。

活动过程

1. 说一说：我们身边的树。

（1）我们身边有各种各样的树，你都见过哪些树？它是什么样的？

小结：我们的周围有许多不同的树，我们的生活也离不开树。

（2）树木给我们带来了哪些好处？

小结：树能让我们乘凉，树能美化环境……树的作用真不少。

（3）树是我们的好朋友，我们要怎样爱护、关心它们？

小结：我们要用自己的行动来保护身边的树，和树做好朋友。

2. 讨论树的年龄。

（1）引导幼儿观察实物树桩，让幼儿自由讨论。

（2）今天有一个大树桩遇到了些麻烦，让我们来听一听，看看能不能帮助它。

（3）观看课件，欣赏故事，边听边讨论。

① 你知道自己几岁吗?

② 你们都知道自己的年龄,可是大树桩不清楚,怎样才能知道它几岁了?

③ 听故事,了解年轮的秘密。

小结:大树一圈一圈的年轮就是它的年龄,它每长一年,树桩上的圈圈就会多一圈,有几个圈表示它几岁。

④ 出示有年轮的大树桩模型,让幼儿观察。出示偏心年轮让幼儿观察,讨论年轮为什么有宽有窄?

3. 和大树桩做朋友。

(1) 幼儿自己找一棵大树桩,数数它有几岁了。交流并记录自己的发现。

(2) 尝试让两棵大树桩做朋友,看看它们合起来有几岁。

4. 游戏:树桩几岁了。

七、特色活动

(一) 春分节气活动——春日印象周

❖ 迎春:播种希望

装饰花盆,播种希望的种子。

❖ 探春：春回大地

到公园考察春天。

❖ 踏春：放飞春天

大班：装饰风筝。

（二）蜗牛考察队——我的树朋友

以亲子活动的形式进行考察，考察表如下。

我的树朋友		
树的名称	我的工具	我的绘画

八、儿童工作室

区域名称	新增活动内容	新增材料投放	观察与指导
语言区	各种春天的故事	提供故事《桃树下的小白兔》、儿童诗《假如我是一棵树》的图谱和故事	鼓励幼儿在阅读中积累有关春天播种的认知经验，大胆讲述故事
益智区	测量和记录植物	各种树皮，提供水、瓶子、干木耳、绿豆，以及各种测量工具	观察干木耳泡水后的变化以及豆类的生长变化，能正确使用合适的工具
建筑区	搭建森林城堡	提供大型木制积木、硬纸板、塑料布来制作黄砖	能合作搭建森林，并尝试用不同的方法合理建构
美工区	春天的花草	教室内种植多肉、藤蔓类的植物，摆放各种树根	运用搓、压扁、团圆、重叠、组合等方法创造性地表现森林里的树、奇花异草
表演区	春天的走秀	提供打击乐器以及各种表演的服装	鼓励幼儿倾听音乐，根据音乐节奏进行走秀活动

九、执行参考

1. 帮助幼儿一起收集种子的图片和照片，丰富幼儿的播种知识。
2. 请家长利用周末的时间带幼儿去植物园或者森林中漫步。
3. 和幼儿一起播种一颗小种子，定期做好测量和记录。

主题五:立夏——立夏的传说

一、主题生发

“斗指东南,维为立夏,万物至此皆长大,故名立夏也。”它具有浓厚的民族文化气息和特有的传统习俗。在立夏这一天,我国民间自古有“称体重”的习俗,在宁波民间还有“立夏吃黑米饭,暑天不怕蚊咬,还不容易中暑”的说法。另外还有吃蚕豆饭、编蛋套、玩立夏绳等一系列立夏活动。

本次主题活动,不仅能让幼儿愉快地度过立夏,体验传统的立夏习俗,也营造了浓浓的传统文化氛围,促进幼儿和家长对非物质文化遗产的认识和传承,共同品味民俗乐趣。

二、主题目标

语言领域:欣赏、理解诗歌内容,能根据句式进行合理仿编,感知立夏的节气特点,感受诗歌的语言美、意境美。学习古诗,尝试理解古诗的内容及“惜、爱、露、立”的含义,感受初夏的美丽景色。

科学领域:通过观察比较,知道蛋是各种各样的。探索在清水里加入一定的盐后,鸡蛋沉浮状况的变化,初步感知沉浮现象。能认真观察实验现象,学习记录和描述自己的操作过程和结果,体验探索科学奥秘的乐趣。

健康领域:了解几种蛋制品,知道蛋类是有营养的,进一步了解合理的饮食结构及自身成长的需求,并通过自己设计一份营养餐,激发对食物搭配的兴趣;能一物多玩,尝试用多种方法玩立夏绳,学习双脚并拢连续行进跳,并能挑战跳过一定长度和高度的障碍物。

艺术领域：能大胆利用多种装饰、绘画材料，对仿真泡沫蛋进行装饰，体会自由创作的成就感。学习运用将相邻的两根绳子编成一个结的方法来打蛋套，体验编织活动的乐趣；理解歌词，感受旋律，初步学习局部默唱，发展对声音的控制能力，在问答过程中引发幼儿对歌唱活动的兴趣。

社会领域：知道立夏是二十四节气之一，了解立夏的来历及习俗。通过各种体验活动，了解宁波特色的立夏活动，对传统文化产生兴趣。

三、主题框架及内容

（一）框架

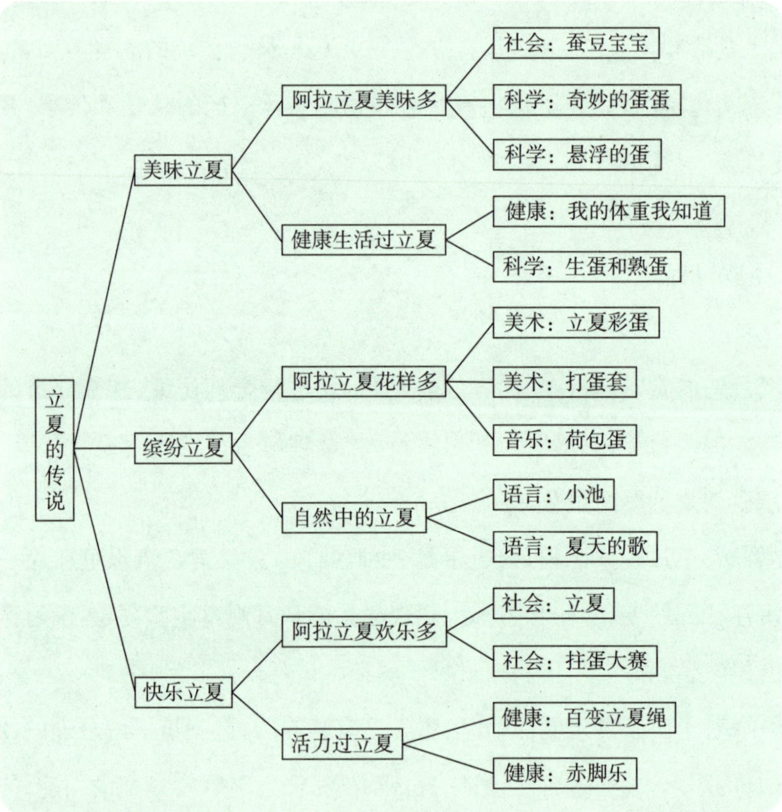

（二）内容

思　路	领域	内　容	资　源
美味立夏	社会	蚕豆宝宝	蚕豆、牙签
	科学	奇妙的蛋壳	蛋的资料、记录表
	科学	悬浮的蛋	鸡蛋、实验器械
	健康	我的体重我知道	课件、记录表
	科学	生蛋和熟蛋	实验材料、记录表
缤纷立夏	美术	立夏彩蛋	仿真蛋、颜料
	美术	打蛋套	彩色绳、示意图
	音乐	荷包蛋	图谱
	语言	小池	课件、音乐
	语言	夏天的歌	课件、音乐
快乐立夏	社会	立夏	课件、茶叶蛋
	社会	拄蛋大赛	故事图片、茶叶蛋
	健康	百变立夏绳	立夏彩绳，游戏场地
	健康	赤脚乐	游戏材料

四、主题墙

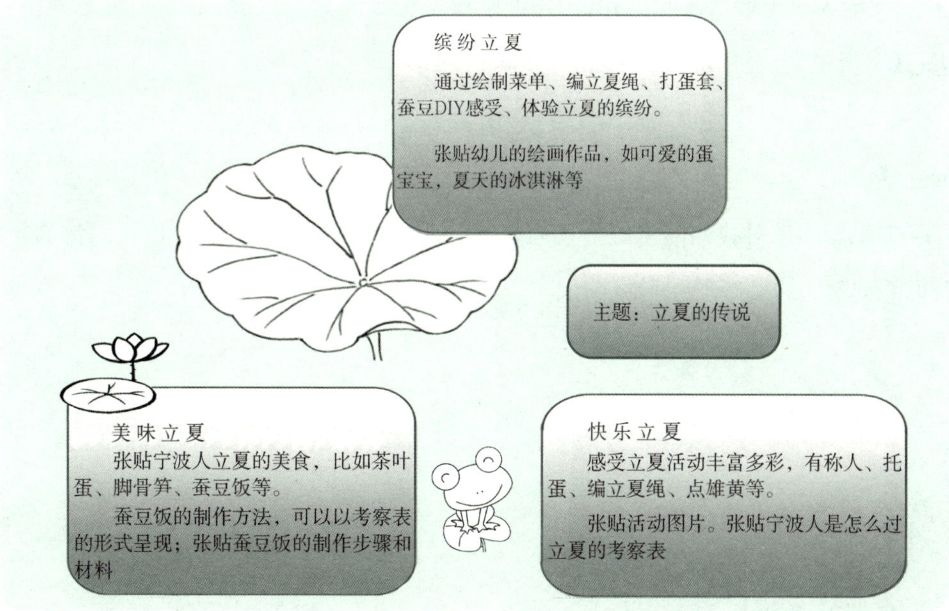

五、致家长的一封信

亲爱的家长朋友：

您好！

立夏是夏季的第一个节气，是夏天到来的标志。为了传承民间文化，让孩子们感受立夏的传统习俗和风土人情，度过一个原汁原味的立夏。我们期望家长能和我们携手，一起为孩子营造一个可看、可玩、可尝、可体验的课程环境，让孩子们在称一称、玩一玩、比一比、画一画、尝一尝等不同形式的活动中感受传统节气的趣味性，对中国传统习俗留下美好的印象，激发孩子热爱传统文化和风俗人情的美好情感。为此我们邀请您参与到幼儿园的活动中来，以下是需要您配合的事项：

1. 结合立夏节气，请您带孩子一起感受入夏的变化，如天气、植物、动物和人们的变化。

2. 请让孩子走进生活一起实践，调查和了解宁波人过立夏的一些风俗，收集一些和立夏有关的图片与照片。（如：吃立夏蛋、吃蚕豆糯米饭、脚骨笋、拄蛋、编立夏绳、编蛋套）。

3. 请为孩子准备茶叶蛋和蛋套，鼓励孩子积极参与到家庭、幼儿园等不同场所进行的“蛋王大比拼”活动中来。

4. 希望您能参加幼儿园的立夏活动，为孩子拍摄立夏活动的照片，留下最美好的立夏印象。

如果期间您对我们的主题活动有什么建议和意见，也欢迎随时和我们沟通，让我们一起努力，让孩子更好地成长！

__________班老师

日期：__________

六、活动设计

社会:蚕豆宝宝

✣ 活动目标

1. 认识蚕豆,尝试用蚕豆进行造型,在操作中学会保护自己。

2. 能在做做、玩玩中体验活动的快乐氛围,知道宁波人在立夏有吃蚕豆饭的习俗。

✣ 活动准备

1. 幼儿人手一份细铅丝,每组一份蚕豆豆荚、牙签、箩筐。

2. 蚕豆造型的图片。

3. 电饭煲、糯米。

✣ 活动过程

1. 认识蚕豆。

(1) 教师出示蚕豆豆荚,提问:这是什么?

(2) 让幼儿猜一猜:豆荚里藏着什么?

(3) 小结:这是蚕豆的豆荚,里面藏着蚕豆宝宝。

2. 动手操作。

(1) 剥一剥。

① 提出操作要求:把豆宝宝放在红色篓子里,剥下的豆荚放在蓝色篓子里。

② 幼儿剥豆子。

(2) 比一比。

看哪个小组剥得又快又好。

(3) 玩一玩。

① 教师出示蚕豆项链,并示范做项链。

师:看,老师把豆宝宝变成什么了?

② 幼儿动手操作,把豆宝宝穿在铅丝上。教师提醒幼儿使用铅丝时要注意安全。

③ 出示图片，启发幼儿思考“蚕豆宝宝还可以怎么玩呢”。

④ 幼儿操作。

⑤ 尝一尝。

师：为什么要吃蚕豆饭？（知道宁波人在立夏有吃蚕豆饭的习俗）

请幼儿品尝事先准备好的蚕豆饭。

3. 作品展示。

布置展台让幼儿展示自己的作品，教师用相机给幼儿拍照留念。

科学：奇妙的蛋壳

活动目标

1. 感受蛋壳凹凸两面所承受力的差异，知道拱形物体表面能承受较大的力。

2. 实验时能小心操作，能够将猜想和实验的结果记录下来，并能大胆在集体面前讲述自己蛋壳的变化。

活动准备

蛋壳、透明粗吸管、铅笔若干，桌面教具，拱形建筑物的图片若干，长条卡纸（反面用双面胶贴好），小积木若干。

活动过程

1. 导入活动：通过小鸡出壳的故事，引出问题让幼儿讨论。

到底是鸡妈妈从外面啄破了蛋壳？还是鸡宝宝从里面啄破了蛋壳？幼儿猜想并记录。

2. 通过动手实验感受蛋壳凹凸两面所承受力的差异。

（1）引导幼儿想象，用笔尖代替小鸡嘴，用吸管统一高度，保证每次用力大小一样。

（2）幼儿每人拿几块蛋壳，用笔尖代替小鸡嘴在蛋壳凹凸两面进行实验，并将实验结果记录下来。

（3）集体记录。

（4）小结。

师：是谁啄破了蛋壳？

师：蛋壳是从外面被啄破的还是从里面被啄破的？为什么从外面啄不容易破呢？

师：下面我们来看看蛋壳是什么样的？（拱形的、半圆形的……）

告诉大家一个秘密：原来拱形的物体表面都能承受很大的力，不信，我们用这张小纸条来做个实验吧。

3. 幼儿体验拱形的纸桥所能承受的力。

（1）这儿有两张纸条，一张做成直桥，一张做成拱桥，我们来看看哪座桥的力气大。

（2）教师介绍示范制作方法。

（3）幼儿两两合作实验，一个做直桥，一个做拱桥，然后实验（在桥面上放小积木）并做好记录。

（4）大家把自己的记录结果说出来，得出结论。（拱形的桥面能承受更大的压力）

4. 拓展经验。

（1）师：小小的蛋壳里面藏了这么多秘密，后来人们就根据这个奇妙的蛋壳造出了许多建筑物，小朋友知道哪些建筑物是拱形的吗？

幼儿回忆已有的经验。

（2）教师利用多媒体展示各种拱形建筑物，丰富幼儿的经验。

科学：悬浮的蛋

活动目标

1. 探索在清水里加入一定的盐后，鸡蛋沉浮状况的变化，初步感知悬浮现象。

2. 幼儿两两合作进行操作，认真观察实验现象，学习记录和描述自己的操作过程和结果。

3. 积极主动探索科学奥秘。

活动准备

玻璃杯两只（分别装等量的淡水、盐水），鸡蛋、盐、碗、盆、勺子、抹布每组若干，磁吸标志、记录表、水彩笔每人一份。

活动过程

1. 引出活动，激发兴趣，猜猜鸡蛋宝宝沉浮的状态并记录。

(1) 师：今天，老师为小朋友带来了两杯水。你们仔细看一看，这两只玻璃杯里的水一样多吗？(出示内装等量盐水、淡水的两只玻璃杯，引导幼儿比较)

(2) 师：老师还请来了一位小客人，你们看是谁呀？(出示一个鸡蛋，教师以鸡蛋宝宝的口吻讲话)大家好，我是鸡蛋宝宝。今天我想和水玩个游戏。你们猜猜看，我到了这两只水杯里会怎么样。

(3) 教师设疑：鸡蛋宝宝到了第一杯水里(淡水)会怎样，是沉下去，还是浮上来？请你们把猜想的结果记在记录表上。(↓表示下沉，↑表示上浮)等会我们再来看一看，你们猜的和操作结果是否一样。(幼儿猜测鸡蛋在淡水里的沉浮状态并记录。接着实际操作，记录鸡蛋的沉浮现象。教师给予指导)

(4) 教师继续设疑：鸡蛋宝宝到了第二杯水里(盐水)会怎样，它是沉下去，还是浮上来？(幼儿再次猜测鸡蛋在盐水里的沉浮状态并记录。实际操作，记录鸡蛋的沉浮变化，初步感知悬浮现象)

2. 引导幼儿对探索中出现的问题进行讨论，找找鸡蛋宝宝悬浮的秘密。

(1) 师：小朋友刚才都将自己的猜测和实验结果记在了记录表上。那么，你们的猜测到底对不对呢？把你的想法和问题提出来好吗？(幼儿针对自己观察的现象自主提问)

(2) 教师根据幼儿提出的问题设置悬念：为什么鸡蛋宝宝在第一个杯子里沉入水底，到了第二个杯子里却浮了上来呢？这里究竟是为什么？小朋友们快快想一想。

(3) 引导幼儿通过各种感官探究鸡蛋宝宝悬浮的原因，启发幼儿看一看、摸一摸、尝一尝，区分淡水和盐水，从而找到问题的缘由：装在淡水杯里的鸡蛋是沉下去的，盐水杯中的鸡蛋是浮上来的。

(4) 进一步深入探索悬浮的秘密。是不是鸡蛋宝宝只要在盐水里就会浮上来呢？加了多少盐后才会浮上来呢？我们再一起猜猜看，动手试一试，记录下来好吗？(猜想——验证——观察——记录)

3. 讨论与交流实验情况，说说鸡蛋宝宝悬浮的规律。

(1) 展示幼儿记录表,交流实验情况。

师:为什么鸡蛋宝宝在加入1勺、2勺盐的水中没有浮起来,在加入3勺、4勺盐后会浮起来呢?(幼儿根据记录表讲述自己的实验感受,发现鸡蛋的悬浮规律)

(2) 师:除了在盐水里能浮起来,还有什么办法能让鸡蛋宝宝浮起来?(幼儿回忆生活经验,自由讲述)

4. 活动延伸。

(1) 我们周围还有哪些东西放在盐水中能浮起来?找一找,试一试,把实验结果和大家一起分享。(如土豆、黄瓜、苹果等)

(2) 在活动区投入不同材料,鼓励幼儿继续探索鸡蛋在其他液体(如肥皂水、糖水等)中的沉浮现象。

健康:我的体重我知道

活动目标

1. 愿意发表自己的观点,通过讨论意识到太胖和太瘦都对身体健康有影响。

2. 初步了解自身成长的需要,学会关注自己的身体健康状况,知道如何调整自己的行为有利于健康。

活动准备

1. 立夏称人后的体重数据。

2.《学前幼儿体重标准测量表》。

3. 红、黄、绿三种颜色的表格各一份,并根据幼儿体重情况制作三种颜色的圆点卡片。(活动前发给幼儿)

4. 课件《我来当营养师》。

5. 健康棋六套,各种食品的卡片。

活动过程

1. 大胆表达,各抒己见。

(1) 幼儿围绕"胖好还是瘦好"展开辩论,并尝试用实例说服同伴。

师:你们认为胖好还是瘦好,为什么?

(2) 根据幼儿讨论结果,教师出示《学前幼儿体重标准测量表》,引导幼儿发现判断胖瘦有一定的标准，太胖和太瘦都不健康。

2. 了解自身，对症下药。

(1) 教师出示红、黄、绿三种颜色的表格，请幼儿将活动前教师发的圆点卡片贴在相应的表格中，从而了解自身及本班幼儿的体重情况。

(2) 集体讨论：怎样才能使自己既不胖也不瘦，身体更健康。

(3) 设置情境，对症下药。

师：有两个小朋友遇到了难题，想请你们帮帮忙。

(4) 运用课件《我来当营养师》，使幼儿了解到一些食物的营养成分，从而让偏胖和偏瘦的幼儿了解在饮食方面应注意的问题。

3. 分组游戏，梳理经验。

(1) 棋盘竞赛：幼儿通过竞赛性游戏，在下棋过程中获得有关健康生活的经验。

(2) 自助餐搭配：幼儿根据自身情况为自己挑选一份营养丰富、搭配合理的餐点。

科学：生蛋和熟蛋

活动目标

1. 学会积累不同的探索方法，知道解决问题的方法有很多种。

2. 喜欢参与区分生鸡蛋和熟鸡蛋的的探索方法，并能在集体面前大胆讲述自己的探索结果。

3. 感知蛋壳艺术的美，并对蛋壳工艺感兴趣。

活动准备

课件《生蛋和熟蛋》，鸡妈妈孵小鸡道具，生鸡蛋和熟鸡蛋每人一枚，蛋托、抹布、手电筒若干。

活动过程

1. 情境导入。

(1) 出示老母鸡孵鸡蛋的场景，引起幼儿的探索欲望。

师：鸡妈妈在干什么？鸡妈妈刚才就对我说了，老师您看我孵这些蛋宝宝已经好长时间了，可是到现在还孵不出小鸡，真是急死我了！有谁来帮帮我呀？小朋友们你们愿不愿意帮助鸡妈妈呢?

(2) 检查蛋宝宝是否都是生鸡蛋。

师:既然鸡妈妈孵不出小鸡,那咱先看看它的蛋宝宝是不是出了什么问题 。(教师取两个蛋宝宝先让幼儿进行观察)

师:小朋友们,你们先看看这两个蛋宝宝是一样的吗? 这两个蛋宝宝外表看起来是一样,现在呢我们把这两个蛋宝宝放在盐水里,看一看这两个蛋宝宝会出现什么情况。(教师进行演示)

师:为什么这两个蛋宝宝一个沉了下去,一个浮上来了?(教师打开鸡蛋进行验证)原来一个是生鸡蛋,一个是熟鸡蛋。(引导幼儿分别观察生鸡蛋和熟鸡蛋)

小结:生的鸡蛋,蛋清、蛋黄都是液体,蛋清是透明的。熟的鸡蛋,里面的蛋白、蛋黄全部凝结成固体,并与蛋壳粘在一起。

师:小朋友们,你们想一想是生鸡蛋能孵出小鸡还是熟鸡蛋能孵出小鸡。(引导幼儿进行思考)小朋友们,果然是鸡蛋宝宝出了问题,一定是鸡妈妈在孵蛋宝宝的时候,不小心把生鸡蛋和熟鸡蛋混在了一起。那咱一起帮助鸡妈妈把生鸡蛋和熟鸡蛋分开好吗?

2. 基本部分。

让幼儿尝试用不同的方法区分生鸡蛋和熟鸡蛋。

(1) 给每个幼儿分配鸡蛋,一个生鸡蛋,一个熟鸡蛋,放在鸡蛋托上。

师:小朋友们现在老师把鸡妈妈的蛋宝宝分给小朋友,每位小朋友都有两个蛋宝宝,其中有一个是生鸡蛋,有一个是熟鸡蛋,怎样才能帮鸡妈妈把生鸡蛋和熟鸡蛋分开?(让幼儿先进行讨论)

(2) 教师给每位幼儿准备好材料,先让幼儿自由探索区分生鸡蛋和熟鸡蛋。

师:小朋友们,老师给每位小朋友准备了一些材料,你们可以通过各种方式(看一看、闻一闻、摸一摸、转一转、照一照)来发现这两个蛋宝宝有什么不同。但是在探索的时候一定要注意千万要保护好蛋宝宝,因为蛋宝宝很容易碎。(在这一环节中播放轻音乐)

(3) 教师和幼儿一起探索区分生鸡蛋和熟鸡蛋。

师:刚才小朋友探索的方法可真多呀,下面请小朋友说一说自己的发现。(多个小朋友进行发言)你们用了哪种方法发现了两个蛋宝宝的不同?

(4) 教师和幼儿一起总结生鸡蛋和熟鸡蛋的不同。

① 闻一闻。

师:刚才有的小朋友说用鼻子闻鸡蛋,发现两个鸡蛋的味道不一样,一个香香的,一个臭臭的。我们一起闻一下是不是一个香香的,一个臭臭的。(教师和幼儿一起闻)请你们猜一猜香香的那个蛋宝宝是生鸡蛋还是熟鸡蛋?

② 看一看、摸一摸。

师:你们再仔细看一看、摸一摸,鸡蛋的外壳是一样的吗?(一个很粗糙,一个很光滑)那小朋友猜一猜粗糙的是生鸡蛋还是熟鸡蛋?

③ 照一照。

师:还有的小朋友使用手电筒照了照,发现一个是透光的,一个是不透光的,请小朋友猜一猜透光的是生鸡蛋还是熟鸡蛋呢?

艺术:立夏彩蛋

活动目标

1. 能大胆利用多种装饰、绘画材料,对仿真泡沫蛋进行绘画装饰。

2. 体验自由创作的乐趣。

活动准备

范例彩蛋若干,仿真泡沫蛋人手一个,各种材质的彩色纸每组一份,彩色图钉每组若干,彩色毛根条每组若干,绘画工具(油画棒、彩色笔、勾线笔、水粉颜料和笔)每组一套。

活动过程

1. 欣赏激趣。

出示各种造型的泡沫彩蛋。

(1) 你喜欢哪个彩蛋?

(2) 为什么?

2. 讨论互动。

(1) 你想让蛋变成什么样的?

（2）可以利用哪些材料？

（3）怎样进行装饰？

3. 分组操作。

（1）鼓励幼儿大胆尝试，运用多种材料进行装饰。

（2）观察幼儿活动情况，在幼儿遇到困难时给予帮助。

4. 欣赏评价。

（1）作品展示。

（2）同伴欣赏互评。

5. 活动延伸。

可以将泡沫蛋和各种装饰材料放入美术工作室，供幼儿进行自由创作。

美术：打蛋套

活动目标

1. 能用将相邻的两根绳子编成一个结的方法打蛋套。

2. 体验编织活动的乐趣及成功的喜悦。

活动准备

各色成品蛋套，彩色绳若干，编结示意图。

活动过程

1. 引题激趣。

出示各色立夏蛋套，师：这是什么？

2. 根据示意图，示范编蛋套。

（1）你能看懂示意图的步骤要求吗？

绑→串→编→结

（2）示范编织。

要点：

① 找对“邻居”绳子来配对。

② 结的长短要均匀。

3. 幼儿操作，教师指导。

(1) 两两结伴,同伴互助。

(2) 教师适时介入指导。

4. 挂蛋套。

将蛋套挂在脖子上,体验成功的喜悦。

5. 活动延伸。

将编织示意图及彩绳放入美术工作室中,供幼儿进行编织。

音乐:荷包蛋

活动目标

1. 熟悉旋律、感受不同段落,创编身体动作。

2. 根据音乐节奏,尝试轮奏和齐奏。

3. 体验演奏的乐趣。

活动准备

音乐《荷包蛋》,图谱,小铃、三角铁、圆舞板、铃鼓若干。

活动过程

1. 谈话导入,唤起幼儿已有的生活经验。

(1) 师:你们吃过荷包蛋吗?你知道荷包蛋是怎么做出来的吗?

(2) 师:煎荷包蛋的时候锅里会怎么样?

2. 结合图谱,完整地欣赏音乐。

(1) 欣赏音乐,感受音乐段落,哪段音乐在煎蛋?哪段在吃蛋?

(2) 出示图谱,将图示贴在相应的位置。

(3) 分段欣赏,创编身体动作。

① 煎蛋的时候我们做什么动作,冒烟用什么动作表示?

② "看看看"的时候我们做什么动作?"闻闻闻"的时候我们做什么动作?"吃吃吃"的时候可以做什么动作表示?"笑笑笑"又可以用什么动作来表示呢?

(4) 整体欣赏,有节奏地创编身体动作。

(5) 幼儿分组合作表现。

3. 根据节奏,演奏乐曲。

（1）根据乐曲，选择匹配的节奏乐器。

煎荷包蛋（冒烟、眼睛看、鼻子闻、嘴巴吃），我们可以用什么乐器表示？

（2）幼儿尝试完整地随音乐做乐器动作。

（3）幼儿看教师指挥，随音乐完整地演奏。

语言：小池

活动目标

1. 能用自己的话说出画面描写的情景，初步感受夏天的美丽。

2. 感受古诗的意境美、语言美，能有感情地朗诵。

3. 通过学习古诗，初步理解古诗的内容，理解古诗中有关词的含义。

活动准备

课件《小池》、音乐。

活动过程

1. 情境引入。

（1）提问：小朋友们喜欢夏天吗？那你们喜欢夏天的什么呢？

（2）播放课件，欣赏夏天美景，提问：你能用自己的话完整、连贯地说一说你在画面上看到了什么？

（3）介绍：古时候有位诗人叫杨万里，也和你们一样觉得这景色很美，陶醉在这初夏的美景中，于是写下了千古流传的经典古诗《小池》，你们想不想听听他是怎么用诗句来描写这幅画面的呢？

2. 欣赏古诗。

（1）边欣赏课件，边倾听教师朗诵古诗，感受古诗的意境美和语言美。

提问：古诗的名字叫什么？是谁写的？

（2）再次欣赏课件。

提问：诗中描写了哪些景物？它们都藏在哪些诗句里？（泉眼、树阴、小荷、蜻蜓）

理解词语、诗句的意思。（幼儿说出一句，就结合画面理解一句诗的意思）

泉眼：泉水的出口。惜：爱惜。晴柔：晴天里柔和的风光。小荷：指刚刚长出水面的嫩荷叶。尖尖角：还没有展开的嫩荷叶的尖端。

（3）完整欣赏古诗。

3. 学诵古诗。

（1）幼儿跟读。

（2）集体朗读。

（3）指导朗读：一、二句声音要轻柔、甜美、速度稍慢；三、四句读出欣喜的语气。

（4）随着音乐课件，朗读古诗。

4. 活动延伸。

绘画活动：我心中的小池。

附：

小　池

宋·杨万里

泉眼无声惜细流，树阴照水爱晴柔。

小荷才露尖尖角，早有蜻蜓立上头。

语言：夏天的歌

活动目标

1. 欣赏诗歌。理解诗歌内容，进一步感知夏天的特征，了解问答形式的韵律和结构。

2. 探索用不同语音语调朗诵问答诗歌，学习仿编诗歌，并大胆讲述。

3. 在朗诵诗歌时能注意倾听同伴的声音，用和谐的声音朗诵诗歌。

活动准备

实物展示仪、课件、音乐。

活动过程

1. 提问导入。

师：小朋友们，现在是什么季节，在夏天你听过动物唱歌吗？你看见人们做什么？

2. 欣赏诗歌。

（1）提问：你听见诗歌里说了些什么？夏天的歌，在哪里？

（2）你知道“蝈蝈蝈”“知了，知了”“咕呱，咕呱”“哗啦哗啦”的歌曲是谁唱的吗？

（3）教师用实物展示仪放大图片，引导幼儿边看图边欣赏教师朗诵诗歌。

（4）师：看一看、听一听、说一说夏天的歌在哪里。

（5）启发幼儿用诗歌里的语言完整地讲述夏天的歌在哪里。

3. 学习朗诵。

（1）教师完整地朗诵诗歌，鼓励幼儿跟着一起朗诵。

（2）这首儿歌跟其他诗歌比有什么不一样？

（3）我们应该怎样朗诵这首问答诗歌呢？

4. 分角色进行朗诵。

社会：立夏

活动目标

1. 知道立夏是二十四节气之一。

2. 了解立夏的风俗习惯：称体重、斗蛋、尝蚕豆饭。

3. 乐意参加集体活动，体验“斗蛋”游戏和品尝活动的快乐。

活动准备

1. 关于立夏的视频、课件。

2. 幼儿人手一只茶叶蛋、蛋网。

活动过程

1. 观看视频了解立夏尝鲜习俗。

（1）师：知道今天是什么节气吗？视频里面看到了哪些内容？（买蚕豆）

（2）师：为什么要买蚕豆呢？

小结：今天是五月五日，是立夏，是二十四节气之一。

（3）你们知道立夏除了要吃蚕豆，宁波人还有什么风俗习惯吗？

宁波人在立夏日要做蚕豆饭尝蚕豆饭，所以刚刚看到的视频里好多人都在买蚕豆。

2. 观看视频了解立夏称重习俗。

(1) 师：视频里的人在干什么？是怎么称的呢？(用称来称体重)

(2) 师：你们猜猜为什么立夏要称体重？

总结：称体重是过立夏的一个风俗，给孩子称体重是要祈求平安健康，到立秋的时候再称一下体重，这样看看过了一个夏天有没有瘦。

3. 了解立夏挂蛋、吃蛋习俗。

(1) 师：你有没有挂过这个蛋网？

(2) 师：知道今天为什么要挂蛋、吃蛋吗？

总结：这也是立夏的一个习俗，吃蛋是防疰夏。

4. 玩“斗蛋”游戏。

游戏规则：两个人面对面，拿住蛋，蛋的小头对小头，然后一起用力碰对方小朋友的蛋，直到一方小朋友的蛋壳碎掉。决出蛋王。

5. 品尝茶叶蛋。

师：刚刚进行了激烈的斗蛋比赛，大家开心吗？下面小朋友们来品尝一下刚刚敲碎的蛋吧！今天吃了蛋，小朋友就不会疰夏啦！今天是立夏，是中国传统的二十四节气之一，立夏的到来就意味着夏季的开始，气温会慢慢回升，宁波人在立夏这一天有“称体重、斗蛋、尝蚕豆饭”等习俗，如果你还想知道其他习俗，可以回去问问爸爸妈妈。

6. 活动延伸。

① 蚕豆造型。(材料：蚕豆、牙签)

② 蛋套编织。(材料：毛线)

社会：拄蛋大赛

活动目标

1. 进一步了解立夏的来历、立夏的习俗和立夏的意义。

2. 能积极参与活动，大胆表现自己，体验对传统文化和家乡的热爱之情。

活动准备

1. 立夏故事图片、课件。

2. 幼儿人手一个茶叶蛋。

活动过程

1. 立夏的传说。

(1) 教师讲述故事,并出示故事图片。

(2) 提问:故事里有谁？发生了一件什么事情？立夏在什么时候？为什么要过立夏？

2. 宁波人怎样过立夏。

(1) 提问:我们宁波人怎样过立夏？

(2) 播放课件:宁波人过立夏的习俗。(吃黑饭、蚕豆饭、脚骨笋,编蛋套、编立夏绳、称重、拄蛋)

(3) 小结。

3. 拄蛋大赛。

(1) 请幼儿出示准备的蛋。(鸡蛋、鸭蛋、鹅蛋)

(2) 根据幼儿带来的蛋进行分类分组。

(3) 分组拄蛋,并为“蛋王”颁奖。

(4) 品尝茶叶蛋。

健康:百变立夏绳

活动目标

1. 能够熟练地双脚并拢连续向前跳,能跳过一定长度、高度的障碍物。

2. 尝试一物多玩,感受多种方法玩立夏绳的乐趣。

3. 能积极地参加体育活动,并自觉遵守规则与要求。

活动准备

1. 立夏彩绳若干。

2. 游戏场地创设。

活动过程

1. 导入部分。

(1) 认识立夏绳。

教师出示立夏绳，幼儿畅谈对立夏绳的已有经验。

(2) 游戏“变变变”。

在教师带领下一起玩游戏“变变变”，幼儿尝试立夏绳新玩法。

(3) 初步练习。

请幼儿将立夏绳横放在身边，在教师口令带动下完成向前跳、向后跳、向左跳、向右跳等初步练习。

2. 拓展练习。

(1) 轨道跳跳跳。

将立夏绳组合摆成一条轨道，幼儿变成跳跃小车，完成双脚并拢连续向前跳的练习。

(2) 不一样的轨道。

将轨道摆成“工”字形，幼儿完成开合跳练习及一定距离跳远。

(3) 飘起来的轨道。

请幼儿两两合作，将立夏绳拉至膝盖位置，另一组幼儿完成跳的练习。

3. 放松部分。

(1) 用游泳时的基本动作放松身体。

(2) 每个幼儿取一根立夏绳，做成一个大池塘，进行放松游戏。

健康：赤脚乐

活动目标

1. 提高脚部肌肉的灵活性和协调性。

2. 体验夏季赤足活动的乐趣。

3. 初步形成关心和保护环境的意识。

活动准备

1. 活动场地内塑料玩具、石头、沙包、纸团、积木铺满地。

2. 有塑料玩具、石头、沙包、纸团、积木标志的塑料篮子各一只，垃圾筐四个，充气气球和报纸若干。

3. 小丑头饰。

4. 音乐磁带，录音机。

活动过程

1. 激发兴趣，热身活动。

师：小丑娃娃们，今天妈妈要带你们到一个地方去做一件事情，你们愿意去吗？我们出发吧！

音乐声中，幼儿跟着妈妈做走、跑、跳等基本动作向目的地出发。

2. 创设情境，基本活动。

（1）幼儿感受环境。

师：小朋友们，我们到了，你们看一看这儿有些什么东西？地上乱七八糟的，美不美呀？这个地方太乱了，我们怎样才能把它变美呢？

（2）提出要求，开始游戏。

师：我们平时做事都是用小手来做的，今天妈妈要给你们提一个要求，只能用脚来收拾这些物品，不能用手来做。你们看这是纸团、积木、石头、沙包、塑料玩具的家，我们一定要把它们送回自己的家。送的过程中小朋友们动动小脑筋，想出与小伙伴不同的方法，妈妈来看谁的小脚最能干。小朋友们，动起来吧！

幼儿自由用脚收拾各种物品，教师巡回指导，鼓励幼儿用多种方法参与活动。

3. 巩固活动，放松运动。

（1）教师示范《小脚操》。

师：你们看看这些物品都回到家了吗？好，我们坐下来歇一会儿吧！（幼儿坐下）大家的小脚真能干，一会儿的功夫就把这些物品送回了家，接下来，请看妈妈表演一段小脚操。

（2）教师带幼儿做一遍《小脚操》。

七、特色活动

（一）立夏：大手拉小手——“拉”出欢乐过立夏

❖ 启动仪式

准备：问答题卡、小礼物。

内容：① 立夏的来历；② 立夏的习俗；③ 问答我知道（有奖竞答）；④ 玩转立夏。

❖ 蛋王对对碰

准备：幼儿每人带一个茶叶蛋，“蛋王”桂冠。

内容：各班班级拄蛋，决出班级“蛋王”，班级“蛋王”与爷爷奶奶比拼。

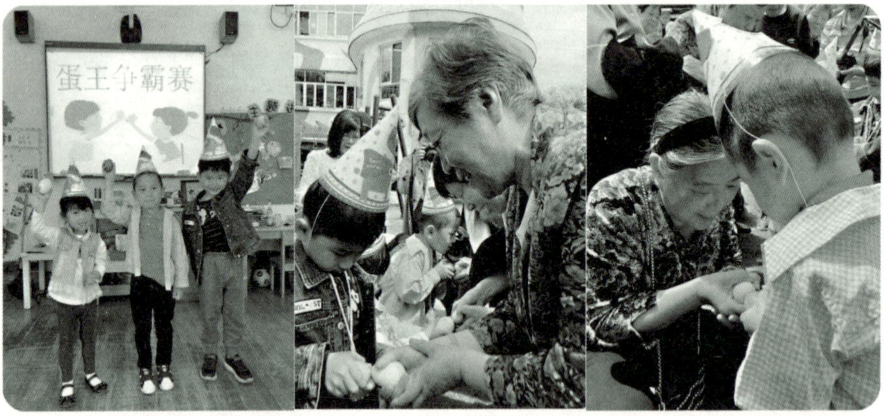

❖ 称　重

准备：大杆秤、大箩筐。

内容：幼儿在家长协助下用大杆秤称体重。

❖ 绘 蛋

准备：仿真蛋、颜料、水彩笔。

内容：装饰蛋宝宝。

❖ 编立夏绳、蛋套

准备：彩色丝线、毛线。

内容：幼儿和家长一起编立夏绳、蛋套，并在幼儿园操场、走廊悬挂蛋套作为装饰。

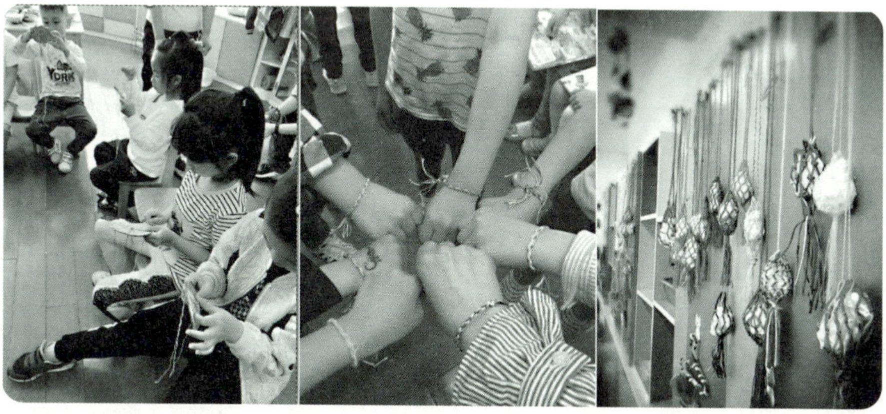

❖ 剥豆煮豆饭

准备：蚕豆、糯米。

内容：①剥豆荚；②蚕豆造型；③品尝蚕豆饭。

（二）蜗牛考察队——阿拉宁波过立夏

以亲子活动的形式进行考察，考察表如下。

<table>
<tr><td colspan="2">阿拉宁波过立夏 </td></tr>
<tr><td>立夏时间 </td><td></td></tr>
</table>

续表

<table>
<tr><td colspan="2">阿拉宁波过立夏</td></tr>
<tr><td>立夏来历</td><td></td></tr>
<tr><td>宁波习俗</td><td>包含寓意</td></tr>
<tr><td colspan="2">→</td></tr>
<tr><td colspan="2">→</td></tr>
<tr><td colspan="2">→</td></tr>
<tr><td colspan="2">→</td></tr>
<tr><td colspan="2">→</td></tr>
</table>

八、儿童工作室

区域名称	新增活动内容	新增材料投放	观察与指导
语言区	自制图书《立夏的传说》	立夏活动的照片、纸、订书机、彩笔	指导幼儿根据对立夏的考察和开展的立夏活动制作《立夏的传说》小图书，并向小班的弟弟妹妹讲述，传播立夏的快乐
益智区	称一称	小杆秤、若干蚕豆，记录表、笔	指导幼儿用杆秤进行蚕豆的称重，并做好相应的记录
角色区	立夏超市	立夏货柜布置、任务卡片、小篮子、收银台、仿真货币	指导幼儿根据任务卡中所画的立夏物品，去超市选购对应的商品，并进行货币的计算
美工区	制作：蚕豆变变变	蚕豆(包括蚕豆荚和豆瓣)、牙签、毛根条、珠子等辅材	引导幼儿根据蚕豆的外形特征进行合理想象、大胆创作，并借助辅助材料做出各种立体造型
建构区	竹子乐	小竹筒、竹片、幼儿搜集的竹建筑图片、其他辅助材料	鼓励幼儿根据前期的考察用竹筒和竹片建构，引导幼儿记录建构时遇到的困难，发现这两种新材料的特点并在操作时做出调整

九、执行参考

1. 请家长和幼儿一起观察夏季天气变化和自然特征，并帮助幼儿以摄像、绘画的方式进行记录，张贴到幼儿园主题墙内或制作成小书《夏天》，以丰富幼儿关于夏天的知识经验。

2. 邀请祖辈参与幼儿园的立夏活动，和幼儿一起编立夏绳和蛋套。

3. 制作考察表，让幼儿和爸爸妈妈一起考察宁波人是怎么过立夏的，立夏有哪些习俗。

4. 幼儿园布置立夏的环境，组织“拄蛋”的主题活动，让幼儿感受立夏的快乐。

5. 在家庭生活中，注重培养良好的生活卫生习惯，减少夏季常见病的发生。